国家出版基金项目
NATIONAL PUBLICATION FOUNDATION

中国劳模史

中华全国总工会 编著

中国工人出版社

《中国劳模史》编委会及工作团队

大力弘扬劳模精神、劳动精神、工匠精神激励动员亿万职工为全面推进强国建设、民族复兴伟业而团结奋斗
（代序）

王东明

习近平总书记始终关心关怀关爱工人阶级，高度重视工会工作，多次发表重要讲话，作出重要指示。每逢“五一”国际劳动节，总书记都以不同方式向职工群众致以节日祝贺，每到一地考察都看望慰问劳动模范和职工群众，多次给劳模工匠和一线职工回信，充分体现了习近平总书记和党中央对工人阶级的深厚情谊和对工会工作的高度重视。2023 年，习近平总书记出席中国工会第十八次全国代表大会，大会以后，又同全总新一届领导班子成员集体谈话并发表重要讲话，为新时代新征程党的工运事业和工会工作掌舵领航、把关定向。工人阶级和广大劳动群众时刻牢记嘱托、感恩奋进，把总书记和党中央的关怀厚爱与殷切期盼转化为实干担当、拼搏奋斗的强大动力，踊跃投身全面建设社会主义现代化国家的火热实践，在平凡的岗位上创造了不平凡的业绩，谱写了“中国梦·劳动美”的新篇章。各级工会要大力宣传获奖集体和个人的先进事迹，引导广大职工群众见贤思齐、争创一流，立足岗位、创新创造，唱响“咱们工人有力量”的时代最强音。

党的二十大郑重宣示，“从现在起，中国共产党的中心任务就是团结带领全国各族人民全面建成社会主义现代化强国、实现第二个百年奋斗目标，以中国式现代化全面推进中华民族伟大复兴”。党的中心任务就是中国工人运动和工会工作的主题和方向。各级工会要全面学习贯彻习近平新时代中国特色社会主义思想，深入贯彻落实党的二十大精神，找准工会工作与党的中心任务的结合点、切入点、着力点，团结动员亿万职工在全面建设社会主义现代化国家进程中充分发挥主力军作用。

第一，加强思想政治引领，筑牢亿万职工为党的中心任务团结奋斗的思想基础。要始终坚持党的全面领导，坚持正确政治方向，深刻领悟“两个确立”的决定性意义，增强“四个意识”、坚定“四个自信”、做到“两个维护”，始终在思想上政治上行动上同以习近平同志为核心的党中央保持高度一致。要切实履行工会政治责任，强化理想信念教育，团结引导亿万职工群众坚定不移听党话、矢志不渝跟党走，筑牢党长期执政的阶级基础和群众基础。要坚持不懈用习近平新时代中国特色社会主义思想凝心铸魂，深入学习贯彻习近平总书记关于工人阶级和工会工作的重要论述，推动党的创新理论进企业、进车间、进班组，不断增强职工群众的政治认同、思想认同、理论认同、情感认同，把党和国家确定的奋斗目标作为自己的人生目标，自觉把人生理想、家庭幸福融入强国建设、民族复兴伟业之中。

第二，聚焦党的中心任务，组织动员亿万职工奋进新征程建功新时代。要围绕国家重大战略、重大工程、重大项目、重点产业，着眼传统产业升级、新兴产业发展壮大、未来产业培育，广泛深入持久开展各种形式的劳动和技能竞赛，不断拓展新领域、开辟新赛道，扩大覆盖面、增强吸引力。要组织职工群众踊跃参加岗位练兵、技术交流、技能培训、技术革新、技术协作、合理化建议等活动，拓展小发明、小创造、小革新、小设计、小建议等群众性创新创造活动内涵，开展优秀技术创新成果交流活动，为优秀技术技能人才发挥作用搭建平台、提供舞台。要大力弘扬劳模精神、劳动精神、工匠精神，广泛开展“中国梦·劳动美”主题宣传教育，进一步增强劳模工匠的荣誉感和自豪感，发挥劳模工匠的示范引领带动作用，激发和调动广大职工的劳动热情、创造潜能，凝聚起亿万职工群众为实现党的中心任务团结奋斗的磅礴力量。

第三，深化产业工人队伍建设改革，为推进中国式现代化提供人才和技能支撑。要聚焦经济建设这个中心工作和高质量发展这个首要任务，围绕实施科教兴国战略、人才强国战略、创新驱动发展战略，不断推动产业工人队伍建设改革向纵深发展。要努力在破解改革难题上取得更大成效，进一步完善技能形成体系、拓展职业发展通道、提高产业工人待遇，强化以人才、知识、创新为导向的收入分配政策，激励更多劳动者和青年人学技能、强本领，走上技能成才、技能报国之路。要健全完善领导工作机制、评价考核机制、培训交流机制、产业工会作用发挥机制等，打通政策落实落地“最后一公里”，加快建设一支宏大的知识型、技能型、创新型高素质劳动大军，助力高水平科技自立自强，助力发展新质生产力，助推实现中国式现代化。

第四，用心用情做好维权服务工作，促进职工群众共享中国式现代化建设成果。要始终坚持以职工为中心的工作导向，认真履行工会维权服务基本职责，坚持春风化雨、润物无声，从一点一滴做起，在办实事上下功夫，把习近平总书记和党中央的关心关怀送到亿万职工群众心坎上。要完善“普惠性＋特殊性”维权服务工作体系，推动解决职工群众普遍关注的劳动就业、收入分配、技能培训、社会保障、安全卫生等问题，重视维护和保障新就业形态劳动者、农民工、困难职工等重点群体的合法权益。要巩固拓展城市困难职工解困脱困工作成果，推动解困脱困与提升职工生活品质有效衔接，继续做好送温暖、送清凉、金秋助学、职工医疗互助等工作，积极开展工会驿站“新双15工程”，建好管好用好12351工会服务职工热线。要积极构建和谐劳动关系，推动完善协商协调制度机制，健全完善政府与工会联席会议制度，提高劳动关系治理法治化水平，进一步完善以职工代表大会为基本形式的企事业单位民主管理制度，积极开展工资集体协商，引导企业和职工协商共事、机制共建、效益共创、利益共享。要坚持维权与维稳相统一，积极推动和配合政府、企业及有关方面，完善劳动者权益保障政策和法规制度并抓好贯彻落实，从源头上防范化解矛盾纠纷，切实维护劳动领域政治安全，维护企业和社会大局和谐稳定。要持续深化工会改革和建设，加快推进工会数智化建设，巩固拓展“县级工会加强年”成果，开展小三级工会建设三年行动，夯实基层基础，激发基层活力，不断增强工会组织的引领力、组织力、服务力，为党和国家工作大局贡献工会力量。

让我们更加紧密地团结在以习近平同志为核心的党中央周围，全面贯彻习近平新时代中国特色社会主义思想，忠诚履职尽责、勇于担当作为，团结带领亿万职工为全面建设社会主义现代化国家、全面推进中华民族伟大复兴作出新的更大贡献！

（此文系全国人大常委会副委员长、中华全国总工会主席王东明同志在2024年4月28日庆祝“五一”国际劳动节暨全国五一劳动奖和全国工人先锋号表彰大会上的讲话主要部分）

前言

劳动模范是民族的精英、人民的楷模，是共和国的功臣。我国是人民当家作主的社会主义国家，党和国家始终坚持全心全意依靠工人阶级方针，始终高度重视工人阶级和广大劳动群众在党和国家事业发展中的重要地位，始终高度重视发挥劳动模范和先进工作者的重要作用。劳模精神、劳动精神、工匠精神是中国共产党人精神谱系的重要组成部分，是以爱国主义为核心的民族精神和以改革创新为核心的时代精神的生动体现，是鼓舞全党全国各族人民风雨无阻、勇敢前进的强大精神动力。

早在 20 世纪 30 年代，在革命根据地瑞金的赠旗大会上，中华苏维埃共和国中央政府主席毛泽东曾将写有“春耕模范”的奖旗赠给先进人物，通过表彰先进典型推动生产运动。40 年代，在党的领导下，陕甘宁边区先后开展了“大生产运动”“赵占魁运动”等，并涌现出一批先进模范人物，他们带动广大群众全力支援前线斗争，为中国共产党领导的争取民族独立、人民解放事业作出了突出贡献。新中国成立后，劳动模范表彰制度逐步规范，自 1950 年至 2020 年，党和国家先后召开了 16 次全国劳模表彰大会。70 多年来，在党的领导下，我国工人阶级和广大劳动群众与祖国同成长、与时代齐奋进，奏响了“咱们工人有力量”的主旋律，各条战线英雄辈出、群星灿烂。特别是进入新时代以来，我国工人阶级和广大劳动群众在实现中国梦伟大进程中拼搏奋斗、争创一流、勇攀高峰，为决胜全面建成小康社会、决战脱贫攻坚发挥了主力军作用，用智慧和汗水营造了劳动光荣、知识崇高、人才宝贵、创造伟大的社会风尚，谱写了“中国梦·劳动美”的新篇章。

为深入学习贯彻习近平新时代中国特色社会主义思想，大力弘扬劳模精神、劳动精神、工匠精神，进一步加强群众思想政治引领，营造尊崇劳模、学习劳模、争当劳模的良好社会氛围，凝聚起亿万劳动群众团结奋进的强大力量，2022 年 5 月，经中华全国总工会党组会议研究决定，组织专门力量，开展《中国劳模史》编撰工作，并将该出版工作列入全国总工会成立 100 周年系列活动。该书也入选“十四五”国家重点出版物出版规划项目、2024 年国家出版基金资助项目、2023 年国家主题出版重点项目。

本书以习近平新时代中国特色社会主义思想为指导，以 16 次全国劳模表彰大会为主线，运用辩证唯物主义和历史唯物主义的立场、观点和方法，如实记录各个历史时期全国劳模的奋斗故事、先进事迹和突出贡献，记述 1949 至 2020 年全国劳模评选表彰的历史，同时也记述了党和国家关心关爱劳模，中华全国总工会以及各级工会组织服务劳模的历史。除了记述新中国成立后全国劳模表彰大会有关情况，也将新中国成立前江西、陕西等革命根据地开展劳模运动情况一并编纂入册。本书所记述的劳模和劳模表彰大会范围主要包括全国劳动模范和全国先进工作者，以及部分全国五一劳动奖章获得者。对于各地各行业评选表彰的省部级、地市级及以下劳模未进行详细记述，只在整个劳模工作历史发展过程中有重点地体现。对于党和国家以及各地各部门表彰的不属于劳模的其他先进典型未在本书中记述。鉴于劳模精神、劳动精神、工匠精神之间相辅相成、密不可分的关系，本书在第九章、第十章中记述了近年来开展大国工匠的有关情况。

本书遵照党史和国史的脉络，大的历史分期和阶段划分与党史和国史一致。全书分为 4 个时期，共 10 章，时间跨度为 1925 年 5 月中华全国总工会成立，到 2024 年 10 月中华人民共和国成立 75 周年，可以说是对党的历史中有关劳模运动历史的全面记述。第一个历史时期处于新民主主义革命时期，是劳模表彰起源时期，在第一章至第三章记述了土地革命战争时期、全民族抗日战争时期、解放战争时期的劳模运动和劳模表彰情况。第二个历史时期处于社会主义革命和建设时期，是劳模表彰初步形成时期，在第四章、第五章记述了劳模为新中国的建立而奋斗、在探索和曲折中积极建设社会主义的历史，记述了 1950 年、1956 年、1959 年、1960 年、1977 年、1978 年（2 次），共 7 次全国劳模大会的表彰情况。第三个历史时期处于改革开放和社会主义现代化建设新时期，是劳模表彰确立时期，在第六章、第七章、第八章记述了劳模以主人翁姿态投身改革开放、在世纪之交作出重要贡献、积极投身全面建设小康社会的历史，记述了 1979 年（2 次）、1989 年、1995 年、2000 年、2005 年、2010 年，共 7 次全国劳模大会的表彰情况，以及 1983 年至 1990 年国务院即时表彰的 23 名全国劳模。第四个历史时期处于中国特色社会主义新时代，是劳模表彰进一步完善的时期，在第九章、第十章记述了劳模为实现中国梦团结奋进、用劳模精神激励亿万职工迈上新征程的历史，记述了 2015 年、2020 年，共 2 次全国劳模大会的表彰情况，同时对新时代劳模表彰工作进行了叙述。2025 年，恰逢中华全国总工会成立 100 周年，党中央、国务院决定开展全国劳动模范和先进工作者评选表彰，并在“五一”国际劳动节前夕隆重召开第 17 次表彰大会。因本书出版时间为表彰大会前夕，故 2025 年表彰大会的内容未收录进去。

本书力求客观公正，全面反映相关史实，在史料的撷取中保持导向性、权威性、可读性、鲜活性相统一，充分体现具有时代特色的劳模精神、劳动精神、工匠精神，努力打造成一本教材式精品图书。希望本书的出版，能够引发更多的专家学者和工会工作者，更加关注和深入研究劳模运动和劳模工作，在认真总结和借鉴历史经验的基础上，进一步做好新时代的劳模工作，在全社会大力弘扬劳模精神、劳动精神、工匠精神，大力宣传劳动模范和其他典型的先进事迹，引导广大人民群众树立辛勤劳动、诚实劳动、创造性劳动的理念，让劳动光荣、创造伟大成为铿锵的时代强音，让劳动最光荣、劳动最崇高、劳动最伟大、劳动最美丽蔚然成风。

目 录

第一章
劳模表彰起源于土地革命战争时期
（1925 年 5 月—1937 年 6 月）

第二章
全民族抗日战争时期掀起大生产运动
（1937年7月—1945年8月）

第三章
以生产竞赛运动积极支持解放战争
（1945 年 9 月—1949 年 9 月）

第四章
在新中国成立初期积极投身社会主义建设
（1949 年 10 月—1956 年 9 月）

第五章
在社会主义建设中艰辛探索和曲折发展
（1956 年 10 月—1978 年 11 月）

第六章
在改革开放中建设有中国特色的社会主义
（1978 年 12 月—1992 年 9 月）

第七章
在世纪之交迎接机遇与挑战
（1992 年 10 月—2002 年 11 月）

第八章
积极投身全面建设小康社会
（2002 年 12 月—2012 年 10 月）

第九章
不断谱写新时代劳动者之歌
（2012 年 11 月—2017 年 9 月）

第十章
为全面建成社会主义现代化强国而奋斗
（2017 年 10 月—2024 年 10 月）

第一章

劳模表彰起源于土地革命战争时期

（1925年5月—1937年6月）

引　语

工人阶级是人类历史上最伟大、最先进、最革命的阶级。1925 年 5 月 1 日，工人阶级在中国共产党的领导下，成立中华全国总工会，实现了全国工会在政治上和组织上的团结与统一，揭开了中国工人运动的新篇章，书写了中国工运史上灿烂的一页。

中国共产党是中国工人阶级的先锋队，而劳动模范则是中国工人的先锋代表。1925 年至 1933 年，工人阶级中的优秀代表组成运输队，支援北伐战争；发动罢工斗争，向资本家提出改善生活待遇的要求；拥护中国共产党的领导，承担起直接配合、支援革命战争的历史任务。他们虽无劳动模范之名，但具劳动模范之实。

1933 年 5 月，中华苏维埃共和国首都瑞金开展了春耕生产运动大赛。为了表彰和推动妇女参加生产劳动，苏维埃政府于 1934 年春在瑞金叶坪召开了苏区妇女劳动模范代表大会。会上，毛泽东发表讲话肯定了劳动妇女的功绩，并向妇女代表颁发了印有“劳动模范妇女”的奖品。这被看作我国首次使用“劳动模范”这一称谓来称呼在生产建设中成绩卓越的劳动者，在我国劳模史上具有重要意义。

1927 年至 1937 年，是中国共产党领导的土地革命战争时期。在这 10 年间，中国共产党经过空前艰苦、曲折和复杂的斗争，逐步探索出适合中国革命发展的道路——农村包围城市，武装夺取政权。也正是在这10年间，土地革命和生产竞赛在中国共产党领导的中央苏区得到探索和发展。为保卫和巩固红色政权、发展苏区生产、改善自身经济条件和生活条件，中国共产党在中央苏区开展群众性劳动竞赛活动，领导人民群众用自己拥有的生产资料和生产手段，自觉自愿开展生产活动。顺势应时，第一代劳模在中央苏区诞生。他们身上充分展现了劳动群众的积极性与创造性，闪烁着民族精神和时代精神。

第一节

中华苏维埃共和国在瑞金成立

1925 年 5 月 1 日，是中国工人运动的一个重要转折点，更是中国革命史上的一个重要里程碑。在第二次全国劳动大会上，正式成立了中华全国总工会。自此，中国工人阶级和广大革命工会汇聚在中华全国总工会的旗帜下，劈波斩浪、奋勇前行。1927 年大革命失败后，中国革命发生了深刻变化。中国共产党领导的工人阶级反抗斗争转为工农武装暴动和建立农村革命根据地，反帝反封建斗争进入土地革命战争时期。以毛泽东为主要代表的中国共产党人在探索中国革命的实践中，开辟了“农村包围城市，武装夺取政权”的革命道路，这是夺取中国革命胜利的必由之路。

一、土地革命调动根据地生产积极性

1927 年 9 月 9 日，毛泽东领导了湘赣边界秋收起义。之后，他率

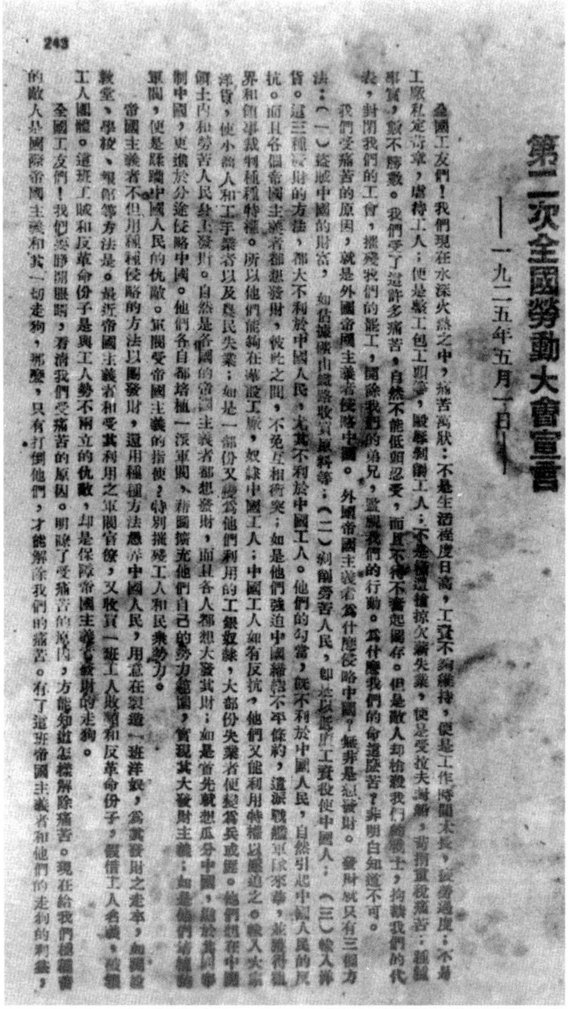

243

第二次全國勞動大會宣言
——一九二五年五月一日——

全國工友們！我們現在水深火熱之中，痛苦萬狀：不是生活程度日高，工資不夠維持，便是工作時間太長，疲勞過度；不是工廠私定苛章，虐待工人；便是監工包工頭等，毆辱剝削工人；不是積遭輪掠欠薪失業，便是受拉夫海盜，苛捐重稅痛苦；種種罪責，數不勝數。我們受了這許多痛苦，自然不能低頭忍受，而且不得不奮起圖存。但是敵人卻槍殺我們的戰士，拘禁我們的代表，封閉我們的工會，摧殘我們的罷工，開除我們的弟兄，監視我們的行動。為什麼我們的命運這麼苦？非明白知道不可。

我們受痛苦的原因，就是外國帝國主義者侵略中國。外國帝國主義者為什麼侵略中國？無非是想發財。發財就只有三個方法：（一）盜賊中國的財富，如佔據礦山鐵路收買原料等；（二）剝削勞苦人民，即是以賤價工資役使中國人；（三）輸入廉貨。這三種發財的方法，都大不利於中國人民，尤其不利於中國工人。他們的勾當，既不利於中國人民，自然引起中國人民的反抗。而且各個帝國主義者都想發財，彼此之間，不免互相衝突；如是他們強迫中國締結不平條約，遣派戰艦軍隊來華，並獲得租界和領事裁判種種特權。所以他們能夠在華設工廠，奴隸中國工人；中國工人如有反抗，他們又能利用特權以壓迫之。輸入大宗洋貨，使小商人和手工業者以及農民失業；如是一部份又變為他們利用的工錢奴隸，大部份失業者便變為兵或匪。他們想在中國領土內和勞苦人民身上發財。自然是各國的帝國主義者都想發財，而且各人都想大發其財；如是首先就想瓜分中國，劃於其勢制中國，更進於分途侵略中國。他們各自都培植一派軍閥，藉圖擴充他們自己的勢力範圍，實現其大發財主義；如是他們培植軍閥，便是蹂躪中國人民的仇敵。軍閥受帝國主義的指使，特別摧殘工人和民衆勢力。

帝國主義者不但用種種侵略的方法以圖發財，還用種種方法愚弄中國人民，用意在製造一班洋奴，為其發財之走卒，如開設教堂、學校、報館等方法是。最近帝國主義者和受其利用之軍閥官僚，又收買一班工人敗類和反革命份子，假借工人名義，破壞工人團體。這班工賊和反革命份子是與工人勢不兩立的仇敵，卻是保障帝國主義者發財的走狗。

全國工友們！我們要睜開眼睛，看清我們受痛苦的原因。明瞭了受痛苦的境內，方能知道怎樣解除痛苦。現在給我們種種痛苦的敵人是國際帝國主義和其一切走狗，那麼，只有打倒他們，才能解除我們的痛苦。有了這班帝國主義者和他們的走狗的利益，

为了贯彻中国共产党第四次全国代表大会的决议，1925 年 5 月 1 日在广州召开了第二次全国劳动大会，正式成立了中华全国总工会。图为第二次全国劳动大会宣言。

领秋收起义的部队登上井冈山，创建了中国共产党第一个农村革命根据地，开始施行“耕者有其田”的政策，极大地调动了根据地农民的热情。

1928 年 4 月下旬，朱德、陈毅率领的南昌起义的部分队伍和湘南起义的农民军陆续到达井冈山地区，和毛泽东领导的部队实现胜利会师。后来，彭德怀、滕代远领导的平江起义部队也到达井冈山。随着井冈山革命武装力量的增强，井冈山革命根据地也日益壮大。井冈山

革命根据地的巩固与发展，同土地革命是分不开的。1928 年 5 月至 7 月，井冈山革命根据地掀起了分田的热潮，并于年底颁布了井冈山《土地法》。广大农民分到了土地，看到中国共产党领导的军队是为老百姓服务的，都衷心拥护中国共产党、拥护红军，与中国共产党坚定地站在了一起。

1929 年 1 月 14 日，根据革命形势的变化，毛泽东、朱德、陈毅等率红四军主力离开井冈山，转战赣南、闽西，获得更大的发展空间。在赣南、闽西游击期间，红军带领各地群众开展土地革命。经过 3 年多的土地革命实践，形成了一套切实可行的土地革命路线、方针和政策。其主要内容是：依靠贫农、雇农，联合中农，限制富农，消灭地主阶级，变封建土地所有制为农民土地所有制，以乡为单位，按人口分配土地，在原耕地的基础上，抽多补少，抽肥补瘦。土地革命的深入开展，使广大农民获得了赖以生存的土地，农民的革命性和生产积极性日益提高，根据地得到进一步巩固和发展。

中国共产党在农村领导创建的各级红色政权，是工人阶级领导的工农民主政权。为了维护工人、农民的利益，调动工人、农民的劳动积极性，各级红色组织逐步制定和完善了劳动立法。1929 年 10 月，闽西上杭县第一次工农兵代表大会通过《上杭县劳动法》（原称《劳动问题案》），开创了红色政权区域劳动立法之先河，成为革命根据地第一部既能保护工人权益，又有助于发展生产的劳动法规。1930 年 2 月，闽西永定县第二次工农兵代表大会通过《永定县保护劳动法》。1930 年 3 月，在龙岩召开的闽西苏区第一次工农兵代表大会通过《闽西劳动法》。1930 年 5 月在上海秘密召开的全国苏维埃区域代表大会通过的《劳动保护法》，成为全国苏维埃区域性的第一部比较完备的劳动法规。该法共 8 章 44 条，对工作时间、休息时间、工资、女工及未成年工人、保障与抚恤、工会、社会保险、劳动保护与监察等事项，分别作了具体规定。

政治、经济上的翻身，使广大农民迅速感受到了国共两党和两个政权的差异，极大地激发了广大农民的革命积极性。他们拥护土地革命，拥护中国共产党，使各根据地不断得到巩固和发展。

二、《中华苏维埃共和国劳动法》正式颁布

在各根据地和红军不断发展的形势下，尤其是伴随赣南、闽西根据地的巩固和发展，建立中央红色政权成为中国共产党领导革命发展的必然选择。1931 年 11 月 7 日，中华工农兵苏维埃第一次全国代表大会在瑞金叶坪谢氏宗祠隆重召开。毛泽东代表中共苏区中央局向大会作报告。大会选出毛泽东、周恩来、朱德等 63 人组成中华苏维埃共和国中央执行委员会。在中华苏维埃共和国中央执行委员会第一次会议上，毛泽东当选为主席，项英、张国焘当选为副主席。在中央执行委员会之下，成立人民委员会，作为中华苏维埃共和国中央行政机关。毛泽东任人民委员会主席，项英、张国焘任副主席。中华工农兵苏维埃第一次全国代表大会的胜利召开，向全世界庄严宣告中华苏维埃共和国临时中央政府正式成立。

在这次大会上通过的《中华苏维埃共和国劳动法》于 1932 年 1 月 1 日生效。这是中华苏维埃共和国成立后，在苏维埃区域第一个以国家基本法形式颁布的劳动法。该法共 12 章 75 条，内容包括总则、雇佣的手续、集体合同与劳动合同、工作时间、休息时间、工资、女工、青工及童工、劳动保护、中华全国总工会及其他地方的组织、社会保险、解决劳资冲突及取缔违反劳动法的机关等，用法律形式废除了对工人的各种封建的剥削和一切压榨工人的不合理的陋规，明确规定了维护工人权益的若干原则和措施。例如，保障工人的政治权利，废除封建剥削和陈规陋习，反对无故解雇工人，改善劳动条件，提高

工人工资，坚持同工同酬，实行劳动保护和社会保险；严格取缔“包工”“招工员”以及任何私人设立的“工作介绍所”或“雇用代理”，严禁要工人出钱买工作或从工资中扣钱作为介绍工作报酬；禁止向工人罚款、克扣工资、征收保证金或强迫储金等行为。同时，规定了工人有集会、结社以及参加工会的权利，保证工人有一定的时间参加社会活动，不得扣除工资；规定了工时、工资、青工女工特殊利益以及劳动保护和社会保险；规定了工作时长一般不超过 8 小时，在危害健康的部门工作可减少到 6 小时；规定了劳资纠纷和违反劳动法的处理办法；劳动处理有评判委员会、仲裁委员会、劳动法庭等。

《中华苏维埃共和国劳动法》作为各红色政权区域一体遵行的统一法律，与 1929 年 12 月南京国民政府颁布的《工厂法》有着本质区别。1933 年 3 月 28 日，中华苏维埃临时中央政府人民委员会召开第三十八次例会，决定修改《劳动法》，于 1933 年 10 月 15 日重新颁布了《中华苏维埃共和国劳动法》，并宣布 1931 年通过的《劳动法》失效。与此同时，还发布了《中华苏维埃共和国违反劳动法令惩罚条例》，作为处罚违反新《劳动法》各项规定的法律依据。

第二节

中央苏区开展革命竞赛

中华工农兵苏维埃第一次全国代表大会以后，各苏区的雇农工会和职工联合会根据大会决议，紧紧依靠群众，不仅开展了改造和建立工会的工作，而且开展了革命竞赛，还在扩红运动、购买公债券、征集粮食等工作中开展了模范竞赛运动。

一、借鉴苏联社会主义劳动竞赛模式探索新制度

中央苏区的革命竞赛工作借鉴了苏联的社会主义劳动竞赛模式。俄国十月革命胜利后，以英法为首的协约国对苏俄的红色政权发动了大规模武装干涉。在这种情况下，苏俄党的中央委员会发出了党员必须以革命的精神来支援国家的号召。1919 年 4 月 12 日星期六，莫斯科—喀山铁路分局的 15 名工人在下班后通过义务劳动，抢修了 3 台损坏了的机车。不久后的 5 月 10 日，同样是在星期六，为克服困难、战

胜敌人、保卫苏维埃政权，该铁路的 205 名共产党员和工人发起共产主义星期六义务劳动。这一次，他们以 1040 个工时，修好了 4 台机车和 16 个车厢，装卸了 9300 普特材料。这一消息传出之后，引起了很大反响，并得到了列宁的热烈赞扬和大力推广，“义务星期六”很快成为群众性竞赛活动。

1929 年 3 月 5 日，列宁格勒的红色维堡工厂向苏联所有工厂提出了劳动竞赛挑战，从而发出了社会主义劳动竞赛的信号。在这一背景下，这些劳动竞赛运动开始逐渐走出苏联国门，被世界上其他国家的共产党所借鉴。

作为国际共产主义运动的重要组成部分，中共中央为保卫和巩固红色政权、发展苏区生产、改善自身经济条件和生活条件，决定在中央苏区轰轰烈烈地开展群众性劳动竞赛活动，领导劳动人民用自己拥有的生产资料和生产手段，自觉自愿开展群众生产活动。

1932 年 3 月 23 日，中共中央组织局发出《关于革命竞赛与模范队的问题》的通知，号召全党要“发动群众积极性，用组织模范队和革命竞赛的新方式……转变全部工作”。中华苏维埃共和国临时中央政府土地部也发布训令，要求各级苏维埃政府“组织生产竞赛，乡与乡赛，村与村赛，家与家赛，团体与团体赛”，并制定了有关竞赛的评比标准和奖励办法。而始于农村的革命竞赛，也很快在根据地开展起来。

二、制定竞赛的主要内容和管理制度

革命竞赛，即通常所讲的生产（劳动）竞赛、工作竞赛等多种形式的竞赛活动。革命竞赛的主要目的是广泛调动群众的积极性，努力做好各方面的工作。革命竞赛的参加对象主要是兵工厂、中央印刷局、粮食调剂总局等国家企业与合作社企业里的职工群众。革命竞赛的组织领导者主要是各地工会，工会用这种竞赛的形式来调动广大职工群众的积极性，用先进集体和个人的事迹来推动竞赛广泛深入地开展，发挥着巨大作用。

革命竞赛的内容依据革命形势、竞赛地点的变化而有所不同，主要包括：比劳动纪律，遵守办公时间，按时上工，无故不得迟到早退，无故不得离开办公场所；比劳动成果，努力增加产量，节约成本，劳动成果完美优良，每天应该做的工作当日完成，每天汇报时检查一次，以汇报记录为标准；比义务劳动，靠机器生产的，因班数与机器限制，在可能范围内每天增加半小时到一小时劳动时长；比文化教育，要建立墙报政治讨论俱乐部（识字班、读报班），军事研究组要按时上课训练等。此外，还有比节省、比储蓄、比卫生等项目。这些竞赛内容很大程度激发了工农群众的劳动热忱，创造了新的劳动形式——生产竞赛、生产突击队、义务劳动，以及为苏维埃与合作社工作而自动降低工资等。

党和苏维埃政府先后制定了一系列关于革命竞赛的制度，指导革命竞赛科学合理开展。1931 年 11 月，《地方苏维埃政府的暂行组织条例》中明确将“组织革命竞赛，并进行定期的竞赛成绩检阅”作为各级苏维埃的 7 种工作方式之一。1934 年 1 月，第二次全国苏维埃代表大会《关于苏维埃经济建设的决议》中提出：“必须更进一步来发扬与提高苏区工农群众的劳动热忱。乡村中由农民自己所组织的生产突击队、冲锋劳动队以及国家企业中的革命竞赛等，应该广泛地散布出去，以提高生产。”此后，革命竞赛得到了广泛开展，遍及中央苏区的各个部门，成为苏区社会的常态化现象。全国总工会苏区中央执行局委员长刘少奇先后撰写《论国家工厂的管理》《用新的态度对待新的劳动》等文章，指导工会大规模地开展革命竞赛。党和苏维埃政府制定的严密有力的规章制度，促使竞赛活动制度化、科学化、常态化。不同地区、不同行业、不同时间，竞赛的内容不尽相同，但目的都是一个，即广泛调动群众的积极性，努力做好各方面的工作。通过革命竞赛这种形式，在群众中，在单位与单位之间，形成你追我赶、生动活泼、争当先进模范的火热劳动氛围。

三、劳模评选表彰制度初现

在苏维埃政府的大力支持和工会的精心组织下，竞赛活动呈现以下特点：一是参与的群众面广，农村、机关广大人员积极参加革命竞赛，而国家工厂的职工参加革命竞赛的在90%以上，“群众热烈订立革命竞赛（条约），村与村，这丘田与那丘田，你和我等，自动的竞赛，热闹得很，没有一个人愿意做春耕战线上的落后者”[1]。二是以精神奖励为主，对产量高、有发明的工人采用“上红板”（光荣榜）的形式进行表彰。这种表彰形式进一步推动了革命竞赛的广泛开展，使得先进模范人物不断涌现。三是表彰先进模范是以表彰先进单位、先进地区为主。

春耕生产运动时的五角星蓝裙奖品。

对于中央苏区开展的革命竞赛和奖励先进模范人物，毛泽东、刘少奇等给予了充分肯定。毛泽东在第二次全国苏维埃代表大会上强调：“提高劳动热忱，开展生产竞赛，激励生产战线上的成绩昭著者，是提

1　廖醒中：《长冈乡春耕又做了光荣的模范》，《红色中华》第167期，1934年3月27日。

高生产力的重要方法。”[1]刘少奇在《论国家工厂的管理》一文中也曾指出：“在国家工厂中，我们应该把组织与提高工人的劳动热情作为最重要的任务。组织群众的生产竞赛，组织生产突击队，发现新技术，增加工作的速度与效能，应该看作是提高国家工厂生产力的主要方法。”[2]党和政府的支持是革命竞赛和先进模范人物不断涌现的有力保障。

对于开展革命竞赛，毛泽东给予了大力支持。在担任中华苏维埃共和国中央执行委员会主席的近 3 年时间里，他紧紧依靠群众，放手发动群众，集中精力抓苏区的经济建设，在工厂、农村的各行各业中广泛开展革命竞赛。中华苏维埃共和国是中国历史上第一个全国性的工农民主政权，是中国共产党在局部地区执政的重要尝试。随着红军主力撤出中央苏区，革命竞赛这种调动劳动者积极性的工作也告一段落。中央苏区开展革命竞赛的时间虽仅有 3 年左右，但通过竞赛评选劳动模范和先进模范单位、树立劳动榜样、推动经济发展的创造性做法却影响深远。这是中国共产党在群众运动中发现总结出来的具有中国特色的劳动运动思想的成果。可以说，中央苏区的革命竞赛是中国劳模评选表彰制度的雏形。

1 中国现代史资料编辑委员会：《苏维埃中国》，1957 年。

2 中共中央文献研究室中央档案馆：《建党以来重要文献选编（1921—1949）》（第 11 册），中央文献出版社，2011 年。

第三节 中央苏区表彰劳动模范

在红色政权领导下，劳动大众的身份、地位、精神面貌、价值取向等都发生了巨大变化。他们对为什么劳动、以什么态度对待劳动已有了较明确的认识。因此，伴随革命竞赛在中央苏区开展得如火如荼，劳动大众的精神面貌为之一新，工农群众的觉悟明显提高，生产效率大幅度增长，先进人物与模范人物也层出不穷。

一、春耕生产运动涌现出劳动模范

1933 年，瑞金武阳区开展了春耕生产运动。此次运动“激发了群众积极性和革命热忱……家与家比，屋（小村）与屋比，村与村比，乡与乡比。比什么？比耕耘，比肥料，比杂粮蔬菜种植……比赛起了积极的推动作用”。[1] 因为武阳区在备耕任务中表现优异，中央政府为了总结和推广经验，决定在武阳召开春耕生产运动代表大会。

（一）武阳春耕生产运动代表大会

1933 年 5 月 18 日至 22 日，武阳春耕生产运动代表大会（武阳劳模表彰大会）在瑞金武阳区苏维埃政府所在地邹家祠召开，会议为期 5 天。出席会议的领导人有中央执行委员会、中央人民委员会主席毛泽东，中央政府土地部部长胡海等。参会代表有江西省于都、兴国、瑞金、会昌、宁都、石城、广昌等地以及福建省长汀县的苏维埃政府主席、土地部长，瑞金县的妇女委员会、水利建设科、农业生产科等部门负责人。此外，瑞金各区、乡的苏维埃政府主席，武阳区的妇女委员会、贫农团、少共区委及各乡的耕田队、贫农小组均有代表参加。会议代表共计 80 余人。

1933 年 5 月 19 日，毛泽东率中华苏维埃共和国临时中央政府代表团前往瑞金县武阳区，出席在武阳区举行的“春耕模范”赠旗大会。大会设有“春耕模范”的奖旗，毛泽东在会上代表临时中央政府向武阳区和石水乡群众赠送奖旗，并发表了重要演讲。毛泽东对当前革命战争的形势、革命战争与发展生产的关系、改善群众的生活等工作作了报告，称赞武阳区特别是石水乡的春耕生产，号召瑞金全县人民向武阳区学习，搞好春耕生产运动。毛泽东还结合武阳生产经验起草了“春耕生产运动大纲”，会议代表对该大纲进行了认真讨论。因这次大会设有“春耕模范”的奖旗，“模范”一词也因此“走红”。

这次会议是中国共产党历史上第一次对劳动生产中涌现出的先进代表进行的表彰活动，开模范表彰之先河。

1　才溪乡调查纪念馆:《才溪革命史资料》，1983 年。

1933 年 5 月 19 日，毛泽东代表中华苏维埃共和国临时中央政府授予瑞金县武阳区的“春耕模范”奖旗。

瑞金县武阳区“春耕模范”赠旗大会旧址。

（二）形式多样、广泛深入的劳动竞赛

武阳劳模表彰大会充分展现了春耕生产运动和苏区生产劳动建设的成果，充分验证了团结群众、发动群众这一法宝，也充分体现了苏区的经济建设思想和工作方法。由于领导人的参加和推动，苏区“学先进评模范”的工作开展得如火如荼，劳动模范层见叠出，工农的劳动热情洋溢于工厂、企业和田间地头。

在农业生产竞赛活动的影响下，中央苏区各企业和政府机关的劳动竞赛也热火朝天地开展起来。中央苏区广大工人和机关工作人员积极响应中华苏维埃共和国临时中央政府“一切为着革命战争，为着前线的胜利”的号召，自觉组织生产模范队、经济核算队、生产突击队，开展各种形式的劳动竞赛活动。他们用冲锋战斗的英勇精神，你追我赶，像前方战士打仗一样，把生产劳动的热情发扬到了新高度；主动延长工作时间，提高劳动强度，改进工作方法，努力增加产量。

在苏维埃政府的领导下，革命根据地的军民积极进行经济建设，开展打破敌人经济封锁的斗争，使农业、工业、商业、交通、邮电、财政等经济工作都得到了一定程度的发展。

二、“劳动模范”称谓首次使用

在战争年代，男子成为红军的主力军，女子自然成为生产劳动的主力军。这一点在苏区表现得非常明显。依据毛泽东在《长冈乡调查》中的记载：长冈乡 16 岁至 45 岁的全部青壮年 733 人，外出当红军做工作去了 320 人，在乡 413 人，其中男子只有 87 人，女子竟占 326 人（一与四之比），因此长冈乡的生产绝大部分是依靠女子。长冈乡提出了“妇女学习犁耙”的口号，女子已是成群地进入生产战线中，这证明有组织地调剂人工与推动女子参加生产，是不可分离的任务。长冈乡扩大红军如此之多，生产不减少，反增加了，即因为他们把这个问

题很好地解决了。[1] 正是在中国共产党和苏维埃政府的领导下，女子们走出家门，走向生产场地，在革命竞赛的号角中耙地犁田，同男子一样开展劳动。于是，大量妇女劳动模范也出现在生产运动中。

（一）在妇女生产运动中出现“劳动模范”称谓

为了鼓励妇女积极参加生产劳动，中央局妇女部提出了“每个劳动妇女英勇地踏上生产战线，像红军战士上火线一样英勇”的口号，并在各乡组织了生产教育委员会，请犁耙田能手直接教妇女生产技能。很多妇女克服小脚的苦难，咬牙下水田，用辛勤的劳动来支援革命战争。

为了表彰和推动妇女参加生产劳动，苏维埃政府于 1934 年春在瑞金叶坪召开了苏区妇女劳动模范代表大会。毛泽东与福建、湘赣、粤赣省的妇女代表共同参加了此次大会。据老一辈革命家、曾为中共中央第一任妇女部部长的李坚真同志回忆：

> 毛主席亲自参加了现场会，那时毛主席被剥夺对红军的领导职务，只担任苏维埃政府的主席。他为了掌握第一手材料，看看妇女学犁田、耙田到底行不行，有什么困难，如果妇女能把犁田、耙田的担子挑起来，那么后方生产的任务也就有办法完成了。毛主席那天穿了一身便衣，脖子上搭了一条毛巾，裤腿卷得高高的，站在田埂上。他看到那些妇女犁耙田能手，扶着犁把在水田里操作得很好，学习犁田的妇女劲头也很高，高兴极了，对大家说：“封建社会有种迷信说法，说妇女犁田会遭雷公打。现在时代不同了，男女平等，男同志能做到的事情，你们女同志也可以做到，今天你们不

---

1 《毛泽东农村调查文集》，人民出版社，1982 年。

是也做到了吗……”毛主席讲完话，又亲自给学犁田、耙田的妇女劳动模范发了奖状和奖品。奖品是一条围裙和一顶竹笠，围裙上绣着“劳动模范妇女”的字样，竹笠上印有“学犁耙能手”几个大字。[1]

在妇女劳动模范代表大会上，毛泽东不仅发表讲话肯定了劳动妇女的功绩，而且向妇女代表颁发了印有“劳动模范妇女”的奖品。这被看作中国首次使用“劳动模范”这一称谓来称呼在生产建设中成绩卓越的劳动者，在中国劳模史上具有重要意义。

1934 年春，瑞金中央苏区妇女在参加农业生产。

（二）第二次全国苏维埃代表大会重视劳模作用

在苏区举办数次劳模大会之后，劳动模范阵营日益发展壮大，其影响受到毛泽东和党中央的高度重视。1934 年 1 月 22 日，中华苏维埃

1 李坚真：《李坚真回忆录》，中共党史出版社，1991 年。

共和国第二次全国苏维埃代表大会在瑞金召开，毛泽东代表中华苏维埃共和国中央执行委员会和人民委员会向代表们作了长篇报告。

此次会议还通过了《关于苏维埃经济建设的决议》。该《决议》提出：苏维埃政府应该特别奖励模范乡村的农户，模范的工厂、生产队以及个别的劳动战线上的英雄。鼓励广大妇女群众参加农业上与工业上的生产，对于发展苏区生产是非常必要的。私人资本企业中，在工人自愿、改善工人生活、苏维埃政府与工会监督的条件之下，亦得增加劳动生产率。必须让每个工人群众了解，苏维埃政权下生产的发展，是和全体民众生活的改善不能分开的。共产主义礼拜六必须真正开始。对于劳动的共产主义态度，首先应该在国家企业内极大地发扬起来，教育工人群众为苏维埃政府劳动，即是为了无产阶级自身的最后解放与社会主义的胜利而劳动。在苏维埃企业内的劳动纪律，应该是无产阶级纪律的模范。一切提高生产力的发明都应该得到苏维埃政府的奖励。[1] 从此以后，对劳模的大力表彰成为党内共识。在党的领导下，一代又一代劳动模范发挥示范和带头作用，在不同历史时期都作出了重大贡献。热火朝天的劳动竞赛激发了广大群众的劳动热情，促进了生产发展，改善了群众生活，使中央苏区充满了朝气蓬勃的生机。1934 年 3 月，时任全国总工会苏区中央执行局委员长刘少奇在专门为革命根据地工人所写的《用新的态度对待新的劳动》一文中指出："把那些真正的突击队员——劳动的英雄们，列在红板上去！极大地在群众中奖励他们。因为他们是革命战争中生产战线上的先锋与模范。"[2]

从 1934 年 9 月开始，国民党军队加紧对中央革命根据地腹地发动进攻，红军已几乎没有可能在原地扭转战局。10 月，中共中央、中央

1　中央档案馆：《中共中央文件选集》（第 10 册），人民出版社，1991 年。

2 《刘少奇选集》（上卷），人民出版社，1981 年。

革命军事委员会率中央红军主力踏上战略转移的漫漫征程。陕甘根据地是土地革命战争后期全国硕果仅存的完整革命根据地，为中共中央和各路红军提供了落脚点。1936 年 2 月至 7 月，红一方面军先后进行东征和西征，将陕甘根据地扩大为陕甘宁根据地。受黄土高原地理气候的影响，陕北的自然资源相对贫瘠匮乏，持续巩固和不断扩大革命根据地，广泛动员根据地干部群众积极投身生产，成为战略安排和现实选择。中央苏区通过劳动竞赛评选劳动模范和先进模范单位，来调动劳动者积极性的创造性办法，在抗日战争时期得到了进一步的延续和推广。

第二章

全民族抗日战争时期
掀起大生产运动

（1937年7月—1945年8月）

引　语

1937 年 7 月 7 日“七七事变”（又称“卢沟桥事变”）后，日本军国主义者对中国发动了全面的侵略战争，中国人民从此奋起进行全民族抗战。从那时起，大江南北，长城内外，无论是正面战场，还是敌后战场，千千万万爱国将士浴血奋战、视死如归，各界民众万众一心、同仇敌忾，奏响了一曲曲气壮山河的抗击日本侵略的英雄凯歌，用生命和鲜血谱写了感天动地的反抗外来侵略的壮丽史诗。

从 1937 年 7 月 7 日“七七事变”到 1945 年 8 月 15 日日本无条件投降，广大工人群众在中国共产党的领导下，坚决拥护和支持抗日民族统一政策，广泛投入抗日战争中，积极参与革命根据地政权巩固和经济建设，加入大生产运动和新劳动者运动中。

在国统区的广大工人群众不断开展争取生存权利的斗争，积极支援前线，英勇作战，为战胜日本帝国主义、实现民族独立和人民解放建立了不朽历史功勋。

在党的领导下，各抗日民主根据地的工会组织工人群众，进一步开展了以赵占魁为旗帜的新劳动者运动，以及革命竞赛、生产竞赛等大生产运动，并多次举办劳动模范的表彰活动，充分调动广大劳动群众的生产积极性和创造性，为夺取抗日战争的最后胜利提供了保障。

1939 年 4 月 1 日，陕甘宁边区政府公布《陕甘宁边区人民生产奖励条例》及《督导民众生产运动奖励条例》，明确对“劳动英雄”和“对于推动和领导民众生产运动起模范作用”者进行奖励。这是首次由政府颁布的奖励劳模的条例。

1943 年 10 月 5 日，《陕甘宁边区劳动英雄与模范生产工作者大会及其代表的选举办法》颁布。该《办法》对评选劳动模范（劳动英雄）和召开劳模大会的意义、劳动模范（劳动英雄）产生的程序及当选的条件等，都一一提出了明确要求。此后，评选劳动模范成为各边区开展生产竞赛和生产运动的重要一环。

这一时期，中国共产党对在生产运动中取得重大成绩者予以奖励，并逐渐形成全民参与的评选机制。在工厂、农村、政府机关和军队等各个领域，涌现出赵占魁、吴满有[1]、刘建章、陈德发、郭凤英、杨朝臣等近千名边区劳动英雄。各条战线上涌现出的劳动英雄为革命根据地的政权巩固和经济建设作出了突出贡献，丰富了劳模精神的时代内涵。1945 年 1 月，毛泽东在《必须学会做经济工作》中用“三种长处”“三个作用”对劳动模范给予高度评价。

1　编者注：吴满有是陕甘宁边区农业战线上的第一位特等劳动英雄。1942 年 5 月 11 日，延安《解放日报》发表题为《边区农民向吴满有看齐》一文，号召边区农民向吴满有学习、看齐，发展农业生产，边区从此开展起“吴满有运动”。1948 年 5 月，参军后担任西北野战军二纵民运部副部长的吴满有在西府战役中被俘，被押解到南京。不久，国民党发表广播，内容是吴满有的讲话，表示他投靠国民党，脱离共产党。1949 年 11 月，吴满有被释放。1950 年 3 月，他回到延安老家后，被视为叛徒并被开除党籍。

第一节

大生产运动的源起

大生产运动是抗日战争时期中国共产党领导的所有生产竞赛、劳动运动以及劳动竞赛的总称。它不仅指在延安开展的大生产运动，也泛指中国共产党在抗日战争时期，为了生存和发展，领导各抗日根据地军民开展的以自给自足为目标的大规模生产自救运动。大生产运动并非一蹴而就，它的发生、起源与当时的抗战形势和党对时局的判断密切相关。

一、生产运动为共克时艰服务

抗日战争初期，陕甘宁边区政府的财政经济状况良好。从 1937 年开始的 4 年内，陕甘宁边区政府财政经济每年都有结余。这不仅因为边区工农的辛勤劳动，还因为国民党政府在第二次国共合作后，在一定程度上承认了中国共产党领导的陕甘宁边区等地的红色政权和八路军、新四军等武装力量的合法地位，在财政上也给予了一定的支持。但是，毛泽东对边区的财政经济状况始终保持高度警惕，以居安思危的态度来鼓励群众扩大生产。

（一）敌后战场极其艰苦的物质条件

1937年11月8日，太原失陷，以中国共产党为主体的游击战争在华北上升到主要地位。当装备精良的日军气势汹汹地向前猛进时，国民党军队节节败退，装备简陋的八路军却分散地大踏步向敌后挺进。针对抗战形势的变化，毛泽东当日就致电周恩来、朱德、彭德怀、任弼时，并告八路军各师主要负责人注重资金与给养。他说："八路军将成为全山西游击战争之主体。应该在统一战线之原则下，发动群众，扩大自己，征集给养，收编散兵，应照每师扩大三个团之方针，不靠国民党发饷，而自己筹集供给之。"

中国共产党领导的敌后游击战争是世所罕见的艰苦战争：面对日本侵略军的反复"扫荡"，八路军只有极简陋的武器装备，也没有来自后方的弹药接济；在敌人包围下建立起来的抗日根据地，大多处在穷乡僻壤，物质条件极其恶劣；1937年11月，八路军向晋察冀进军时，五台山已经开始飞雪，但战士还穿着单衣草鞋，在破庙中过夜。

（二）提出独立自主开展生产运动

1938年10月，日军占领广州、武汉后，已无力再发动大规模的战略进攻。抗日战争进入战略相持阶段，大生产运动得到党中央前所未有的高度重视。当时，抗日根据地遭到了国民党顽固派和日本侵略者的经济封锁，加之1940年到1942年连续发生的自然灾害，根据地财政经济与物资供给遭遇严重困难。毛泽东在回顾当时的状况时，描述道："几乎没有衣穿，没有油吃，没有纸，没有菜，战士没有鞋袜，工作人员在冬天没有被盖。国民党用停发经费和经济封锁来对待我们，企图把我们困死。”[1] 在这样极端困难的生存条件下，革命需要生产，生产就是革命，开展大生产运动是边区军民走出困境的唯一出路，成为决定抗日战争成败甚至关乎中国革命前途的重要环节。毛泽东对此已有预料，并及时提出了对策：发动群众、自己动手、发展经济、保障供给。随即，八路军留守兵团在战斗和训练之余开展了生产运动，通过创办合作社、种菜、养猪等生产经营活动，改善了部队的生活。毛泽东对他们的做法给予了充分肯定，并要求推广到其他部队。1938 年 12 月 8 日，毛泽东在后方军事系统干部会上作报告时指出，要增加力量，做好生产、统一战线和党的生活等方面的工作。他说：“生产，即生产运动，我们现在钱虽少但还有，饭不好但有小米饭，要想到有一天没有钱、没有饭吃，那该怎么办？无非三种办法，第一，饿死；第二，解散；第三，不饿死也不解散，就得要生产。我们来一个动员，我们几万人下一个决心，自己弄饭吃，自己搞衣服穿，衣、食、住、行统统自己解决，我看有这种可能。”[2] 因毛泽东的倡导，生产运动问题引起党内高层的重视，并逐步形成共识，党内于次年正式提出生产自给的任务。

二、生产运动成为重要战斗任务

1939 年 1 月 17 日至 2 月 4 日，陕甘宁边区第一届参议会在延安召开，毛泽东在会上提出“发展生产、自力更生”的口号。他号召边区的广大人民群众和部队、机关、学校等各行各业都要开展必要的生产。同时，陕甘宁边区政府主席林伯渠向大会作政府工作报告，在讲到边

1 《毛泽东选集》（第三卷），人民出版社，1991 年。

2 中共中央文献研究室：《毛泽东年谱（1893—1949）（修订本）》（上册），中央文献出版社，2013 年。

区政府的任务时强调：为要支持长期抗战，应付日益剧增的经济困难，同时建立国防经济基础，改善人民生活，以加强抗战力量，扩大生产运动，成为目前重要战斗任务之一。[1] 此次会议还通过了高克林等同志提议的《工作人员参加生产运动案》，并提交边区政府实行。

（一）党政军生产动员大会在延安召开

就在会议召开期间，中国共产党中央书记处于 1939 年 1 月 26 日开会讨论边区生产问题，同时决定成立以林伯渠为主任的总生产委员会，负责领导整个边区的生产工作。2 月 2 日，中共中央在延安召开党政军生产动员大会，中央财政经济部部长李富春代表中央作了题为《加紧生产，坚持抗战》的动员报告，阐明了开展生产运动的目的和意义，提出了发展生产的具体计划步骤，号召全体军民努力生产，克服困难。毛泽东、张闻天等中央领导出席会议并发表讲话。毛泽东在讲话中说："今天开生产动员大会，意义是很大的。要继续抗战，就需要动员全中国的人力物力。陕甘宁边区有 200 万居民还有 4 万脱离生产的工作人员，要解决这 204 万人的穿衣吃饭问题，就要进行生产运动……去年留守兵团部分地进行了生产运动，他们日常生活改善了，冬天解决了鞋袜问题。过去有部队的战士冻足冻手，现在这种现象消失了，这也是进行生产运动之功。所以无论部队机关，这种生产运动必须开展起来，大家种菜喂猪，办合作社，进行一场伟大的经济战线上的斗争。"[2]

2 月 4 日，陕甘宁边区党委、边区政府、边区抗敌会、保安司令部联合发出了《关于发展生产运动的紧急通知》，要求各机关、部队及全

1 陕西省档案馆、陕西省社会科学院：《陕甘宁边区政府文件选编》（第 1 辑），档案出版社，1986 年。

2 刘益涛：《毛泽东在延安纪事》，陕西人民出版社，1994 年。

边区人民坚决响应中共中央关于广泛开展生产运动的号召，并提出要求，本年增开荒地 60 万亩，以达到生产自给的目的，同时要求各县组织生产委员会，具体领导生产运动。

（二）大生产运动正式拉开序幕

在陕甘宁边区第一届参议会结束后数天，1939 年 2 月 10 日，陕甘宁边区总生产委员会作为生产运动的指导机关在延安成立。为奖励各级干部和参加生产运动努力完成生产指标的军民，陕甘宁边区政府制定并颁布了《陕甘宁边区人民生产奖励条例》等 3 个生产运动奖励条例。3 月 19 日，毛泽东又致电彭德怀，并告朱德等人，陕甘宁边区正在发展生产运动，以备最困难时能自给自足。“前方注意银行、税收问题是很对的，但根本方针在生产，请考虑在某些较稳固区域不但发动民众增加生产，而且发动机关、学校、部队（在不妨碍工作、学习及战斗下）亦自己动手从事生产。”[1] 6 月 10 日，毛泽东在延安党的高级干部会上作报告时再次强调：“吃饭是第一个问题，要自力更生、克服困难。同时号召一切可能地方，一切可能时机，一切可能种类，必须发展人民的与机关部队学校的农业、工业、合作社运动，用自己动手的方法解决吃饭、穿衣、住房、用品问题之全部或一部，克服困难，以利抗战。”[2]

由上述可知，大生产运动于 1939 年春天正式拉开序幕。它首先在以延安为中心的陕甘宁边区开展，而后逐步在各抗日根据地开展起来。它在广大劳动群众的生产热潮里实现了组织一切劳动力、半劳动力的任务，并创造了凸显劳动英雄、模范农户和模范干部的条件，为评选

1 中共中央文献研究室：《毛泽东年谱（1893—1949）（修订本）》（中册），中央文献出版社，2013 年。

2 中央档案馆：《中共中央文件选集》（第 12 册），中共中央党校出版社，1991 年。

劳动模范和劳动英雄奠定了扎实基础。在大生产运动中，中央领导人以身作则，发挥带头作用。毛泽东在自己的窑洞下面开垦了一块地，种上了蔬菜；朱德组织了一个生产小组，开垦了三亩土地；周恩来和任弼时不顾工作繁忙，坚持在空闲时间积极纺线，两人还在中央直属机关和中央警卫团举行的纺线比赛中名列前茅；陈云带头到处收集肥料，为春耕做足准备；张闻天自费买了两把锄头，自带农具坚持参加生产……中央领导人身体力行，对群众起到了极大的鼓舞作用。当时延安党政军学各界数万人投入大生产运动中，不但推动了生产高潮的到来，更成为党的优良传统的重要组成部分。之后，这也成为共产党员学习的典范。

第二节 “五一”生产大竞赛

在中共中央、中央军委的部署下，大生产运动在延安，在陕甘宁边区，在晋冀鲁豫、晋绥、晋察冀等各抗日根据地陆续开展起来。各级政府、工会组织为了鼓励和保护广大群众参加大生产的积极性，开展了多种形式的劳动竞赛。其中，最为引人注目的是“五一”生产大竞赛。

一、“五一”生产大竞赛的背景

1940 年 5 月，八路军总司令朱德从抗战前线回到延安，开始具体关注生产运动。他在工作中主抓两个方面：一是给机关和学校讲述华北抗战形势，同时继续指挥前方八路军的重大战役；二是集中精力抓陕甘宁边区的经济建设。正是基于对抗战形势的研判，朱德不仅关心农业生产，也十分关心工业生产。1940 年 10 月，他到陕甘宁边区的工厂考察工作，随后在《中国工人》第 10 期上发表了《参观边区工厂后对边区工人的希望》，指出："边区的工人，正负担着重大的任务。这个任务是什么？这个任务就是坚持自力更生的原则，从经济上建立现在八路军和新四军巩固的后方，建立未来的新中国的模范区域的基础。这是一个光荣而伟大的任务。边区工人应当勇敢地把这个任务负担起来，首先在发展经济建设的工作中，成为边区人民的模范。"接着，朱德对边区工人提出 5 点希望，其中的第一点是希望在中国工人队伍中出现许多苏联式的"斯达汉诺夫运动者"。

（一）苏联"斯达汉诺夫运动"

斯达汉诺夫是苏联著名的劳动英雄，他的先进事迹促成了在苏联普遍开展的提高劳动生产率的群众运动，即"斯达汉诺夫运动"。20 世纪 30 年代中期，苏联的生产技术水平上升得很快，但是出现了缺少精通技术的工人的问题。29 岁的青年采煤工阿列克塞·斯达汉诺夫根据自己所在班组的实际生产情况，经过反复思考、研究，在 2 个支架工人的配合下，在 1935 年 8 月 30 日至 31 日一个作业班的 5 个小时内，采掘了 102 吨煤，超过技术定额（定额是 7 吨）13 倍多，创造了新纪录。在他的带动下，苏联全国各行各业均开展了赶超斯达汉诺夫的群众性生产劳动竞赛活动。于是，"斯达汉诺夫运动"成为苏联社会主义建设历史上非常著名的生产劳动竞赛运动，斯达汉诺夫也成为劳动者的表率。由于开展了"斯达汉诺夫运动"，苏联在第二个五年计划期间，社会主义建设事业飞速发展，经济基础更加坚固和雄厚。"斯达汉诺夫运动"在苏联得到推广并传播到中国后，也激发了边区工人群众的劳动积极性，推动了生产效率的提高，鼓舞了工人们的工作热情和奋斗精神，斯达汉诺夫也成为边区工人的学习榜样。

（二）"五一"生产大竞赛拉开序幕

为响应朱德的号召，陕甘宁边区总工会于 1941 年 3 月 20 日发布了《关于迎接"五一"生产大竞赛的各项办法》，率先在陕甘宁边区广大工人群众中开展生产劳动大竞赛，并得到关中、三边等地的企业以及职工的回应与参与。依据竞赛办法，本次竞赛日期为 1941 年 3 月 25 日至 4 月 25 日，持续一个月。竞赛目标为超过本年 1 月或 2 月的最高产量。当选竞赛英雄模范人物应具备的条件包括：工作上能遵守劳动纪律，节省原材料，爱护工具；技术优良，超过个人生产计划；出品质量精美；在技术上有特别的发明与贡献者。凡满足以上四条者，可经全厂大会民主选出竞赛英雄模范人物。

同日，《新中华报》发表《以经济建设的成绩来迎接伟大的五一节》，号召全边区各工厂立即发动生产竞赛。

二、“五一”生产大竞赛的发展

为保障“五一”生产大竞赛公平、公正并具有影响力地举行，陕甘宁边区工会采取了多项措施，得到了边区各工厂和职工的积极响应。

（一）明确模范劳动者奖励办法

陕甘宁边区总工会颁布了《奖励模范劳动者办法》，将活跃在生产战线上的劳动群众全部动员起来。依据《奖励模范劳动者办法》，凡被评选为模范劳动者的工农群众，可以享受参加“五一”大会时受边区总工会的招待，在“五一”晚会上坐在最前排，以及在《新中华报》上和“五一”大会上公布其姓名等待遇。

此外，陕甘宁边区总工会专门聘请朱德、李富春、邓发、林伯渠以及叶季壮等 15 位领导人或知名人士组成“五一”生产大竞赛评判委员会，得到从上到下的广泛关注。这种高规格的评委会，极大调动了边区军民的生产热情。

（二）广大劳动群众积极响应参与

在陕甘宁边区总工会公布开展“五一”生产大竞赛的决定和《奖励模范劳动者办法》后，广大劳动群众云集响应，积极参与竞赛。他们把工会的生产竞赛号召，看作大战将临的动员令，立刻紧急行动，分头集会，热烈讨论。工会小组、党支部、工厂工人大会组织大家开展对生产计划、完成计划的具体办法、领导竞赛的组织等各项事宜的讨论。关于竞赛的一切事项由工会小组讨论提出，并经过全厂工人大会作最后决定。各工厂每天都将生产快报、生产壁报、个人生产纪录以及各部门的生产情况，向参与竞赛的全体职工做详细的报道。每位劳动者的生产成绩，像突发的号外一样，从这厂飞传到那厂。延安地区的八路军印刷厂、制药厂、被服厂、新华化学厂、难民纺织厂、农具厂等29个企业，绥德的9个厂以及其他地区的工厂也纷纷加入竞赛中来。

就在各地工人们热切地参加生产竞赛期间，陕甘宁边区政府主席林伯渠、副主席李鼎铭等领导亲赴工厂慰问调研，大学生联合会、妇女联合会等群众团体纷纷派代表到工厂慰问。陕甘宁边区总工会还出版了《“五一”生产大竞赛特辑》，宣传各工厂生产竞赛的经验。

三、“五一”生产大竞赛的影响

1941年4月25日，“五一”生产大竞赛落下帷幕。陕甘宁边区总工会在延安举行总结大会。大会宣布竞赛的结果：各厂总平均产量超过原定竞赛计划的43.6%。其中，制药厂超过120%，难民纺织厂超过83.05%，新华化学厂超过75%，印刷厂超过59%，被服厂超过38.7%，农具厂超过20%。以上各厂均是这次竞赛的先进集体单位。大会还评选出274名劳动英雄，其中46位是技术革新能手，他们的事迹受到注目与传扬。

（一）大竞赛成果充分展现劳动群众创造力

“五一”生产大竞赛是广大劳动群众在人民政权领导下开展的一次大规模生产竞赛，得到朱德等边区领导人的高度重视。在其后的纪念“五一”国际劳动节大会上，朱德亲自给劳动英雄们颁发奖状和奖品，他还对参与竞赛的广大职工给予高度评价，并于 1942 年 5 月 1 日在《解放日报》发表署名文章。文章分析了当前边区根据地生产、生活面临的严峻困境，对于工厂生产方面提出四点要求：一是教育工人树立为中华民族伟大事业服务的责任和态度；二是培养自我牺牲的奉献精神；三是发挥工人的生产热忱；四是注重节约成本，爱惜工具，不断创新工厂管理制度。

“五一”大生产竞赛充分展现了劳动群众的创造力。他们在竞赛中迸发出了热情，也对劳动有了新的认识。特别是大赛对模范劳动者的评选，再次证明了普通劳动者也可以受到军民大众的广泛尊敬。

（二）党的领导人率先垂范密切党群关系

在 1942 年 10 月 19 日至 1943 年 1 月 14 日召开的西北局高级干部会议（又称陕甘宁边区高级干部会议）上，在领导经济建设过程中作出突出贡献的王震、习仲勋等 22 名干部，被授予“生产英雄”的称号，毛泽东为他们逐一题写奖状。《解放日报》全版刊登 22 位“生产英雄”的相关报道。当时，王震带领自己所在的 359 旅的官兵们进驻南泥湾，生活条件极为艰苦。他几乎跑遍了南泥湾的每一个地方，不仅亲自参加大生产运动，还把身边的工作人员单独编成一个生产小组，参加大生产运动。他特意为自己打了一把大号的镢头，检查生产时随身扛着，走到哪里就在哪里参加劳动。习仲勋在任中共绥德地委书记期间，也十分重视以发展生产为中心，推广先进经验，开展劳动竞赛。在大生产运动中，绥德地委和专员公署还号召机关干部厉行节约，勤俭办事，走出机关，参加生产劳动，帮助农民克服困难，发展生产。在习仲勋等领导同志的带动下，机关干部按规定完成个人的生产、纺线任务，使党政机关的生活办公费用实现了自给自足。毛泽东为习仲勋题写“党的利益在第一位”，予以表彰。

第三节

在延安召开劳模表彰大会

在抗日战争中，从延安兴起的大生产运动是党中央面对战争、渡过难关的一个重大创举。它缓解了军民供需矛盾，打破了国民党对中国革命力量的封锁，对保证抗战胜利和促进中国革命的发展具有极其重大的意义。而延安作为陕甘宁边区的政府所在地，不仅见证了大生产运动从起源到扩展的全过程，还见证了大生产运动中涌现出来的一批又一批劳动模范。他们艰苦奋斗、勤于劳作的模范事迹，是中华民族伟大的精神财富。

一、延安诞生首个政府奖励劳模条例

1939 年 4 月 1 日，为了鼓励生产，调动全边区的劳动群众参加生产运动的积极性，陕甘宁边区政府发布政府令，公布《陕甘宁边区人民生产奖励条例》及《督导民众生产运动奖励条例》。这是中国共产党在建立地方人民政权后，以政府名义出台的第一个奖励劳动模范的条例。同时，这也是政府首次规范评选劳模的条件和办法。

（一）《陕甘宁边区人民生产奖励条例》

关于评选劳动模范（劳动英雄）的条件，《陕甘宁边区人民生产奖励条例》第三条指出，各农户凡具有发展牛或驴两头以上者、开辟水田十亩以上者等条件，即可得奖励。总结评选劳动模范（劳动英雄）的这些条件，有一个突出特点是：奖励的是劳动中的实干者、优秀者，奖励的是实实在在地在劳动中创出优秀成绩者，充分体现了“劳模是干出来的”的实质。

关于评选劳动模范（劳动英雄）的具体实施方法，《陕甘宁边区人民生产奖励条例》第二条、第四条、第六条将奖励办法予以明确。例如，第二条规定，奖励分如下四种：甲、劳动英雄奖章或奖状；乙、农具或耕牛；丙、日常用品；丁、奖金。第四条规定，得奖多寡，按其成绩大小由边区政府决定之，只要具有第三条各项之一者，即可享应得之奖励。其成绩特优者，由政府特别给奖。第六条规定，请奖手续，由请奖者报告乡政府，按第三条所列成绩审查确定登记后，由乡政府呈报区政府，区政府呈报县政府，县政府呈报边区政府。按级审核合格后，由边区政府分别等第奖励之。

（二）《督导民众生产运动奖励条例》

与此同时，陕甘宁边区政府对领导大生产运动有办法、有成绩、有贡献的地区和负责人也规范了奖励条件和办法。《督导民众生产运动奖励条例》第三条规定，奖励以乡为标准，凡在一乡之内具有发展水利百亩至五百亩、在原有耕地上增加收成 20% 等成绩者，即得呈请奖励之。

该条例第四条、第五条、第六条同时规定，凡在一区内，有三个乡以上，得到第三条之奖励或三个乡以下其所得成绩足与三个得奖乡成绩相比者，该区即获得奖励。凡在一县内，有三个区以上，得第四条之奖励或在三个区以下其所得成绩足以与三个得奖区之成绩相比者，该县即获得奖励。凡个人对于推动和领导民众生产运动起模范作用，有特殊成绩者，亦得呈请奖励之。陕甘宁边区政府对领导大生产运动的地区和个人奖励的标准，制定得很明确也很具体。其具体奖励办法在《督导民众生产运动奖励条例》第七条、第九条都有规定，得奖多寡按其成绩大小由边区政府决定之。呈请奖励之手续，由乡政府呈报区政府，区政府呈报县政府，县政府呈报边区政府，按级审核合格后，由边区政府奖励之。

陕甘宁边区政府制定的对劳动模范（劳动英雄）的奖励条例，以及对领导大生产运动有突出贡献的地区和个人的奖励条例中，都突出了从乡政府、区政府、县政府到边区政府对劳动模范（劳动英雄）和先进单位的奖励要逐级进行审核，各负其责，强调了各级政府在评选工作中要严格审核把关，宁缺毋滥，不能滥竽充数。

（三）劳模评选条件和办法不断完善

1939 年 4 月 7 日，陕甘宁边区政府又发布政府令，公布《机关、部队、学校人员生产运动奖励条例》，对评选工作予以规范。边区政府派出巡视员督导、帮助各地的生产运动，发现、总结在生产运动中涌现出来的模范人物和先进单位。对于领导生产运动作出突出贡献的领导机关和个人，边区政府给予各种形式的奖励。

随着大生产运动的蓬勃发展，劳动模范也如雨后春笋般不断涌现。陕甘宁边区政府及时总结评选劳动模范工作中的经验，与时俱进，不断完善评选劳动模范的条件和办法。例如，1943 年 2 月 9 日，边区政府发布政令，要求各地区、各县市调查历年来农业生产中的劳动英雄并予以奖励。其奖励办法可选择最优良者于春耕期间即给奖。其余如暂时来不及普遍奖励，经调查登记后于本年各分区举行农展会之时给奖。1943 年 4 月 3 日，陕甘宁边区政府再次发布奖励劳动模范（劳动英雄）的命令。命令指出，为激励边区人民高度生产热忱，广泛开展生产运动，目前各地若已发现好的劳动英雄，可由各县政府奖励，范围包括：历年来发展生产的详细情况，值得为群众学习的优良成绩和特点；为附近乡村群众所拥护爱戴的具体事实；对各种抗战负担的态度。[1]

由于劳动模范（劳动英雄）被表彰时，多以大会形式进行，陕甘宁边区政府还以政令的形式要求给奖时要召集附近居民，将受奖者的姓名、履历及受奖诸条件在全地区利用各种会议、民众组织作宣传，以扩大其影响。这就强调了在劳动模范（劳动英雄）的宣传表彰工作中，不是为表彰而表彰，而是要在社会上提倡一种风气、一种精神，为一个单位、一个地区、一个时代树立标杆，让广大群众了解劳模、学习劳模，并知道向劳模学什么、怎么学，让劳模精神在人民大众心中扎下根来。

在总结评选劳动模范（劳动英雄）和开展生产运动成功经验的基础上，陕甘宁边区政府以政府令形式于 1943 年 10 月 5 日颁发《陕甘宁边区劳动英雄与模范生产工作者大会及其代表的选举办法》。该《办法》共分 14 条，对评选劳动模范（劳动英雄）和召开劳模大会的意义、劳动模范（劳动英雄）产生的程序及当选的条件等，都一一提出了明确要求。这为开好 1943 年陕甘宁边区劳动英雄与模范生产工作者大会打了基础、开了好头。

二、延安召开第一届劳动英雄与模范生产工作者代表大会

1943 年 11 月 26 日，陕甘宁边区第一届劳动英雄与模范生产工作

1 《红色档案：延安时期文献档案汇编》，陕西人民出版社，2014 年。

者代表大会、第三届生产展览会在延安召开。大约 3 万名群众从延安周边的工厂、农村、部队、学校、机关赶来参加表彰大会。185 位劳动英雄戴着大红花向会场进发，沿途受到道路两旁群众的欢迎。习仲勋十分关心劳动英雄们的进步和生活，亲自带领绥德地区的 70 余名代表参加了表彰大会。

（一）肯定陕甘宁边区生产劳动成果

在陕甘宁边区第一届劳动英雄与模范生产工作者代表大会上，朱德、林伯渠、贺龙以及国民党将领邓宝珊都在发言中肯定了边区的生产劳动成果，并对劳动模范和劳动英雄表达了高度肯定和赞誉。林伯渠说，像这样盛大的劳动英雄代表大会，在全边区乃至全中国都是空前的。在这样一个战争环境，又是比较穷困的地区，人民和军队居然能做到丰衣足食，这是边区人民和八路军伟大力量的表现。他指出，这是在 1939 年毛主席号召生产运动的基础上发展起来的。旧的时代过去了，现在是创造新时代的时候，这个新时代的创造者就是今天 200 多个劳动英雄，以及成千上万的边区革命的人民。继林伯渠之后，朱德即席讲话。他说，今年我们找到了发展生产的好方法，明年的生产要搞得更好。这次大会要把明年的生产计划做出来。他特别提出几条意见：第一，不要以为丰衣足食了，就松懈下来，要知道我们生产不单是为了吃穿，而且是为了支援前方，为了抗战建国。第二，要实行节省，朴素勤俭，才能起家。第三，要把发展生产和保卫边区结合起来，我们边区老百姓不但要学会生产，而且要学会打敌人，学会安地雷、扔手榴弹，个个成为神枪手。第四，要改进饲养牲畜的方法，减少牲畜的死亡率。随后，一二〇师师长贺龙也在会上作了即席发言。他说，今年生产我们超过了任务许多，以延安的机关生产来说，有的超过七八倍，有的超过四五倍，合起来，生产了 20 万元这样巨大的财富。不但在边区，前方在战斗中也开展了生产运动，如在晋西北就开

1943 年 11 月 26 日，陕甘宁边区第一届劳动英雄与模范生产工作者代表大会在延安召开，图为大会会场。

1943 年，陕甘宁边区部分劳动英雄合影。

展了“张秋风运动”。最近一个工厂人员减少了1/3，可是生产却增加了1/3；过去前方没开展生产运动，陕甘宁边区开展了，晋西北也跟着开展了，效果很好！国民党著名将领邓宝珊也被邀请讲话。他说，能与劳动英雄赵占魁、吴满有等人握手，感觉是一件很光荣的事。他连连称赞延安几年来生产事业的进步，盼望以后有更大的进步。国民党将领续范亭也表示，向劳动英雄代表致敬，比向老师行礼、向家长行礼都要快乐。这些劳动英雄，是真正的人民代表，值得我学习，值得大家学习。

（二）对劳动英雄和模范生产工作者提出希望

1943年11月29日，在陕甘宁边区第一届劳动英雄与模范生产工作者代表大会期间，党中央领导人毛泽东、朱德、刘少奇、周恩来等相继进入中央大礼堂。毛泽东和劳动英雄赵占魁、吴满有、刘建章等人握手，询问他们的生产劳动和工作情况。随后，李富春宣布大会开始。劳动英雄代表赵占魁、黄立德、刘玉厚、张振财、冯云鹏、贺保元等向大会献旗，王震代表劳动英雄献词。

在本次大会期间，毛泽东发表了著名讲话《组织起来》，并对劳动英雄和模范生产工作者提出了希望：“各位劳动英雄和模范生产工作者，你们是人民的领袖，你们的工作是很有成绩的，我希望你们也不要自满。我希望你们回到关中去，回到陇东去，回到三边去，回到绥德去，回到延属各县去，回到机关学校部队工厂去，领导人民，领导群众，把工作做得更好，首先是按自愿的原则把群众组织到合作社里来，组织得更多、更好。”[1]

1 《毛泽东选集》（第三卷），人民出版社，1991年。

1943 年，毛泽东为陕甘宁边区工农业生产成绩展览会写下“自己动手，丰衣足食”的题词。

这次会议上还通过了《陕甘宁边区第一届劳动英雄代表大会宣言》。劳动英雄们在宣言中表达了对共产党、八路军和边区政府的感谢，表达了对毛主席和各位首长的感谢，表达了来延安开会、交换生产经验、互相学习本事的欣喜，并且表态：“我们到会的代表们，都有决心把我们自己住的乡村变成模范村、模范乡……我们彼此已经定好互相比赛，看看哪一个能争取到最光荣的胜利。我们号召全边区农民、工人、战士、学生、机关工作人员都来互相竞赛，看谁在生产运动中走在前边。”劳动英雄们在宣言中表达的心声，是他们在中国共产党的带领下用双手努力创造新生活的生动写照。他们珍惜劳动英雄的称号，也希望全边区涌现出更多的劳动英雄，夺得大生产运动的更大胜利。

（三）推广劳动英雄与模范生产工作者表彰制度

通过劳模表彰大会，党中央和劳动群众总结了生产经验，扩大了生产教育的宣传面，为进一步发展边区生产做好了准备。在这个过程中，党和边区政府对评选条件和办法进行了补充和完善，特别提出了在抗战支持上起模范作用这一条件。这就强调了劳动模范和先进工作者不仅要劳动好，而且须热爱边区，热爱抗日的边区人民和领导抗战的边区政府，须在拥护抗战、支持抗战上起模范带头作用。

受第一届劳动英雄与模范生产工作者代表大会的影响，陕甘宁边区持续对生产劳动中表现突出的先进分子进行表彰。1944 年 5 月 1 日至 25 日，陕甘宁边区工厂厂长暨职工代表大会在延安举行。会议期间，毛泽东、朱德、刘少奇、周恩来、邓发等中央领导及中共中央西北局、陕甘宁边区政府的领导高岗、贺龙、李鼎铭、高自立发表了讲话。出席大会的职工代表有 203 人。这次大会既是对陕甘宁边区几年来工业发展经验的一次总结，也是集领导、企业负责人、职工代表于一堂，群策群力深入研究边区企业如何办、如何发展的大会，同时还是表彰陕甘宁边区工业方面劳动英雄和模范工作者的大会。大会表彰了为边区工业建设作出突出贡献的 225 位劳动英雄，其中，李强、沈鸿、钱志道、陈振夏、赵占魁、袁光华、刘考生、申仲义 8 人为特等劳动英雄，奖品为毛泽东题字一幅、政府奖状一张、毛呢衣服一套、皮鞋一双、红肥皂两块、手巾一条。对劳动英雄的表彰激励着广大职工以及各个企业更广泛深入地开展生产竞赛，努力创造出更多的生产奇迹。

值得一提的是，8 位特等劳动英雄在获奖后，并未放松对自己的严格要求。其中，李强任中央军委军工局局长。他于卢沟桥事变后来到延安，领导军工局造出“无名氏马步枪”，结束了兵工厂只修不造的历史。在他接手军工局的短短 4 年里，军工局修造枪械、火炮、弹药，成效斐然。为此，李强获赠毛泽东的亲笔题词“坚持到底——为李强同志书”。在成为特等劳动英雄后的 1944 年 6 月，李强兼任延安自然科学院院长，次年，李强负责解放区的电讯工作，领导制造了大功率发射机和定向天线。新中国成立后，李强被任命为对外贸易部和商业部副部长兼驻苏联大使馆商务参赞，还被选聘为中国科学院院士（学部委员）。同获劳动英雄表彰的沈鸿任延安茶坊兵工厂总工程师。在延安，他设计制造了134种型号、数百台（套）机器设备，试炼的灰铁结束了边区无铁的历史。延安工业的迅猛发展，沈鸿是第一大功臣。毛泽东为他题写了“无限忠诚”四个大字的特等劳动模范奖状，还亲切地把他称为“边区工业之父”。新中国成立后，身为煤炭工业部副部长的沈鸿领衔设计了中国第一台万吨水压机，他还是中国科学院学部委员。总之，以李强、沈鸿为代表的8位劳模无不在劳动的一生中坚守着劳模的荣誉。在他们身上，始终展现着“中国共产党领导培育并带头践行的革命精神”。[1]

三、延安再次召开劳模表彰大会

1944年12月22日至1945年1月14日，陕甘宁边区第二届劳动英雄与模范工作者大会在延安召开。此次大会又被称为“群英大会”，有来自陕甘宁边区农业、工业、商业、交通运输业、文化教育界等各行各业的476位劳动英雄和模范工作者参会。

（一）毛泽东称赞劳模“有三种长处，起了三个作用”

在陕甘宁边区第二届劳动英雄与模范工作者大会开幕式上，林伯渠、朱德讲了话，劳动英雄代表们做了精彩发言。林伯渠回顾了一年来劳动英雄和模范工作者运动的新发展，认为运动取得了很大的成绩，各行各业都涌现出大批新英雄。劳动英雄们不仅自己干得好，还把群

1 李五明：《陕甘宁边区的劳模运动和劳模精神》，《中国劳动关系学院学报》，2020年4月。

众组织起来，领导群众创造各种模范单位。他号召要把这个大会开好，大家互相交流经验，发扬优点，力求进步，以共同完成目前边区民主建设的新任务。朱德则在讲话中表示，几年来，我们靠着“血和汗”，坚持抗战，建设边区，获得举世的称道。对于这一奇迹，劳动英雄、战斗英雄和模范工作者是起了决定作用的。朱德强调，边区各种生产建设应可提高一步，同时要提倡节约，建立更远的革命家园，积蓄力量，完成抗战建国大业。[1]最后，劳动英雄代表张治国、刘建章、赵占魁等先后发言讲述他们的事迹、参会的心情和感悟。各位劳动英雄和模范工作者也在会议期间畅谈了他们在生产、工作方面的经验，表达了他们对抗战胜利和建设更加美好边区的信心。

就在大会开始的第一天，李富春在中共中央直属机关学校部队群英代表大会上发表了题为《关于劳动英雄模范工作者问题》的讲话。他分析劳动英雄与模范工作者能够生长的缘由，在于思想的改造、工作作风的改进以及发展了生产，改善了生活，还因为党的政策正确，改善了工作。他介绍了劳动英雄与模范工作者的选举运动，并强调了劳动英雄与模范工作者的作用。为了更好地发挥劳动英雄与模范工作者的带头作用，他提出要力行“三要三戒”：第一，要虚心，戒骄傲。要虚心帮助别人，虚心听取群众意见，绝不可自高自大，自以为是，目空一切。第二，要学习，戒自满。要有不断学习求上进的精神，不可自满自足，以为自己当了英雄与模范，了不起了，再不需要学习与进步了。不进则退，这点要特别注意。第三，要团结，戒嫉妒。不要互相嫉妒，互相排斥，闹本位主义、个人主义，而要互相团结，互相学习，万众一心，才能把事情办好。最后，他还为劳模表彰大会提了四点建议：第一，劳动英雄与模范工作者运动，应成为经常制度。第

1　高尚斌：《朱德与陕甘宁边区的经济建设》，《中共党史研究》，2007 年第 2 期。

二，建立劳动英雄模范工作者的按级选举制。第三，今年根据毛主席的指示，增加了模范工作者的选举，这就使运动全面展开、工作的改进更有保障。第四，高级的群英大会，其作用是总结过去，开辟将来。

大会进行的第 20 天，也就是 1945 年 1 月 10 日，毛泽东在会上作了题为《两三年内完全学会经济工作》[1] 的讲话。他对劳模们讲："你们有三种长处，起了三个作用。第一个，带头作用。这是因为你们特别努力，有许多创造，你们的工作成了一般人的模范，提高了工作标准，引起了大家向你们学习。第二个，骨干作用。你们的大多数现在还不是干部，但是你们已经是群众中的骨干，群众中的核心，有了你们，工作就好推动了。到了将来，你们可能成为干部，你们现在是干部的后备军。第三个，桥梁作用。你们是上面的领导人员和下面的广大群众之间的桥梁，群众的意见经过你们传上来，上面的意见经过你们传下去。"[2]

毛泽东还和刘少奇一起专门请高岗、林伯渠、李维汉、贾拓夫、刘景范等人就大会的总结进行了谈话，详细了解了大会的开展情况，并对有关问题作了重要指示。

大会闭幕前一天，也就是 1945 年 1 月 13 日，陕甘宁边区政府民政厅厅长刘景范作了题为《更加推广劳动英雄和模范工作者的运动》的总结报告。他指出：1938 年政府开始奖励与宣传生产模范，刺激了一部分群众的生产情绪，但未进行组织生产运动。1942 年生产发展，劳动英雄不断涌现，工厂中发现了赵占魁，农村中发现了吴满有，军队中发现了李位，机关中发现了黄立德，合作社中发现了刘建章。政府把他们当作了典型，在群众中宣传推广，组织群众生产运动，收到很大效果。1943 年冬季的边区劳动英雄大会，集中地表现并发现了劳

1　编者注：后收入《毛泽东选集》时改为《必须学会做经济工作》。

2　《毛泽东选集》（第三卷），人民出版社，1991 年。

动英雄在生产运动中的重大作用，他们回到农村、工厂、机关、部队又起了很大影响，因此去年之内，劳动英雄运动又有了进一步的推广，同时又涌现出许多模范工作者，有些地方开始了模范工作者运动。为适应这种发展趋势，政府决定召开全面的劳动英雄和模范工作者大会，又决定劳动英雄和模范工作者由群众选举产生，以代替过去由政府选拔的办法。自此，劳动英雄和模范工作者运动进入更加完备的阶段。刘景范在报告中说：陕甘宁边区政府各方面取得的巨大成绩和变化，都是领导与群众共同努力的结果，同时也是劳动英雄和模范工作者运动的产物，正如毛主席这次在大会上给我们明确指出的，劳动英雄和模范工作者在这些运动中起了带头作用、骨干作用和桥梁作用。[1]

（二）评选表彰进入“领导与群众相结合的全面发展阶段”

1945 年 1 月 14 日，陕甘宁边区第二届劳动英雄与模范工作者大会举行闭幕式。李鼎铭、彭德怀、陈毅、刘伯承、聂荣臻和吴玉章等党军领导先后讲话。李鼎铭致闭幕词。他号召农村劳动英雄在生产中要注意深耕细作，发展家庭手工业，组织家家户户、男女老少，一起动手发展生产。彭德怀对大会给予了充分肯定，认为边区劳动英雄运动为全国各抗日根据地起了带头作用。他对劳动英雄与模范工作者们说：你们和全体人民把陕甘宁边区贫穷的山谷建成富庶的边区，创造了许多模范的事迹。八路军和新四军因为有这样的边区作为落脚点和出发点，所以能够在敌后坚持抗战，愈战愈强，在华北开辟了 30 倍于边区人口及在全国开辟了 60 倍于边区人口的抗日根据地。同时由于边区的带头作用，我们在敌后开展了生产和战斗相结合的劳模运动，军民吃得饱，穿得暖，大大提高了我们的战斗力。陈毅即席讲话：领导和群众结合，是做好工作的重要条件，边区这次群英大会就是最好的范例。

---

1 刘景范：《更加推广劳动英雄和模范工作者的运动》，《解放日报》，1945 年 1 月 25 日。

华中各抗日根据地就是照着边区的方向努力的，颇有成效。刘伯承说：参加大会就如上了一课，这就是毛主席的新民主主义的典型示范。他谈到晋冀鲁豫边区在遇到大灾荒时说：由于在农村广泛开展了“吴满有运动”，因此度过了 3 年的灾荒。他还谈到在大生产运动中取得的成绩，在太行区改良农作法，兴修水利，开了 14 条水渠，总长度达 120 里，粮食收获从年产 300 万担增加到年产 400 万担。聂荣臻说：陕甘宁边区不仅是抗日的出发点，也是建设新民主主义中国的出发点……以后要按照毛主席的指示，在两年至三年内学会经济工作。为回应各位领导的讲话，劳动英雄与模范工作者代表吴满有和石明德在会上发言，表示要把会议的精神带回去，更好地组织群众生产，更好地发挥带头作用、骨干作用和桥梁作用，永远不脱离群众，把生产搞得更好。

延安的劳模表彰大会不仅充分展示了劳动模范和模范工作者运动的成果，彰显了劳动模范的风采，而且生动体现了延安精神的深刻内涵，即自力更生、艰苦奋斗的创业精神，全心全意为人民服务的精神等。1943 年底及 1944 年底召开的两次表彰劳动英雄与模范工作者的大会，规模之大、规格之高、时间之长、影响之深远，都是空前的。这两次大会不仅是总结会、献计会、表彰会，还是动员会、集结会、奖励会。通过这两次大会的召开，劳模的巨大作用得到各级领导的重视。大家充分认识到，开展劳动英雄和模范工作者运动是推动各项工作的有效组织形式和工作方法，于是更加重视开展运动，使劳动英雄和模范工作者运动进入“领导与群众相结合的全面发展阶段”。在以点带面的影响下，农村不断涌现出模范村甚至模范乡，部队不断涌现出模范班、模范排甚至模范连队，工厂机关不断涌现出模范企业、模范机关。这些模范个人和模范集体展现的劳模精神，为中国人民和中国革命注入了强大的精神动力，成为中华民族自强不息精神的集中展示。

四、“用新的态度对待新的劳动”的典范

在延安召开的两次劳模表彰大会上，赵占魁的名字引起广泛关注。他不仅是劳模代表，受到中央领导人的接见，还是“用新的态度对待新的劳动”的典范，受到广大劳动人民的尊敬。

（一）赵占魁被誉为中国式的“斯达汉诺夫”

赵占魁，山西定襄县人，1896 年出生于一个农民的家庭。作为大生产运动中涌现出来的杰出代表之一，他被授予“特等劳动英雄”等称号，多次受到毛泽东、朱德等中央领导的接见，并被毛泽东称为中国式的“斯达汉诺夫”。

从 1916 年开始，赵占魁先后在太原铜圆厂提炼部、太原兵工厂、同蒲铁路介休车站修理厂当工人。在长期的工作实践中，他掌握了炼铜、蒸锌、打铁、翻砂等技术。1938 年同蒲铁路被日军占领，赵占魁逃到西安，报名进入陕西省泾阳县安吴堡青训班职工大队学习，1938 年 12 月加入中国共产党，1939 年 5 月转入中共中央职工运动委员会，在延安桥儿沟创办的工人学校里学习，被编入建设队打铁部。1939 年 6 月，陕甘宁边区创办西北农具厂（温家沟兵工厂），赵占魁被调去当翻砂工人。他常年在化铁炉边工作，翻砂铸铁，工作环境艰苦，劳动强度大，但他总是以身作则，干那些又苦又累的活儿。工人信任他、拥护他，他在工人中很有威信。后来，赵占魁担任农具厂翻砂股股长，在 1939 年至 1941 年的每次劳动竞赛中，都获得“甲等劳动英雄”奖章，成为边区工人的模范。在 1941 年陕甘宁边区举行第二届参议会选举时，赵占魁被 4 个工厂的选民一致提名推选为候补委员。1942 年，赵占魁所在的兵工厂需要加班加点制造前方需要的手榴弹，厂里一些工人开始罢工闹事。边区总工会在派人赴厂对工人做思想政治工作的过程中，发现工人赵占魁一贯劳动态度好、技术水平高，很能团结人。

更可贵的是，在工人闹事时，他仍坚守岗位，用实际行动进行了抵制，表现出很高的政治觉悟。因此，1942 年 9 月 8 日，赵占魁所在的农具厂厂长徐驰在厂里号召全厂职工向赵占魁学习，并报告上级，请求奖励赵占魁。1942 年 9 月 26 日，农具厂举行庆祝大会，表彰奖励赵占魁。老一辈工运领袖、中共中央职工运动委员会委员朱宝庭代表中共中央职工运动委员会和陕甘宁边区政府，把“工人模范”的锦旗授予赵占魁。

对于赵占魁身上所展现出来的劳模精神，《解放日报》于 1942 年 9 月 11 日发表了题为《向模范工人赵占魁学习》的社论，总结道：“赵占魁在执行生产任务上、爱护革命财产上、照顾工厂生产上、关心群众利益上、遵守劳动纪律上、团结全厂职工上、热心公益事业上，所有这些表现出来的精神，都是我们边区公营工厂工人的模范。在他的工作作风中，一贯表现出来的始终如一、积极负责、老老实实、埋头苦干、大公无私、自我牺牲的精神，也正是我们新民主主义地区公营工厂工人所应有的新的劳动态度。这种新的劳动态度是宝贵的，值得大大发扬的，值得我们来学习的。我们希望全边区有千个万个像赵占魁一样的模范工人涌现出来。”毛泽东看到报纸以后，打电话给当时的中共中央职工运动委员会书记邓发，要求在公营工厂开展向赵占魁学习的运动。

1942 年的“工人模范”赵占魁。

（二）各抗日根据地广泛开展“赵占魁运动”

赵占魁的事迹被中共中央职工运动委员会和陕甘宁边区总工会发现并汇报后，由陕甘宁边区总工会对其先进模范事迹作了全面总结。

陕甘宁边区总工会认为，赵占魁最可贵的一点是“用新的态度对待新的劳动”，赵占魁是一个“新劳动者”。中共中央职工运动委员会决定，在陕甘宁边区开展“新劳动者运动”。随着运动的普及和具体化，从陕甘宁边区开始，各抗日根据地陆续广泛开展了“赵占魁运动”。

1942 年 10 月 12 日，陕甘宁边区总工会发出《关于开展赵占魁运动的通知》，要求：“一、认识这一运动不同过去各次普遍的生产竞赛而是一个深入的思想教育工作，借以克服少数工人中经济主义、平均主义、不安心工作等现象，以达到提高工人政治觉悟、稳定生产情绪、激发劳动热忱、提高生产质量、改进工会工作的目的。二、这是工厂整风学习中具体的材料，因此应配合整风学习作为目前的中心工作，把 9 月 11 日《解放日报》社论《向模范工人赵占魁学习》，作为学习文件之一，收集有关材料与本厂实际问题，组织传达讨论，在工人中造成一个热潮。三、为达到上述目的，应根据各厂现实情况找出模范例子来。因此，必须事先进行调查研究，了解工友们的生产情绪和工厂中存在的问题，经过酝酿准备，然后有条件有目标地发动。四、在这一运动中必然会涌现出大批像赵占魁一样的模范工人，各厂应详细定出评判标准和奖励办法，发扬好的，批评坏的，以建立严格的奖惩制度。五、必须协同党政共同研究讨论，防止及纠正轻视或过急等偏向，并希望党政工作同志踊跃参加这一工作，使‘赵占魁运动’在各工厂热烈地开展起来。”[1]

1942 年 12 月，毛泽东发表讲话，主张扩大发展“赵占魁运动”。他在写《经济问题与财政问题》的报告时，在第一章对过去工作进行

---

1 《中国工会运动史料全书·陕西卷》编委会：《中国工会运动史料全书·陕西卷》（上册），三秦出版社，2006 年。

了基本总结。[1] 他要求改善职工工会的工作，发展“赵占魁运动”于各工厂。其缘由是：一个工厂内，行政工作、党支部工作与职工会工作，必须统一于共同目标之下，这个共同目标，就是以尽可能节省的成本（原料、工具及其他开支），制造尽可能多与尽可能好的产品，并在尽可能快与尽可能有利的条件下推销出去。这个成本少、产品好、推销快的任务是行政、支部、工会三方面三位一体的共同任务，各顾各地把三方面工作分裂起来的做法，是完全错误的。

1942 年 12 月 22 日，陕甘宁边区总工会主任高长久在《继续开展赵占魁运动》一文中指出：“各厂工会必须重视这个运动，并认识这个运动是改造工人劳动态度、推动生产的关键，是工会本身的中心任务，必须动员所有的干部和积极分子领导和开展这个运动……为使这个运动普遍深入，应采取各式各样的方法，向所有的工人作普遍详细的宣传解释，使大家都参加到运动中来，并进行长期有计划的教育，使工人认识新民主主义政权下应有的劳动态度，反对经济主义、行会主义的思想”。[2] 他同时提出模范工人的七条标准：“一、爱护工厂，严守纪律；二、积极工作，始终如一；三、数量最多，质量最好；四、爱护工具，节省材料；五、吃苦在前，享受在后；六、努力学习，帮助别人；七、克己奉公，团结群众。”

1943 年 1 月，毛泽东在陕甘宁边区高级干部会议上继续强调，要发展“赵占魁运动”于各工厂，职工会工作有不适合于提高劳动纪律和劳动积极性的，必须加以改造。1943 年 2 月 7 日，中共中央职工运动委员会书记邓发发表文章《响应生产号召，开展赵占魁运动》，重申开展“赵占魁运动”的意义和办法。他指出：“为了克服抗战困难和减

1　中国延安干部学院：《延安时期党的重要领导人著作选编》（上册），中央文献出版社，2005 年。

2　高长久：《继续开展赵占魁运动》，《解放日报》，1942 年 12 月 22 日。

轻各根据地人民的负担，同时为了打破敌人对根据地的经济封锁，达到自给自足的目的，我党中央曾不断号召发展各根据地生产。在各根据地里，一切觉悟的工人无不积极起来响应这一号召。为了生产更多的军需品及日用必需品，就有赖于工人劳动热情更进一步提高，在设备简陋的公营工厂中，只有广泛开展‘赵占魁运动’，才能降低成本、提高生产率。”[1]

在毛泽东、朱德、张闻天等中央领导的高度重视下，在各级党、政、工组织的大力推动下，在广大职工群众的积极参与下，“赵占魁运动”从陕甘宁边区开始，迅速推广到了晋绥、太行、太岳、晋察冀等各个抗日根据地。各地都涌现出了一批赵占魁式的英雄模范人物。新的运动造就了新的劳动风气，培养出一大批有高度觉悟的新型工人。这种以劳模人物姓名命名运动的方式，突出了榜样示范作用，在边区树立了标杆，不断将大生产运动引向深入。

陕甘宁边区的劳模生产运动制定了劳模评选范围、条件、标准和奖励劳动者办法，初步确立了劳模评选制度。劳模评选也经历了从个人到集体、从农业生产领域到各行各业，从重数量到重质量的过程。在评选过程中，通过层层选拔，坚持“从群众中来到群众中去”的工作方法，评选出的劳动英雄不仅具有优良的生产技术，更具有很高的道德水平和良好的群众基础。在党的领导下，这一时期劳动模范评选制度不仅实现了从无到有的建立，而且为党的执政积累了丰富的实践经验，各条战线上涌现出的劳动英雄为革命根据地建设和政权建设作出了突出贡献。

---

1 邓发：《响应生产号召，开展赵占魁运动》，《解放日报》，1943 年 2 月 7 日。

第四节

其他边区的大生产运动与劳模表彰

1939 年春天，大生产运动在延安开展并取得良好效果后，其他边区的大生产运动也逐步发展起来。至 1943 年、1944 年，开展大生产运动已经在根据地形成了共识。晋冀鲁豫边区、晋绥边区和晋察冀边区紧跟中央苏区的步伐，发扬生产运动精神，通过劳模表彰活动分享好经验、好做法，不断激励劳动群众在生产实践中取得新的成绩，夺得新的胜利。

一、晋冀鲁豫边区大生产运动与劳模表彰

晋冀鲁豫边区泛指黄河新河道和陇海铁路以北，正太、沧石铁路以南，汾河以东，津浦铁路以西，包含山西、河北、山东、河南、江苏五省的广大地区。1937 年 10 月下旬，八路军前方总部率一二九师全部和一一五师部分进入太行山区，并随着形势变化而最终创立了晋冀

鲁豫边区。边区的劳动群众在中国共产党和中共中央北方局的领导下，在八路军前方总部的指挥下，不仅在抗日战争中发挥了重要作用，在大生产运动和劳模运动中也有突出表现。

（一）晋冀鲁豫边区的大生产运动

从1939年到1943年，晋冀鲁豫边区数次发生旱灾。其中，太行分局所辖地区的灾情最为普遍和严重。中共中央北方局发出指示，要用一切办法抓紧时机增加生产。为响应中央号召，晋冀鲁豫边区各级政府大力组织群众发展生产，使“生产自救”运动遍及农村各个生产领域，大大促进了纺织手工业和运输业的发展。特别是1942年至1943年的“产渡荒”工作，使晋冀鲁豫边区的农业生产和以农产品为原料的手工业、轻纺工业有了一定发展，同时也为开展大生产运动积累了一些经验。

1943年10月1日，中共中央发出了《开展根据地的减租、生产和拥政爱民运动》的指示。晋冀鲁豫边区在战胜连年旱灾蝗灾、取得阶段性的胜利后，积极响应党中央的号召，党政军民齐上阵，掀起了大生产运动的高潮。

1944年1月，中共太行区党委召开县以上干部会议，认真贯彻毛泽东提出的“自己动手，丰衣足食”的方针，决定把开展大生产运动作为中心工作，并落实毛泽东提出的“组织起来”的号召，发展农业生产。在晋冀鲁豫边区组织广大农民开展的大生产运动中，对于发展农业和手工业生产，起到最关键作用的是组织劳动互助。在各级党组织和抗日民主政府的重视和领导下，各地纷纷组织互助合作社。依据各地实际情况，互助合作社创造并产生了不同的组织形式：有的是依据旧有的“换工”“卖晌”等传统方法；有的则从临时性或季节性的结合，逐步形成革命的、巩固的结合。

由于“组织起来”，发展农业生产，大生产运动促进了农业的大丰收。据统计，晋冀鲁豫边区 1944 年的夏粮和秋粮都获得丰收，共收获粮食 12.3 亿斤，是抗战以来最好的收成。棉花产量也创抗战以来的最高纪录，据统计，仅 24 个县的棉花产量就达 150 万斤。与此同时，蔬菜、水果、山货等也获得了好收成。这也使农业有了剩余劳动力和剩余资本，可以促进加工工业、运输业的大发展，形成良性循环，逐步提高人民群众的生活水平，为抗战的胜利奠定物质基础。

（二）甄荣典被誉为“新劳动运动旗手”

在晋冀鲁豫边区的生产竞赛中，一大批把工厂当战场、努力生产支援抗战的先进模范人物脱颖而出。其中，甄荣典是晋冀鲁豫边区“新劳动者运动”的旗手，被人们誉为劳动模范中的“炮弹大王”。甄荣典取得的荣誉远不止这些，他还在抗日战争和解放战争时期被授予“一等劳动英雄”称号，荣获“英雄本色”锦旗，并于 1950 年被评为全国劳动模范。在甄荣典身上，集中体现了工人阶级的先进本色，体现了以共产主义理想信念为核心的无私奉献精神，也体现了忘我拼搏、劳动最光荣的崇高品质。

甄荣典于 1916 年 2 月 24 日出生于河北唐县一户贫苦农民家中。他 16 岁给地主当雇工，未满 20 岁，就被骗到湖南宜章白石渡修筑粤汉铁路，受尽剥削与压迫。1935 年冬，甄荣典和粤汉铁路修路工人们一起举行了一场声势浩大的罢工，迫使资本家接受了罢工条件。罢工取得了胜利，也使甄荣典感受到工人阶级团结的力量。1937 年 9 月，八路军进入晋察冀地区，唐县得到解放。21 岁的甄荣典担任了村里的青年队队长。

1940 年 4 月 24 日，甄荣典光荣地加入了中国共产党，经党组织批准和推荐，成为抗战时期太行地区最大兵工厂——黄崖洞兵工厂的一名工人。每天别人还没上班时，他就早早来到工房，把准备工作做好。他一开始不熟悉业务，便认真向师傅们学习，不久，就掌握了生产技术，学会了独立操作。为了多造炮弹，他的双手磨出了一层厚厚的茧子，导致连筷子都拿不稳。由于他一心扑在工作上，他的产量大幅上升。

1942 年，太行山遭受严重自然灾害，职工生活和生产都出现严重困难。8 月 1 日，军工部第三届工人代表大会在黎城县西头村召开，八路军野战军政治部主任罗瑞卿参会作了关于国际国内形势和我党当前任务的报告，号召全体工人克服困难，度过黎明前的黑暗，争取两年胜利。军工部发动广大职工开展了以提高工效、多造武器、支援抗日为主要内容的军工大生产运动和增产节约竞赛运动。甄荣典以满腔的热情和忘我的干劲投入劳动竞赛中。工友们一般每天生产 60 颗炮弹，他就向 100 颗进军。最终，他创造了一天生产 480 颗炮弹的最高纪录，被誉为“炮弹大王”。后来，甄荣典把他的加工方法传授给大家，在他的带领下，工友们的产量也很快增加，每天生产的炮弹逐步提高到 135 颗。

在这样高强度的劳动中，甄荣典却省吃俭用。他虽然个子高、身体壮，饭量比一般人大，但也与别人领一样多的口粮，一日三餐是早稀饭、晚汤、中午拌野菜，曾节余粮食 85 公斤，相当于节约了一个人 4 个月的口粮。他把节约的粮食全部上交，支援太行山区灾民。在甄荣典的感召下，工人们一方面省吃俭用，另一方面利用工余时间开荒种田，没有一个人耽误生产劳动。当时，兵工厂工人每人每天有 3 钱食油的定量，可大家谁也舍不得吃，在甄荣典的带领下，全部用来点灯加夜班了。

甄荣典不但是生产上的模范，也是护厂的英雄。在日本侵略者“大扫荡”时，甄荣典坚决执行上级首长的命令，将机器设备全部转移。之后，视生产设备为生命的甄荣典不愿离工厂太远，自愿和几个自卫队员留在敌人“清剿”范围内，守卫埋藏的生产设备。

正因革命第一、忘我生产的牺牲精神和崇高品质，甄荣典在太行区召开的首届和第二届群英大会上，都被评为一等劳动英雄，是晋冀鲁豫边区的“新劳动者旗手”。1947年，军工部开展“创造刘伯承工厂运动”，甄荣典荣立大功，获得“英雄本色”锦旗。1948年，他又以中国青工代表的身份，前往波兰华沙出席了世界青工代表会议，为中国工人阶级争光。1950年9月25日至10月2日，甄荣典出席全国工农兵劳动模范代表会议，荣获全国劳动模范称号，受到毛泽东等中央领导的亲切接见和宴请，并受邀在天安门观礼台上参加了新中国第一次国庆典礼。

（三）太行职工总会号召广泛开展“甄荣典运动”

受到陕甘宁边区“赵占魁运动”的影响，1943年4月17日，军工部在黎城县看后村召开第四届工人代表大会，通过了开展学习甄荣典运动的决定，号召全体职工学甄荣典、赶甄荣典、争当甄荣典式的劳动模范。在甄荣典的带动下，全厂职工你追我赶，加班加点，革新技术，提高质量，掀起了一个轰轰烈烈的生产竞赛高潮。当月，军工部各厂生产创造新纪录，月产五〇炮弹7365发、八二迫击炮弹982发、“独撅子”手枪416支、复装枪弹86070发、手榴弹8281枚，普遍增产20%以上。之后，八路军总部军工部总工会评选甄荣典、杨洪章、柴栋良、陈兆祥、王孝堂等18人为军工部劳动模范。1943年9月，八路军总部军工部总工会召开第四届工人代表大会，决定今后工作总的方向是开展“甄荣典运动”，并就开展“甄荣典运动”拟定了具体标准。

1944年9月25日，太行职工总会就开展“甄荣典运动”向各厂发出指示，对这一运动的意义、内容、组织领导、评比标准、实施步骤等提出具体的要求和安排。其后，军工部制定和发布发明创造奖励办法，奖励分为7等，奖金从100元到3000元不等。太行区和晋冀鲁豫边区各单位纷纷响应职工总会号召，互相挑战、应战，掀起了开展

“甄荣典运动”的热潮。同时，各厂之间也开展厂际夺红旗竞赛活动，把军工部的生产竞赛推向一个新阶段。在甄荣典的带动下，整个边区“甄荣典运动”开展得如火如荼，不仅极大地促进了生产，也促进了劳动群众思想觉悟的普遍提高；不仅激发了广大工人的生产积极性，也大大激发了他们的创造性。“甄荣典运动”是“赵占魁运动”在敌后根据地的具体化和群众化。它在内容上从树立新的劳动态度、自觉增加生产，发展为促进生产与广泛选拔劳动英雄、模范人物并重，是“新劳动者运动”的发展与深化。

（四）晋冀鲁豫边区召开的群英大会

大生产运动在晋冀鲁豫边区开展了短短几年，就取得了很大的成绩，不仅改善了劳动人民的生活，而且有力保障了军队的物资供应。为了总结生产抗战经验，特别是1941年以来，边区对敌斗争、战胜灾荒和开展大生产运动的经验，树立典型，表彰先进，进一步推动太行区各级工作的开展，晋冀鲁豫边区先后召开了数次群英大会。

1944年9月1日，中共太行区党委发出了《关于召开杀敌英雄、劳动英雄大会的通知》。通知中指出，秋收秋耕以后，边区政府和太行军区将召开太行区杀敌英雄、劳动英雄大会。这个大会与太行生产战绩展览会同时举行。1944年11月21日至12月7日，太行区在山西黎城县的南委泉村举行了杀敌英雄、劳动英雄大会（也被称为太行区第一届群英大会），同时举办战绩和生产展览。中共中央北方局代理书记邓小平作了重要讲话。他对太行革命根据地在创建和发展过程中，广大军民在战争与生产方面取得的巨大成就作了历史回顾，高度赞扬以劳动英雄为代表的广大军民在大生产运动中的革命热情和所表现出的新英雄主义。他全面深刻地阐述了抗日根据地新民主主义经济建设的方针和政策，提出了全区1945年的生产目标和希望。他特别强调在共产党领导下，群众运动的伟大作用，以及各条战线上的先进模范人物

1944 年 11 月，太行区召开太行区第一届群英大会。图为大会会场。

太行区第一届群英大会劳动英雄入场时的盛况。

在太行区第一届群英大会上，一等劳动英雄李马保、郝二蛮、李顺达、张喜贵、郭凡子、庞如林等人得到了朱德总司令和彭德怀副总司令赠予的奖旗。

在运动中的引线作用，称赞劳动英雄们是值得大家尊敬的"创造新社会的匠师"。

群英大会还开展了小组座谈，划分的小组有部队组、腹心区民兵组、边沿区民兵组、生产互助组、度荒打蝗组、纺织组、合作组、工厂组、机关部队组等。邓小平、滕代远、张际春、李雪峰、李达等党政军领导参加大会和小组座谈。经过讨论和大会评选，选出太行区杀敌英雄 31 名、劳动英雄 39 名。[1] 大会还通过了《太行区第一届杀敌英雄大会宣言》《太行区第一届劳动英雄大会宣言》。

1946 年 12 月 2 日至 21 日，为检阅抗日战争胜利成果，发扬革命英雄主义精神，总结交流经验，中共太行区党委、太行行署和太行军

1　山西省档案馆：《太行党史资料汇编》（第七卷），山西人民出版社，2000 年。

区在长治莲花池召开太行区第二届群英大会。参加这次大会的有来自全区 39 个县、3 个市的英雄代表共 427 人。大会还选出边区英雄 110 名，并通过了《太行区第二届群英大会宣言》（以下简称《宣言》）。《宣言》称：全区父老兄弟姐妹们，我们会开完了，方向更明确了，经验交流了，剩下的就是我们全区五百万人民一致努力的问题了。我们相信：只要我们全区五百万同胞一致努力，再加上毛主席和共产党正确的领导，我们一定会胜利。我们今后誓愿在各种运动中，尽我们所有的力量，发挥带头作用，绝不懈怠。这是我们四百三十人的共同志愿，特此宣言。[1]《宣言》向世人宣告的是劳动模范们的心声、决心和他们追求的理想、目标。他们在《宣言》中一再强调关心群众、相信群众、依靠群众的观点，这正是毛泽东在延安整风运动中强调群众路线的生动体现。

1945 年 1 月 1 日至 23 日，为检阅成绩、总结交流经验，太岳军区和太岳行署在士敏县郑庄举行太岳区第一届群英大会。参加大会的军民有 1 万多人。大会充分肯定了劳动英雄和模范工作者为边区作出的巨大贡献，指出在胜利粉碎敌人“扫荡”的同时，劳动群众进行了大规模的生产运动，开荒 28 万亩，增产粮食 140 多万石，使军民生活得到改善，根据地军民都有吃有穿。1 月 19 日上午，大会为当选的众英雄举行了颁奖仪式，受到表彰的战斗英雄有 32 人、劳动英雄 52 人（含妇女劳动英雄 6 人）、模范工作者 13 人。其中，工厂劳动英雄为车三子、王才义、郭高太、宋子斌 4 人。依据《新华日报（太岳版）》发文，劳动英雄的评选标准如下。

太岳区劳动英雄需为满足下列条件之一或一种以上成绩

1　王玉圣：《太行群英（太行区第二届群英大会实录）》，人民日报出版社，2001 年。

卓著者。

（1）积极从事生产事业（包括农、工、纺织、合作、运输、救灾、捕蝗、造林、畜牧等各种生产事业），成绩卓著有新的创造者。

（2）在生产事业中能推动帮助别人，并善于组织群众卓有成绩者。

（3）遵守政府法令，拥护政府、军队，得到人民群众热爱足称模范者。

1945年4月5日至23日，为了检阅全面抗战以来全区文教卫生工作的成绩，总结经验，更好地为战争和生产服务，太行区抗日民主政府召开了太行区模范文教工作者会议（又称太行区第一届文教群英会），同时举办了太行区文教展览。太行军区司令员李达在会上发表讲话，他要求全区的模范文教工作者配合目前的战争形势，加强人民抗战意识和反攻教育，大力宣传对敌斗争中的模范事迹、杀敌英雄，多方激励人民群众，在战争中把群众动员起来，夺取抗日战争的最后胜利。出席此次会议的共有178名模范文教工作者。会上，文化、教育、卫生、新闻出版各条战线上的模范人物介绍了他们的经验。经过大会推选评比，共选出各种模范58人。其中，韩松林、刘尚庆等17人为一等模范小学教员；赵景云、杨连城等8人为一等模范义务教员；赵振中、李磊秀等4人为一等模范戏剧工作者；陈永寿、陈玉川等4人为一等模范医务工作者。[1]

1　山西省地方志办公室：《太行革命根据地史》，山西人民出版社，2015年。

二、晋绥边区大生产运动与劳模表彰

晋绥抗日根据地是抗日战争时期由中国共产党领导的八路军、山西新军等抗日部队，依靠工人阶级和汉、蒙、回等各民族人民群众的大力支持，在华北敌后建立的主要抗日根据地之一。晋绥边区位于山西省同蒲铁路以西和原绥远省（今内蒙古自治区）中东部，西临黄河，与陕甘宁边区隔河相望，是保卫中共中央所在地延安的前沿阵地，东至同蒲铁路，与晋察冀边区和晋冀鲁豫边区相接，南达晋南三角地带的风陵渡，北抵百灵庙、乌兰花一带。“七七事变”后，为保证抗日军队的物资供应，同时尽可能满足人民群众生活必需品的供给，晋绥边区不仅创办了制鞋、农具、被服、油墨、印刷等公营工厂，还开展了以提高生产为主要内容的大生产运动、生产竞赛和“张秋风运动”。

（一）晋绥边区的大生产运动

抗战初期的晋绥边区，由于历史的原因，经济落后，工业基础十分薄弱。日本侵略者对晋绥边区一方面进行军事进攻，另一方面实行经济封锁，企图在经济上困死抗日军民。因此，当时根据地的形势和任务要求边区人民必须自力更生、艰苦奋斗，广泛地发展生产，特别是建立根据地自己的军事工业和民用工业。

1938 年 11 月 6 日，中共中央在六届六中全会政治决议案中指出了中华民族的当前紧急任务，其中一项就是“提高军事技术，建立必要的军火工厂，准备反攻实力”。为此，八路军一二〇师师长贺龙在晋绥边区亲自抓经济建设与军工生产。他明确提出：我们要在这里扎根，要建设人民政权，要发展军工生产，要支援抗日战争。他还和工会主任一起研究如何发动工人多生产地雷、手榴弹等关于发展军事工业的问题。此后，晋绥边区进入一个军事工业和民用工业较快发展的时期，陆续建设起一批军工、机械、炼铁、纺织、化学火柴、制烟、制药等公营工厂。工厂除积极研究纺纱、织布外，还积极参加农业生产，开垦了广阔的荒地，拉开了大生产运动的帷幕。

1941年后，日本侵略者在华北多地施行“三光政策”，导致晋绥边区军民生存困难。但是，在中国共产党的领导下，晋绥边区的军民毫不畏惧，一方面打击日本侵略者的嚣张气焰，对敌人坚决歼灭；另一方面在战事间歇中，积极开展大生产运动，推动工农业生产的发展，生产出根据地军民基本的生活必需品，保障战争的物资供应，并逐步改善人民的生活。在大生产运动中，晋绥军民积极响应中共中央发出的“自己动手，丰衣足食”的伟大号召，走出工厂、军营、机关、学校，在吕梁山、白龙山、交城山、黑茶山下，黄河岸边，向荒山要粮，在滩头种树种菜，一场群众性大生产运动在晋绥大地上蓬勃开展起来。

1942年9月，晋西北总工会（后改为晋绥边区总工会）在“二七”纪念会后召开大生产运动大会，进行层层发动，动员广大职工发扬“二七”革命精神，积极投入大生产运动，加紧生产，为抗日战争的胜利作出贡献。在工会组织和各方的努力下，根据地还制定颁布了奖励生产和创新、发明的一系列办法。

通过大生产运动，晋绥边区实现了完全的自给自足。在广大军民的共同努力下，从1940年到1945年6月，晋绥边区开垦荒地195.6万多亩，其中仅1944年开垦的荒地就有75万多亩，增产细粮16万石。畜牧业发展势头也十分好，仅兴县、临县、河曲、保德四县的统计，1943年比1940年（的产量）增加了50%以上。[1]大生产运动的开展，使晋绥边区的经济状况有了明显改善，军队的物资供应有了保障，人民的生活也逐步得到改善，打破了日伪军对晋绥边区的经济封锁。

1 孟宪毅：《晋绥革命根据地工人运动史》，中国工人出版社，1992年。

（二）以张秋风为旗帜，积极开展“张秋风运动”

从 1943 年开始，晋绥根据地以劳动英雄张秋风名字命名开展了“张秋风运动”，发出“我们需要许多张秋风”的号召，号召全区广大职工向张秋风学习。张秋风作为大生产运动中涌现出的工人劳动英雄的杰出代表，因为骄人的工作业绩和刻苦的劳动精神，在大生产运动中，多次获得晋绥边区特等劳动英雄称号，被《抗战日报》誉为“晋西北工人阶级抗日生产的光荣旗帜”。

据有关学者统计，关于张秋风的报道，1942 年 12 月 1 篇，1943 年 24 篇，1944 年 7 篇。例如，1943 年 5 月 8 日《抗战日报》头版头条为《晋西北工人欢聚一地热烈庆祝“五一”节　张秋风备受各界尊敬》，1944 年 12 月 29 日《抗战日报》署名为黎军的文章名为《工人的旗帜——张秋风》。这些文章不仅宣传了张秋风的精神，而且推动了“张秋风运动”的开展。

受榜样力量的影响，“张秋风运动”极大地激发了广大劳动者的劳动积极性。例如，军工企业过去生产某种武器的零件，要用 120 小时。在“张秋风运动”中，他们学习张秋风肯动脑子、敢于创新的精神，不断进行技术革新，大大提高了生产效率，仅用 39 个小时就生产出来了武器零件，制造模型也比过去节约了一半的人工。而随着“张秋风运动”的深入开展，运动内容也由单纯提高产品产量和质量转变为学习劳动态度、培养劳动者的品质。边区要求劳动大众学习张秋风“吃苦耐劳、遵守劳动纪律、埋头苦干、学而不厌、诲人不倦”的精神，“张秋风运动”自然融入整风运动之列。

作为晋绥边区工人运动史上的一件大事，“张秋风运动”历时 6 年之久，直到全国解放。在“张秋风运动”中，晋绥边区广大劳动者学习张秋风肯动脑筋、敏于创新的精神，不断进行技术革新，使生产效率大大提高；以张秋风为榜样，纷纷开展劳动竞赛，发挥了无限的智慧，在发明创造上取得了伟大成果。“张秋风运动”不仅大大推动了晋绥边区的工业生产，还促使涌现出许多张秋风式的劳动英雄模范人物。这些劳动模范在抗日战争时期和解放战争时期，积极向张秋风学习，不断创造出新的生产成绩，为支援抗日战争和解放战争作出了积极贡献。

（三）晋绥边区的劳动英雄表彰大会

为了表彰先进、树立榜样，推动大生产运动的深入开展，从 1942 年 1 月至 1944 年 12 月，晋绥边区先后召开了 4 次劳动英雄表彰大会，表彰在大生产运动中涌现出来的英雄模范。1941 年 7 月，晋西北行政公署和抗日救国联合会共同制定了劳动英雄的产生及奖励办法，并在 1941 年 7 月 31 日的《抗战日报》上进行了公布，为晋西北第一届劳动英雄检阅及生产建设大会打下了基础。

1942 年 1 月 13 日至 16 日，晋西北第一届劳动英雄检阅及生产建设大会（群英大会）在山西兴县城关举行，这是晋西北行政公署第一次大规模召开表彰劳动英雄的大会。在为期 4 天的大会中，有 83 人受到奖励。农民特等劳动英雄第一名杨奴作、第二名刘有多、第三名王建荣，工人特等劳动英雄吴仲春，妇女特等劳动英雄郝尚英，儿童甲等劳动英雄牛映星，机关部队甲等劳动英雄刘仲五等在热烈的掌声中走上主席台，接受行政公署领导的颁奖。这些来自各条战线上的劳动英雄们，交流了他们的生产经验和技术技能。与此同时，还举办了 1941 年的晋西北建设成果展览会，展品有生活用品、生产工具、各类农副产品等共计 1000 多个品种，反映出抗日根据地人民在中国共产党和抗日民主政府的领导下，生活水平正在逐渐得到改善。

1942 年 12 月 12 日至 16 日，晋西北第二届劳动英雄检阅大会在山西兴县城关举行，生产建设成果展示会同时举行。本次劳动英雄检阅大会共有 103 名劳动英雄出席，包括农民特等劳动英雄王思良、工人特等劳动英雄张秋风、妇女特等劳动英雄宋侯女等。晋西北行政公署副主任武新宇在会上发表讲话。他指出：劳动英雄就是抗日英雄，没有我们这些生产战线上的英雄，我们就不能打日本，希望大家在这次会上互相学习，使我们根据地到处生长着大南瓜、生长着带壳穗。希望劳动英雄们回去后好好宣传大会的精神和经验，动员更多的群众积极投入大生产运动，让大家都努力争做劳动英雄。

1944 年 1 月 7 日至 15 日，晋绥边区第三届劳动英雄表彰大会在陕西神府县盘塘村举行。这是 1943 年 11 月晋西北行政公署改成晋绥边区行政公署后召开的第一次劳动英雄表彰大会。大会共有 130 名来自各条战线的劳动英雄出席，参加会议的群众在 1 万人以上。会议期间，劳动英雄进行了多种形式的交流，参观了与第三届劳动英雄表彰大会同时进行的边区生产成就展。展览馆里不仅有边区生产的各种土特产，更有琳琅满目的生产、生活用品。这些产品都是边区人民自力更生、自己动手，在大生产运动中生产出来的。

1944 年 12 月 7 日至 31 日，晋绥边区第四届劳动英雄、民兵英雄、战斗英雄、模范工作者大会在陕西神府县王家庄村举行。本次大会共评选出了部队特等战斗英雄邓朝贵等 16 人，民兵特等英雄段兴玉、郭炳旺、崔三娃等 14 人，农民特等英雄张初元、温象拴、任万生等 14 人，合作运输特等英雄魏建鳌等 3 人，公营工厂特等英雄张秋风等 5 人，民营工矿企业特等英雄刘清荣等 2 人，妇女特等英雄张秋林、杨雨儿、刘能林等 7 人。会议指出，晋绥边区 1944 年在军事、经济、文化等各方面的工作取得了很大的成绩。在经济上，边区军民全年共开荒 75 万亩，复垦荒地 15.4 万亩，增加粮食 11 万多石。全边区共计 391788 个劳动力，其中有 146550 个参加了变工互助组织，占全部劳动力的 37.4%。由变工互助组织改造的“二流子”有 6707 人，其中有些人还当了劳动英雄。此外，大会还通过了《群英大会全体英雄致毛主席电》等文件。

三、晋察冀边区大生产运动与劳模表彰

晋察冀根据地是抗日战争时期中国共产党在敌后建立的第一个抗日根据地，处在同蒲铁路以东，津浦铁路以西，正太、石德铁路以北，张家口、承德以南的广大地区，位于敌占区的心脏地带。晋察冀边区广大军民在抗击日本侵略者的斗争中和开展大生产运动、建设根据地的历史进程中积累了丰富的经验，被党中央和毛泽东誉为“敌后模范的抗日根据地及统一战线的模范区”，为中国抗日战争的胜利作出了卓越的贡献，为全中国的解放、推翻国民党反动政权的统治打下了坚实的基础。

（一）晋察冀边区的大生产运动

在抗日战争进入战略相持阶段时，晋察冀边区成为华北敌后抗击日本侵略者的主战场之一。战争加上连年的自然灾害，使得边区本来就很薄弱的经济遭到了严重的破坏，抗日武装补给得不到保证，工业品严重缺乏，经济出现了严重困难，有的地方老百姓的生活都难以为继，群众的生存受到了极大的威胁。

1944 年 1 月，晋察冀边区行政委员会（区政府）和边区抗联会共同召开扩大会议，分析了边区的经济状况和应对措施，明确提出要学习陕甘宁边区开展大生产运动的经验，在全边区开展全民大生产运动。很快，晋察冀边区掀起了大生产运动的高潮，利用战争间隙，争分夺秒开荒种地，保种保收。在各级政府和抗联会的领导下，1944 年春耕期间，晋察冀根据地政府总计贷粮约 1.8 万石、贷款 2000 万元、赈粮 900 石。政府还热心帮助群众解决农具、种子、肥料等生产上的困难，使其劳动效率大大提高。部队、机关、学校也投入大生产运动。以晋察冀边区抗联会为例，共种水旱坡地 59 亩，加上机关运销、手工业生产等，总计全年生产小米 14559 斤，平均每人生产 208 斤，全部完

成了生产任务。北岳区巩固区部队共开荒 6.5 万亩，平均每人种地 1.5 亩，最多的达到 8 亩，生产蔬菜 600 万斤，完全做到了蔬菜自给。[1]

1944 年 2 月 13 日，为了把大生产运动迅速全面地开展起来，动员晋察冀边区人民积极投入大生产运动，《晋察冀日报》发表了题为《开展大生产运动是全边区军民的神圣任务》的社论。文章提出，在 1944 年的大生产运动中，必须把全边区的劳动力、半劳动力，不论男女老幼，组织起来，投入大生产运动中去。其中不仅包括全边区的广大人民，还包括机关学校部队；不仅包括巩固区，还包括游击区与游击根据地。文章还提出，要创造一定数量的劳动英雄、模范农户和领导生产的模范干部。1944 年 2 月 24 日，《晋察冀日报》又发表了题为《进一步贯彻减租政策成为开展大生产运动的必要条件》的社论；1944 年 3 月 2 日发表了题为《积极开展游击区的生产运动》的社论。

在各级党委、政府和工会的大力倡导、精心组织下，晋察冀边区的军民因地制宜，掀起了大生产运动的高潮。农业、手工业等产业在大生产运动中得到了广泛发展，群众的生活得到较大改善，也保障了根据地的物资供应，取得了显著的成效。1945 年 1 月 31 日，毛泽东在文章中对晋察冀边区的大生产运动给予高度赞扬，他表示：晋察冀边区的许多游击区已于 1944 年进行了大规模的生产，并且收到了极好的成绩。[2]

（二）开展敌后“赵占魁运动”

陕甘宁边区的“赵占魁运动”逐步扩大到各抗日根据地后，为了培养赵占魁式的英雄模范，也为了支持抗战、保证部队的物资供应和人民生活的需要，晋察冀边区从 1943 年 5 月开始推广敌后“赵占魁运

1　杨建中：《山西抗日战争史》，三晋出版社，2017 年。

2《毛泽东选集》（第三卷），人民出版社，1991 年。

动”，并在1944年5月开展了“新劳动者运动”，结合本地区的实际情况，号召广大工人以身边的先进模范人物为榜样，加强自我教育，建立革命家务，增强组织纪律性，提高劳动的自觉性。

1944年5月1日，《晋察冀日报》发表了题为《纪念“五一”进一步开展敌后赵占魁运动》的社论，总结了边区一年来开展“赵占魁运动”的成绩，检查了存在的问题，提出了广泛深入开展“赵占魁运动”的原则和具体方法，希望在开展“赵占魁运动”中涌现出为全边区所爱戴的赵占魁式的劳动英雄。

1945年5月1日，《晋察冀日报》再次针对“赵占魁运动”发文，发表了题为《边区号召普遍开展赵占魁运动》的社论，对1945年开展“赵占魁运动”提出了必须依靠和培养积极分子与团结群众等要求。文章所提意见具有很强的指导意义，反映出“赵占魁运动”在晋察冀边区发展为“新劳动者运动”的新特点。

从“赵占魁运动”到“新劳动者运动”的变化，创新性地带给根据地公营工厂中长期以来就不断开展的群众生产运动一个确定的形式，为工会组织群众生产提出了比较系统的办法。随着运动的普遍和深入开展，根据地工会工作跨出了意义重大的一步，生产工作中的群众路线逐步形成。努力生产，积极参与根据地经济建设，开始成为工人群众的自觉行动，一大批先进模范人物就此涌现出来。而随着敌后“赵占魁运动”广泛深入地开展，各企业与各工会都及时总结经验，大力宣传先进模范人物的事迹，以便充分发挥他们的模范带头作用，使工人们看到“赵占魁”就在身边，立足岗位努力奋斗，争当先进劳动英雄，使劳模表彰活动顺势而成。

（三）英模表彰与群英大会

为宣传劳动模范的先进事迹，发挥他们的引领作用，使更多的人民群众加入生产建设的热潮中来，晋察冀边区军区工业部和公营工厂等在大生产运动中纷纷召开大会，表彰英雄模范和劳动模范，以促使更多先进模范人物不断涌现。

1944 年 2 月 10 日，晋察冀边区第一届群英大会在河北阜平县的柏崖村举行。晋察冀边区第一届群英大会经过层层评选和审定，共评出 104 位来自各条战线的战斗英雄。他们有的是久经战场的基层连队的指挥员；有的是在抗战前线与敌人顽强拼搏的普通士兵；也有在敌后坚持生产、组织民众种好庄稼，保证抗战前线粮食等物资供应的劳动英雄；还有积极做群众工作，保护子弟兵的英雄母亲等。在会上，程子华代表中共中央晋察冀分局和军区讲话，他强调：要在全边区开展大生产运动，响应中共中央和毛泽东同志的号召，一定能取得大生产运动的胜利。他指出：一面战斗，一面生产！大家动手克服困难！战斗英雄要成为劳动英雄！组织起来，开展大生产！

1944 年 5 月 25 日，晋察冀军区工业部召开劳动英雄大会，表彰了刘润田、张玉山、丁继芳、杨万红等军工企业赵占魁式劳动英雄，在大会上介绍了这些劳动英雄“把工厂当战场，多生产一颗子弹就能多消灭一个敌人”的英雄事迹，授予他们“劳动英雄”的光荣称号，动员军工系统的广大职工向他们学习。

1944 年 12 月 7 日至 17 日，晋察冀边区公营工厂群英大会在阜平县举行，边区军工业、印刷业、制药业、缝纫业、造纸业、煤矿业等各行各业的英雄模范参加了这次大会，先后共有 59 位英雄模范分别介绍了他们的英雄模范事迹和他们在各个岗位上的工作经验及体会。他们的宝贵经验和英雄模范事迹，反映出晋察冀边区工人阶级崭新的精神风貌。出席会议的英模代表还选举了出席边区第二届群英大会的英雄模范 20 名。

1944 年 12 月 20 日至 1945 年 1 月 30 日，晋察冀边区第二届群英大会在阜平县史家寨村举行，历时 41 天。会议分 3 个阶段进行。第一阶段，大会分小组进行经验交流，并选举出 90 个典型例子。第二阶段，进行经验介绍，先后有 70 多位战斗英雄、劳动英雄、模范工作者在大会上介绍了经验。第三阶段，举行隆重的闭幕式。在闭幕式上，战斗英雄、劳动英雄、模范工作者纷纷登台表达参会感言。老英雄胡顺义代表全体英雄模范向中共中央晋察冀分局献旗，鲜艳的红旗上绣着七颗北斗星和“咱们翻了身，永远跟着你”的醒目大字。

英模表彰大会和群英大会的举行表明，在战争年代，党和政府十分重视英雄模范的表率作用、引领作用。各抗日民主政府通过评劳模、树标杆、立典范的方式，调动了劳动人民对敌斗争、发展经济的积极性，并采取各种表彰措施，依靠广大人民群众的力量，赢得了战争的胜利，也取得了经济的发展，逐步提高了根据地的生产、生活水平。

第三章

以生产竞赛运动积极支持解放战争

（1945年9月—1949年9月）

引　语

1945 年 4 月 23 日至 6 月 11 日，中国共产党第七次全国代表大会在延安召开。毛泽东在大会上作题为《论联合政府》的政治报告，其中明确谈到工业问题。他指出，“为着打败日本侵略者和建设新中国，必须发展工业”。[1] 抗日战争胜利后，中国人民热切希望建设一个和平、民主的新中国。然而，中国共产党和中国人民积极维护国内和平民主的努力，受到国民党统治集团的严重阻碍。

1946 年 6 月 26 日，国民党重兵围攻中原解放区，挑起全面内战。解放战争时期，中国共产党领导广大军民逐步由积极防御转向战略进攻，打赢了辽沈、淮海、平津三大战役和渡江战役，向中南、西北、西南胜利进军，推翻了国民党反动政府和帝国主义、封建主义、官僚资本主义三座大山，为夺取新民主主义革命胜利建立了历史功勋。中国共产党同国民党的大决战，既是兵力火力之战，更是民心向背之争。辽沈战役胜利是东北人民全力支援拼出来的，淮海战役胜利是老百姓用小车推出来的，渡江战役胜利是老百姓用小船划出来的。

从抗战胜利到新中国成立前这一时期，党领导解放区和国民党统

1 《毛泽东选集》（第三卷），人民出版社，1991 年。

治区的工农群众开展了各种形式的斗争。随着战局的胜利发展和全国各大城市的相继解放，新解放地区迅速开始恢复和发展生产。在总结陕甘宁边区劳模评选制度经验的基础上，各行各业开展了形式多样的生产竞赛和斗争活动。坚持“从群众中来到群众中去”的工作方法，评选出的劳动英雄不仅具有优良的生产技术，更具有很高的道德水平和良好的群众基础，为恢复和发展经济发挥了榜样带头作用，为配合支援人民解放战争和夺取新民主主义革命最终胜利、实现中国人民彻底解放，作出了巨大贡献。

第一节 工人阶级为夺取全国性胜利而斗争

解放战争时期，中国人民同美帝国主义支持的国民党反动派之间的矛盾上升为主要矛盾。中国共产党在全国各解放区人民的全力支持下，在国民党统治区学生运动、工人运动和各阶层人民斗争的有力配合下，在各民主党派和无党派民主人士的积极合作下，领导人民解放军打赢了辽沈、平津、淮海三大战役和渡江战役，消灭了国民党的800万军队，推翻了国民党的反动统治，取得了新民主主义革命的伟大胜利。随着战局的胜利发展，中国共产党领导工人群众为迎接新中国诞生而努力奋斗。工会工作以协助接管城市、恢复发展生产为中心，迅速开展起来，从中产生了一大批劳动模范。

一、工人阶级为配合解放战争而积蓄力量

抗日战争胜利后的国际国内形势，有利于中国政局朝着和平民主

方向发展。国内各派政治力量的状况发生了深刻变化，中国共产党已发展成为具有全国影响力的大党，并同国民党统治区内由民主党派和民主人士组成的民主力量保持着密切联系。基于对和平的真诚愿望和对局势的清醒认识，1945 年 8 月 28 日，毛泽东一行从延安飞抵重庆，开始同国民党统治集团在重庆进行和平谈判，努力避免内战，实现国内和平。

1945 年 10 月 10 日国共双方签订了《政府与中共代表会谈纪要》，即“双十协定”，国民党当局口头上表示承认“和平建国的基本方针”，但以蒋介石为首的国民党统治集团在虚假地与中国共产党进行和平谈判的同时，积极进行内战的准备。国民党的战略企图是完全占领长江以南地区；着重夺取华北战略要地和交通线，以分割压缩解放区，打开进入东北的通道，进而占领整个东北[1]。1946 年 6 月 26 日，在完成内战准备后，国民党撕毁停战协定和政协决议，发动 22 万人悍然进攻鄂豫边境的中原解放区。其后，国民党向其他解放区展开大规模进攻。全面内战由此爆发。

为粉碎国民党的军事进攻，共产党制定了各项方针政策。在政治上，坚持党的领导，放手发动群众，团结一切可能团结的力量，建立最广泛的人民民主统一战线，开始了伟大的人民解放战争。共产党领导的工人运动也转向配合解放战争，为最后打倒国民党反动派而斗争。抗日战争胜利后，共产党领导的解放区进一步巩固和扩大，除了农村，还包括若干中小城市，解放区的工人队伍得到壮大，工业生产的能力得到加强，工人阶级成为解放区建设的重要力量。各解放区工会在党的领导下，迅速开展新英雄主义的竞赛，更有计划地加紧生产，为保证人民解放军的足食足衣，加强解放区各方面的力量而立功。通过反

---

1 《中国共产党简史》编写组：《中国共产党简史》，人民出版社、中共党史出版社，2021 年。

奸清算、争取民主权利和增加工资改善职工生活等斗争，各解放区工会团结广大职工为恢复和发展生产、保卫抗战胜利果实、巩固解放区和开展各项工作而努力。解放区的工人运动呈现出蓬勃发展的新气象，有力配合支援了解放战争。

这一时期，在抗日战争时期国民党统治下的大后方及日军投降后的新收复区，工人运动得到普遍发展，有力地配合了各阶层人民的和平民主运动。共产党领导职工群众开展了“要求发给遣散费”“要求复工就业”“要求救济失业”等各种斗争。学生运动的高涨促进了整个工人运动的高涨。1947 年，全国 20 多个大中城市先后有 300 余万名工人罢工。重庆和上海两个工业城市都爆发了大规模的工人罢工。大城市工人运动的任务，从最初准备武装起义夺取城市，过渡到继续积蓄力量、配合解放战争。在农村，广大农民也开始反抗抓丁、征粮和征税。

二、各解放区开展生产竞赛活动支援人民解放战争

1946 年 7 月至 1947 年 6 月，人民解放军在一年的内线作战中歼敌 112 万人，自己的总兵力发展到 190 多万人。中共中央决定不等完全粉碎敌人的战略进攻，立刻转入全国性反攻。人民解放军转入战略进攻，具有伟大的历史意义。1947 年 12 月 25 日至 28 日，中共中央在陕北米脂县杨家沟召开扩大会议，即十二月会议，毛泽东在《目前形势和我们的任务》的报告中指出，中国人民解放战争已经全部转入进攻，这是蒋介石二十年反革命统治和一百多年以来帝国主义在中国的统治由发展到消灭的转折点。[1] 报告不仅阐明了党的最基本的政治纲领、经济纲领，还总结了人民军队的作战经验，提出十大军事原则。

1 《第三次国内革命战争大事月表（修订本）》，人民出版社，1983 年。

全面内战爆发后，为筹措内战经费，国民党政府无限制地发行纸币，导致极大的通货膨胀，国民党统治区陷入严重经济危机。官僚资本极度膨胀，工农业生产严重萎缩，大批民族工商业濒于倒闭，城市失业人数陡增，广大农村饿殍载道。在这种情况下，国民党统治区工人群众为了争得生存和民主的权利，在各行各业广泛开展罢工、怠工、饿工、请愿、游行示威等反饥饿、反内战、反迫害、争生存的斗争。与此同时，学生的反饥饿反内战运动在全国范围内迅速高涨。工人运动与学生及其他各阶层人民的斗争相结合，把爱国民主运动不断推向高潮，形成了与解放区军民战争密切配合的“第二条战线”，使国民党当局陷入了全民包围之中，有力地配合支援了人民解放战争的胜利发展。共产党适时提出在国民党统治区人民争生存斗争的基础上，建立反卖国、反内战、反独裁的广大阵线，使“第二条战线”的斗争更加广泛、深入地发展起来。

在各解放区，工会动员广大职工紧急行动起来，巩固后方，支援前线，以一切可能的方式配合支援人民解放战争。各解放区贯彻“发展生产，繁荣经济，公私兼顾，劳资两利”的新民主主义经济方针，普遍开展了“增产立功运动”，各工厂都订立了计划、措施及立功条件，进一步激发了解放区职工革命和生产的积极性。在生产中，工人们积极开展竞赛活动，改进生产技术，努力增加产品的数量，提高产品的质量，不断创造生产新纪录，有力地支援了人民解放军的战略进攻。陕甘宁边区总工会向工人提出了“发展生产，保卫边区”的战斗任务。军需工厂的工人在转移到晋中后，仍坚持生产，在“后方多流一滴汗，前方少流一滴血”的口号下，以极大的干劲，突击生产，保证军需物资及时送往前线。在山东解放区，广大工人在“一切为了前线胜利”的口号下，努力生产，增加产量。为了争时间、抢速度，工人忘我劳动，放弃公休日，进行突击竞赛。胶东、烟台、威海卫、淄博等地的工人，普遍组织起工人纠察队，坚持“一手拿枪，一手拿锤”，夜以继日地战斗在生产第一线。

随着解放战争的胜利发展，解放区迅速扩大，大批城市回到人民手中。在探索接收城市经验的过程中，1948 年 2 月，党中央批转《中央工委关于收复石家庄的城市工作经验》，6 月批转《东北局关于保护新收复城市的指示》，12 月又批转陈云的《接收沈阳的经验》。由于我党采取了一系列正确政策，新解放城市的社会秩序均很快趋于稳定，生产得到迅速恢复和发展，有力地支援了人民解放战争。

三、工人群众为建立新中国做准备

1948 年秋，人民解放战争进入夺取全国胜利的决定性阶段。此时，国民党军队已被解放军分割在西北、中原、华东、华北、东北 5 个战场上，相互间难以取得配合，已经没有完整战线。党中央和毛泽东当机立断，连续组织辽沈、淮海、平津三大战役。1948 年 9 月，中共中央政治局召开扩大会议。毛泽东在会上论述了即将成立的新中国的国体和政体。会议还提出了新民主主义经济建设的基本方针。

从 1948 年 9 月 12 日至 1949 年 1 月 31 日，人民解放军先后取得辽沈、淮海、平津三大战役的胜利，东北全境、华北绝大部分地区和长江以北的华中、中南广大地区均已解放，中国政治形势更加明朗，中国人民革命战争在全国范围内的胜利已经为期不远。毛泽东与刘少奇、朱德、周恩来、任弼时等在西柏坡中共中央驻地，会见了受斯大林委托前来了解中国革命形势的苏共中央政治局委员米高扬。在会谈中，毛泽东说：国家一解放，接踵而来的任务是恢复生产和经济建设。[1]

1 中共中央文献研究室：《毛泽东年谱（1893—1949）（修订本）》（下册），中央文献出版社，2013 年。

这一时期，随着战局的胜利发展，共产党领导工人群众为迎接新中国诞生而努力奋斗。工会工作以协助接管城市、恢复发展生产为中心，迅速开展起来。东北、山东、晋冀鲁豫的军工企业深入开展各类生产竞赛，生产了大批武器和其他军需物资，产品的质量和产量大幅提高，有力地支援了各大战场的对敌作战。随着人民解放军的胜利推进，解放区的面积不断扩大，各地的铁路干线相继回到人民手中。获得解放的铁路工人在工会的组织和领导下，开始大规模修复铁路、机车和车辆，抢运物资和伤员，保障人民解放军的武器弹药和其他军需物资的供给。

为了制定夺取全国胜利和胜利后的各项方针政策，中共中央于1949年3月5日至13日在西柏坡召开了中国共产党七届二中全会，规定党在全国胜利后在政治、经济、外交等方面应当采取的基本政策，指出中国由农业国转变为工业国、由新民主主义社会转变为社会主义社会的发展方向。全会着重讨论了党的工作重心的战略转移，即工作重心由乡村转移到城市的问题，指出由乡村包围城市的时期已经完结，从现在起开始了由城市到乡村并由城市领导乡村的时期。全会明确提出，必须全心全意地依靠工人阶级。会议还向全党提出，务必继续保持谦虚、谨慎、不骄、不躁的作风，务必继续保持艰苦奋斗的作风。七届二中全会是解放战争时期中共召开的唯一的中央全会，确立了革命胜利后建设新民主主义社会的蓝图。其所作出的各项政策规定，对新中国的建设事业具有重要指导作用。

1949年3月23日，毛泽东率领中央机关离开中国革命最后一个农村指挥所——西柏坡，迁往北平。为了向全国人民公开阐明中国共产党在建立新中国问题上的主张，6月30日，毛泽东在《论人民民主专政》一文中指出，人民民主专政需要工人阶级的领导。筹建成立新中国的工作，是通过新政治协商会议（中国人民政治协商会议）进行的。1949 年 9 月 21 日至 30 日，中国人民政治协商会议第一届全体会议在北平（会上更名为“北京”）隆重召开。中国人民政治协商会议的召开，标志着 100 多年来中国人民争取民族独立和人民解放运动取得了历史性的伟大胜利，标志着爱国统一战线和全国人民大团结在组织上完全形成，标志着中国共产党领导的多党合作和政治协商制度正式确立。

第二节

东北解放区开展生产竞赛运动

由于日本侵略者投降前的巨大破坏，东北很多城市陷入瘫痪。抗日战争胜利后，为了保卫人民抗战的胜利成果，壮大人民革命力量，党中央先后抽调 11 万人的军队和 2 万名干部进入东北，成立以彭真为书记、陈云等为委员的中共中央东北局，统一领导东北地区的工作。解放战争时期，东北地区作为当时我国最大的工业基地，有力地支援了解放战争。

一、东北解放后第一次大规模的生产运动

中共中央东北局于 1946 年春发出了《关于开展生产运动的指示》，要求“迅速开展东北解放后第一次大规模的生产运动，恢复东北人民的生产力”。东北局在提出“目前生产运动的方针，拿东北全部国民经济比重来看，应以农业为主”的同时，强调“东北工业比全国任何

地区都更有基础和发展前途，这是东北人民血汗的结晶，必须倍加爱护”，要“使其迅速恢复生产，并在可能的条件下，力求发展。……逐渐提高工业在经济建设中的比重”。严峻的军事形势使开展大规模生产运动迫在眉睫，也给东北地区的经济发展造成了极大的困难，但总的来说，东北地区仍然保留了相当可观的工业基础。在这种背景下，东北各行各业的劳动人民积极恢复生产，发出“保证运输，支援前线”等铿锵誓言，为解放战争的胜利作出重大贡献。

（一）东北地区涌现出大批劳动模范

1946 年 4 月 28 日，哈尔滨率先解放，成为全国解放最早的大城市，也成为解放战争可靠的大后方。为了加快恢复生产、支援前线，1946 年 7 月东北铁路管理总局正式组建。局长由陈云兼任，政委由李富春兼任。8 月，东北铁路管理总局改属东北行政委员会，哈尔滨铁路工委成立。在东北铁路管理总局的领导下，哈尔滨铁路工人开展了轰轰烈烈的“死机复活”运动，大力抢修在战争中受损的机车，保证“解放军打到哪里，我们的火车头就开到哪里”。任务紧张时，他们常常夜以继日地抢修机车。据记载，从 1946 年夏到 1947 年 3 月，仅用 8 个月时间，哈铁全路机车总数就由原来的 100 台增加到 380 台。[1] 在“死机复活”运动中，工人们克服重重困难，日夜抢修，诞生了大名鼎鼎的“毛泽东号”和“朱德号”。这两辆有着响亮名号的机车一次次地冒着枪林弹雨，给前线输送战争需要的物资和粮食、接回伤病员，圆满完成多项任务。

哈尔滨机务段的“死机复活”运动大大鼓舞了哈尔滨铁路管理局全线工人的士气，劳动竞赛在铁道线热火朝天地展开，职工家属也纷

1　哈尔滨铁路局志编审委员会：《哈尔滨铁路局志（1896—1994）》（下册），中国铁道出版社，1996 年。

纷参加劳动竞赛，积极支援前线，掀起献物、节约的热潮，出现了献纳器材运动、生产节约运动、“铁牛运动”等。1947 年 7 月，绥化机务段的检修工人以翻身做主人的豪迈气概，喊出了“就是不给钱，也要干三年”的口号。检修工人经过艰辛的努力，修复报废的 96 号机车。机车司机长杜先扬带领包乘组对机车精检细修，使这台机车首创安全走行 10.6 万公里的纪录，成为“铁牛运动”的旗手。1948 年 10 月，锦州解放后，6600 余名铁路工人立即报到并投入抢修工作，仅用 9 天就修复了原定 1 个月才能通车的铁路。

1947 年夏季以后，中共中央东北局从当时的军需民用出发，从急需而又可能的条件着手，确定了“恢复与发展必需的工矿业、电力、铁路交通运输业，工矿业中尤以军工、军需、纺织、采煤、采金、钢铁与电力等为重点”的工业发展方针，并据此制订了 1948 年工业生产计划。为了保障主要机关、工厂和交通的电力供应，东北电厂工人们在劳动模范刘英源的带领下，以高度的热情和创造精神，克服重重困难，日夜奋战，收集电机材料。随着形势变化，为解决哈尔滨全市日益扩大的用电需要，支援解放战争，拥有熟练专业技术和生产经验的刘英源修复了日本制造的五号汽轮发电机。这在当时的生产条件下，是一个奇迹。后来，五号发电机静子线圈因绝缘老化被击穿，刘英源带领工友们完成了五号、六号发电机合并工程。新发电机组的发电量达到 9000 千瓦、发电总容量达 18000 千瓦，创造了当时的历史最好水平。发电机组的成功修理，不仅满足了当时哈尔滨整个城市的动力用电和照明用电，还供应了周围 5 个县镇的照明用电。这对保证军民生产、支援解放战争、稳定社会秩序起到了重要作用。

东北的煤矿工人也不甘落后。抚顺、本溪、阜新、西安、蛟河、鸡西、鹤岗等矿区和煤矿在党的领导下，先后成立了工会，领导工人群众进行反奸清算、增加工资等运动，把工人群众的经济斗争迅速提高到政治斗争。煤矿工人翻身解放后，为了保卫胜利果实，在各地党组织和工会领导下，生产热情高涨。他们提出“一切为了解放战争”“多出一锹煤等于支援前线一枚手榴弹，多出一吨煤等于支援前线一发炮弹”等口号，夜以继日地抢修生产设备、恢复生产，多出煤、出好煤，解决了东北解放区的军运、工业和生活用煤问题。在党的“增产立功”号召下，各个煤矿掀起了“增产立功运动”的高潮。解放战争时期，鹤岗煤矿开展了“生产大赛突击运动”“红五月运动”“竞功运动”等多种形式的劳动竞赛，充分调动了广大职工的生产积极性，使全矿的煤炭产量蒸蒸日上，有力地支援了全国的解放战争。中共中央东北局特别为鹤岗矿务局颁发过嘉奖令：“鹤岗矿务局：三下江南，四保临江，军用煤无缺，有功焉。特此嘉奖。”在鹤岗煤矿乃至全国煤矿发展历史上写下了光辉的一页。

生产军需物资的工人也奋勇担当，努力改善武器装备，为提高部队战斗力作出了重要贡献。军需物资中特别重要的物资之一是引信。此时，担任东北大连引信厂厂长的是吴运铎。他用一生践行着“把一切献给党”的初心和使命。抗日战争期间，吴运铎和工友们克服种种困难，在山沟里建立了新四军第一座兵工厂，制造出新四军的第一支步枪，1943 年又研制出枪榴弹。为了制造武器、确保前线作战需要，吴运铎在生产与研制武器弹药中曾身负重伤，左眼失明、左手致残、右腿炸断。但是，他凭借顽强的毅力，始终坚守在兵工生产科研的第一线。解放战争期间，他带领军工们克服了难以想象的种种困难，为前方部队制造急需的枪炮弹药。在东北大连引信厂试验弹药爆炸力时，吴运铎又被意外炸得浑身是伤。当刚能下地时，他却将病房变成实验室，研制出一种高效炸药，被誉为中国的保尔·柯察金。新中国成立后，吴运铎先后担任中南兵工局副局长、机械科学研究院副总工程师、五机部科学研究院副院长等职，主持多项兵器科研工作，为国家培养了大批军工人才，为国防现代化和改善部队装备作出了重要贡献。他撰写的自传体小说《把一切献给党》，影响了几代人。这本书使吴运铎的事迹家喻户晓，该书出版后，不仅在我国多次再版，而且被译成多种文字，在国外广为流传。

还值得一提的是，在中国最早解放的老工业城市佳木斯，诞生了那首脍炙人口的经典歌曲《咱们工人有力量》。1947 年，时年 29 岁、任鲁艺文工二团教育科科长的马可来到佳木斯发电所参加义务劳动。在厂房、在车间、在热火朝天的劳动现场，工人阶级豪情满怀的革命激情和斗志深深地感染了马可，激发了他的创作灵感，他决心要为工人兄弟们写一首属于他们的歌。1948 年，马可和作家丁玲等同志一起到沈阳皇姑屯机车车辆厂教工人唱歌，也就是在这里，马可对这首歌做了最后一次修改，并发表在《辽宁日报》的前身《东北日报》上。1948 年，在庆祝“五一”劳动节的一次歌咏活动中，由鲁艺文工团、佳木斯电力工人、铁路工人演出队组成的合唱团第一次高唱了《咱们工人有力量》。直到今天，这首振奋人心、充满激情的革命歌曲仍在工人阶级队伍中广为传唱，经久不衰。

（二）选树劳动英模调动生产积极性

解放战争时期，为了积极调动广大工人群众的生产积极性，东北解放区持续开展劳模表彰运动。1946 年 6 月，西满铁路管理局开展造就劳动英雄、模范工作者、模范干部、模范单位的竞赛。经过 40 天热火朝天的竞逐，沿线各段各站推选出劳动英雄、模范工作者及模范干部 250 余人。1946 年 10 月 10 日，西满铁路管理局群英大会在齐齐哈尔隆重召开，表彰王学增等英雄模范 60 人、一等劳模 10 人，铁路员工及各地劳动英雄 5000 余人出席大会。此次大会是在中国共产党领导下、在东北铁路总局支持下召开的第一次群英大会，有着坚实的群众基础和组织基础。

1946 年 10 月 10 日，西满铁路管理局群英大会在齐齐哈尔召开。图为劳模代表到主席台上领奖。

在哈尔滨，为了表彰劳模、检阅成绩，1946 年 10 月 26 日，哈尔滨铁路分局在兆麟电影院举行大会，为获得劳动英雄和模范工作者称号的同志颁发奖章。1946 年 11 月 14 日，哈尔滨铁路工厂召开劳动英雄与模范工作者表彰大会，会上还讨论了劳动模范的评选条件等文件。1947 年 1 月 7 日，哈尔滨铁路管理局第一届群英大会在哈尔滨召开。中共中央东北局彭真副政委向全体劳动英雄表示敬意。他在讲话中称：我们所尊重和表扬的英雄是集体英雄主义者，这些英雄的特点就是全心全意为人民服务，这同旧社会的所谓英雄是全然不同的。[1] 李永等人当选为劳动英雄。

1947 年 4 月，东北解放区各地为迎接“五一”国际劳动节，妇女纺织、电业局、邮电局等职工分会相继开展生产竞赛，动员工人努力生产，争当劳模。1947 年 7 月 1 日，哈尔滨铁路工厂召开了第二届劳

1 《彭真传》编写组:《彭真年谱（1902—1948）》（第一卷），中央文献出版社，2012 年。

动模范表彰大会，表彰了80名劳动模范和5个模范分厂。1947年12月，东北铁路总局召开群英大会，哈尔滨机务段特等劳动英雄姚志平、郭树德、张恩德等受到表彰。

二、为巩固解放区、支援前线开展生产竞赛运动

1947年秋，中国人民解放军转入战略进攻以后，不断取得胜利，使战局迅速发生了根本性转折。毛泽东在《目前形势和我们的任务》的报告中提出，要“联合工农兵学商各被压迫阶级、各人民团体、各民主党派、各少数民族、各地华侨和其他爱国分子，组成民族统一战线，打倒蒋介石独裁政府，成立民主联合政府”。[1]革命形势的迅速发展，给解放区和全国工会运动的发展提供了良好的条件，同时也提出了新的任务和要求。为加强对全国工人运动的领导，发挥工人阶级伟大力量，联合全民族共同组成统一战线，党中央决定召开第六次全国劳动大会。

（一）第六次全国劳动大会明确中国工人运动任务

1948年8月1日至22日，第六次全国劳动大会（以下简称“六次劳大”）在哈尔滨隆重开幕。会议号召全国工人阶级紧密团结全国人民，支援人民解放军与国民党进行战略决战，迅速实现推翻国民党反动统治，加速革命在全国的胜利，完成建立新中国的历史任务。出席大会的有解放区职工代表、各解放区职工会的代表、国统区城市的工人代表以及各产业部门的代表，朱学范代表中国劳动协会声明该会作为团体会员参加会议，并派代表出席。这次大会会聚了全国各地的工人代表518人，代表了全国工会283万名会员。这些代表分别来自华北、华东、中原、广东、广西、上海、天津、唐山、武汉、南京等国

1 《毛泽东选集》（第四卷），人民出版社，1991年。

统区和解放区。这是自1929年第五次全国劳动大会以来，中国工会历史上一次人数众多、代表广泛的空前盛会。此时的中国工会，不仅在党的领导下，经过长期的革命斗争，发展成了一支强大的有组织的力量，而且工人阶级的构成和素质也有了空前的提升。[1]

六次劳大历时22天，会议内容十分丰富。中共中央在大会的致词中指出：当前，全国工人阶级的最大任务，就是首先团结自己，并以自己的英勇奋斗与自我牺牲精神去团结农民、独立劳动者、自由职业者、知识分子、自由资产阶级与一切爱国分子，帮助人民解放军，坚决彻底、干净、全部地歼灭国民党的反动军队，推翻美帝国主义与国民党反动集团的统治，建立独立自由强盛和统一的中华人民民主共和国。为了这个共同的目的，解放区工人和职员的任务，是在毛泽东同志著名的经济方针——“发展生产、繁荣经济、公私兼顾、劳资两利”之下振兴工业，巩固解放区，支援前线。国民党统治区工人和职员的任务，是团结全体职工和全体人民，同美帝国主义与官僚资本主义做斗争，对人民解放军的胜利进攻作必要的和可能的配合，并在城市被新中国成立以后帮助民主政府有秩序地接管城市。为了完成这些任务，必须迅速加强工会的工作，团结和教育职工群众，使他们成为人民民主共和国的领导力量。

六次劳大还恢复重建了中华全国总工会，实现了全国工会组织的统一。大会选举产生了中华全国总工会第六届执行委员会，陈云、李立三、朱学范、刘宁一、李颉伯等53人当选为执行委员会委员。大会通过了《关于中国职工运动当前任务的决议》《关于国民党统治区职工运动报告的决议》和《中华全国总工会章程》。

六次劳大的召开和中华全国总工会的恢复重建，在新民主主义革

1　李玉赋：《新编中国工人运动史（修订版）》（上卷），中国工人出版社，2020年。

命时期的中国工会史上具有十分重要的意义。自此，中国职工队伍作为一个统一的整体团结在自己的工会组织之中。六次劳大后，中国共产党领导的人民解放战争进入了夺取全国胜利的阶段。从1948年9月起，人民解放军先后发动辽沈、淮海、平津三大战役，解放军的强大攻势如风卷残云、锐不可当，夺取新民主主义革命的全国胜利指日可待。

（二）响应号召积极开展形式多样的生产竞赛运动

1948年11月2日，辽沈战役后，东北全境获得解放，沈阳成为解放战争的重要后方。领导东北各级工会组织的东北职工总会根据中共中央东北局作出的《关于全东北解放后的形势与任务的决议》精神，把恢复国民经济放到一切工作的首位，号召各级工会关心工人生活，解除工人困难，集中力量组织工人复工生产。1949年1月5日，中华全国总工会主席、沈阳特别市军管会主任陈云亲自主持召开工人代表座谈会。他在讲话中号召沈阳工人阶级发扬主人翁精神，忍受暂时困难，“大家事情大家办”，挑起担子，团结一致，努力恢复和发展生产，建设新沈阳，支援全国解放战争取得最后胜利。东北职工总会遵照陈云的指示，快速响应中共中央东北局大力恢复和建设工业、支援解放战争的伟大号召，认真贯彻第六次全国劳动大会的精神，立即召开国营、民营企业职工代表会议，讨论落实迎接大生产、支援全国解放战争、建设新沈阳的任务，调动广大职工在恢复生产、发展经济中的积极性，在东北各个企业广泛组织了生产竞赛。

1949年1月5日至2月15日，东北解放区嫩江、合江、黑龙江及安东4省，先后召开了全省农业劳动模范大会，奖励了1774名农业劳动模范。在各省分别举行的劳动模范大会上，许多精耕细作、兴修水利、扑灭虫害、换工插犋的劳动模范报告了各种生产经验，并宣布了自己当年领导本村本乡农民增产的计划。随后，松江、吉林、辽北等省也相继召开了农业劳动模范表彰大会。

1949 年 3 月 13 日，东北职工总会对修复“北平号”机车的沈阳皇姑屯铁路工厂职工授予“新劳动模范”的称号，以表彰他们在南满各地解放后，全体职工以主人翁的姿态积极参加护厂复工、改良工具、提高生产等运动。

1949 年 3 月 15 日，东北职工总会发出了《关于组织生产竞赛运动的指示》，号召东北各公营企业积极开展生产竞赛运动。《关于组织生产竞赛运动的指示》对开展生产竞赛运动的意义、目的、方法、步骤、组织形式、奖励办法等内容都作出了明确规定。

为响应总工会的号召，东北的机械、橡胶、纺织、钢铁等行业纷纷开展生产竞赛运动，广大职工奋力投入生产竞赛中。在沈阳，职工积极投入生产立功竞赛运动中，声势大、工作细、落实快、效果好，还为保障军需供应积极开展竞争。在鞍山，企业职工代表不仅团结所有人参加竞赛，还互相提出挑战，争取有更多的人立功受奖。沈阳、锦州铁路局各级工会遵照东北铁路总局和东北铁路职工总会发布的《关于立功的暂行办法》，发动群众开展了“三献”（献工、献料、献车）、“三立”（立政治功、立工作功、立献工功）竞赛活动。1949 年 4 月，锦州铁路局召开第一届劳模大会，褒奖了在支援解放战争和生产立功竞赛中涌现出的 135 名英雄模范。

为了进一步提高劳动效率，有效避免浪费现象，有的地区还成立了生产竞赛委员会：以各厂管理委员会为基础，另增加数名职工代表组成生产竞赛委员会。生产竞赛委员会设有统计、宣传、检查、评判等组，负责统计每天的产量和原材料消耗等情况、检查质量、出生产快报、及时交流各厂的经验、有了问题及时批评等。由于竞赛动员广泛、措施具体、各行业职工积极性高，很快形成了人人争当先进的生动局面。实践表明，东北职工总会发动的生产竞赛运动，是组织职工群众增加产量、提高质量、降低消耗的好办法。生产竞赛运动开展的时间虽然不长，但由于其声势大、动员广、采取的形式多样，对调动职工生产积极性、恢复东北经济和支援解放战争都起到了积极作用。

1949 年上半年，鞍山钢铁公司通过发动职工和鞍山市民献交散落四处的器材设备零部件，使一部分采矿、轧钢、炼铁、炼钢、焦化、动力等厂矿陆续恢复生产。同年 5 月，中共中央东北局副书记陈云到鞍钢视察时指出："鞍钢是全国最大的钢铁联合企业，应尽快把鞍钢恢复起来，支援解放全中国，支援即将在全国范围开始的大规模经济建设。"鞍钢恢复工作遂进一步加快。为了迅速修复高炉，老工人孟泰勇敢站了出来。他带领工友献交器材、刨开冰雪收集废旧零件，翻遍了被埋藏、被丢弃的废铁堆，硬是在物资极度匮乏的情况下，建成了当时著名的"孟泰仓库"，没有花国家一分钱，就实现了鞍钢高炉恢复生产，为新中国钢铁工业奠定了基础。同一时期，王崇伦进入鞍钢轧辊厂，在工具车间当刨床工。时年 22 岁的王崇伦，亲身经历从旧社会奴隶到新社会主人的巨大变化，深刻明白掌握技术的重要性。在厂里，他积极向上、忘我劳动，技术水平迅速提高，成为新中国成立后的鞍钢职工队伍中为数不多的年轻高级技工之一。据统计，当年，鞍钢共生产生铁 10.1 万吨、钢 9.97 万吨、钢材 7.7 万吨[1]。

1949 年 5 月 1 日，东北铁路总局召开第一届职工代表大会和英雄模范表彰大会，63 位劳动模范和先进单位的代表介绍了他们的经验。"铁牛号"机车组荣获集体一等奖，杜先扬被评为特等劳动英雄。会上正式发出"开展铁牛号先进生产者竞赛运动"的号召。大会还总结了解放战争时期，东北铁路 3 年来在完成国家运输任务中探索出来的一整套管理经验，即坚持依靠工人群众、团结职工的方针，开展学习与

1 鞍钢史志编纂委员会：《鞍钢志（1916—1985）》（下），人民出版社，1994 年。

生产相结合的运动，从而发挥工人阶级的牺牲精神和创造力，取得了铁路建设的巨大成绩。在劳动模范的带领下，全东北解放区职工在自觉的基础上继续开展生产大竞赛运动，用实际行动庆祝东北全境解放后的第一个“五一”劳动节，并为完成与超额完成1949年生产计划、迎接全国革命的全面胜利而努力。

1949年6月5日，为期13天的东北军事工业第一届功臣模范代表大会召开。参加会议的有全东北军事工业的劳动模范代表及职工代表千余人。东北军事工业3年来从无到有、从小到大、从分散到集中，在支援全东北和全国解放战争中发挥了巨大作用。3年来，军工部门中涌现出的劳动模范达4895人。大会总结了过去开展竞赛运动的经验，并确定今后竞赛的发展方向。大会号召劳动模范们再接再厉，争取在建设新的国防工业中功上加功。通过发现、选树、表彰工业劳动英雄、劳动模范，极大调动了广大工人群众的劳动积极性，东北的劳动模范和工农大众团结奋斗、不畏艰险、勇攀高峰，有力保障了工业生产、铁路运输和人民生活的需要，提升了工人队伍的思想水平和精神面貌，为支援解放战争和经济建设作出了突出贡献。

当时，东北地区还开展了创建“马恒昌式班组”竞赛。1949年4月28日，沈阳第五机器厂在“生产竞赛模范班”的授旗仪式上，正式命名马恒昌班组为“马恒昌小组”。“马恒昌小组”的工人们在解放初期就冒着被敌机轰炸的危险，坚持生产，奋不顾身地完成一批批军工生产任务。他们还带头向全厂职工倡议开展“红五月劳动竞赛”，并以优异的成绩提前完成生产任务。“马恒昌小组”以第一个试行班组民主管理分工、第一个组织工人技术研究会倡导班组技术革新、第一个倡议开展全国劳动竞赛、第一个制定和完善班组管理制度、第一个实行岗位责任制而享誉全国工业战线，创造了中国工运史上劳动竞赛、民主管理和技术革新“三大法宝”，被誉为“我国班组建设的摇篮”。

（三）在广大职工中开展创新纪录运动

在恢复经济、建设东北的过程中，沈阳青年工人赵国有发起了创新纪录运动，极大地促进了生产发展。中共中央东北局、东北人民政府和东北职工总会联合作出决定，推广赵国有的经验，在广大职工中开展创新纪录的群众运动，加快国民经济的恢复和发展，将创新纪录运动从沈阳推广到全东北。

全国劳模、创新纪录运动的开创者赵国有原是沈阳第三机器厂的一名车工，他出生在一个贫苦家庭，15 岁就在“满洲制作所”当学徒，遍尝辛酸与苦痛。沈阳解放后，他在群众性生产竞赛运动中不断打破加工一个塔轮的时长纪录，还改进加工技术，毫无保留地向工友们传授新技法。他的言行，在沈阳第三机器厂掀起了一股不断创新纪录的热潮。赵国有不断创新纪录的行为很快就被东北职工总会和沈阳市总工会发现。工会总结了赵国有的经验，做出了向赵国有学习的决定。一时间，沈阳市乃至东北的广大职工掀起了一股“向赵国有学习，不断创新纪录”的热潮。赵国有的榜样力量促进了东北职工生产效率的提升。在号召向赵国有学习后，东北人民政府工业部机械局所属的沈阳企业，1949 年 8 月的平均生产效率较 7 月提高 30%，而 9 月又较 8 月提高 30%，沈阳机械系统两个月的生产效率提高了 37% 以上。

1949 年 10 月，东北职工总会作出了《关于开展创新纪录运动的决定》，对开展创新纪录运动的目的、意义、方法和注意事项提出了意见。在东北人民政府工业部所属的几百家厂矿企业中，群众性的创新纪录运动蓬勃开展，劳动生产率大为提高。据鞍山市、抚顺市、本溪市的机械、电业、电工、化学、纺织、有色金属、煤矿等 11 个系统 1949 年 9 月至 12 月统计，在生产中节约原料的 1449 件，改进技术的 918 件，提高工作效率的 187 件，改进劳动组织的 47 件，提高质量的 74 件。许多厂矿创造新纪录的人数占总人数的 1/4 甚至 1/5。据不完全统计，创新纪录运动开展6个月，就有1.9万多个新纪录出现，劳动生产率比没开展创新纪录运动时的9月提高13%，与当年的6月相比，劳动生产率则提高32.8%。短短几个月，相当于增加了约1/3的财富。与此同时，东北人民政府工业部所属的开展创新纪录运动的170多家骨干企业，涌现出5万多名新纪录创造者，他们都是提高生产率的重要骨干，活跃在生产一线，推动着创新纪录运动不断发展，为解放战争的胜利贡献力量。

创新纪录运动不仅是东北工业建设与职工运动发展的新阶段，也是东北建设高潮的起点。这一运动由创造生产效率的新纪录，发展到提高质量、减少废品、节约原材料、降低成本与改进管理方法等方面，不仅提高了工人的劳动效率，而且更为重要的是树立了工人阶级新的劳动态度。与竞赛运动相比，创新纪录运动是新的劳动态度与科学技术相结合的一种创造性的群众运动，也是工人阶级爱国主义新的具体表现。1949年12月22日，《人民日报》以“燎原的火焰——创新纪录运动的烈火是怎样点燃起来的”为题作专题报道，创造新纪录运动在东北大地蓬勃开展，并迅速被推向全国。

第三节

各解放区大力支持解放战争

解放战争时期，东北地区作为稳固的大后方，为解放战争的胜利作出了历史性的贡献。同样，陕甘宁、晋冀鲁豫、晋察冀、晋绥、山东、大别山、苏北等新老解放区的工人阶级和广大人民群众，也竭力支援解放战争，为全中国的解放作出了重要贡献。各解放区迅速创建和扩大了工会各级组织，把工人群众普遍组织起来，这对于巩固和保卫解放区恢复和发展生产起到了重要的作用，也为解放战争中的工人运动发展奠定了基础。

一、工人阶级成为解放区建设的重要力量

在晋察冀解放区，1945 年 10 月，各界抗联为适应抗战胜利后形势变化的需要，作出《关于取消抗联会及恢复各团体独立领导系统的决定》。根据该《决定》，晋察冀边区恢复工会、青年团、妇联等群众

团体的独立组织体系和领导机构。工会不仅帮助解放区克服经济困难，还为军队提供了大量人力、物力、财力的支援。

在晋冀鲁豫解放区，在 1945 年 9 月 8 日解放后，焦作矿区广大职工立即着手组建矿区工会组织，积极投入恢复生产的斗争；而六河沟煤矿工人早在解放以前，就竭尽全力地支援党中央和前线部队，解放后更是努力生产，带动其他地区、矿山和铁路干线的工人也增产报国。

1946 年 4 月，中共中央通过了《关于工业政策的决定（草案）》，指出要“保护工人的利益，适当提高工资，改善工人生活，以刺激工人劳动热忱，提高生产”“发动工人努力生产，遵守劳动纪律，积极参加工业建设”。[1] 随后，为庆祝“五一”国际劳动节，《解放日报》在社论《解放区职工运动的任务》中指出，解放区职工运动的中心任务就是“用最大的努力来恢复与发展解放区的经济建设”“发展解放区经济，并进一步提高职工的生活水平，这就成为解放区职工努力的根本目标”。遵照党中央的指示精神，全国各解放区纷纷发动和组织广大劳动者支援前线。

1946 年春季，太行老区党委加强对群众和部队生产的领导，在所属各县掀起了生产热潮。各级党委和政府对群众进行“生产发家”的教育，批评“吃斗争饭”，只想打土豪、分浮财，不想劳动的思想。努力解决群众生产的困难，如劳力、牲口、种子的调配；公产、荒地的处理；增加肥料，救济春荒；针对老区牲口缺少的问题，组织骡马大会，依靠群众互济和提供贷款组织农民购买牲口……这些措施对发展老区生产，起到了积极的促进作用。

1946 年 5 月，张家口各厂工人在市总工会的领导下开展竞赛，以增加生产的实际行动支援前线，粉碎了国民党军队的进攻。兵工厂、

1　张希坡:《革命根据地的经济立法》，吉林大学出版社，1994 年。

铁工厂的工人自动加班加点，为前方赶造武器弹药；毛纺厂的工人连续突击几个昼夜，赶制出几万套军装送往前线；皮革厂制皮件的工人工作量由过去每人每天 60 件，猛增到 120 件；交通运输系统职工全力以赴支援前线。

在山东解放区，兵工企业工人在支援前线生产热潮中作出了巨大贡献。抗日战争胜利以后，随着许多城镇和矿山陆续收复，老解放区兵工企业的技术人员和机器设备都得到补充，使山东解放区的兵工生产适应前方战争的需要迅速发展起来。到 1946 年 2 月，山东已经有兵工厂 27 个，职工 6000 余人。广大兵工企业职工在各级工会领导下努力发展生产支援前线，制造出各种常规轻重武器和配套的弹药，有力地支援了华东解放军的前方作战。

据 1946 年 6 月中共中央职工运动委员会的不完全统计，仅山东、华中、晋绥 3 个解放区就有职工 189 万人，其中还包括一大批过去的革命根据地很少有的近代产业工人，工人阶级成为解放区建设的重要力量。在中共中央的正确领导下，解放区各级工会迅速扩建，使得会员人数空前增多，团结广大职工为恢复和发展生产、保卫抗战胜利果实、巩固解放区和开展各项工作而努力开拓。解放区的工人运动呈现出蓬勃发展的新气象。

国民党挑起全面内战后，1946 年 9 月，中共焦作市委、市政府和煤矿党委组织近千名职工备战上山，在工人纠察队的掩护下，把两部发电机、七台锅炉、数十台车床、上千台绞车和水泵、数千吨器材等，安全转移到晋东南根据地。这些设备和上千名职工组建了白晋煤炭公司、公益电厂、西白兔电厂，装备了石圪节、小河铺、五阳煤矿，新建了晋冀鲁豫第三机械厂（兵工厂）。同年 11 月，焦作煤矿矿卫队改编为焦作煤矿游击队，重返矿区，开展游击战争。在山东淄博，全面内战爆发前后，在党和工会的领导下，先后建立 12 支工人武装队伍，有 2000 多人。在敌我双方“五进四出”的“拉锯”战中，工人武装队伍配合解放军破坏敌人交通设备，不断袭击或扰乱敌人。1946 年 9 月，当国民党军队大举进犯解放区时，六河沟煤矿工人纠察队开赴前线，与人民解放军并肩作战。同时，在党和工会的领导下，以及工人纠察队的掩护下，六河沟煤矿工人把矿山机械安全转移到山区，在白土村小窑的基础上建立了晋冀鲁豫边区机械修理厂，开展了支援前线的生产运动。

1946 年 12 月 2 日，太行区党委、太行行署和太行军区在长治召开太行区第二届群英会。这次会议的主题是检阅胜利成果，总结经验，发扬革命英雄主义精神，更有力地支援爱国自卫战争。来自全区 39 个县、3 个市的英雄代表共 427 人参加，同时还有约 3 万名群众到会祝贺，晋冀鲁豫边区政府及区党委、行署、军区、武委会的领导出席会议。大会选出边区英雄模范 110 名。会议对今后工作提出三点要求：一是继续开展杀敌练武运动；二是努力贯彻执行“五四指示”，争取在 1947 年春耕以前，全区彻底实现“耕者有其田”；三是继续开展更大规模的生产运动。大会将会场主席台命名为“英雄台”，将会场所在的卫前街命名为“英雄街”。

1947 年 2 月，《晋冀鲁豫边区职工总会为纪念“二七”号召全区职工开展大生产运动》提出：不论职员或工人，领导或群众，都应制定自己提高生产的计划，开展新英雄主义的竞赛，争取做劳动英雄与模范工作者，争取做模范工厂，在生产中还应开展立功运动，做到“数量多、质量好、成本低、原料足、销路广”，以发展生产、支援前线，号召每个工人、职员在爱国自卫战争中为人民建立更大与更多的功劳。劳动竞赛的广泛开展，激发了工人的劳动热情，提高了产品质量，改善了生产技术，降低了生产成本，对于支援前线的战争发挥了重要作用。

1947年春，晋冀鲁豫边区军工处决定，在推行军工厂管理制度和经营方式全面改造的同时，参加边区总工会发起的生产竞赛运动。1947年8月1日，晋冀鲁豫军区司令员刘伯承在视察太行军事工厂时，赠送了他亲笔题写的“提高兵工质量，增大歼灭战的实效”的锦旗，给军工企业工人以巨大鼓舞。此后，在军工处领导之下，“增产立功运动”被更名为“刘伯承工厂运动”，全区军工企业广泛掀起了“刘伯承工厂运动”的生产竞赛热潮。“刘伯承工厂运动”很快取得了显著成效，推动了生产技术的发展，改革工具300多件，发明创造261项。其中兵工一厂改造弹尾冲机，提高产量12倍；太行军工部的甄荣典在生产“八二”迫击炮弹时不断改进技术，创造了日产炮弹135发的新纪录；兵工二厂改进划钻，使生产效率提高10倍；兵工四厂改进热风锅炉，每月节煤10吨。这些技术革新大大提高了生产效率，改变了过去单纯依靠提高劳动强度、延长工作时间提高产量的状况，从根本上提高了解放区工业生产的水平。1948年4月，军工处召开“刘伯承工厂运动”总结大会，历时13天，表彰奖励了成绩突出的工厂和职工。

在山东，为了加强兵工生产的统一领导，1948年6月成立了鲁中南、胶东、渤海3个兵工局。在兵工局和各级工会领导下，广大职工积极投身支援前线生产的热潮。工人们在竞赛中自动提出“多出一粒子弹就多解放一个群众，做坏一粒子弹等于放走一个敌人”等口号，使产品质量和产量大幅度提高。1948年全年，全省兵工企业共生产各种炮弹121.97万发、子弹503.52万发、炸药44.06万斤、大炮499门。到1949年，全省已经有37个兵工厂，职工2万余人。山东军工系统的“增产立功运动”和兵工业的发展，有力地支援了人民解放战争。

由于缺乏海空力量，共产党动员沿江、沿海地区民众形成“船工支前”热潮，运用渔民掌舵、用帆船渡海。在华中地区的渡江战役中，海员和船工为帮助解放军突破国民党军队的长江防线作出了重要贡献。

在渡江战役的准备阶段，江苏、安徽、湖北等地的十几万名海员和船工踊跃报名帮助解放军将士训练渡水。其中，安徽枞阳县组织船工1.2万余人，船只1000艘。渡江战役打响之后，沿江的海员和船工立即英勇地投入支前战斗。芜湖长风轮船公司“长风”轮的海员们冒着生命危险，驾驶轮船冲过对岸敌军密集的炮火阻击，率先把渡江部队运抵长江对岸；武汉的海员们也顶着密集的飞机轰炸和炮火阻击，把40万人的渡江部队和大批军用物资运送过江；安徽北部的船工们也在渡江战役中奋力抢运渡江部队和物资，涌现出特等劳动英雄4名、英雄4名、一等功臣177名、二等功臣4260名、三等功臣1031名、四等功臣508名。在安徽省无为地区，以马毛姐为代表的3382名船工冒着敌人的炮火，面对波涛汹涌的长江，一次又一次地运送解放军和众多的军用物资到长江南岸，为“打过长江去，解放全中国”贡献力量。当时年仅14岁的马毛姐参加了“渡江突击队”，在手臂中弹的情况下依然咬牙坚持，不畏枪林弹雨6次横渡长江，运送3批解放军成功登岸。

渡江战役后，人民解放军迅速解放南方各省，全国政局已基本明朗，但也存在亟须克服且对全局颇有影响的难题。为协助作战、保障后勤，许多沿江、沿海地区的船工被动员参加战斗。从1949年夏季起，浙江兴起“支援大军，迅速打过海去”热潮。鄞县（今浙江省鄞州区）、慈溪、余姚、镇海等地成千上万船工被征召；金塘、桃花、大榭等已解放岛屿的民众亦加入这股浪潮；舟山、岱山等待解放岛屿也有不少渔民逃脱国民党军控制，支援人民解放军。据记载，在备战舟山期间，上海市及山东、江苏等省调动了大批船工和船只支援前线，有3000余名船工、900多艘大小战船投入战备。在福建也出现了相似的情况。1949年8月17日福州解放后，莆田、惠安、泉州、青阳、安海等地区相继解放，为发起漳厦战役创造了条件。为协助解放沿海岛屿，闽江各轮船公司员工和船只被动员起来，运送解放军向厦门挺进。

9月，在平潭战役前夕，闽江至福清湾沿海550多艘民船、1600多名船工应召参战。

在华北地区，广大工农群众在人民政府的领导下开展了空前的支援前线工作。据各个战役不完全统计：支前转运物资8.1亿斤、动员人力4736万个日工、畜力1681万个日工，仅晋中、绥蒙、徐州及平津4个战役，为了蓄积力量巩固部队，发动部分地区扩军，即涌现出2万余名翻身农民和1000余名市民参加的后备兵团。从事交通运输的职工，协同成千上万的农民，抢修公路4090里，增修铁道360里，及时修复铁道路基1786里。同时加强河运及与兵站工作的配合，改进了军邮及电讯设施。[1]

另记载，在3年解放战争中，东北地区共有160余万名工农群众参加了人民解放军，共动员了300多万名支前民工、30万副担架、3万辆运输大车、90万匹骡马。至于后方医疗和护理伤病员、安置荣誉军人以及为军人家属代耕等各项支援工作，则是无法完全用数字统计的。各解放区源源不断的兵源和物资供应，强有力地支持了解放战争。解放区人民群众的支持，是解放战争最终获得胜利的根本保证。

为了保卫解放区，支援解放战争，广大工人、农民的革命积极性普遍高涨，他们在中共中央和各地工会的领导下，以劳动模范为标杆，开展了一场又一场劳动竞赛，掀起了一次又一次生产高潮，以各种可能的方式支援人民解放军的胜利进军，为中国人民的解放战争打下了坚实的物质基础。解放战争的胜利是中国共产党领导劳动人民取得的胜利，也是在中国工人阶级和千千万万的普通人民群众的坚定支持下取得的胜利，是人民战争的胜利。

---

1 中共中央党史研究室第一研究部、中共河北省委党史研究室：《苍茫大地主沉浮——中共中央在西柏坡》，人民出版社，2003年。

二、表彰劳模以激励其用实际行动迎接新中国成立

为迎接和庆祝新中国成立，交流先进经验，进一步推动恢复与发展工业生产，东北、华北、华东等地各国营、公营企业纷纷召开劳动模范大会，奖励工业生产中的劳动模范、新纪录创造者、合理化建议者及优秀的技术人员、管理人员。旅大市（今大连市）各公营企业工厂，在新年前后即普遍召开了职工模范大会，总结 1949 年工作，研究 1950 年的生产任务，并奖励模范及合理化建议者。在华北的天津、太原、石家庄、张家口，华东的南京、济南、青岛等大中城市大部分或部分国营、公营企业，也先后在新中国成立前后，举行了劳动模范大会，总结与交流了开展生产运动和模范生产者的先进经验。

各地在总结先进经验时一致认为，建设新中国，必须全心全意依靠工人阶级，实行民主化管理，高度发挥职工群众的智慧，同时实行严格的经济核算制度，才能使生产力不断提高。华北电业公司天津分公司第一发电所在 1949 年 8 月进行大检修时，由于发动全体工人民主讨论制订计划，20 天就完成了过去 45 天才能完成的工作任务。石家庄炼焦厂由于发挥了工人生产积极性，使炼焦生产量突破了 20 余年来的生产纪录。

各地开过表彰劳动模范大会后，给劳动模范、新纪录创造者及各公营企业工人以莫大的鼓舞，大大激发了他们的劳动热情，进一步提高了其阶级觉悟。旅大铁路局劳动英雄李庆荣表示，在 1950 年要培养大批的男女火车司机，在“三八”节前使女司机们都能单独掌握驾驶技术，要创造 800 次列车不出一次事故的新纪录，并使每辆机车达到 200 吨的牵引量，旅客列车不误点定时开、定时到。

第四章

在新中国成立初期积极投身社会主义建设

（1949年10月—1956年9月）

引　语

从 1949 年 10 月 1 日新中国成立至 1956 年 9 月 15 日中国共产党第八次全国代表大会召开，中国社会发生了翻天覆地的变革，工人阶级一跃成为国家的领导阶级，工人运动迈入了全新发展阶段。在中国共产党的领导下，工人阶级积极投入恢复国民经济、巩固新生人民政权的伟大实践中，劳模运动也开启了新的历史征程。在这一时期，党和国家始终坚持全心全意依靠工人阶级方针，高度重视工人阶级和广大劳动群众在党和国家事业发展中的重要地位，高度重视发挥劳动模范和先进工作者的重要作用。

从新中国成立到 1952 年底，中国共产党带领全国各族人民为巩固人民民主政权而斗争，基本完成了土地制度改革和其他民主改革，取得抗美援朝的胜利，迅速恢复了国民经济。包括劳动模范在内的广大工人阶级，为巩固新生的人民民主政权发挥了巨大的作用。1953 年，党提出了过渡时期的总路线，制定出新中国成立后的第一个五年计划，开始集中主要精力开展以苏联援助的 156 项重点工程为核心的工业基本建设。同年 5 月，中国工会七大确定了“以生产为中心，生产、生活、教育三位一体”的工会工作方针，提出了工会组织搞好生产的基本方法就是逐步地引导群众开展劳动竞赛。根据“一五”计划的建设要求和中国工会七大提出的方针任务，广大工人阶级以主人翁的态度忘我地投入国家的建设发展中。劳动竞赛、增产节约运动、技术革新运动、先进生产者运动等蓬勃开展，涌现出了大量的劳动模范和先进工作者，为新中国的社会主义建设作出了卓越贡献。1956 年，在包括广大劳动模范和先进工作者在内的全国人民的共同努力下，我国基本完成了对生产资料的社会主义改造，建立了社会主义制度，从此进入全面建设社会主义时期。

新中国成立之初，党和国家就高度重视劳模工作，强调要充分发挥劳模的重要作用。毛泽东指出，劳动模范“是全中华民族的模范人物，是推动各方面人民事业胜利前进的骨干，是人民政府可靠的支柱和人民政府联系广大群众的桥梁”[1]。为了表彰劳动模范和先进工作者对国家建设和发展作出的巨大贡献，党和国家先后召开了两次全国性的劳动模范代表会议，即 1950 年召开的全国战斗英雄代表会议和全国工农兵劳动模范代表会议，以及 1956 年召开的全国先进生产者代表会议。这是我国劳模制度开启常态化、制度化的重要标志，具有重要的历史意义。两次大会的召开，彰显了党和国家对于劳模的高度重视，极大地鼓舞了全国人民建设新中国的热情。

1 中共中央文献研究室：《毛泽东文集》（第六卷），人民出版社，1999 年。

第一节

新中国劳模的产生

中国人民在中国共产党的领导下，经过长期的革命斗争，终于取得了新民主主义革命的胜利，推翻了帝国主义、封建主义和官僚资本主义的统治。中国人民政治协商会议第一届全体会议于 1949 年 9 月 21 日至 30 日在北京举行。毛泽东在开幕词中满怀豪情地向全世界宣告：占人类总数四分之一的中国人从此站起来了！会议通过《中国人民政治协商会议共同纲领》，明确规定：中华人民共和国是实行工人阶级领导的，以工农联盟为基础的，团结各民主阶级和国内各民族的人民民主专政的国家。工人阶级的地位发生了根本性的变化。新中国成立初期，首要任务就是巩固新生政权、恢复国民经济。广大工人阶级以巨大的热情投入新中国的建设中，各行各业涌现出了一大批劳动模范。党和国家高度重视劳模工作，不断推动劳模的评选、表彰，加大对劳模的培养，大力宣传劳动模范的先进事迹，并召开了新中国成立后的第一次全国劳模大会，掀开了劳模工作的新篇章。

一、党和国家高度重视劳模工作

新中国成立后，党和国家高度重视劳模工作，对于劳模的评选和培育、表彰和奖励、宣传和推广劳模事迹等各个环节都给予了高度关注，全国各行各业先后涌现出一大批具有引领示范性的劳动模范。

（一）做好劳动模范的评选和培育

劳动模范的评选和培育是劳模工作的重要内容。新中国成立初期，党和国家延续了延安时期评选劳动英雄的方式，紧密结合生产过程，及时开展群众性的评比运动。

在新中国成立之际，在工业领域为快速恢复工业生产而举行的劳动竞赛中，涌现出了一大批优秀的劳动模范。如爱厂如家的“高炉卫士”鞍钢工人孟泰、率先在企业建立严格的生产责任制的北京石景山发电厂厂长刘英源、在东北解放初期首先推行包乘制的“毛泽东号”机车司机李永、带领班组全体成员不断创造优异生产成绩的沈阳第五机器厂车工组长马恒昌，以及我国第一位女火车司机田桂英、第一位女拖拉机手梁军等，都是这一时期工业战线上劳模的典型代表。

在农业生产领域，结合农业生产开展的群众评比运动，各地评选、培育了一大批劳动模范、生产能手。1950 年，山西、河北、山东等地在生产过程中开展了群众性的评比运动，根据季节及时评比、及时总结、及时表扬奖励，有力地推动了生产运动的前进，涌现出大批的劳动模范和生产能手。苏北、皖北等地，在春耕夏收、治河除虫、生产救灾等生产过程中，也涌现了很多的劳动模范和生产能手。

在一些重大工程建设中，一大批劳动模范脱颖而出。1951 年，在皖北的春季治淮工程中，有 100 多万名民工和大批工人、工程人员、医生参与，其中 1 万多人在工程结束后被光荣地评选为治淮劳动模范。

春季治淮工程结束后，沿淮河各县与各专区均相继举行了盛大的庆功会，治淮劳动模范们分别在会上报告了他们的模范事迹，总结了工作经验，并获得奖章、奖状和锦旗等。

党和国家不但重视劳动模范的评选，还采取多种方式进一步培养劳模，提升劳模的科学文化素养、技能水平和管理能力。

新中国成立初期，为了培养建设人才，我国创办了一批工农速成学校。各条战线的大批劳动模范被保送到工农速成中学，学习中等程度的文化科学基本知识，其中一部分佼佼者，还被送入大专院校继续深造。1950 年 4 月，教育部在北京筹办第一所实验工农速成中学，郝建秀、杭佩兰等劳动模范成为其中的第一批学员。在东北地区，东北人民政府各部、东北总工会、新民主主义青年团东北委员会等抽调各产业系统中 84 名著名劳动模范，到东北实验学校工农速成中学学习。同年，中国人民大学在中华全国总工会及各业务部门的帮助下，还招收了包括劳动模范在内的近 300 名产业工人入学。这部分工人学员中，文化水平低的学员先入预科补习文化，然后再接受本科教育；文化水平较高的则直接进入大学本科阶段的学习。到 1953 年，中国人民大学经济计划、统计、财政、工厂管理、贸易、合作 6 个系的 440 余名毕业生中，有 50 余人是包括劳模在内的产业工人，约占全部毕业生的 11%。经过 3 年的学习，包括广大劳模学员在内的产业工人基本掌握了一门专门业务。北京农业大学为提高农业科技水平、推广优良耕作经验，设立了劳动模范研究班，首次应招入校的有山西长治专区劳动英雄及富有耕作经验的农民葛何堂、王庚寅、牛仁顺等。学校的专家教授一方面与入学劳模共同研究，总结提高耕作经验，另一方面指导劳模学生的耕作技术，以达到改革农业教育与提高生产相结合的目的。研究期满后，各劳模返回本地工作，有力地推动了当地农业技术的发展，也带动了当地农民积极改进耕作方式。

提升劳动模范的管理能力和管理水平也是培育劳模的重要方面。一大批劳模被提拔，担任领导或管理人员。从 1949 年到 1953 年初，被提拔为厂矿管理人员和技术干部的工人有 12.45 万人，其中有 7800 余人担任厂长或副厂长的领导职务，有 1.92 万人被培养为新型技术领导人才，这些被提拔的人员中大部分是劳模。例如，郝建秀曾先后担任青岛市国棉八厂副厂长、纺织工业部副部长、中共中央书记处书记、政协副主席；赵国有被选任全国总工会生产部副部长、担任四川德阳重型机器厂设备处副处长；甄荣典先后担任太原市机械工会主任，太原市、山西省总工会副主席。

另一种培育方式是以劳动模范姓名命名其所创造出的先进经验或劳动精神，如“马恒昌小组”“马永顺采伐小组”“赵梦桃小组”“李顺达互助组”等。一方面，以劳动模范姓名命名可以激发劳模自身以身作则的责任感，促使其不断进行自我提升，同时也不断带领其他劳动者共同提升。另一方面，对于普通劳动者而言，这种形式更亲切、更具象，方便口口相传，进行学习。

（二）注重劳模的表彰和奖励

党和国家高度重视对劳动模范的表彰和奖励，这极大地鼓舞了广大劳动模范，也更广泛地宣扬了劳模精神。这一时期对于劳动模范的表彰和奖励，主要是围绕不同主题，通过劳模表彰大会的形式进行，以精神奖励为主。

1950 年，在新中国成立后的第一个“五一”国际劳动节即将来临之际，围绕“发挥工人群众的主人翁责任感和劳动热情”，4 月 22 日，中华全国总工会发出《关于纪念“五一”国际劳动节的通知》，强调：第一，工人阶级地位发生了翻天覆地的变化，已从被奴役被压迫的地位变成了国家政权的领导阶级；第二，国民经济亟待恢复，工人阶级应突破资源匮乏、技术短缺的困境，加紧生产、努力节约；第三，突出劳动模范的重要性，强调要犒赏劳动模范，除了物质奖励，还可以组织各种娱乐晚会。在这一号召下，各地纷纷召开劳模表彰大会，总结生产竞赛所取得的成就，推选出新中国第一批劳动模范。

1950 年 11 月 20 日至 12 月 2 日，山西省第一届劳模大会在太原召开，大会评选出工业一等劳模 21 人、农业一等劳模 24 人、模范互助组 186 个、生产模范村 11 个。同年 4 月 29 日，张家口市召开劳模表彰大会，表彰了劳动模范陈宗德等 30 人，模范先进单位酒精厂及 19 个车间小组。同年 5 月 3 日，武汉市在汉口召开劳模座谈会，会上劳模们互相交流了工作方法和经验。参加会议的有公私企业部门的劳动模范 265 人。郑州铁路管理局于同年 5 月 5 日至 9 日举行了该局所辖单位的劳模大会，同时举行了机车大比赛和生产展览。到会的 68 个模范工作单位和 425 个劳动英雄模范工作者获得了奖金以及奖章、锦旗、纪念册等。各工厂、企业等也都各自召开内部的总结表彰大会。1950 年 4 月 28 日，沈阳第五机器厂召开迎接“红五月”的生产竞赛总结表彰大会，厂长总结了车工一组的先进经验，宣布车工一组荣获全厂第一面“生产竞赛模范班”红旗，并将车工一组正式改名为“马恒昌小组”，用劳动模范的姓名对班组进行命名。1951 年 3 月 15 日，湖南召开全省工业劳动模范代表大会，有 400 多位劳动模范参加。同年 9 月 20 日，全国铁路第一次劳动模范代表大会在京举行，中央人民政府副主席朱德、李济深，以及陈叔通、黄炎培等领导出席，有 467 名劳动模范代表参加。1953 年 2 月 6 日，北京市召开工业劳动模范代表大会，有劳动模范代表 521 人参加。同年 7 月 10 日，全国煤矿第一次全国劳动模范代表大会在北戴河举行，出席这次大会的有劳模代表 202 人，他们都是从全国将近 40 万名国营和地方国营煤矿工人中涌现出来的模范人物。1954 年 4 月，东北森林工业管理局召开东北区森林工业劳动模范大会，有各林区的劳动模范、模范工作者、先进生产者和模范单位代表等190多人参加。同年10月20日，河南省举行第一次治淮劳动模范代表大会。从1950年到1954年，河南省有320万人先后参加了治淮工程，工程中涌现的劳动模范达4万人。出席这次会议的229位劳动模范就是其中的代表。1955年5月3日，全国公路第一次劳动模范代表大会在京召开，有劳动模范代表307人参加。同年9月19日，全国电力工业第一次劳动模范大会在京召开，出席这次大会的有全国电力工业基本建设和生产企业评选出的87位劳动模范和31个模范单位的代表。1956年3月14日，四川省第一次工业、基本建设、交通运输劳动模范代表大会在成都举行。同年3月20日，甘肃省先进生产者代表会议在兰州市举行……

新中国成立初期劳动模范的奖励以授予荣誉等精神奖励为主，同时也提升劳模待遇，给予劳模更多学习、培训、疗休养的机会。

党和国家高度重视对劳模的表彰，通过劳模大会、座谈会等多种方式大力宣扬劳模的事迹、精神，给予劳模巨大的精神奖励。参加全国工农兵劳动模范代表会议的劳模不仅受到了党和国家领导的亲切接见，还获得毛泽东和朱德亲笔签名的领袖像两张、纪念册一本、纪念章一枚、制服一身、毯子一条、绒衬衣一套及其他日用品多件，充分显示了党和国家对于劳模的重视。

国家在西湖、庐山、太湖、青岛、北戴河、东北千山等风景宜人的地区修建疗养所，由工会安排劳模及先进生产者到这些地区疗养休息与度假。劳动模范可以获得学习深造和出国交流的机会。全国劳模郝建秀、黄宝妹等都曾前往苏联参观访问，学习苏联的先进生产技术和方法。全国劳模赵国有1950年随团前往苏联与波兰参加“五一”庆祝大会。1953年，中华全国总工会应苏联、波兰、捷克斯洛伐克、匈牙利、罗马尼亚、保加利亚和德意志民主共和国7国全国性工会组织的邀请，派代表团前往参加“五一”观礼。全国劳模张明山、马万水随团赴苏联观礼，全国劳模于世永、刘世梅随团赴波兰观礼，全国先进工作者阮金娥、全国劳模王福海随团赴捷克斯洛伐克观礼，全国劳模王金凤随团赴匈牙利观礼，全国劳模郑恒兴、丁福弟随团赴罗马尼亚观礼，西南一〇一钢铁厂先进小组长许德和随团赴保加利亚观礼，全国劳模王贵英、孙孝菊随团赴德意志民主共和国观礼。

许多地方出台政策，规定劳动模范在住房分配上享有优先权，如上海市从 1951 年 9 月至 1952 年 5 月建成新中国成立后首个工人新村——曹杨新村一期工程，建筑面积 32366 平方米，共有 2 层小楼 48 幢、167 个单元，可容纳 1002 户，裔式娟、陆阿狗、杨富珍等劳动模范均优先分到住房。1951 年 2 月 26 日，政务院公布《劳动保险条例》，其中第 20 条明确规定，劳动模范可享受优异的劳动保险待遇。

凡对本企业有特殊贡献的劳动模范，及转入本企业工作的战斗英雄，经工会基层委员会提出，并经各省、市工会组织或产业工会全国委员会的批准，得享受下列较优异的劳动保险待遇：

甲、疾病或非因工负伤的全部医药费、住院膳费，概由企业行政方面或资方负担。

乙、疾病或非因工负伤医疗期间前三个月工资照发。疾病或非因工负伤救济费及非因工残废救济费，一律付给本人工资百分之五十。因工残废抚恤费为为本人工资百分之一百。因工残废补助费为残废前本人工资与残废后现领工资的差额。因工死亡供养直系亲属抚恤费为本人工资百分之三十至百分之六十。退职养老补助费为本人工资百分之五十至百分之八十。在职养老补助费为本人工资百分之十五至百分之三十。详细办法在实施细则中规定之。

丙、有享受集体劳动保险事业的优先权。

《劳动保险条例》的出台，规定了劳模享有较为优异的劳动保险待遇，为提升劳模的生活水平提供了保障。

（三）大力宣传和推广劳模事迹

党和国家通过报纸、展览会、座谈会等多种形式、多种渠道大力宣传劳动模范的先进事迹，推广劳模的先进经验。利用报纸、事迹摘要、典型人物小册子等宣传资料，让全社会更广泛地了解劳模先进事迹，形成全社会学习劳模的良好氛围。仅全国战斗英雄代表会议和全国工农兵劳动模范代表会议期间，国家就印发劳动模范典型材料 119 份、事迹摘要 395 份，编写 104 位工农业模范代表的典型人物册子 35 种。195 位参与大会采访的新闻机关、杂志社、各文艺团体的记者和作家，通过通讯社、报社、电台共发布各类新闻、特写、通信、采访报道 528 篇。《人民日报》在 1949 年 3 月至 1951 年 12 月，平均每月报道劳模数量达到 17 人。其中，男性劳模 484 人，女性劳模 83 人；农业领域劳模 85 人，工业领域劳模 393 人。

新中国成立后，在各种劳模表彰大会前后、“五一”国际劳动节等重要节日前后，各地、各条战线都会举办劳模展览会、报告会、座谈会营造表彰、学习劳模的浓烈氛围。

1950 年“五一”国际劳动节期间，多地举办劳模事迹展览会。东北铁路总局和东北铁路总工会在哈尔滨召开全路劳动模范表彰大会，举办哈尔滨铁路工厂俱乐部劳模事迹展览会，这些展品还先后到沈阳、大连等地巡回展览。黑龙江省总工会举行了全省工会代表大会，并展出了生产模范、先进生产者及模范工作者的照片及其先进事迹。吉林省总工会和吉林省委宣传部、吉林市委宣传部等单位联合举办报告会，汇报劳模先进事迹，并组织劳动模范先进事迹的连环画展等活动。1951 年 9 月 20 日至 29 日，第一次全国铁路劳动模范代表大会在北京召开。会议期间，铁路劳动模范范永、王吉奎、郭树德等 32 人向大会作了典型报告。大会还听取了政务院总理周恩来、财政经济委员会副主任李富春、铁道部副部长吕正操及石志仁、铁道部政治部主任陆平和中国铁路工会全国委员会主席李颉伯等关于目前政治形势、铁路业务和开展爱国增产节约运动等报告。9 月 30 日，应中央人民政府邀请，146 名来自全国工业战线的全国劳动模范进京参加国庆观礼活动。他们中有被誉为中国保尔·柯察金的中南兵工局副局长吴运铎；有向全国工人发起挑战，从而使爱国主义劳动竞赛运动在全国范围获得广泛深入开展的马恒昌；有带动全国煤矿工人开展安全生产运动的施玉海；有进一步和工人群众合作，继续不断改进技术、提出合理化建议的工程技术人员钱嘉光；有因创造先进工作法而闻名全国的郝建秀和张淑云；有积极提出合理化建议、改进技术，并在民主改革运动中带头和封建残余势力斗争的中南炼钢工人刘维振、孔宪忠；有创造全国采煤新纪录的华北峰峰煤矿工人罗永金；有改进机器设备，将生产效率提高 20 倍，并把产品不合格率由 2% 降至 0.02% 的西南兵工厂工人汤明卿和张少如；有改进电力设备一年可为国家节省 13 亿元的西北纺织第二厂发电所主任徐清溥；有试炼碱性生铁成功的重庆某炼钢厂工程师马彩佼和试验“球墨铸铁”成功的上海国营某炼铁工厂工程师孙云鸾。他们中，既有抗日战争和解放战争时期的老功臣，也有出席过 1950 年全国工农兵劳动模范代表会议的老模范，还有一年来在劳动竞赛运动中涌现出来的模范新人。

1952 年 5 月 2 日、4 日，全国总工会召集来京参加“五一”国际劳动节观礼的各地劳动模范代表董振远、钱嘉光、苏振山、沈开基、朱玖、蒲飞云等 50 人举行座谈会，听取劳动模范代表对各厂矿企业的行政、工会组织在生产、职工文化教育、职工劳保福利等各方面工作上的意见。政务院财政经济委员会副主任李富春，中华全国总工会秘书长赖若愚、副秘书长栗再温等参加了座谈会。1953 年 7 月 10 日到

20 日，在全国煤矿第一届全国劳动模范代表大会上，与会的劳模代表纷纷报告发言，充分交流先进经验。

1954 年 4 月 15 日，由中华全国总工会主办、重工业部和鞍山钢铁公司支持和协助举办的历时 3 个月的鞍钢技术革新展览会在北京举行。展览会展示了鞍钢技术革新和基本建设的成就。会上，劳模张明山、王崇伦等还建议在全国开展技术革新运动，各地工人代表纷纷赴京参观学习，由此推动了全国性生产热潮。

新中国成立初期，通过举办各类劳模展览会、报告会、座谈会，持续深入宣传劳模先进事迹，劳模的优秀品格、模范行动、劳动技能、创新方法、管理经验得到了广泛传播，形成了全社会学习劳模的热烈氛围，激励全国各族人民意气风发投身新中国的建设中，劳模的示范带动作用得到充分彰显。

二、1950 年，全国战斗英雄代表会议和全国工农兵劳动模范代表会议召开

1950 年 9 月 25 日至 10 月 2 日，由中央人民政府政务院召开的全国战斗英雄代表会议和全国工农兵劳动模范代表会议在北京同时举行。这次会议是新中国成立后召开的第 1 次全国劳模代表大会，在中国工运史上、劳模史上具有重大历史意义。这次大会是在“解放战争和人民革命取得了全国范围的伟大胜利”和“大规模的恢复经济的建设工作业已开始”的背景下召开的，极大地鼓舞了全国各族人民为建设新中国而努力奋斗的决心和信心。

（一）积极筹办会议

1950 年 7 月 21 日，中央人民政府政务院召开第四十二次政务会议。会议通过了《关于召开全国战斗英雄代表会议和全国工农兵劳动模范代表会议的决定》。《决定》指出：

新中国劳动模范表彰制度概况

我国的劳动模范表彰制度在中华苏维埃时期初现雏形，在延安时期不断发展并逐步制度化，在新中国成立后得到正式确立，1989 年以后形成规范的表彰制度。自 1950 年起至 2024 年，党和国家先后召开了 16 次全国劳动模范和先进工作者表彰大会。其中，1950 年的全国战斗英雄代表会议和全国工农兵劳动模范代表会议是以政务院名义召开的；1956 年至 1978 年的 6 次表彰大会是以中共中央、国务院或中共中央名义召开的；1979 年至 2010 年的 7 次表彰大会是以国务院名义召开的；从 1989 年开始，全国劳动模范和先进工作者表彰大会只表彰先进个人，不再表彰先进集体；2015 年，党中央明确，今后将以中共中央、国务院的名义表彰全国劳动模范和先进工作者；2020 年，党中央明确，由全国总工会牵头负责全国劳动模范和先进工作者评选表彰具体事宜，评选表彰领导小组办公室设在全国总工会。

新中国成立以来，16 次全国劳动模范和先进工作者表彰大会累计表彰先进集体 10667 个、先进个人 33685 人次。

1950 年：全国战斗英雄代表会议和全国工农兵劳动模范代表会议

1950 年 9 月 25 日至 10 月 2 日在北京举行。中央人民政府授予 464 人全国劳动模范称号。9 月 25 日，大会在中南海怀仁堂开幕。中央人民政府主席毛泽东，副主席朱德、李济深、张澜出席。朱德主持开幕式，政务院副总理陈云致开幕词，毛泽东致祝词。9 月 26 日，中央人民政府副主席刘少奇在大会上讲话。10 月 2 日大会闭幕，中华全国总工会副主席李立三作会议总结。

从筹备、召开至闭幕，大会始终洋溢着革命英雄主义精神，在彰显新制度、新观念、新价值的同时，也使劳模制度在新中国成立后逐步走向程序化、制度化和常态化。

为了表扬部队中的战斗英雄，表扬工人、农民及士兵中的劳动模范；为了鼓励前线部队彻底歼灭残余匪帮和为减轻人民负担，开展生产运动；为了鼓励全国工人阶级发扬新的劳动态度，克服困难，提高劳动生产率；为了鼓励全国农民实行生产互助，改进技术，深耕细作，增加农业生产，扩大耕地面积；为了鼓励全国人民共同效力于解放全部国土，发展生产，繁荣经济，建设新中国的伟大事业，特决定于1950年9月25日，在首都同时召开全国战斗英雄代表会议与全国工农兵劳动模范代表会议。[1]

1950年9月，新中国成立后首次全国工农兵劳动模范代表会议在北京隆重召开，图为著名女劳模们在中南海留影。从左至右依次为晋察冀子弟兵母亲戎冠秀、全国劳模李凤莲、中国第一个女拖拉机手梁军、女扮男装的解放军战斗英雄郭俊卿、新中国第一个女火车司机田桂英、中国的南丁格尔白衣战士李蓝丁、全国农业劳动模范和国秀。

1 《关于召开全国战斗英雄代表会议和全国工农兵劳动模范代表会议的决定》，《人民日报》，1950年7月25日。

该《决定》确认召开全国战斗英雄代表会议和全国工农兵劳动模范代表会议，表彰劳动模范（主要是工人、农民和士兵）以及战斗英雄。政务院同时公布了参会代表的名额、选举办法和推选标准。具体为“出席会议的战斗英雄代表名额，规定为350人，由部队中及各地区民兵中选出，工农兵劳动模范代表名额，规定为460人，由工厂、农村及部队中的劳动模范代表参加，以地区或城市为单位推选之”。[1]

根据这一要求，1950年7月28日，人民革命军事委员会总政治部分配了各大军区所属部队的代表名额，并规定了选择标准，具体为“第一，在战斗中德勇兼备，具有特殊功绩，并在全军有代表性者；第二，政治品质优秀，与群众有密切联系并有很高威望者；第三，在参谋、政治、后勤、练兵、剿匪、群众工作、战场救护等工作方面有特殊功绩者”。

全国工农兵劳动模范代表会议成立了筹备委员会，统筹各项事宜。1950年7月29日，筹备委员会召开第一次会议，讨论通过了关于召开全国工农兵劳动模范代表会议的计划，由专人负责研究对参加大会的劳动模范达标的奖励办法，并制定在会议上对全国各地评选出来的劳动模范的奖励方案。30日，筹备委员会公布了计划，包括推选劳动模范代表的标准及名额分配。其中，工业劳动模范代表200名，农业劳动模范代表208名，名额按地区分配；人民解放军劳动模范代表60名，由人民解放军总政治部指导参加生产的各部队推选。同时强调，在名额分配时应注意，必须给予私营经济成分代表适当的名额，必须包括工农业技术人员、管理人员和组织群众生产有功的农村干部不低于10%的名额，必须注意给予妇女适当的名额，必须注意各产业部门的名额分配。

1 《关于召开全国战斗英雄代表会议和全国工农兵劳动模范代表会议的决定》，《人民日报》，1950年7月25日。

最后，还强调劳动模范评选必须是群众所公认的。

1950 年 9 月 8 日，全国总工会还直接评选参加全国工农兵劳动模范代表会议的 7 名代表，经全国总工会第四十八次常委会扩大会议评定为赵占魁、李凤莲、甄荣典、刘英源、李永、于松如和杨富春 7 人。这 7 名劳动模范代表包括工人、技术人员、工厂管理人员和工会工作者。赵占魁过去是延安农具厂化铁炉看炉工人，1943 年即被选为陕甘宁边区的特等劳动英雄；李凤莲过去在延安参加过印刷厂、被服厂和托儿所的工作，是陕甘宁边区的女工特等劳动英雄；甄荣典为兵工工人，是著名的“炮弹大王”，1943 年被选为晋冀鲁豫边区劳动英雄和太行区工业劳动旗手；模范厂长刘英源是电气工人出身，是东北解放区的劳动英雄；李永是全国机车旗帜——“毛泽东号”机车的司机长；于松如是天津中纺一厂的机电工程师，制造出了国内一直未制造过的透平机的汽叶和汽口；杨富春是白铁工人，时为哈尔滨铁路局林口机务段的工会主席，在他的领导下全段十八台机车都成为“铁牛队”队员，全段安全行走超过百万公里。

为了迎接第一次全国劳模大会的召开，响应全国总工会“全国工人阶级都应动员起来，开展群众性的生产竞赛，用实际行动来迎接这个大会”的号召，各地、各部门积极部署、认真落实，广大职工也纷纷开展生产竞赛迎接大会的到来。在东北地区，1950 年 8 月 25 日，东北铁路政治部、特派员办事处和铁路工会东北地区工会委员会联合会动员全路职工举行生产竞赛迎接第一次全国劳模大会，开展起以劳模为学习榜样的竞赛活动，各地纷纷响应。例如，牡丹江市总工会在全市国营企业推广“马恒昌小组”精神，全市各工业企业努力争创马恒昌式班组，形成了比学赶超的生产氛围；沈阳第三机器厂全厂职工在赵国有精神的鼓舞下，奋力增加产量、提高质量，在实现 8 月全厂废品率为零的同时，超额完成生产任务；东北区百货公司针织厂“杨永春小组”率先向全厂各小组发出挑战后，各兄弟班组纷纷响应，保证坚决超额完成第三季度的生产任务，降低成本，质量合格率达到100%，与此同时还精心设计、制作了献给全国工农兵劳动模范代表会议的礼物。

全国其他地区也纷纷开展生产竞赛迎接第一次全国劳模大会。北京汽车修配厂工会号召全厂职工提前完成9月的生产任务，获得了全厂职工的积极响应：锻车车间全体职工在不加班的条件下提前5天完成当月任务；橡胶车间保证提前一个月完成全年任务，获得其他车间的响应；该厂劳动模范王惠在生产中不仅提前完成了生产任务，还节约原材料、丝毫不浪费，保证用多少胶的原材料就生产多少胶的产品。天津钢厂工会提出“提高质量，健全制度，消灭事故，完成任务”的竞赛目标，并向中纺厂和电工二厂发出挑战书。电工二厂工会号召全厂135名劳动模范和全厂职工应战，提出在全厂开展为期3个月的创新纪录运动。在西北地区，西安市、兰州市、银川市的铁路、邮电、纺织、后勤、公路等领域以及各私营工厂均根据自身情况，克服困难、改进技术、订立劳动公约、降低成本、节省原料、提高质量或数量，彼此竞赛。

（二）毛泽东主席代表中共中央致贺词

1950年9月25日下午4时，全国战斗英雄代表会议和全国工农兵劳动模范代表会议在北京中南海怀仁堂隆重开幕。出席大会的有中央人民政府主席毛泽东，副主席朱德、李济深，秘书长林伯渠，人民革命军事委员会总政治部主任罗荣桓，各部、委、院、署、行首长，各民主党派、各人民团体的领导人，以及来自世界各地的世界民主青年联盟代表及其他外宾等800余人。会议代表共814名，其中，劳动模范代表464名，分别为正式代表350名、列席代表114名；来自工业战线的208名、农业战线的198名、部队的58名，妇女劳动模范代表约占劳动模范代表总数的10%；英雄模范代表360名，包括人民解放军战斗英雄258名、工作模范44名、模范单位代表5名、民兵代表43名，各军区及各野战军英模代表团团长10名，其中女代表共10名；国民党起义部队代表64名。

毛泽东主席的莅临给整个会场带来莫大振奋和鼓舞，全场代表报以长时间的热烈掌声。政务院副总理兼财政经济委员会主任、全国总工会主席陈云致开幕词。毛泽东代表中共中央致贺词，朱德副主席致讲词，全国总工会给大会发来祝词。

毛泽东的贺词全文如下：

全国战斗英雄代表会议和全国工农兵劳动模范代表会议的代表同志们！

中共中央向你们的会议致热烈的祝贺，并向你们的工作表示感谢和敬意。

你们在消灭敌人的斗争中，在恢复和发展工农业生产的斗争中，克服了很多的艰难困苦，表现了极大的勇敢、智慧和积极性。你们是全中华民族的模范人物，是推动各方面人民事业胜利前进的骨干，是人民政府的可靠支柱和人民政府联系广大群众的桥梁。

中国共产党中央委员会号召全党党员和全国人民向你们学习，同时号召你们，亲爱的全体代表同志和全国所有的战斗英雄、劳动模范同志们，继续在战斗中学习，向广大人民群众学习。只有绝不骄傲自满并且继续不知疲倦地学习，才能够对于伟大的中华人民共和国继续作出优异的贡献，并从而继续保持你们的光荣称号。

中国必须建立强大的国防军，必须建立强大的经济力量，这是两件大事。这两件事都有赖于同志们和全体人民解放军的指挥员、战斗员一道，和全国工人、农民及其他人民一道，团结一致，协同努力，方能达到目的。当此中华人民共和国开国第一个国庆纪念节日快要到来之际，你们在这里开会，是有巨大意义的。我们庆祝你们的会议获得成功，庆祝你们在今后工作中获得伟大的胜利。

中国共产党中央委员会

一九五〇年九月二十五日[1]

毛泽东在宣读贺词后，和朱德一起接受了30多个单位代表的献旗、献礼、献花。朱德在讲词中指出："今天大家聚集在人民的首都，来举行这样巨大规模、这样广泛群众性的英模大会，这是中国劳动人民在中国共产党领导之下长期奋斗的结果，也是你们自己用你们的英雄行为和模范事迹与广大群众一道共同努力的结果。因此，这次会议具有十分重大的意义，在中国人民奋斗的历史上也应该值得纪念、值得珍贵。"他在讲词中称赞战斗英雄和劳动模范"继承了中国人民勇敢而勤劳的传统，在伟大的人民解放战争和艰巨的国家建设事业中，以爱国主义、革命英雄主义和创造性的精神，在各个不同岗位上始终不懈地努力工作，并带领着广大的群众去完成国家所给予的各项任务。……获得了可贵的成绩，产生了重大的作用"。他勉励英雄模范们主动承担新的光荣而伟大的任务，要在过去反动统治的废墟上建设起一个新的、繁荣强盛的国家；要建设现代化的国防军；发展生产，繁荣经济，把落后的农业的中国，建设成具有生产能力的工业化国家。他还号召，"我们要把劳模运动进一步推广起来，使之更加普遍广泛，成为具有更大群众性的运动。只有更广泛地开展这一运动，我们的生

1　中共中央文献研究室：《毛泽东文集》（第六卷），人民出版社，1999年。

产建设事业才能获得更大的成就”。[1]

陈云在开幕词中指出，在中华人民共和国成立后第一个国庆日的前夕，召开这两个盛大的会议，其意义是很重大的。他在分析了国内和国际形势后，介绍了新中国成立一年来所取得的可喜的成绩。他认为，之所以取得这些成绩，首先，是由于毛主席的正确领导。其次，是与诸位战斗英雄和劳动模范分不开的。陈云指出，举办此次会议的目的是收集战斗英雄、劳动模范的英勇事迹和发明创造加以推广，并呼吁其在统一国家、发展繁荣经济中继续发挥带头、骨干和桥梁作用，和全国人民共同致力于解放全部国土、发展生产、繁荣经济、建设新中国的伟大事业。陈云说，两个会议把各个战线的代表集合在一起，交流经验，相互学习，对今后的建国工作和提高英雄模范的水平以发挥更大的骨干带头作用，都有重大的意义。

中央人民政府副主席李济深、张澜（章伯钧代），中央人民政府政务院副总理郭沫若、黄炎培，共青团中央委员会书记冯文彬，中华全国民主妇女联合会主席蔡畅，世界民主青年联盟代表团团长布加拉，世界工会联合会执行委员桑顿，印度尼西亚工会代表团团长艾约诺等先后讲话，向大会表示热烈祝贺。战斗英雄代表魏来国、工业劳动模范代表刘英源、农业劳动模范代表刘玉厚三人代表两个大会的全体代表致答词。他们在答词中表示，今后决心遵照毛主席的指示，在各种战线上努力起带头、骨干和桥梁作用，并广泛地在人民群众中开展革命的英雄主义。中华全国妇女联合会、北京市各人民团体以及幼儿园的小朋友向大会献礼。大会共收到社会各界致贺信 3072 件、贺电 132 件，并在会上宣读了部分贺词、贺电。

---

1 《在全国战斗英雄代表会议和全国工农兵劳动模范代表会议开幕典礼上的讲词》,《人民日报》, 1950 年 9 月 26 日。

（三）劳模在会议期间参加多项活动并交流经验

在会议期间，党和国家领导人以及战斗英雄和劳动模范作了多次报告。1950 年 9 月 26 日，在第二次分别集会听取典型发言会议上，刘少奇发表讲话。他充分肯定了新民主主义的社会制度的优越性，并提出要更加注重英模人物的选育。刘少奇指出："在国防建设和经济建设的各方面，都需要有自己的英雄模范作为大家学习的榜样。新中国的建设是需要数量更多、质量更高的英雄模范的。""共产党和人民政府必须到处注意对英雄模范人物的培养和提拔。"他还劝告英模们"要谦虚谨慎，戒骄戒躁，努力学习"。[1]

两个代表会议始终沉浸在隆重而热烈的气氛中。会上，有 54 位战斗英雄和劳动模范作了经验交流发言。发言的是：9 月 26 日，哈尔滨铁路局林口机务段工会主席杨富春、天津中纺一厂的机电工程师于松如、中南军区模范医务工作者丁志辉、铁道兵登高英雄杨连第、上海电力公司护厂模范张世宝和内蒙古自治区蒙古族牧民劳动模范代表哈音金 6 人；9 月 27 日，东北沈阳第五机器厂生产小组组长马恒昌、东北铁路吉林列车段"群众号"列车客运车长李静华、沈阳冶炼厂厂长赵岚、北京电信局模范工程师侯德原、天津中国植物油厂魏振华、黑龙江省肇源县张家屯村村长王振堂、东北林业护林劳动模范王清恒、吉林省劳动互助组优秀组织者韩恩 8 人；9 月 28 日，护厂英雄赵桂兰、模范厂长刘英源、中国人民解放军第二野战军某部英雄团长李长林、女战斗英雄郭俊卿、荣誉军人生产模范张树义、新中国第一位女拖拉机手梁军、黑龙江鹤岗煤矿模范采煤工人李乐亭、青海劳动模范韩寿堂、解放军某部生产劳动模范王仲勇、绥远打狼模范音毕勒格、新疆

---

1 《全国英雄模范两代表会议第二次分别集会听取典型发言　刘副主席聂代总参谋长向两会代表报告》，《人民日报》，1950 年 9 月 27 日。

1950 年 9 月，全国劳模、“毛泽东号”机车第一任机车长李永驾驶机车，载着出席全国工农兵劳动模范代表会议的代表来到北京。

工业厅模范工作者克里木、新疆军区部队劳动模范库尔班诺夫、云南丽江女劳模和国秀、青岛中纺三厂纺织女工陈淑德、山西省平顺县西沟合作社带头人李顺达、平原省农业劳动模范成百福、辽宁瓦房店滚珠厂技术工人宋世发 17 人；9 月 29 日，东北鞍钢厂工人孟泰、新疆伊宁地区畜牧场场长热吾什、东北小丰满发电厂值日长赵庆丰、南京下关发电厂技工李士海、湖北农垦处副工程师刘启宇、唐山发电厂锅炉工李秀俊、东北么河采伐区伐木工人刘金贵、平原省鄄城田楼村村长吴崇华、太原钢铁厂炼钢部班长王贵英、云南昆明铁路局钳工韩连元、甘肃卓尼洮南乡拉力沟藏族护林模范南继昌、吉林省汪清县大兴沟区鸡冠村合作社主任公方滋、陕西省绥德县王家坪王德彪、甘肃玉门油矿模范工人王曰才、天津私营恒源纱厂工会委员王世麟、甘肃兰州二区农会委员马文元、河南西华县赤狼乡高庆村妇联主任高玉梅、福建泉州船工曾亦成、第二野战军医务工作者杜希良、察哈尔省延庆县荒沟村农民高万红 20 人；9 月 30 日，甘肃省高台县水利建设委员会副主任朱海南、湖北省云梦县城关区生产干部袁伯来、广东湛江船工王长英 3 人。另外还有代表作了生产竞赛的相关报告，如天津市总工会主席黄火青的《关于天津生产竞赛工作的经验介绍》，东北职工总会生产部部长张天民的《关于东北生产竞赛工作的经验介绍》等。

会议期间恰逢中秋佳节，毛泽东等党和国家领导人设宴招待全体代表。朱德、刘少奇、李济深、林伯渠、周恩来、罗荣桓等国家领导人，中央人民政府各部、会、院、署、行和中央人民革命军事委员会各部首长，以及战斗英雄和劳动模范全体代表共 1100 余人参加晚宴。朱德和周恩来先后致简短贺词，祝贺英雄模范们在战斗和生产工作中的成就，并为预祝英雄模范们在建立强大的国防军和建立强大的经济力量中更努力而干杯。参加晚宴的战斗英雄和模范代表们一个接一个、一队接一队地上台致词，热烈感谢毛主席、朱总司令的英明领导，使全国人民翻了身，并愿为加强国防军及为恢复和发展工业农业生产而加倍努力。

10 月 1 日，英模代表在天安门观礼台参加了新中国成立后的第一次盛大国庆典礼。10 月 2 日上午，全国总工会副主席李立三作大会总结。下午，全体代表来到故宫出席全国工农兵中国人民解放军总政治部主办的战绩展览会与劳动模范成绩展览会联合开幕典礼，朱德到会剪彩并致开幕词，李立三作了报告。除大会会议外，10 月 3 日，全体代表还分组出席了中央各有关部委座谈会。10 月 4 日，全体代表分组参观了北京市一些工厂、农场。10 月 5 日，全体代表游览了北京市各主要名胜。10 月 6 日晚上，政务院在中山公园举行欢送晚会，周恩来总理致欢送词，并代表政务院赠送纪念章，全体代表们观看了文艺表演。

三、全国工农兵劳动模范代表会议在全社会引起强烈反响

这是新中国成立后召开的第一次全国劳模表彰大会，具有继往开来的历史特征和时代意义。它既是对那些在战斗和生产建设方面作出巨大贡献的优秀分子的首次全国性表彰与奖励大会，也是一场盛大的政治检阅和革命总结运动，极大地鼓舞了全国各族人民建设新中国的信心和决心，带动全国上下掀起了学习劳模的热潮。全国各地、各行业、各战线的群众主动要求开展劳动模范座谈会，听取劳动模范的先进事迹，学习劳动模范的先进经验。

1950 年 10 月 2 日，北京市举办了中国人民解放军战绩展览会与全国工农兵劳动模范成绩展览会，历时 1 个月，参观的群众有 26.2 万余人次。10 月 2 日到 5 日，有近百位英雄模范应北京各机关、部队、学校、团体的邀请，作了 20 多场英雄模范事迹的报告，听众有 5 万多人。劳动模范们返回全国各地后及途中，受到了当地广大群众和干部的热烈欢迎。1950 年 10 月 9 日早晨 6 时多，中南地区党、政、军及工会领导在火车站台，等候迎接中南地区和西南地区到汉口的 254 名劳动模范和战斗英雄代表，并在大智门火车站广场举行了盛大的欢迎会，超过 6000 名群众参与了这一活动。欢迎会结束后，在战斗英雄和劳动模范从车站到驻地的沿途，数万名武汉市民夹道欢迎，向他们挥手致敬。10 月 8 日午夜，出席会议的南京市劳模代表和华东军区及第三野战军的战斗英雄代表抵达南京，华东军区、第三野战军驻南京各部和南京市有关领导机关各界代表冒雨到车站欢迎，并在第二天举行了盛大的欢迎会。10 月 9 日上午，参加会议的福建和浙江的代表抵达上海，

华东军政委员会副主席马寅初、秘书长吴克坚，上海市总工会主席刘长胜等领导及各界群众代表1500余人在上海北站迎接，劳动模范和战斗英雄代表们下车时，“向劳动模范学习”“向劳动模范致敬”的口号此起彼伏。

参加第一次全国劳模大会的劳模们在回到各自工作岗位后，不忘使命，充分发挥引领作用，在全社会掀起生产竞赛的热潮。在农业生产领域，山西全国劳模李顺达劳动互助组向全省农民提出十项挑战，很快在全省范围内获得响应，掀起了一股“学劳模、掀竞赛”的风潮。在工业领域，“马恒昌小组”向全国各厂矿工人发出挑战。1951年1月20日，《人民日报》刊登《保持爱国主义生产竞赛经常性 马恒昌小组向全国工人发起挑战 首都工人热烈响应纷纷提出应战条件》一文，各地工人纷纷响应“马恒昌小组”的挑战。

四、对第一次全国劳模大会的总结

第一次全国劳模大会闭幕后，全国总工会副主席李立三在《关于全国工农兵劳动模范代表会议的总结报告》中，从会议的筹备和组织领导两个方面具体分析了存在的问题，并对评选劳动模范的制度等提出了建议和意见。

该《报告》强调要更深入宣传会议精神，最大限度地发挥会议影响，提高群众的认识、觉悟和劳动热情。第一，加大宣传力度，“要在每个工厂企业都召集群众会议或代表会议，传达这次会议的精神，宣读共产党中央致会议的祝词和会议向毛主席致敬信，并把它张贴在厂内各个车间、宿舍，要在每个群众上工下工、吃饭的时间，或俱乐部举行晚会的时候宣读一两个，有必要和可能时并组织小组讨论”。第二，继续深入组织经常性的劳动竞赛，使其从时冷时热的突击运动转变为经常的运动。新的劳动竞赛要求提高劳动生产率，避免出现数量增多、质量降低、机器损坏、病号增加和竞赛一过即生产大减等得不偿失的现象。要组织好全市的生产竞赛，“必须以市总工会为领导，通过工会组织，自下而上地发动。必须进行充分的准备工作，必须使每个工厂、车间、生产小组直到每个工人、职员都订立生产计划或竞赛条约。必须注意在竞赛运动中开展技术改进和合理化建议工作，而避免单纯地过分地加强劳动强度。必须注意发现生产过程中的各种缺点，改善生产组织和劳动组织。必须注意产品质量的提高，而不单纯是数量的增多。必须注意建立各种制度，特别是专责制。必须注意从竞赛中逐渐规定生产定额，进行计件工资制，制定正确的奖励制度”。

该《报告》还提出评选劳动模范要形成固定的制度，对劳模评选时间、评选标准、表彰奖励办法、宣传等提出了规范性的建议和意见，为劳模表彰活动的制度化、常态化提供了指导方针。第一，要注重劳模的评选，“每次总结生产工作时，都必须评选劳动模范，而这种评选要依靠平日的生产成绩的可靠记录，在生产有成绩的小组、车间、工厂，都应该选出有代表性的模范人物，然后在这个基础上产生市、省、大行政区、整个产业以及全国性的劳动模范”。第二，要注重劳模的培育，提高其政治、文化、技术水平，继续发挥其模范带头作用，以永远保持劳动模范的光荣称号。第三，明确各级劳模大会的作用。全国性的劳模大会的作用是表扬与鼓励；依靠各产业部门的劳模大会进行深入的经验交流，推广先进生产方法。第四，详细规定了劳模大会的召开时间，并根据工农业特性对召开时间加以区分。“全市性的工业劳模，最好每年评选两次（在五一和国庆节前各评选一次），而全国性的产业性的劳模大会每年或每两年可举行一次。……农民的劳模会议应在农闲时间举行。在土改完成了的地区，最好以区、县为单位，每年举行一次。全省与全国性的农民劳模大会，有必要时才召开，而不必每年举行。”第五，固定劳动模范的称号，“以后各地在生产中有功的人物只给以劳动模范的称号，而不称为劳动英雄。到了条件成熟时，中央发布授予劳动英雄称号的办法，作为全国劳动模范人物的最高称号”。[1]

1950 年 12 月 14 日，周恩来签署批准《关于全国工农兵劳动模范代表会议的总结报告》，对会议的基本情况、目的、存在的问题等进行了总结，并为未来的劳模工作开展提出了明确具体的指导意见。本次劳模大会为之后劳模表彰活动的制度化、常态化打下坚实基础。

1　李立三：《关于全国工农兵劳动模范代表会议的总结报告》，《新华月报》，1951 年第 3 期。

第二节

为巩固新生人民民主政权而奋斗

1949年3月5日至13日，中共七届二中全会在西柏坡召开，会议指出：从我们接管城市的第一天起，就要动员一切力量恢复和发展生产，不断改善人民生活，巩固人民政权。新中国成立初期，国民经济崩溃，农业凋敝，工业瘫痪，物价飞涨，物资奇缺，加之帝国主义的干涉、封锁和国民党残余势力的破坏，人民生活极为困难。面对这种形势，工人阶级的主要任务是大力支援解放军消灭国民党残余势力，恢复和发展国民经济，巩固新生的人民民主政权。作为工人阶级优秀分子的劳动模范以主人翁的责任感、忘我的劳动热情和无私奉献艰苦创业的精神投入新中国的建设中。

一、在抗美援朝、土地改革、民主改革中发挥重要作用

新中国成立后，作为新生的人民民主政权领导者的工人阶级，充

分发挥国家基石的作用，积极参与抗美援朝运动、镇压反革命运动、土地改革运动。各条战线的劳模更是在抗美援朝运动、土地制度改革、民主改革中充分发挥着引领示范作用，为巩固新生人民民主政权努力奋斗。

（一）在抗美援朝中发挥重要作用

1950 年 6 月 25 日，朝鲜战争爆发，以美国为首的“联合国军”把战火烧到鸭绿江边，直接威胁新中国的国家安全。为了保家卫国，10 月 18 日，毛泽东向中国人民志愿军下达入朝作战命令。志愿军入朝后，党领导全国人民开展了轰轰烈烈的抗美援朝运动。1950 年 11 月 6 日，全国总工会发表宣言，号召全国工人阶级开展抗美援朝保家卫国运动。宣言指出，抗美援朝保家卫国是中国工人阶级当前的神圣任务，号召全国工人群众，一致起来开展爱国竞赛运动，为提高生产加强国防力量而斗争。宣言同时号召广大职工响应各行各业劳动模范的号召，努力生产，支持抗美援朝的斗争：“铁路工人们！起来响应劳动模范李永同志的号召，开展超轴运动，保证运输任务的完成。机器工人们！起来响应劳动模范赵国有同志的号召，开展车间竞赛运动，保证为国家生产更多更好的机器。煤矿工人们！起来响应劳动模范张子富同志的号召，提前完成生产任务，为国家生产更多的煤炭……”

作为新中国主人的工人阶级，在这场运动中发挥高度的爱国主义精神和国际主义精神，建立了不朽的光辉业绩。广大劳动模范更是忘我地投入这场伟大的斗争中，鼓舞着广大职工群众。大批铁路工人、医务人员、电讯工人、汽车司机和各种民工队、志愿队分批分次奔赴朝鲜前线，在中国人民志愿军的后勤线上建功立业。赴朝的铁路工人为了保证整个铁路交通运输的通畅，冒着敌机轰炸的威胁修筑铁路，有 167 个单位荣获集体功，2742 人荣获朝鲜民主主义人民共和国各级勋章。在公路运输建设中，东北公路总局特级建桥模范常德山在修桥中贡献卓著，被授予朝鲜国家战士荣誉勋章。

与此同时，广大职工群众提出了“工厂即战场，机器即枪炮”的口号，夜以继日地奋战在工厂，为志愿军生产武器弹药、军需用品。全国总工会于1951年2月发出《告全国工人书》，号召全国工人阶级开展爱国主义劳动竞赛运动，大力支援抗美援朝。在各级工会的组织发动下，全国工矿企业迅速掀起了爱国主义劳动竞赛的热潮，仅两个多月参加这一竞赛的职工就达到223万人。“马恒昌小组”通过报纸向全国发出开展爱国主义劳动竞赛的倡议，得到全国1.8万个班组的积极响应。天津的工人提出了“多生产一点产品，多增加一份打击美帝的力量”口号。广大职工群众制定了爱国公约，向劳模学习，向劳模的生产纪录发出挑战，通过劳动竞赛大幅提高产量，全力支援抗美援朝前线。在1950年11月20日至12月2日召开的山西省工农业劳动模范大会上，一等劳动模范李顺达、郭玉恩、杨峰山及运城的54位劳动模范提出，把1951年的生产计划提高一成，并向全省劳动模范展开挑战。工业劳动模范也纷纷制订计划，决心回到工厂带动全体工友，开展爱国主义生产竞赛。

全国工人阶级还积极开展献工、献金、献物，甚至捐献飞机、大炮的运动，仅辽宁省就捐献了123架战斗机，有力地支援了抗美援朝战争。工人劳模在捐献飞机大炮运动中发挥了重要作用，他们不仅主动签订爱国公约，每月捐献一定数额的钱款，还说服带动工友一起捐款。北京石景山钢铁厂的全国劳模代表李金泉提出十条保证条件，向全华北各公私营工厂电焊工人挑战。随后，全厂开展了组与组、班与班的竞赛，生产成绩显著提升。该厂炼铁部一、二、三锅炉房甲班全体工友捐一日工资，慰问中国人民志愿军和朝鲜人民军。第二天，高炉甲班和破石机的工友们也起来响应，有的捐一日工资，有的捐两日工资，全体工友表示要坚决完成任务和争取超额完成任务。

各地农业劳动模范在农民中也积极开展了时事宣传工作，并发动农民加紧生产，选出好的公粮以充实国防力量。吉林省蛟河县保安屯农民在劳动模范韩恩的动员下，在打场中即已选出好公粮。全屯当年剩余的 5.8 万斤粮食，除一部分投入合作社外，其余均用以添买车马，扩大生产。辽西省新民县昂邦牛村农民在水利模范邹云的带动下，公粮已普遍挑选过三四遍，切实做到将最好的粮食缴给国家。黑龙江省绥化县六合村劳动模范高凤志，不但积极带领农民打场，选出好公粮，开展副业生产，自己还多选出 200 斤好粮准备献给国家。

在全国范围内，还有很多劳模主动向群众宣传抗美援朝运动的意义，号召工人努力增产，捐献飞机大炮。例如，辽宁省抚顺煤矿的劳模张子富参加全国工农兵劳动模范代表会议返回抚顺后，截至 1950 年 10 月 23 日，在 12 天的时间里共作了 30 次报告，每次报告的人数在 500 人以上。他向抚顺人民介绍了朝鲜战争的形势，激发出工人投身抗美援朝运动的热情。全国著名农业劳动模范李顺达互助组积极响应中国人民抗美援朝总会关于开展捐献运动的号召，向山西全省农民建议捐献“爱国丰产号”和“新中国农民号”飞机。截至 1952 年 5 月，全国人民捐献了相当于 3710 架战斗机的钱款，按当年人民币计算为 55650.6 亿元。广大妇女劳动模范也在抗美援朝运动中发挥着重要的作用。新中国成立以来，广大妇女同志获得了解放，新中国的女工政治地位大大提高。妇女在新中国建设事业中发挥了重要的作用，在各条战线上不断地涌现出大量的劳动模范。在抗美援朝的伟大斗争中，广大女工积极地参加了这场运动。许多女工直接参军到朝鲜前线作战，许多女护士参加了志愿军医疗队。广大的女工留在生产岗位上，在“工厂是战场，机器是武器”的号召下，在全国范围内积极生产。各工业城市在 1951 年“三八”妇女节举行了大规模的表彰劳模大会，检查旧模范，评选新模范，鼓励女工向前看齐。例如，在旅大市（今辽宁省大连市）“三八”妇女节的表彰会上，纺织、电业等42个工厂，共奖励398名生产和学习模范的女工人、女职员。

1953年7月27日，美国在朝鲜停战协定上签字，中国人民取得了抗美援朝的伟大胜利，进一步巩固了新中国人民民主专政的国家政权，我国的经济建设和社会改革获得了相对稳定的和平环境。

（二）在土地改革中发挥重要作用

土地改革是彻底消灭我国农村封建剥削制度、解放农村生产力的深刻变革，是新民主主义革命的主要任务之一，也是实现国民经济恢复与发展的必要条件。从1950年冬开始，广大新解放地区开始了大规模的土地改革运动。各级工会组织派遣大批干部奔赴农村，同农民一道开展反封建斗争。与此同时，在职工中进行土改政策、法令的宣传，号召工人积极支持和帮助农民进行消灭封建土地所有制的斗争。

劳动模范尤其是农业劳动模范，积极投身支持土地制度改革运动中来。在未实行土地改革的地区，通过评选、表彰劳模，发挥其示范作用，推动土地改革和粮食生产。而在已经完成土地改革的地区，则普遍开展农业劳动竞赛，制订增产节约计划，争创劳动模范。在中共中央的发动下，以争创劳动模范为核心内容的增产竞赛运动相继在西南、华东、东北、中南等大区开展，大批劳模涌现出来，成为推动生产的骨干。

土地改革中的劳模不仅是生产劳动的榜样，还是社会改革的推动者。他们通过自己的辛勤努力和出色表现，展示了新的生产方式和工作态度。他们的成功经验激励着其他农民效仿，提高了整体生产效率。同时，劳模也积极参与社会改革，宣传和推广土地改革。他们的示范作用有助于其他农民改变传统观念，推动社会的进步和发展。此外，劳模还带动农民组织起来，形成互助合作的力量，共同应对生产和生活中的困难。他们在土地改革中发挥了积极的带头作用，为农村的发展和变革作出了重要贡献。

在土地改革时期，许多劳模为农村的发展和改革发挥了重要的作用。全国劳模、共和国勋章获得者申纪兰积极参与土地改革，她提出的“男女同工同酬”在 1954 年 9 月被写入《中华人民共和国宪法》。全国劳模李顺达是农业合作化的先驱，在土地改革中，他带领农民组织合作社，发展农业生产，为全国农民树立起一面自力更生、勤俭办社的旗帜。全国劳模耿长锁在土地改革中积极探索农业生产的新模式，推动了农村经济的发展。这些劳模以自己的实际行动和成就，为土地改革时期的农村发展树立了榜样，激励着更多的农民参与到土地改革中来。

（三）在民主改革中发挥重要作用

新中国成立后，党和人民政府实施了一系列民主改革措施，使工人阶级真正感受到“翻身做了主人”。广大的工人阶级热情投入民主改革中，劳动模范更是在这场改革中发挥了积极的作用。

1951 年，中共中央发出《关于清理厂矿交通等企业中的反革命分子和在这些企业中开展民主改革的指示》，要求各地清理在企业中遗留的反动落后的旧制度，完成必要的民主改革。首先是废除封建把头制度。在中国的工矿企业中，普遍存在封建把头制度，通过垄断劳动力的雇佣，对工人进行控制和剥削。1950 年 1 月到 3 月，政务院分别批准并公布了搬运工会、煤矿工会、纺织工会废除层层转包和封建把头制度的决议和办法。1951 年 6 月，开展整顿建筑业、废除层层转包和封建把头制度的斗争。许多劳动模范在旧中国深受封建把头制度的迫害，他们以自己的亲身经历痛斥封建把头制度的迫害。例如，黑龙江林区的劳模马永顺在旧中国就受尽了日本监工和封建把头的欺凌和压迫。1952 年底，多个行业的封建把头制度基本废除。

在清除封建把头制度的基础上，企业民主改革也在有步骤、有计划地进行。企业废除了旧中国压制工人的反动制度，建立了工厂管理委员会，实行民主化管理，使工人切实感受到自己是企业的主人。在民主改革的基础上，还对劳动组织进行了整顿，建立新的劳动制度和劳动组织。同时，在民主改革的过程中，建立新的劳动纪律、新的劳动态度。劳动模范对于广大工人的引领示范作用就更加凸显出来。1951 年 7 月 18 日，李立三在全国工会第二次生产会议总结报告中指出："在民主改革中要建立起新的劳动纪律，使工人初步树立主人翁的劳动态度，使工人感到在今天偷懒、磨洋工是不道德的。同志们可以看到任何一个小组公约都有劳动纪律，因为劳动纪律搞不好小组工作也不会搞好。如马恒昌、刘立富、张义昌、五三厂的小组都是遵守劳动纪律很好的小组。从这里使我们懂得建立新的劳动纪律的重要性。"

随着经济的恢复和发展，在党和国家机关内出现了贪污、浪费和官僚主义的现象。在私营企业中，不少资本家为追逐非法暴利，破坏国家经济秩序，还施放糖衣炮弹，拉拢腐蚀国家机关工作人员。1951 年底和 1952 年初，大规模的反对贪污、反对浪费、反对官僚主义的"三反"运动和反行贿、反偷税漏税、反盗骗国家财产、反偷工减料、反盗窃国家经济情报的"五反"运动开始。各地工会抽调大批干部、工人、积极分子组成工作队，发动职工检举、揭发不法资本家的"五毒"行为，与国家机关工作人员中的蜕化变质分子进行坚决斗争。各行各业的劳动模范和广大职工群众一起在"三反""五反"运动中打击资产阶级的违法活动，巩固了工人阶级和国有经济的领导地位，同时使工人阶级和劳动模范受到一次深刻的锻炼。

二、为恢复和发展生产普遍深入开展劳动竞赛

新中国成立初期，战争给社会造成巨大的破坏，生产萎缩、百业

凋敝，动员广大工人、农民和一切劳动者快速恢复和发展生产，成为新生的人民政权刻不容缓的重要任务。在工业战线普遍开展的劳动竞赛成为当时恢复、发展生产的重要手段，各行各业涌现出了大量的劳动模范，引领、激励、鼓舞着广大职工投身新中国的建设中。这个时期的劳动竞赛可以分为两个阶段：一是新中国成立之初，解放区工人通过劳动竞赛恢复工业生产支援全国解放和建设；二为支持抗美援朝开展的爱国主义劳动竞赛。

（一）为支援全国解放和建设开展劳动竞赛

在新中国成立之际，较早解放的东北地区的广大职工已经开始了大规模的为恢复生产而努力的劳动竞赛，随着北京、天津、唐山、石家庄、济南、青岛、郑州、上海、武汉、广州等城市陆续解放，工业领域的劳动竞赛也随之普遍开展，这一阶段劳动竞赛主要是以增加生产、厉行节俭为主题。

东北作为最早得到解放的地区，为新中国劳动竞赛拉开了序幕。为了支持全国的解放和建设，东北铁路系统各站段开展了名为“铁牛运动”的劳动竞赛，这一竞赛的目的是保障机车质量、保持铁路运输的通畅，对一些技术水平过硬、服务质量高、包乘零事故的车组和人员颁布“铁牛队”的称号。我国第一部“铁牛号”机车命名于1949年2月15日。它是东北铁路职工为支援全国解放战争，在轰轰烈烈的“死机复活”劳动竞赛中，于1947年7月修复好的一辆早已报废的日式96号机车。到1949年2月14日，这部机车在18个月里，安全运行10.6万公里。3月15日，东北行政委员会铁道部部长吕正操颁发通令：给“铁牛号”机车记特等功一次。5月1日，东北铁路总局和东北铁路总工会在首届职工代表及劳模大会上，宣布“铁牛号”机车组荣获集体一等功。10月14日，东北行政委员会铁道部总工会作出了《关于广泛开展“铁牛运动”的决议》。在这一运动中，全东北有20万名铁路职工投入其中，有1万多人荣获各种奖励，2700多个生产单位荣获“铁牛队”称号。马恒昌小组在1949年至1950年的7个月中，做出精密产品7000余件；在原有的10名工人中，有8人全年没有出过一件废品；有7人创造了10项生产新纪录；全组共改造各种工具18种，改进生产方法3项；在“创新纪录运动”中立功16次。献纳器材运动是1949年从鞍钢兴起的。在老工人孟泰的带领下，鞍钢工人捐出大小零件21万件，为恢复生产作出了贡献。这一活动在全国总工会的倡导下被推广到全国。北京石景山钢铁厂工人献出了钢铁材料5000吨，机器零件1000余万件，耐火砖540余种、350余万块。东北抚顺煤矿工人献出的各种工业用器材，对于厂矿的修复提供了极大的帮助。

与此同时，铁路、邮电、纺织等行业在全国率先发出了在全系统开展劳动竞赛的号召。在各级工会的组织发动下，在行政机关的大力

1949年，鞍钢职工首先开展起献纳器材活动。

在献纳器材活动中，著名劳模孟泰把收集来的管件清洗修复后，精心存放起来。

支持下，全国国营企业和私营企业都逐步开展劳动竞赛，涌现了大量的先进模范人物。各级工会及时总结经验，推广劳动模范的做法。东北地区工会将赵国有的模范事迹和马恒昌小组的先进经验编写进了《生产小组的好样子》，向全国工矿企业推广。各行各业的劳动竞赛，大大推进了工业生产的恢复。在 1950 年 5 月召开的全国工会生产工作会议上，更明确地提出了组织生产竞赛是一切工会组织搞好生产的基本方法。1950 年 7 月，全国总工会发布《关于准备全国工农兵劳动模范会议的通知》，号召全国广大工人阶级都应积极动员起来，开展大规模劳动竞赛，用实际行动迎接此次大会，全国掀起了劳动竞赛的热潮。

（二）广泛开展爱国主义劳动竞赛

第二阶段的劳动竞赛，即爱国主义劳动竞赛。它是在全国工农兵劳模代表会议召开后开展起来的，是抗美援朝爱国主义运动的重要组成部分，是工人阶级为了支援抗美援朝运动而自发增加生产、节约材料的运动。工人劳模率先发起了爱国主义劳动竞赛，他们在竞赛中展现出了吃苦耐劳的精神。

1950 年 10 月 26 日，东北总工会致函东北全体职工、劳动模范、先进生产者及工会工作者，号召他们热烈响应赵国有车工部向全东北职工发起的生产竞赛号召，努力建设强大的国防力量与经济力量，抗美援朝，保家卫国。几天后，东北区 40 多个单位已响应赵国有车工部的挑战。到了 11 月 14 日，东北地区已有 670 个厂矿企业的 69.3 万名职工，投入爱国主义劳动竞赛中。1951 年，爱国主义劳动竞赛正式开展起来，“马恒昌小组”被抗美援朝精神深深鼓舞，他们决定通过开展劳动竞赛来支援前线战争，持续推动国家工业化建设。1 月 17 日，“马恒昌小组”在《工人日报》发表了题为《把爱国竞赛经常开展下去》的倡议书，向全国工人阶级发出开展劳动竞赛的倡议，并提出 5 项竞赛内容。该倡议的出现极大地激起了广大工人群众的竞赛热情，爱国主义劳动竞赛在全国如火如荼地开展起来。全国劳动模范、京西矿区李书和采煤组在爱国主义劳动竞赛中，一天掘进 3.4 米，超过原定任务 1.3 米，创造了掘进采煤优异成绩。全国劳模、辽西四平胜利工厂制油部李川江在爱国主义劳动竞赛中，带领小组工人提高每月出油率，创下每百斤豆出油十三斤八两三钱的新纪录。截至 1951 年 4 月中旬，全国参加爱国主义劳动竞赛的厂矿企业达到 2811 个，参赛职工达 223.2 万人，其中东北就有 120 万人。全国有 5522 个小组向“马恒昌小组”应战，仅北京地区就有 700 多个生产小组积极响应，青岛、天津还与东北纺织工人签订了爱国主义劳动竞赛合同。爱国主义劳动竞赛促使广大人民群众摒弃了封建的劳动观念，提高劳动热忱，以主人翁的姿态来发展生产。因此，爱国主义劳动竞赛是一场深刻的社会革命，它极大提高了工人群众的政治觉悟，提高了社会生产效率。当时，广大工人阶级积极响应“增加生产、厉行节约，以支持中国人民志愿军”的党中央号召，先后提出了“工厂即战场、机器即枪炮”“减少一件废品，就等于消灭一个敌人”的竞赛口号，发挥了高度的生产创造性和积极性，有效保障了国家经济的恢复和发展，充分供应了抗美援朝前线的战时需要。

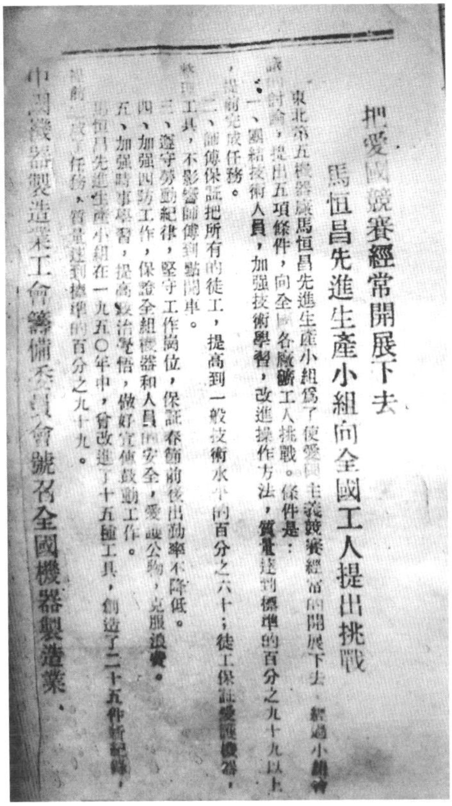

把愛國競賽經常開展下去

馬恒昌先進生產小組向全國工人提出挑戰

東北第五機器廠馬恒昌先進生產小組爲了使愛國主義競賽經常的開展下去，經過小組詳細討論，提出五項條件，向全國各廠礦工人挑戰。條件是：

一、團結技術人員，加强技術學習，改進操作方法，質量達到標準的百分之九十九以上，提前完成任務。

二、師傅保証把所有的徒工，提高到一般技術水平的百分之六十；徒工保証愛護機器，修理工具，不影響師傅到點開車。

三、遵守勞動紀律，堅守工作崗位，保証春節前後出勤率不降低。

四、加强四防工作，保證全組機器和人員的安全，愛護公物，克服浪費。

五、加强時事學習，提高政治覺悟，做好宣傳鼓動工作。

馬恒昌先進生產小組在一九五〇年中，曾改進了十五種工具，創造了二十五件新紀錄，提前完成了任務，質量達到標準的百分之九十九。

中國機器製造業工會籌備委員會號召全國機器製造業

1951年1月17日，“马恒昌小组”通过《工人日报》向全国工人兄弟发出开展爱国主义劳动竞赛的倡议，从而拉开了全国职工大规模劳动竞赛的序幕。

“马恒昌小组”召开技术研究会，图中间的讲解者为马恒昌。

1951年2月，党中央发出《关于进一步普遍开展抗美援朝爱国运动的指示》，明确指出：抗美援朝战争正处于关键阶段，爱国主义竞赛活动应及时满足战争需要，应在全国各地普遍推广订立爱国公约。“马恒昌小组”积极响应中共中央号召，根据实际情况修订爱国公约，将抗美援朝爱国运动的护厂公约、爱国公约、竞赛条件等合并，共提出“保证产品质量达到99%以上为优良品，保证全组都能学会高速切削的操作方法和推行郭瓦廖夫工作方法”等6项劳动竞赛目标，并一直持续到抗美援朝结束。在这一时期，伴随爱国主义劳动竞赛深入开展，技术改进逐渐成为竞赛的重要内容。在爱国主义劳动竞赛中，青岛国棉六厂青年女工郝建秀创造出一套科学的细纱工作法，被称为“郝建秀工作法”。这一工作法在全国纺织行业中推广，并成为培训细纱挡车工的基本方法。据统计，当时这一工作法使全国每年增产近5万件纱。与此同时，全国还出现了劳动模范创造的大量先进生产法，如李锡奎调车法、李川江大豆榨油法、苏长有砌砖法、黄润萍仓库管理法、马六孩快速掘进法等。

1952年6月，中国人民抗美援朝总会在推行爱国公约的号召中，明确强调人民群众应在性质相近的订约单位间，组织开展爱国公约式的竞赛运动，并于明年普遍检查此种爱国竞赛的活动结果，奖励模范，评定优劣，以确保人们订立的竞赛公约能够顺利实现。订立和实现爱国公约就是响应这一号召的最适当形式。1952年7月，中共中央发布了《中共中央关于目前开展增产节约运动中应注意的问题的指示》，明确强调，增产节约运动作为当前国家经济工作方面的重点任务，其活动目的和活动意义都应建立在“三反”运动全面胜利的前提下，始终依靠广大工人群众的劳动积极性和高度政治觉悟，“不仅要努力完成今年的生产财务计划和增产节约计划，而且要改进生产管理，改善劳动组织……以迎接即将到来的大规模的经济建设任务”。

劳动模范是爱国主义劳动竞赛的发起者与贡献者，他们带领工人以实际行动保家卫国、反对美国侵略。他们展现出的吃苦耐劳的精神，为广大职工群众作出表率。通过开展爱国主义劳动竞赛，各地区的工业生产有了较大进步，让新中国经济加速恢复和发展。

总体来讲，受国内外主客观条件的影响，当时劳动竞赛的特征主要是依靠工人群众的政治热情推动，增强相互团结、遵守劳动纪律、端正劳动态度，形成了“突击式”的劳动竞赛，主要侧重于加强劳动强度。伴随爱国主义劳动竞赛深入开展，开始重视改进技术、改良工具和改进劳动组织，总结与推广生产中的先进经验开始逐渐成为竞赛的中心内容。这为后来劳动竞赛的深化奠定了基础。中国工会七大在总结这一时期劳动竞赛状况时指出，新中国成立初期的劳动竞赛是初级阶段的，当企业经过民主改革，生产有了初步计划和初步定额之后，竞赛运动才成为正常的劳动方式。正常的劳动竞赛的特点是着重于劳动与技术相结合，推广先进经验，发掘生产潜力，提高劳动生产率，提高产品数量和质量，注意劳动保护和技术安全。从突击到经常，从初级到高级，是劳动竞赛一般的发展过程。

这一时期竞赛活动的组织开展，促使先进劳动经验、先进生产操作法得以全面推广，推动社会劳动生产率不断提高，充分保障了国家生产计划的圆满完成，对当时社会主义经济的恢复发展起到了积极作用。

三、劳模为国民经济的恢复和建设作出巨大贡献

工人阶级在恢复国民经济和各项建设中，充分发挥作为新生共和国主人翁的积极性和创造性，劳动模范作为工人阶级的优秀代表以高度的责任感、忘我的劳动热情和无私奉献精神投入新中国的建设中。

包括劳动模范在内的广大工人阶级协助政府接管官僚资本企业，建立新民主主义国有经济基础。在中共中央规定的接受官僚资本企业

的方针政策的指引下，工会积极组织广大职工参与到对官僚资本企业的接管工作中，清理了国民党反动政权的经济基础，为建立社会主义国营经济以及国民经济的恢复奠定了物质基础。截至 1949 年底，共接管了官僚资本企业 2858 个，这些企业的职工有 120 万人。

协助政府稳定物价，打击不法资本家的投机倒把行为。新中国成立初期，我国财政经济存在严重困难，一些不法资本家乘机囤积居奇、哄抬物价、扰乱金融。为了稳定物价，打击不法资本家的破坏活动，工会组织积极引导、动员广大职工，尤其是职工中的劳模和先进分子，配合公安、工商、金融部门参加检查黑市、取缔投机、查禁囤积的斗争，支持人民币作为唯一合法的货币，有力地打击了不法资本家的投机倒把行为，维护了经济社会秩序和人民生活的安定。

经过工人阶级和全国人民的共同努力，到 1952 年底，国民经济恢复任务胜利完成，新中国渡过了最初的艰难时期。全国工农业生产大多达到和超过新中国成立前的最高水平。全国工农业总产值达到 827 亿元，比 1949 年增长了 77.5%，较历史最高水平的 1936 年增长 20%。其中工业总产值比 1949 年增长了 145%，农业总产值比 1949 年增长了 48.5%。主要工业品，如钢轨、各式刨床、矿山机器等，都能够实现自己制造。工业结构发生了一定的变化，重工业比轻工业有了更大的发展，各种机器和工业器材国内自给率都在不断增大。1952 年的钢产量达到 135 万吨，比新中国成立前最高年产量多 43 万吨；原油产量 44 万吨，比新中国成立前最高年产量多 12 万吨；棉纱产量 65.6 万吨，比新中国成立前最高年产量多 21.1 万吨。这些伟大成绩，是包括广大劳动模范在内的工人阶级奋发图强、艰苦奋斗的结果。

第三节

在有计划的大规模经济建设中建功立业

在中国共产党的领导下，经过全国人民 3 年的艰苦奋斗，国民经济得到全面恢复和初步发展，国家政权更加稳固。中共中央审时度势，提出了党在过渡时期的总路线和总任务，即在 10 年到 15 年或更长时间内，基本上完成国家工业化和对农业、手工业、资本主义工商业的社会主义改造。同时决定从 1953 年开始执行和发展国民经济的第一个五年计划（1953—1957），迈出了我国社会主义工业化道路的第一步。

围绕“一五”计划和中国工会七大要求，以技术革新运动和先进生产者运动为主要内容的增产节约劳动竞赛在全国普遍开展，掀起了“比学赶帮超”的劳动热潮。这一时期，厂际劳动竞赛蓬勃开展，合理化建议活动十分活跃，技术革新运动兴起，先进经验广泛推广。劳动模范作为先进经验与技术的先行者、探索者和代表者，带领全体人民攻坚克难，一次又一次地突破旧定额、创造新纪录，为“一五”计划的顺利完成发挥了举足轻重的作用。各行各业各战线涌现出了一批又一批劳动模范、技术革新能手和先进工作者。为了表彰先进生产者和先进集体，总结和推广先进经验，1956 年 4 月 30 日至 5 月 10 日，全国先进生产者代表会议在北京隆重召开。先进生产者代表大会促进了全国范围的先进生产者运动进一步开展，鼓舞了全国人民大力发展社会主义经济，以确保第一个五年计划提前和超额完成。

一、积极投身大规模工业建设

为了实现第一个五年计划，全国总工会先后发出开展增产节约劳动竞赛和技术革新运动的指示。由此，增产节约劳动竞赛和技术革新运动在全国范围内广泛开展，促进了在职工中形成互助互学、赶先进帮后进的风尚，推动了企业生产的发展。广大劳模充分发挥引领作用，积极投身大规模工业建设。在劳动模范的带领下，技术革新运动深入广大职工群众中，掀起了学习技术、改进技术的热潮，涌现了一批具有代表性的革新能手，极大提高了生产技术水平和生产效率。

（一）劳动竞赛走上技术革新的新阶段

技术革新运动始于 1952 年。张明山是鞍山钢铁公司小型轧钢厂的技术工人，于 1952 年 9 月创造了“反围盘”，减轻了劳动强度，提高了生产效率。他的革新成功鼓舞了鞍钢的工人、技术人员和管理人员，鞍钢掀起了群众性的技术革新运动。从 1952 年 9 月至 1953 年 7 月，鞍钢参与技术改进、提合理化建议的职工占职工总数的 22%，被采纳的合理化建议达 468 件，其中已经试验成功的有 299 件。这些成功的建议中，有 51 件增加了产量，有 23 件提高了质量，有 28 件保证了安全生产，有 66 件节省了劳动力，有 22 件改善了操作环境，有 40 件使体力劳动量大大减轻。1953 年，王崇伦作为鞍钢机修厂工具车间的刨工，相继改进成功 7 种工具、卡具，发明了“万能工具胎”，1 年完成了4年的工作量，被誉为“走在时间前面的人”。到1953年底，鞍钢提出技术革新545项，其中试验成功309项，改进制造了数以百计的机械设备，保证了企业超额完成国家生产计划和增产节约计划。

始于鞍钢的这场群众性技术革新运动迅速在全国推广，将劳动竞赛推向新阶段。鞍钢技术革新在各大城市及工矿企业中引起了强烈反响。1954年4月15日，“鞍钢技术革新展览”在北京劳动人民文化宫举办。展览持续了3个月，前往参观的人数达37万人。鞍山钢铁公司的张明山、王崇伦、唐立言、黄荣昌、刘祖威、朱顺余、傅景文7位劳动模范出席了展览开幕式。在两次座谈会的讨论和交流基础上，7位劳模向全国总工会建议在全国范围内开展技术革新运动，并提交了《关于在全国范围内开展技术革新运动的建议书》。4月20日，全国总工会主席团七届五次会议接受了7位劳模提出的建议。全国总工会主席赖若愚在会上作了题为《劳动竞赛已经开始走上一个新阶段——技

1954年4月，全国劳模、鞍钢机修厂工具车间工人王崇伦执笔，与张明山等6位劳模联名，给全国总工会写了《关于在全国范围内开展技术革新运动的建议书》。图里人物为王崇伦。

术革新》的报告。报告指出“技术革新已开始在全国各地动员起来，这就使劳动竞赛具备了新的内容，开始走上了一个新的阶段”。5月27日，经中共中央书记处批准，全国总工会作出《关于在全国范围内开展技术革新运动的决定》，正式提出“技术革新”口号。该《决定》指出，“技术革新就是生产设备、生产工具、技术过程、技术标准、操作方法以及劳动条件等方面的改进和提高。适应生产技术上的革新还要改进生产组织、劳动组织及企业的管理水平，开展群众性的技术革新运动就一定会把劳动竞赛向前推进一步，就一定会不断地提高生产技术水平与企业管理水平，就一定能够不断地提高劳动生产率”。随后，一个以改进技术、学习和掌握新技术为主要内容的群众性技术革新热潮在全国迅速掀起。

（二）在技术革新运动中起模范带头作用

劳动模范探索创造出一系列先进技术，推动了劳动竞赛从初级阶段向高级阶段发展，极大地发展了生产力。鞍钢公司作为技术革新运动的范例，仅用1年多的时间，其机械、轧钢、炼钢、炼铁、矿山等厂矿的工程技术人员在相关专家的帮助下，就提出了大量合理化建议，创造、积累了一系列先进的操作方法和经验，其中电气和机械设备方面的重大技术革新产品达545件，成功研制出钢绳厂的自动切断机、选矿厂的团矿自动回车道等309件新产品。王崇伦凭借研制出的“万能工具胎”，更是在1953年用1年时间就顺利完成了以往4年的全部生产任务量，树立了破除传统生产定额、陈旧技术标准的典范。在劳动模范带领下的技术革新，有效保证了鞍钢公司超额完成国家增产节约计划和生产劳动计划，使其1953年的生产总值比1951年增加了近1倍，劳动生产率提高了65%。

全国先进工作者、成都市贸易公司五一二仓库保管员樊光荣曾参加在重庆召开的技术革新、技术革命现场会。他管理的仓库是一个大型的副食品仓库，保存着数百万斤一季产、四季销的农副土特产品。过去，这里1年要大翻仓4次，总量高达一两千万斤，好几百个工人成天为加工、搬运、保管商品奔忙。在技术革新和技术革命运动中，樊光荣研制出“十防自动线”控制台。有了这个控制台就可进行自动化管理，仓库再也不需要1年4次的大翻仓，加工工人数量大幅减少。仅在1960年，仓库就节约费用22万元。他的先进事迹传遍全国，上海、云南、陕西、新疆等地区的人上百次来取经。1960年“五一”国际劳动节，刘少奇在成都参加庆祝活动时接见了樊光荣，听取了他的汇报，勉励他做好人民的当家人。

沈阳电缆厂在全国先进生产者娄尔康的带领下，进行技术革新，试制出130件新产品。试制出的国内110千伏及220千伏充油超高压电力电缆、60路载波高频长途电话电缆、铁道电气化用有线通信电缆等产品都达到当时国内外先进水平。全国先进生产者、长春机车厂工人田有才经过1年多努力，与工友们自力更生地研发出13台新型机器和设备，使生产过程大部分实现了机械化、自动化。十几年中，经他手研发的重大革新有30多项。全国先进生产者、鞍钢第二炼钢厂炼钢工人李廷顺为实现全国夺取1070万吨钢的目标，在开展多装、快炼、维护炉体三位一体的技术革新竞赛中，实现了平炉装入量从1959年上半年的222吨增加到下半年的273.9吨。全国劳动模范、哈尔滨车辆厂铣工苏广铭1959年前后先后改进了40多种工具，其中效率最高的工具可提高生产率达20倍。他把一台老铣床改进了11个部件，不但提高生产效率8倍多，还可以进行高速切削，能加工二、三级精度的工作物，能干车工、刨工、钳工的活儿。由于苏广铭不断地进行工具改革，他曾提前1年零11个月完成第一个五年计划的任务。

其他各地各行业的技术革新运动也蓬勃开展起来，大大提高了工人的生产技术水平，改进了工厂设备，极大地提高了劳动生产率，有的产品甚至填补了国内空白。山东淄博五〇一厂试验室从氧化铝生产流程中回收金属镓，并建成生产车间，当年生产镓1853公斤，使国内镓产量跃居世界首位。山东博山电机厂研制成功汽车启动机、发电机，在全国最先为解放牌汽车提供配件，后又研制成功微电机、直流测速电机等，填补了国内微特电机生产的空白。山东新华制药厂技术员王志强试制成功过去国内不能制造的玻璃反应缸，在质量完全合乎标准的情况下，成本比进口的降低90%。

在劳动模范的带领下，技术革新运动深入广大职工群众之中，使劳动动员更加深入而充分。首先，参与劳动竞赛的群众比过去更为广泛。河北省全省参与劳动竞赛的人数，1953年为20.8万人，1954年为27.2万人，增长了30.8%；沈阳市全市参加劳动竞赛的职工人数，1953年为19.4万人，1954年为23.8万人，增长了22.7%。其次，组间、厂际的劳动竞赛更为深入。各地、各产业、各战线都更为注重各个小组之间的竞赛，如本溪市钢铁公司系统29个单位中，有90%的小组参加了竞赛。通过组间劳动竞赛的深入开展，更切合实际的竞赛保证条件得以制定，同时对这些保证条件的执行情况可以随时进行检查。

20世纪50年代末60年代初开展的这场大规模技术革新运动，成为迅速提高我国工业生产技术水平的一种重要方法。这场运动不仅提高了职工群众的劳动积极性和创造性，产生了物质方面的优异成果，而且提高了职工群众的思想觉悟，涌现出一大批先进集体和先进模范人物。

二、先进生产者运动在全国广泛开展

1956年是实现我国第一个五年计划的关键一年，也是国民经济各方面的任务极其繁重、紧张的一年。1956年1月1日，《人民日报》发表社论《为全国早日完成和超额完成五年计划而奋斗》，首次提出“又多、又快、又好、又省”的社会主义建设方针，号召全国人民为提早完成和超额完成“一五”计划而奋斗。为了更广泛地动员全国职工群众继续深入开展劳动竞赛，增加生产、厉行节约、反对浪费，保证完成和超额完成国家计划，轰轰烈烈的先进生产者运动在全国全面展开。

（一）先进生产者运动的兴起

1956 年 1 月 6 日至 13 日，全国总工会七届四次执委会召开，会议讨论通过《关于动员全国职工迎接中国共产党第八次全国代表大会，开展社会主义竞赛，提前完成第一个五年计划的决议》，提出提前完成“一五”计划最有效的方法是全力推广先进生产者的经验，学习苏联先进经验，开展合理化建议，不断学习和掌握新技术，改进操作方法，改善劳动和生产组织，严格按照产品品种和质量的要求，发动群众突破现有定额，达到先进生产者的水平，并不断取得新的成就，做到多、快、好、省。2 月 9 日，七届十次主席团会议通过《关于开展先进生产者运动的决议》。《决议》明确指出，先进生产者运动实质上就是推广先进经验、组织广大职工群众向先进生产者看齐的运动。《决议》还确定了先进生产者的评选标准如下。

> 在保证完成任务和保证质量的条件下，只要具有以下一项先进事迹的个人或单位，经过群众评选，工会各级组织和相应的行政部门就可以授予他们以先进生产者、先进工作者或先进单位的荣誉称号：
>
> 1. 在提前完成和超额完成国家计划方面获得数量上和质量上的显著成绩。
>
> 2. 努力节约原料、材料、燃料、电力，不出废品，不出次品，降低成本有显著成绩。
>
> 3. 在学习和推广先进经验或在掌握新技术、试制新产品

方面有良好成绩。

4. 改进技术设备、改进操作方法、改进工艺过程、保证安全运转、安全行车和改善劳动组织方面有显著成绩。

5. 在完满地保证生产供应和人民生活需要方面获得人民的赞许，并且在加速资金周转，降低经营费用，减少货物损耗，提高服务质量，保证生产供应和人民生活需要方面有显著成绩。

6. 在文化、科学、教育、卫生、保健事业中有显著成绩。

7. 能够经常帮助达不到定额的工人或落后的单位达到先进水平。

8. 在国家机关工作中有优秀成绩的工作者。

其中保证优等质量是一个必需的条件，如果达到了其他各项指标的要求而不能保证质量指标，就不能称为先进生产者、先进工作者或先进单位。

1956年3月12日，中共中央下发《关于积极领导先进生产者运动的通知》。中共中央认为，我国工人阶级这种以革命精神进行社会主义建设的表现是十分宝贵的。全国总工会第七届执行委员会主席团第十次会议根据全国职工群众加速社会主义工业建设的要求和行动，作出了《关于开展先进生产者运动的决议》，这是完全必要的、及时的和正确的。该《通知》要求，各级党委、行政部门、工会组织和青年团组织都必须加强对于先进生产者运动的领导，以保证先进生产者运动的广泛开展，使先进生产者运动成为最广泛、最深刻的群众运动，成为发展我国社会主义经济的强大动力。随后，先进生产者运动在全国范围内全面展开，从大、中、小城市到县、镇，从工交战线到商业、文教、卫生和国家机关，均开展起来。

1956 年 3 月，全国总工会主席赖若愚在《中国工人》第 5 期上发表文章，指出在先进生产者运动中，必须十分重视产品质量和节约问题，必须在好、省的基础上达到多、快；必须注意有关群众切身利益的问题，这样才能巩固群众的热情，使运动持续发展下去；必须努力加强技术人员和工人的结合，充分发挥技术人员的作用。

1956 年 4 月 2 日，全国总工会党组向中共中央报告了先进生产者运动的相关情况，总结了先进生产者运动取得的成绩、存在的问题，并提出从以下几个方面持续推进：全面贯彻中央又多、又快、又好、又省的方针；加强推广先进经验的具体组织工作；组织科室竞赛，改进企业管理，加强车间工作，为工人的劳动创造必要的良好条件；切实做好工资改革工作，建立和健全必要的奖励制度，从物质方面来巩固群众的劳动热情；领导上必须主动关心群众生活。4 月 10 日，中共中央批转了全国总工会党组关于先进生产者运动的情况报告。

1956 年 5 月 19 日，赖若愚在《工人日报》发表《先进生产者运动中的几个问题》，明确阐述了社会主义竞赛和先进生产者运动的区别和关系。他指出：先进生产者运动中最重要的事情是总结推广先进经验，不断地扩大先进生产者队伍。先进经验和先进生产者是从社会主义竞赛中涌现出来的。所以，先进生产者运动，就是在社会主义竞赛中紧紧地抓住总结先进经验，组织广大职工学习这些先进经验，把一般劳动者的生产效率提高到先进生产者的水平，有效地提高劳动生产率。这样的社会主义竞赛，我们就把它叫作先进生产者运动。先进生产者运动是在社会主义竞赛的基础上发展起来的，同时它又是社会主义竞赛的当前的主要内容。先进生产者运动把社会主义竞赛的根本问题——先进帮助落后，落后学习先进，取长补短，共同提高——突出出来了。因此，先进生产者运动必须和社会主义竞赛统一起来。

在中央的指导和全国总工会的不断推动下，先进生产者运动在全国各地轰轰烈烈地开展起来，涌现出了大批先进生产者，极大地推动了“一五”计划的顺利完成。1956年，我国提前一年完成五年计划最后一年的工业总产值计划，超额4%以上。1956年我国工业总产值比1955年增长25%，多生产100多万吨铁、150多万吨钢、1000多万吨煤、20多万吨石油、30多亿度电和34亿多尺棉布。

（二）**先进生产者运动引发“赶帮超”高潮**

先进生产者运动的目的有两个：一是保证全面完成国家计划；二是向先进水平看齐、靠拢。其主要形式有：车间、科室、厂际、同业务、同工种的劳动竞赛；组织先进生产者进行示范表演；推广群众性的技术互助互学运动；开展合理化建议活动等。在先进生产者运动中，作为劳动主力军的工人阶级的生产积极性和创造性被极大地调动起来，他们纷纷以更加昂扬的斗志积极投入生产运动，冲破保守思想、反对官僚主义，大量提出合理化建议，学习和推广先进经验，在短时期内就创造出大量新的定额和新的生产纪录，到处呈现出“学先进，帮后进，先进更先进”的可喜局面。

东北地区作为新中国的工业重地，在工业建设中占有举足轻重的地位，在先进生产者运动中捷报频传。1956年，辽宁省在年初就有160多万名职工投入劳动竞赛；当年全省大部分企业均全面超额完成国家计划。其中，鞍钢在上半年不断提出和超额完成国家计划的先进指标，第一炼钢厂掀起的快速炼钢竞赛热潮使平炉炼钢系数由1955年的7.49吨/平方米·日提高到8.40吨/平方米·日，平均每炉熔炼时间缩短1小时零3分钟，生产能力提高15%；与上年同期相比，产值增长44.3%，劳动生产率提高31.3%。吉林省长春、吉林、四平等地220个厂矿提前1年及以上完成各自的“一五”指标。黑龙江省全省职工也积极投入先进生产者运动。据统计，仅5个机械厂就推广了152种经验，其中齐齐哈尔第二机床厂齿轮车间的199种加工部件中，有124

种部件进行了技术改进，先后推广了快速切削、一刀加刃等 5 种先进经验，提高劳动生产率最高的部分达到了原先的 5 倍。

其他地区也不甘示弱，纷纷扎实有序地推进先进生产者运动。1956 年，上海市在先进生产者运动中一马当先。例如，全市做雨鞋的橡胶厂普遍推广“缝中底套楦”的先进经验后，根据当时的全市产量计算，1 年可节约生胶 2.4 万公斤、汽油 12.4 万升和大量的棉毛巾。上海机床厂大件车间车工韩加强改进平面磨床胶木板的操作方法，用 1 小时 45 分钟即完成 12 小时 15 分钟的工作量。上海柴油机厂职工短短几天就创造了 72 个新的生产纪录等。武汉市的建筑、机械、纺织、铁路、钢铁等产业有计划地重点推行了 54 项行之有效的先进经验，例如，在全市机械厂巡回表演“庄铭耕工作法”，通过现场操作表演、讲课、座谈、现场辅导等方式，帮助工人掌握这项技术，取得了很大的成效。

先进生产者提出的大量合理化建议创造了许多先进经验，大大促进了生产发展。1956 年第 1 季度，全国国营、地方国营和公私合营的 3000 多个重点企业的总产值计划都超额完成，达 105%。先进生产者的先进经验为提高劳动生产率贡献了重要力量。例如，松江机械厂全厂 389 道工序中，有 219 道工序突破了生产定额，特别是推广隋文凤小组“大走刀切削法”经验后，成批“阀门”生产时间由 16 小时缩短为 9 小时，有了较大幅度的提升。长春第一汽车制造厂车工胡年荣创造了“掏内眼管刀工作法”，提高工作效率达 30 倍。武汉动力机械厂金工车间第三工段的职工学习了“掏内眼管刀工作法”后，车工鲍启宏将车一个三头口的时间从 20 分钟缩短至 5 分钟。其他机械厂也都取得了类似可喜的成绩。

先进生产者运动极大地调动了工业、交通运输、基本建设以及财贸、文教战线职工的劳动积极性和创造性。到 1956 年，全国已提前完成“一五”计划的主要指标，一批基础工业和新的产业部门建立起来，初步改变了旧中国工业较为落后的面貌。“一五”期间，国家对经济和文教卫生部门基本建设投资达 493 亿元，全国实际完成基本建设投资总额 588 亿元，施工建设单位在 1 万个以上。由于基本建设而新增的固定资产达 440 亿元，其中新增工业固定资产 214 亿元，超出旧中国近百年所积累的工业固定资产 60% 左右。机器自给率在 60% 以上，金属材料自给率在 80% 以上，初步实现了工业化物质技术基础。在产值方面，以工业产值为例，1957 年全国工业总产值达到 484 亿元，超过原定计划的 21%，比 1952 年增长近 1.3 倍，平均每年增长 18%。

（三）先进生产者大量涌现

先进生产者运动是全民性的劳动竞赛，广泛而深入，数以万计的先进生产者和生产集体涌现出来，在数量上大大增长。1956 年 3 月以前各地统计的先进生产者人数：上海市 5 万余人、北京市 2 万余人、江苏省 2.1 万余人、新疆维吾尔自治区 1.2 万余人；陕西西安、河北唐山、辽宁沈阳等 10 个城市也先后涌现出 3.6 万名先进生产者和 2448 个先进单位，6 万多名工人突破了各种定额；全国铁路系统有 90% 以上的火车司机突破了运输定额。

据不完全统计，辽宁省沈阳、抚顺、旅大、鞍山、本溪、安东、阜新、锦州、营口等城市 1956 年前两个月就涌现出先进生产者 36448 人、先进班组 2448 个，推广先进经验 16482 项，提出合理化建议 104637 项。其中，鞍钢全年涌现出先进集体 1574 个、先进生产者 5886 人（占总职工人数的 6.5%），26580 名职工提出各种合理化建议 34150 项。吉林省全省 40 个单位在 1956 年涌现出 6500 名先进生产者，广大职工提出合理化建议近 2 万项，为解决生产中所遇到的技术、工艺和设计难题贡献了重要力量。黑龙江省全省有 15 个产业的职工积极投入，其中根据对机械、铁路、煤矿、林业、纺织、轻工业、公路运输等产业的不完全统计，共涌现出 26252 名先进生产者。上海全市钢铁、机械、纺织、轻工、建筑等 10 个产业，先后推广和总结了 2824 项先进经验。

截至 1956 年底，全国共有先进集体 11.4 万余个，先进班组 183.1 万余个，先进生产者 125.9 万人；先进生产者提出的合理化建议总数 183.1 万项，被采纳实施的 75.7 万项。

先进生产者运动作为劳动竞赛的一种新形式，是党和国家根据国家建设和经济发展的总目标，适时调整、顺势而为的产物，是一场推广先进经验、组织广大职工群众向先进生产者看齐的运动。它改善了技术革新运动中关于定义“不确切、不完善”的缺点，保留和突出了学习新兴技术，推广先进生产者经验，开展合理化建议，强调先进帮后进、落后学先进，在短时间内即打破定额、刷新纪录，并且不断达到新的、先进的、更先进的定额，共同提高。先进生产者运动扬长避短，更充分地发挥出劳动者的创造性和积极性，为“一五”计划的顺利完成贡献了强大力量。

三、1956 年，全国先进生产者代表会议召开

为了表彰先进生产者和先进集体，总结和推广先进经验，将先进生产者运动推广至全国，以提前完成和超额完成国家的“一五”计划，在中共中央和国务院的倡议下，全国先进生产者代表会议于 1956 年 4 月 30 日至 5 月 10 日在北京隆重召开。

（一）积极筹备会议

1956 年 2 月 16 日，中共中央批准召开全国先进生产者代表会议，要求各级党委、各部门要认真部署筹备，并指导和帮助各产业工会和地方工会组织做好出席全国先进生产者代表会议的代表甄选工作，以此加强对广大职工群众的教育，推动社会主义劳动竞赛的开展。2 月

1956年：全国先进生产者代表会议

1956年4月30日至5月10日在北京举行。中共中央、国务院授予853个单位全国先进集体称号，授予4703人全国先进生产者称号。4月30日，大会在北京体育馆开幕。毛泽东、刘少奇、周恩来、朱德等党和国家领导人出席。全国总工会主席赖若愚主持开幕式，国务院副总理李富春致开幕词，中央书记处书记刘少奇致祝词。5月2日，赖若愚向大会作报告。大会期间，国务院各办公室主任、全国妇联主席、团中央书记、中国科学院院长作了专题报告。5月10日大会闭幕，全国总工会副主席朱学范致闭幕词。

5月31日，全国总工会向党中央提交了《关于全国先进生产者代表会议的总结报告》并获得中央批准。报告提出，在全国先进生产者代表会议结束后，各地必须在党委部署下做好三件事：一是必须做好传达工作和宣传工作；二是要做好推广先进经验的深入细致的组织工作；三是要关心职工群体的切身利益。

21日，全国总工会发出《关于召开全国先进生产者代表会议的通知》。《通知》指出："为了动员全体职工开展社会主义竞赛迎接中国共产党第八次全国代表大会，提前完成第一个五年计划，根据中华全国总工会第七届执行委员会第四次会议的决议决定，1956年4月30日在首都北京召开全国先进生产者代表会议，工会各级组织应进一步发动全体职工全面开展社会主义竞赛，把生产和工作做得更多、更快、更好、更省，涌现更多的先进生产者，并选派其中优秀的代表参加全国先进生产者代表会议。"

1956年3月10日，全国先进生产者代表会议筹备委员会成立，并举行了第一次会议。会议确定了全国先进生产者代表会议的方针和任务，并讨论了会议的日程、宣传工作计划及办事机构的工作等问题。此外，还详细制定了先进生产者代表的条件、产生办法和名额分配办法，计划出席会议的代表共 5800 名，其中按产业宣传的 4540 名、按省市地方选出的 1000 名以及特邀代表 260 名。

为了有序推进优秀代表的评选，各地纷纷举行先进生产者代表会议，在交流经验的同时选荐出参加全国先进生产者代表会议的代表。从 1956 年 2 月至 4 月，北京、天津、上海、四川、河北、黑龙江、吉林、山东、浙江、江苏、安徽、湖南、湖北、河南、江西、广西、贵州、甘肃、山西等地分别召开了劳动模范会议或先进生产者代表会议。例如，1956 年 3 月，四川省召开了历史上首次全省劳动模范表彰大会，525 名四川省劳动模范出席表彰大会，出席会议的这些劳动模范向全省工业、交通运输、基本建设战线的广大职工发出倡议，将全省的工业技术水平大大提高一步，使全省各个厂矿企业在 1956 年底前达到或接近国内同产业、同等规模、设备近似的先进企业的生产水平。4 月 5 日至 6 日，上海市召开劳动模范和先进生产者代表会议，共有 1.1 万余名劳动模范和先进生产者参加会议，其中 2035 名劳动模范和 285 个先进单位受到表彰和奖励。

各行业也先后在北京举行先进生产者代表会议。1956 年三四月间，重工业、铁道、煤矿、纺织工业、农业水利、交通运输、地质、邮电等产业的先进生产者代表会议在北京召开，各个产业的先进模范人物参加会议，相互交流经验。3 月 20 日，重工业部召开重工业系统的第一次先进生产者代表会议，869 名来自生产、建筑、安装、地质、设计等不同单位的代表参加会议，包括王守文、王崇伦、杨德重、茹膺、左万信等。这些代表都是各自岗位中的佼佼者：王守文用 3 年时间为国家多生产 3 万多吨钢；王崇伦用 1 年完成了 4 年任务；杨德重在 5 年中发明创造 20 多种先进施工工具；茹膺采用先进方法提高“666”

农药质量；左万信领导职工研制成功 6 种水泥新品种。他们或将自己的先进经验推广，或带领其他职工努力钻研、创造发明出更多的先进技术，协同进步。

这些会议的举办，不仅遴选出全国先进生产者代表会议的与会代表，更为重要的是，提供了先进经验的交流场所，与会代表不同程度地提出了推广学习先进经验的倡议书，有效推动了先进经验和技术创新的推广和普及。全国纺织工业先进生产者代表会议期间，275 个纺织厂的代表签订了 1956 年厂际竞赛协议，还有代表针对提高纺织产品品质、增加产品品种数量、提高劳动生产率和降低生产成本等目标，先后提出 21 项倡议。全国轻工业先进生产者代表会议期间，共交流了 452 项先进经验，造纸、橡胶、医药等 29 个产业的代表提出了以提高产品质量、增加新品种、节约原材料、安全生产、提高劳动生产率为主要内容的 34 项倡议。全国煤炭先进生产者代表会议的代表提出应在全国推广 55 项先进经验的倡议，涵盖了从地质勘探、设计、矿井建设到采煤、运输、安全生产的方方面面。

（二）全国先进生产者代表会议隆重召开

1956 年 4 月 30 日上午 10 时，全国先进生产者代表会议在新落成的北京体育馆开幕。中国共产党中央委员会主席毛泽东和中共中央政治局委员刘少奇、周恩来、朱德、彭真、董必武、张闻天、彭德怀、康生、邓小平出席了开幕式。中共中央书记处书记刘少奇代表中共中央向大会致祝词。国务院副总理、全国先进生产者代表会议筹备委员会主任委员李富春致开幕词。

当天，北京体育馆飘扬着鲜艳的五星红旗和各色彩旗，会场正门上端挂着巨大的会议纪念章。在纪念章中间，镌刻着手执红旗前进的工人阶级队伍的形象和“劳动光荣”四个金字。在会场主席台上，一幅浅蓝色的帷幕上挂着毛主席的画像。主席台对面高悬着会议向全国各个战线上的人们发出的战斗口号："改进技术、提高技术，学习与掌握新技术！""把各项事业做得又多、又快、又好、又省，提前完成第一个五年计划！""向社会主义进军！"会上，中共中央授予全国先进集体称号853个、全国先进生产者称号4703人，是第一次全国劳模大会授予劳模称号人数的10倍。应邀来我国传授先进经验的11个苏联先进生产者代表团成员，以及应邀来我国参加"五一"节观礼的37个国家的工会代表团和代表，在开幕仪式上受到了全体代表的热烈欢迎。

出席这次大会的先进集体和先进生产者代表，来自冶金、机械、煤炭、水利电力、化工、石油、纺织、轻工（包括手工业）、林业、农垦、建筑、地质、铁道、邮电、公路、民用航空、气象、测绘、海员、商业、财政、粮食、银行、水产、对外贸易和市政公用事业26个产业部门；特邀代表来自中国人民解放军总后勤部、铁道兵团、人民公社、教育、文艺、卫生、科学技术各界，以及机关团体、职工家属和私方从业人员。代表中包括汉、蒙古、回、藏、维吾尔、苗、彝、僮、布依、朝鲜等23个民族。其中有70多岁的老英雄，也有16岁的小模范。女职工代表796人，占代表总数的12.11%，反映了新中国女职工的成长。从这些代表身上，可以看到我国工业、交通、基建、财贸战线上执行总路线的辉煌成果。出席这次会议的代表，不仅有现代化大型企业的先进集体代表和先进生产者，还有更多用土法上马的中、小型先进企业的代表。在交通方面，不仅有现代化铁路、公路、航运企业的代表，也有兴建土铁路和公社办交通有显著成就的单位。

出席此次会议的领导人还有，全国人大常委会副委员长沈钧儒、郭沫若、陈叔通，国务院副总理邓子辉、李先念，中国人民政治协商会议全国委员会副主席李济深、黄炎培、李四光、章伯钧，国务院各办公室、各部、各委员会负责人，以及各人民团体负责人。

刘少奇在会上代表党中央致祝词。他在祝词中说道：在工人阶级

1956年5月，全国先进生产者代表会议在北京召开。图为大会现场。

中间，在工业战线以及其他经济战线和文化战线上，在各个工作部门的工作岗位上，也出现了空前规模的社会主义建设的热潮，出现了大批的先进生产者和先进工作者，他们发起了先进生产者运动，领导着广大的工人群众和知识分子群众，为又多、又好、又快、又省地实现伟大的社会主义建设计划而斗争。祝词指出：在人民民主制度的条件下，先进生产者不仅是人民群众的先驱，而且成了人民群众的核心，成了国家和人民群众之间重要的纽带。先进生产者是社会和国家领导力量的不可缺少的组成部分；没有先进生产者，也就不可能有完全正确的领导。祝词还指出：先进生产者、普通生产者和生产的领导者应在先进生产者运动中各司其职、协同奋斗。刘少奇勉励先进生产者、先进工作者，以及农民、手工业者、人民解放军的指战员和其他爱国人民中的每一位先进分子，要在党中央和国务院的领导下，密切联系群众，带领群众不断地向先进水平看齐，不断前进、再前进，齐心协

1956 年 5 月，全国先进生产者代表会议在北京召开，图为来自新疆维吾尔自治区的先进生产者代表在会议期间游览北海公园。

力共同完成伟大的历史革命。

李富春在会上致开幕词。他在开幕词中首先强调了此次参会的各位代表来自各行各业，且有更多的科学技术人员、企业管理人员的加入，共同代表着全国人民在建设社会主义斗争中表现出的坚强刚毅、创造精神和伟大智慧。他同时提出期许，希望会后，全国范围的先进生产者运动能够更进一步，使这个运动成为最广泛、最深刻的群众运动，成为我国社会主义经济和文化的伟大动力；号召全国职工，在又多、又快、又好、又省相结合的方针下，推动经济建设更进一步发展。可以说，开幕词是对先进生产者运动在全国范围的进一步推广和深刻动员。

4 月 30 日下午，毛泽东、刘少奇、周恩来、朱德、彭真、董必武、张闻天、彭德怀、康生、邓小平等党和国家领导人接见了全国先进生产者代表会议主席团。

5 月 2 日至 9 日，不同战线的领导，主要包括国务院负责经济工作、相关部委、人民团体的相关领导，分别作了时效性强、内容丰富的特色报告。2 日，全国总工会主席赖若愚发表主题报告，从 5 个方面论述了如何将先进生产者运动在广大职工中广泛持久地开展下去。

> 第一，全体职工的劳动积极性和创造性是建设社会主义无穷无尽的力量源泉，是建设社会主义的首要保证。
>
> 第二，基本方针是“又多、又快、又好、又省”。要求生产厂矿和基本建设单位在好和省的前提下生产得又多、又快，全面地超额完成各项技术经济指标。
>
> 第三，社会主义竞赛的根本原则是互相学习、互相帮助、取长补短、共同提高。社会主义竞赛原则确立的基础是所有人都是为了共同的目的而工作着。社会主义竞赛要求先进生产者热情耐心地帮助其他在生产上暂时落后的职工，使多数人都能够达到先进水平。而个人的经验总是有限的，广大群众的智慧和才能总是无穷无尽的，因此需要在相互学习和帮助中取长补短、共同提高。
>
> 第四，我国工人阶级要成为有高度文化的，能掌握现代科学技术的阶级。
>
> 第五，要打破保守思想，反对官僚主义。

5 月 3 日至 9 日，薄一波、郭沫若、李先念、梁希、邓子辉、王首道、贾拓夫、吴玉章、蔡畅、钱俊瑞、胡耀邦、章伯钧等分别讲了话，开拓先进生产者的视野。国家经济委员会副主任兼轻工部部长贾拓夫在分析了新中国成立后轻纺工业的巨大成就，以及轻纺工业发展中落后同先进的差距后提出，解决方法在于充分发挥职工群众的积极性和创造性，打破某些领导的保守主义和官僚主义，使领导与群众相结合，把先进经验很好地总结和推广，帮助落后的提高技术、改善管理，赶上先进水平，为进一步推进先进生产者运动指明了方向，也为先进生产者如何在运动中最大限度地发挥自己的能量提供了思路。

会议期间，王崇伦、苏广铭、黄永昌、曹永康、詹水晶、钱学森、华罗庚等百余位先进生产者和优秀科学家代表也进行了发言，交流和总结了先进的生产经验和工作经验。例如，哈尔滨森林工业管理局铁骊森林工业局伐木工马永顺介绍了自己如何在艰苦环境下创造全国手工伐木的最高纪录，如何教会300多名伐木工，并与他们一同进步，还分享了自己在工作中总结出的“安全伐木法”“四季锉锯法”“流水作业法”等先进的伐木方法。中国科学院力学研究所所长钱学森发表了《让科学技术突飞猛进》的发言，提出科学工作者的事业也是整个劳动人民的事业，高级知识分子也正在脱离他们从前的阶级地位，加入劳动大军的队伍里，并表示他本人也永远要努力争取做一名先进生产者。

5月10日下午3时，全国先进生产者代表会议闭幕。6000多名先进生产者在会上一致通过了《把祖国建设成为富强的社会主义工业大国——给全国职工的一封公开信》。信中号召全国职工要用“使高山低头、使河水让路”的伟大气魄，战胜一切困难，把中国建设成为一个完全现代化的、富强的社会主义工业大国。全国总工会副主席朱学范在大会上致闭幕词。他说，这次会议必将推动我国的先进生产者运动蓬勃地、持久地开展下去，也必将对我国的社会主义建设事业产生深刻的影响。朱学范在致词中号召全体代表要以新的劳动态度和新的道德品质，更充分地发挥积极性和创造性，来从事社会主义建设。首都300多名手执鲜花的少年先锋队员走进会场，代表首都全体少年先锋队员，把两个花篮献给全体先进生产者。他们在献词中向全体先进生产者提出了诚挚请求：请你们牢牢记住，千万颗红领巾的心在期待着你们，盼望着你们在各个不同的岗位上，做更多的工作，创造出更多的奇迹，让祖国一天比一天美丽，让社会主义、共产主义更早一些到来。全体代表用经久不息的掌声，回答了孩子的热烈期望。

1956年5月31日，全国总工会提交的《关于全国先进生产者代表会议的总结报告》获得中央批准。报告指出，在全国先进生产者代表会议结束后，各地必须在党委部署下做好三件事：一是必须做好传达工作和宣传工作；二是要做好推广先进经验的深入细致的组织工作；三是要关心职工群体的切身利益。

在这次大会上，与会代表们明确了社会主义竞赛的基本原则（“互相学习、互相帮助、取长补短、共同提高”），也对“又多、又快、又好、又省”的方针有了更为深刻的认识。全国先进生产者代表会议闭幕后，他们满载喜悦和责任返回各自工作岗位，做好会议精神的宣传，落实先进生产者“先进更先进、先进帮后进”的任务，在全社会营造了“学先进、赶先进、人人做先进”的良好氛围。全国先进生产者会议的召开，更有力地推动了先进生产者运动在全国范围广泛而深入地开展，为发展、完成“一五”计划和建设社会主义工业化国家提供了重要的保障。

（三）对先进生产者运动的总结与思考

全国先进生产者代表会议是新中国成立后召开的第二次全国劳模表彰大会。会议结束后，为了更好地贯彻落实会议精神和推动先进生产者运动，全国总工会主席赖若愚发文进一步厘清先进生产者运动中现存的问题。1956年5月19日，赖若愚在《工人日报》发表《先进生产者运动中的几个问题》，运用唯物主义观点剖析先进生产者运动中出现的四组关系。

第一，社会主义竞赛与先进生产者运动的关系。社会主义竞赛（劳动竞赛）是群众生产运动最概括的提法，是依靠群众搞好生产的基本关系，也是社会主义建设的基本方法。社会主义竞赛的具体内容因时而异、因势而变，会根据不同时期生产中的具体问题和社会主义建设的不同要求而产生具体的竞赛形式，比如曾开展过的新纪录运动、增产节约运动、技术革新运动和正在开展的先进生产者运动。先进生产者运动是社会主义竞赛在当前的具体内容，其实质是在掌握技术、改进劳动组织与工作方法的基础上打破陈旧的定额、创造新的先进定额的运动，即推广先进经验、组织职工群众向先进生产者看齐的运动。

第二，先进与落后的关系。先进与落后是企业中的根本矛盾，帮助落后的、赶上先进的是不断改进和提高生产的根本途径。通常在企业中所说的先进与后进包括两个方面——政治思想上的和生产技术上的，二者同样重要，同样需要用“先进更先进、先进带后进”的范式。

第三，创造精神与劳动纪律的关系。创造精神是一种极为可贵的品质，但创造不是无根之水、无缘之木、向壁虚构，其必须建基于对已有内容的学习和了解之上。因此，不得以打破“常规”为借口，随意破坏、违反规章制度，特别是技术操作规程，而必须遵守秩序，劳动纪律就是保持良好秩序的条件之一。发扬创造精神和遵守劳动纪律并不矛盾，反而是相辅相成的。

第四，劳动热情与生产技术的关系。劳动热情是建设社会主义最为宝贵的力量，没有这种热情必将一事无成，但若空有一腔热情也是不够的，必须把劳动热情与生产技术结合起来，即改进工作方法、学习和掌握新技术，才能将先进生产者运动健康持久地发展下去。在先进生产者运动中，必须

> 充分发动工程技术人员，使工程技术人员和生产工人亲密合作、科研机关和生产厂矿亲密合作，是先进生产者运动中一个头等重要的问题。这种合作是总结已有先进经验、提高科学理论水平，充分发挥工人阶级的创造才能、不断创造出新的发明的有力保证。

赖若愚的文章从理论层面厘清了先进生产者运动中出现的矛盾，为推动先进生产者运动健康持久地发展起到重要指导作用。

第四节

新中国劳模表彰制度的初步形成

从新中国成立到社会主义过渡的这一时期，全国人民积极参加恢复经济建设的各项劳动竞赛，涌现出了一大批劳动模范和先进生产者。党和国家高度重视劳模工作，分别于1950年和1956年召开了两次全国劳模代表大会，揭开了新中国劳模史的崭新一页。普遍开展的劳动竞赛和两次全国劳模大会的召开，促进了劳模运动进一步规范化、制度化、常态化，新中国的劳模表彰制度初步形成。1950年第一次全国劳模大会后，全国总工会副主席李立三在《关于全国工农兵劳动模范代表会议的总结报告》中就提出，“要把评选劳模形成固定的制度”“有计划地使它逐渐成为经常的运动，而不让成为时冷时热的突击的运动”。周恩来在该报告的批示中明确指出，要将其作为“今日进行劳模运动的指针”。劳模运动的规范化、制度化、常态化自此开启。其后，历经爱国主义劳动竞赛、创新纪录运动、增产节约运动、技术革新运动，以及1956年全国先进生产者代表会议的召开，新中国劳模运动的经验不断积累，劳模表彰制度初步形成。

劳动模范表彰的制度化，是指在党和国家的领导下，工会组织有计划地进行劳模的评选、表彰、宣传、教育，并将这种做法固定下来，成为劳模运动中一个规范化、常规化的环节。

一、明确劳动模范的称号、地位、作用

从新中国成立到向社会主义过渡的这一时期，党和国家对于劳动模范的称号、地位、作用逐步明确。

在新中国成立之前，中国共产党在领导人民开展革命和经济建设中，对在劳动生产中有突出贡献的人，都会给予表彰和各种称号。在抗日战争时期的大生产运动中，评选出来的先进模范被称为劳动英雄。劳动英雄和其他各种称号一直延续到新中国成立前后。在第一次全国劳模大会之后，1950年12月4日，周恩来发布命令，公布《关于全国工农兵劳动模范代表会议的总结报告》，提议以后各地对生产有功的人物只给予劳动模范的称号，而不再称为劳动英雄。自此，“劳动模范”的光荣称号成为规范化的称号。全国劳动模范是党中央、国务院授予在社会主义革命和建设中有功人员的一种国家级荣誉称号，同等级别的荣誉称号还有全国先进生产者、全国先进工作者、全国先进科技工作者。

新中国成立以来，党和国家高度重视劳动模范的地位。毛泽东在第一次全国劳模大会上代表中央评价劳动模范“是全中华民族的模范人物，是推动各方面人民事业胜利前进的骨干，是人民政府可靠的支柱和人民政府联系广大群众的桥梁”[1]。这一讲话高度评价了劳动模范的伟大贡献，明确肯定了劳动模范是“全中华民族的模范人物”的地位。

1　中共中央文献研究室：《毛泽东文集》（第六卷），人民出版社，1999年。

二、劳模选树过程的制度化

新中国成立初期，形成了以劳动竞赛的方式产生劳动模范的基本做法。在这一时期，全国各地开展了爱国主义劳动竞赛、创新纪录运动、增产节约运动、技术革新运动等，在这些运动中，组织劳动竞赛评比劳模，及时从竞赛中发现劳模。

新中国成立初期的两次全国劳模大会劳模代表的产生方式基本上是在党中央和各级党委的领导下，全国总工会和各产业工会、各地方工会有序进行劳模和先进生产者的评选工作。两次全国劳模大会的筹备，都是由全国总工会根据中央精神，发出召开大会的通知，号召各级工会组织尽快发动全体职工开展劳动竞赛，以涌现出更多的劳模或先进工作者，并选送其中优秀的代表参加全国劳模或先进工作者代表大会。全国总工会对于评选全国劳模和全国先进生产者代表的条件、产生办法、名额分配进行规定。全国各省、自治区、直辖市产业工会纷纷举行劳模或先进生产者代表大会，交流经验，并将优秀的先进生产者推荐出来，参加全国劳模或全国先进生产者大会。

劳模的评选除一定的劳动标准外，还强调被评选出来的劳动模范必须是群众所认可的，要经过群众的民主讨论。第一次全国劳模大会筹备时就提出“为了做到这一点，在评选过程中必须发动民主讨论，把真正为群众拥护的英雄模范选举出来”[1]。

三、劳模评选标准的制度化

新中国成立初期，劳动模范的评价标准逐渐明确，对劳动模范评

1 《中国工会运动史料全书》总编辑部：《中国工会运动史料全书》（电子版），中国职工音像出版社。

定的政治标准、劳动标准、道德标准也逐渐清晰。

尽管劳动模范的评定标准随着时代发展和社会变迁而不断调整，但其三项价值标准是一以贯之的。一是政治标准，劳动模范必须是中国共产党的坚定跟随者，社会主义制度的坚定拥护者，工人阶级领导地位的坚定捍卫者。二是劳动标准，劳动模范必须具有超越一般劳动群众的劳动技能和生产绩效，具有创新思维、变革意识和挑战精神。三是道德标准，劳动模范能够自觉地将个体性劳动与社会主义事业联结起来，具有为国家而工作、为人民而劳动的崇高思想境界。

从新中国成立到向社会主义过渡的这一时期，劳模评选的劳动标准由“增产”“节约”向“合理化建议”“技术革新”转变。这一时期的劳模主要来源于基层，一线产业工人是主流，“一不怕苦、二不怕死”的硬骨头精神和“老黄牛”形象是劳模们的真实写照，提高操作技能水平和熟练程度、提升技术水平和生产能力、提出合理化建议和总结推广先进经验、从生产型向技术革新型转变是劳模们的典型特征。

在1950年至1952年经济恢复的3年时间里，增产、节约是生产领域的核心任务。中共中央在“五反”运动中明确提出开展增产节约运动的意见。在劳动模范的选拔标准中，“增产”“节约”成为最核心的指标，劳动模范在生产过程中至少需要在其中一个方面有突出的成绩。增产节约运动要求所有部门和产业，在生产过程中要重点关注“提高质量、降低成本、改善生产组织与生产管理”，劳动模范要从这四方面有重大突破的人中发掘。

1952年，全国总工会特别关注先进技术和管理方法对促进生产的重要作用，提倡在工具、操作方法、劳动力组织方面的改进，提出群众性的合理化建议运动成为增产节约运动的重要方法。这为之后广大职工广泛参与技术革新生产运动奠定了基础。

1954年4月，全国劳动模范、鞍钢轧钢厂工人张明山等7位劳动模范向全国总工会提出9条关于开展技术革新运动的建议。全国总工会收到建议后采纳了这些建议，并决定采用“技术革新”作为新一轮生产竞赛的口号，号召全国职工积极参与到这一运动中来。于是，“合理化建议”“技术革新”等成为劳动模范的又一重要选拔标准。劳动模范的劳动标准又拓展为成为先进生产力的代表、创新者的代表。

四、劳模表彰过程的制度化

经过新中国成立初期的普遍劳动竞赛和两次全国劳模大会，劳动模范的表彰形成了“中央制定方针—劳动竞赛—评选劳模—表彰劳模—经验交流—劳模宣传教育”这样一个基本模式。其基本的模式如下：党中央在面对新的经济形势和社会发展状况时，发出劳动竞赛或先进生产者运动的号召。全国总工会或有关部委对各级工会组织开展劳动竞赛或先进生产者运动提出具体意见、任务。各级工会组织充分发挥工会工作的优势，做好具体的组织动员发动职工群众的工作。在各个系统、各个行业、各个企业开展劳动竞赛。在劳动竞赛中，评选出各级劳动模范和先进工作者。上级工会确定参加上一级劳模表彰大会代表的标准和条件，自下而上评选出劳模代表。召开劳动模范大会或先进工作者大会，表彰劳动模范和先进工作者。在大会中交流经验，总结经验。进一步宣传劳动模范和先进工作者事迹、经验。表彰过后，重视劳动模范的教育和培养，把劳模塑造为真模范，真正起带头和骨干作用。

从新中国成立到向社会主义过渡的这一时期，新中国劳模表彰制度的初步形成，劳模评选与表彰进一步规范化、制度化，为之后劳模表彰制度的逐步完善奠定了坚实的基础。

第五章

在社会主义建设中艰辛探索和曲折发展

（1956年10月—1978年11月）

引　语

1956 年，我国社会主义制度基本建立，处于执政地位的中国共产党带领全国各族人民肩负起建设社会主义伟大国家的历史使命。在 1956 年 9 月召开的党的八大上，党中央及时作出了“由解放生产力变为保护和发展生产力”的重要决策，明确了全国人民的主要任务是集中力量发展社会生产力。

从 1956 年 10 月党的八大刚刚闭幕，到 1978 年 11 月中共十一届三中全会即将召开，在这 22 年间，我国先后经历了 10 年全面推进社会主义建设期、10 年“文化大革命”内乱期和改革开放的初期。在这荆棘塞途、艰辛探索的 20 多年社会主义建设实践中，中国工人阶级始终不畏艰难、百折不挠，奏响着“咱们工人有力量”的主旋律，各条战线英雄辈出、群星灿烂。

20 世纪 50 年代，由于对社会主义建设规律认识不足、经验不够，特别是党的指导思想和决策脱离了客观实际，全国掀起了一场冒进的“大跃进”运动。这场运动严重损害甚至破坏了生产力的发展，造成了事与愿违的后果。但不容否认的是，在这期间，为了尽快把我国建设成为一个繁荣富强的国家，工人阶级以迅速改变中国贫穷落后面貌的信心和决心，发挥出了前所未有的干劲。劳动模范充分发挥表率和引领作用，把工作中心放在社会主义建设上，与广大职工群众一起广泛深入地开展了增产节约与技术革新、技术革命运动，掀起了社会主义竞赛的热潮，最终成为各行各业的佼佼者。“走在时间前面”的王崇伦、“钻头大王”倪志福、“宁可一人脏，换来万人净”的时传祥、“铁人”王进喜、技协活动发起人吴家柱、“两弹一星”功勋获得者钱学森等劳动模范都是时代耀眼的标签、人民敬重的楷模。

从 1966 年 5 月至 1976 年 10 月，我国发生了一场由领导者错误发动，被反革命集团利用，给党、国家和各族人民带来严重灾难的内乱——“文化大革命”。在这 10 年内乱时期，孟泰、王崇伦、时传祥、马恒昌、苏广铭等一大批全国劳模都被扣上了莫须有的罪名，被诬蔑为“假劳模”“黑典型”“黑标兵”，受到排挤迫害甚至含冤至死。粉碎“四人帮”以后，劳动模范们迎来了新的春天。他们的感人事迹频频重现在大众的视野里，他们的壮志豪言屡屡回荡在人们的耳畔。人民以劳动模范为榜样，国家视劳动模范为栋梁。伴随改革开放的步伐，劳模精神被赋予了时代新内涵，劳动模范继续站在工人阶级队伍的最前列，用争创一流、勇攀高峰的实际行动不断书写时代排头兵的新篇章。

第一节 在全面建设社会主义中发挥模范带头作用

在1956年全国先进生产者代表会议召开后不久，同年9月，中国共产党第八次全国代表大会在北京召开。党的八大着重总结了过渡时期社会主义改造和社会主义建设的成就和经验，宣告社会主义革命基本完成和社会主义制度基本确立，并明确提出了党、工人阶级和全国人民在新的历史时期面临的新的历史任务。从此，中国进入全面建设社会主义时期。

一、党和国家重视发挥劳模作用

全面建设社会主义为工人阶级发挥劳动积极性、创造性提供了大显身手的广阔天地。特别是千千万万的先进集体和劳动模范、先进生产者在执行党的“鼓足干劲，力争上游，多快好省地建设社会主义”总路线的过程中发挥了模范带头作用，成为全面建设社会主义的先锋和尖兵。他们忘我的劳动热情和无私奉献的高尚品格赢得了社会的广泛称赞，也受到党和国家领导人的高度赞扬。

（一）党和国家领导人多次接见先进模范代表

在社会主义竞赛和先进生产者运动中，为响应党中央提出的又多、又快、又好、又省地进行社会主义建设，提早完成第一个五年计划的号召，劳动模范和先进生产者走在工人阶级队伍的最前面，在创造性实践和探索中，艰苦奋斗、无私奉献、勤奋工作、勇于创新，在积极响应中共中央关于广泛开展群众性增产节约运动中发挥了表率作用。

为了激发全国人民建设社会主义的劳动热情，弘扬工人阶级和广大劳动群众的伟大品格，营造热爱劳动、劳动光荣的社会风尚，引导人民群众向先进模范人物学习，在1956年到1966年的10年间，毛泽东等党和国家领导人多次接见了劳动模范、先进生产（工作）者和积极分子。1950年10月1日，天安门首次悬挂出的第一版毛泽东主席标准像，就是对照他接见劳动模范时的合影而画成的。仅以1956年为例，除接见外宾，毛泽东主席这一年接见次数最多的就是各条战线上的先进模范代表。据不完全统计，从1956年到1966年，毛主席等党和国家领导人分别接见各行各业先进生产者和先进单位代表（含部队系统）有40多次。

党和国家领导人多次接见先进模范代表，充分体现了党和国家对劳动模范的关心与关爱，也由此激发了广大劳动模范以高昂斗志积极投身祖国建设，并在党和国家领导人的巨大鼓舞下，以榜样力量为引领，让更多的英雄模范人物和先进生产集体不断涌现。

（二）劳动模范受邀参加1959年国庆观礼活动

1959年是新中国成立10周年。10年来，中国人民在党的领导下，进行了伟大的社会主义革命和社会主义建设，以史无前例的速度，改造旧中国，建设新中国，取得了极其伟大的胜利。这一时期，我国工业生产总值增长了10.7倍，农业生产总值增长了1.5倍，商品零售额增长了2.6倍；10年国家财政收入总数为2659亿元，支出总数2611亿元，收大于支48亿元。为了隆重庆祝新中国成立10周年，党中央和国务院决定于国庆节邀请工业、交通运输、基本建设、财贸、农业、农垦、林业、水利、气象、教育、文化、卫生、科学等方面的劳动模范和先进工作者来北京参加国庆观礼。

同年9月9日，中共中央、国务院下发了《关于选派劳动模范及先进工作者参加国庆观礼的通知》。《通知》对参加国庆观礼的劳动模范和先进工作者名额、条件和应照顾的地区、民族、性别、行业等提出了明确要求。进京参加国庆观礼的劳动模范和先进工作者的条件是，在1958年执行总路线有显著成绩的劳动模范和先进工作者而在1959年又继续跃进者；1959年在生产和各项工作中新涌现的劳动模范和先进工作者；老根据地的英雄模范人物和新中国成立前各解放区有名的老劳动模范；军烈属本人有功的及荣誉军人和复员军人在生产和工作上表现成绩突出的先进人物等。在这些进京的劳动模范及先进工作者中，有老工人、青年工人、工程技术人员、女职工以及优秀的勤杂工人；有商店、旅馆、食堂、托儿所、市政清洁工人；有手工业工人（包括著名的特种工艺品的老工人）；有上海、四川、河北三地的优秀学徒工；有垦荒中的先进青年；有大、中、小学新老教师中的先进人物，模范中小学校校长和学校科学研究工作中的发明家；有电影、戏剧、音乐、美术、文学、歌舞、杂技、新闻界中的先进人物；有中医、西医、护士、医药技术人员等。

9月27日，全国28个劳动模范和先进工作者国庆观礼团共计3150名代表全部到京。晚上，中央有关部门和各人民团体联合举行晚会，欢迎来京参加国庆观礼的全体劳动模范和先进工作者代表。政府各部门和各人民团体的负责人出席了晚会。会上，国务院副总理邓子恢致欢迎词，全国总工会主席刘宁一在讲话中号召全体劳模和先进工作者继续鼓足干劲，深入开展增产节约运动，争取提前超额完成生产计划。

9月28日至29日，为期两天的中华人民共和国成立10周年庆祝大会在人民大会堂隆重举行。28日15时40分，当毛泽东和刘少奇等党和国家领导人走上主席台时，全场起立，掌声持续长达5分钟。会上，刘少奇致开幕词。劳动模范和先进工作者与首都各界人士1万多人参加了大会。全国劳动模范和先进工作者代表孟泰、裔式娟、李凤恩、刘根怀、韩茶仙、黄荣昌、陈丙寅、张泗洲、王国藩、李顺达、庞继通、陈淑珍、崔竹松、徐建春、张学同、陈望道、董洪筹、李始美、刘徽民、申纪兰与15位战斗英雄代表和2位军烈属代表在主席台上就座。29日14时40分，召开大会闭幕式，刘少奇致闭幕词。劳模代表一同出席，孟泰等20位全国劳动模范和先进工作者代表在主席台就座。9月30日19时，毛泽东、刘少奇、宋庆龄、董必武、朱德、周恩来在人民大会堂宴会厅举行了有5000多人参加的国庆10周年盛大宴会，招待83个国家的贵宾和全国各界人士及劳模代表。

10月1日上午，3000多位全国劳动模范和先进工作者与战斗英雄代表一起，在天安门观礼台上与毛泽东等党和国家领导人一同参加了国庆观礼。1日晚上，劳模代表与首都各界群众参加了盛大的焰火晚会。2日下午，刘宁一等全国总工会领导与劳模代表见面交流。3日下午，劳模代表在北京工人体育场参加了全国第一届运动会闭幕式，党和国家领导人周恩来、宋庆龄、董必武、邓小平等出席。4日下午，劳模代表在怀仁堂参加了庆祝中苏友好协会成立10周年大会，周恩来、宋庆龄、董必武等出席。5日下午，国务院副总理李富春、薄一波，工业部副部长李立三和全国总工会、共青团中央、全国妇联的负责人接见了前来参加国庆观礼的1000多名工业系统、基本建设、交通运输、财贸系统的劳动模范并举行座谈，座谈会由刘宁一主持。李富春副总理在讲话中向全体劳模代表提出了三大任务。薄一波、全国妇联主席蔡畅、共青团中央书记处书记罗毅、李立三等在会上讲了话。孟泰、裔式娟、韩茶仙、李凤恩、黄荣昌、刘根怀等在会上先后发言。

从 10 月 5 日到 7 日，农业农村部、林业部、水利电力部、农垦部、农业机械部、水产部和中国气象局联合邀请各地来京参加国庆典礼的 1300 多名农业战线上的先进单位代表和劳模代表，开了 3 天的座谈会。国务院副总理谭震林、邓子恢出席会议并讲话。李顺达、王国藩、徐建春、郝丰堂、吴凤岐、扎喜洋季、陆渭川、李墨林等 23 位先进单位的代表和劳模代表先后发言，40 多位代表作了书面发言。

在此期间，国务院各工业部门和各产业工会全国委员会也先后联合召开了各产业劳动模范座谈会。座谈会上，代表们都一脸兴奋地畅谈了这次观礼期间的所见所闻。他们把参加这次国庆观礼当成自己继续前进的强大动力，并表示要把这次国庆观礼的所见所闻，向全体职工进行传达，带动全体职工为实现三大任务而努力。

二、劳模积极参与增产节约运动

为了提前完成第二个五年计划主要指标的任务，1959 年 4 月，第二届全国人大一次会议提出，要千方百计地进一步开展增产节约运动。同年 8 月 16 日，中共八届八中全会作出《关于开展增产节约运动的决议》。8 月 24 日，中共中央发出《关于立即在工厂、矿山、企业、公社中深入讨论提前和超额完成今年生产计划问题，开展增产节约运动的通知》，提出立即在全国掀起一个全民增产节约运动的高潮。全国总工会也在同年 7 月发出了动员全国职工掀起增产节约新高潮、完成和超额完成第二个五年计划的号召。在总结了历次增产节约运动经验的基础上，一个更大规模的增产节约运动轰轰烈烈地开展了起来。

由于受“大跃进”和急于求成的“左”的思想影响，再加上我党对经济建设缺乏经验，对经济规律缺乏认识，对社会主义建设的长期性、艰巨性思想准备不足，运动中也出现了不切实际地喊口号、追求高指标和高速度、违反经济规律的做法，其结果是事与愿违。但不可否认的是，工人阶级和先进模范人物在中国共产党的领导下，在20世纪五六十年代自力更生、艰苦奋斗，战胜了一个又一个困难，为社会主义建设和经济恢复作出了巨大贡献，取得的巨大成就是不争的事实。

（一）劳动模范积极参与多种形式的劳动竞赛

社会主义劳动竞赛是为充分发挥劳动者积极性和首创精神而开展的群众运动，是不断提高劳动生产率、保证全面完成国家计划的有效形式。党和政府发出开展增产节约运动的号召后，亿万职工群众的积极性空前高涨，掀起了社会主义劳动竞赛新高潮。与新中国成立之初劳动竞赛的初期阶段不同，这个时期开展的劳动竞赛是以增产节约为目标，以各种竞赛方式为表现形式，以技术革新和技术革命为手段，以“比、学、赶、帮”活动[1]为动力的一种新型竞赛模式，也由此标志着社会主义劳动竞赛进入蓬勃发展的新阶段。

20世纪50年代末60年代初，为了进一步调动广大职工的生产积极性，努力增产，厉行节约，各城市、各行业、各企业充分发挥先进生产者、先进班组的作用，扎扎实实地开展先进生产者、先进班组运动，掀起“比先进、学先进、赶先进、帮后进”的社会主义劳动竞赛。这一时期劳动竞赛的特点主要表现在：一是声势浩大，规模壮阔，内容丰富，形式多样，具有广泛的群众性；二是方向明确，措施有力，指标具体，组织性强，发展持久；三是突出技术革新和技术革命，注

1　编者注：从1965年开始，“比、学、赶、帮”活动发展成为“比、学、赶、帮、超”活动。

重合理化建议，大力推广先进经验，形成了“比、学、赶、帮”的新局面。在竞赛过程中，以劳动模范和先进生产者为引领的诸如“红色管家人”活动、“一厘钱精神”活动、红旗竞赛、生产运动会等生动活泼的竞赛活动不断出现，标兵赛、攻关赛、同行赛、自选赛、台阶赛、挂钩赛、连环赛、工种赛、班组赛、公约赛、技术革新表演赛等竞赛形式丰富多彩，极大地调动了职工群众的生产积极性，而劳动模范和先进生产者则为把劳动竞赛推向新高潮起到了不可或缺的重要作用。

人人争当“红色管家人”。1959年，长春客车厂（以下简称“长客”）被职工称为“心不离党，身不离厂”的全国先进生产者王忠顺成为大家学习的榜样。他经手管理的2000多种设备、工具和材料，几年来从未丢失过一件。每当夜间刮风下雨，这位50多岁的劳动模范都要迎风冒雨，从几里之外赶到车间，检查设备，关闭门窗；遇到大风大雨，就一个人蹲在巨大的厂房里通宵守护。为了广泛传播王忠顺的先进事迹，工厂党委在增产节约运动中作出开展“红色管家人”运动的决定。运动开展后，全厂通过评选涌现出400多名“红色管家人”，全厂机械加工效率比运动开展前平均增加50%，劳动生产率提高了23%，每辆客车的成本降低了14.96%。“红色管家人”运动经媒体宣传后，很快在全国得到推广。同年，青岛国棉二厂帘帆布车间积极学习长客“红色管家人”运动经验，在45个生产小组、1249人中掀起人人学习“红色管家人”、人人争做“红色管家人”运动的热潮，先后涌现出158名“红色管家人”、9个“红色管家小组”。到1959年底，吉林市在学习长客经验后，有32个企业的职工在“红色管家人”运动中组成了980多个“节约队”“回收队”“挖宝队”，当年节约和回收钢材4000多吨。全国林业先进生产者、长白山林区优秀伐木工人卞进奎在增产节约运动中，以出色的生产成绩和高尚风格，获得了“红色管家人”光荣称号。全国先进生产者、北京市运输公司马公庄汽车厂司机王树森千方百计一点一滴地节约汽油，从1956年到1969年，年年月月超额完成任务，运输效率节节上升，节约汽油近万升，成为北京运输战线既高产又节油的“红色管家人”。

“一厘钱精神”以小见大。1963年1月，北京市劳动模范、北京墨水厂厂长李健刚面对生产一瓶墨水，其包装成本是墨水成本3倍的现状，在全厂提出了一个口号：包括瓶盖在内的每件包装成本要降低一厘钱。这个口号经党支部和职代会讨论通过后，厂里把北京、天津等地的11个制造瓶盖的厂家请来。在评比会上，李健刚拿着瓶盖逐个比质量、称重量、算成本、看外观，将生产瓶盖的17项费用指标一一列出来，逐项比较，精确计算，促使这些厂家把每个瓶盖的成本降低了四厘多钱。因为一个小小的瓶盖，全厂当年就节约了10万元。北京墨水厂“一厘钱精神”经新华社和《人民日报》报道后，在全国引起极大反响。1963年4月9日，全国总工会发出《关于广泛组织职工学习“一厘钱”精神的通知》，“一厘钱”之风从此吹向大江南北，“一厘钱精神”在轰轰烈烈的增产节约运动中得到发扬光大。

在“一厘钱精神”的影响下，到1963年底，全国职工当年节约的木材达300万立方米，用这些木材做枕木，可以修1万多千米铁路；节约的电，相当于1949年全国工业消耗的总电量；节约的煤炭，可炼600多万吨生铁；工业交通企业比前一年增加的上缴利润，可建好几个年产100万吨钢的钢铁联合企业；商业部所属企业节约的商品流通费用，可购买700万吨化肥。与此同时，还涌现出以勤俭节约为标志的上海益丰搪瓷厂“一毫米精神”，北京火柴厂“一根火柴精神”，以及北京制药二厂赵玉珍小组的“一分钟精神”等。“一厘钱精神”不仅鼓励了人民在经济上节约，精打细算，“锱铢必较”，而且揭示了“伟大事业要从最小处做起”的真谛，同时反映了工人阶级和劳动模范热爱国家、热爱社会主义的高尚品德和精神风貌。

在红旗竞赛和生产运动会中起表率作用。红旗竞赛是工人阶级的优良传统，它起源于20世纪40年代初陕甘宁边区开展的以劳动模范赵占魁、甄荣典、张秋风为代表的“新劳动者运动”。新中国成立后，为全面和超额完成国家计划、提高生产率、加速实现国家社会主义工业化进程，在增产节约运动中，各行各业相继开展了各种形式的红旗竞赛，劳动模范在其中充分发挥了示范作用、引领作用、创新作用、推动作用。各条战线的红旗竞赛，成为20世纪五六十年代的一个时代现象。

全国劳动模范、重庆钢铁公司（以下简称“重钢”）木工黄荣昌因研制出新中国第一台电锯机，革新创造出72台石、木、泥等加工机械设备而闻名全国。1960年10月，重钢开展了声势浩大的“追赶15面红旗”劳动竞赛运动。这15面红旗，是从以黄荣昌、徐占荣等劳动模范为标杆的全公司400多个先进集体中评选出的。开展活动仅10天，公司平均日产量同9月比较，钢增加了24.67%，钢材增加了30.34%，铁增加了26.98%。在这10天中，全公司又涌现了2520名先进人物和437个先进集体，18个生产单位破新纪录3700多次。1959年，天津广大职工群众以被评为全国劳动模范的本市钢铁工人刘长福、纺织工人王德山、被服工人李兆珍、织布工人孙桂珍、轧钢工人单书、建筑工人卢珊等先进模范人物和相玉兰率领的市国棉四厂细纱乙班三组等先进集体为榜样，掀起了以增产节约运动为主题的红旗竞赛。竞赛中，天津拖拉机制造厂和内燃机厂职工开展了“千台时”和“千分钟”竞赛，保质保量地完成了生产计划；制造洗煤设备的天津皮带运输机厂的职工，在4月初的短短几天就实现了16件重大技术革新，使联轴节、滚筒等部件的日产量提高了1~3倍。湖北大冶钢厂以本厂全国劳动模范王全煌等先进人物为榜样，在1959年的红旗竞赛中，提前21天全面完成国家计划，增产钢3万吨、钢材2万吨。1960年1月，中共湖北省委在开展红旗竞赛活动中作出决定，号召广大职工学习全国劳动模范、武汉重型机床厂调整工马学礼“为实现共产主义的崇高理想而劳动”的劳动态度、勇于革新的首创精神和密切联系群众的优良作风，把千千万万个马学礼式的人和马学礼式的小组及时地引导到技术革新的主攻方向和主攻阵地上。武汉江岸车辆厂开展“学习马学礼”活动后，10天之内就提出革新建议2万多条，相当于上年1月至10月全部建议的38倍。全国劳动模范、上海铁路机务段常沪段车队指导司机匙学忠带领全队司机在保证安全的前提下，多拉快跑，仅1959年上半年就节煤1200吨，在竞赛中夺得“红旗列车”光荣称号。陕西在全省开展红旗竞赛后，先进单位由1957年的1170个，增加到1959年的17115个；先进生产者由同期的13597人，增加到126648人；先进生产者和先进单位人数占到全省职工总数的16%。

生产运动会最早出现在佳木斯纺织厂。1959年2月，为推动技术革新和技术革命，佳木斯纺织厂在总结与吸取以往劳动竞赛经验的基础上，在全国首创了生产运动会。这种新型劳动竞赛模式学习和模仿了体育运动会一些比赛形式，同时采取了体育运动会的竞赛方法和组织工作上的一些做法，可以说是当今职工技能大赛的雏形。同年11月，黑龙江省委在佳木斯召开现场会后，此活动在全省全面铺开，并很快在全国得到推广。

1960年1月，哈尔滨在全市12个产业系统的58万名职工中，举办了一个规模盛大的生产运动会。这个以劳动竞赛为目的的运动会是按行业、工种进行划分的。参赛者人人有竞赛对象，参赛项目各个有竞赛条件，运动会分初赛、复赛、决赛三个阶段。在最后的决赛中，80%的项目的冠、亚、季军由劳动模范和先进生产者夺得。截至1960年3月，黑龙江省通过开展生产运动会，搞出了3030条自动化生产线和联动生产线，有5950台单机实现自动化，有27819项手工操作实现机械化。同年初，京西矿务局大台煤矿运用开展掘进生产运动会的方法，大大提高了生产效率。当年 1 月到 7 月的掘进总进尺超额 33.28% 完成了国家计划，掘进工效率比上年同期提高了 23.64%。太原矿山机器厂通过生产运动会，同年 1 月的总产值比上年同期提高了 104.47%，劳动生产率提高了 104.15%，产量提高了 102.15%。在开展生产运动会过程中，全国劳动模范、上海第二纺织机械厂工人应忠发率领小组研发出大大小小的技术革新项目 139 项，其中涉及提高产品质量的有 83 项、节约原材料的有 12 项、解决技术关键的有 44 项，其小组也保持了 11 年不变的全国先进集体荣誉称号。全国劳动模范、瑞安机械厂技工余安生在生产运动会中大显身手。他的快速单刀搓螺丝、不停车打中心孔等技术在各地得到推广。全国先进生产者、重庆建设机床厂铣工廖世刚在生产运动会中创下了 1 个人管理 8 台机床的先进经验。他发明的快速换刀法，使换刀时长由 15 分钟缩短为 1 分 20 秒；他发明的将压力机代替铣床的操作方法，把 5 道工序并为 1 道，使日产量提高了 72 倍。

劳动竞赛之花结出丰硕创新之果。到 1960 年底，全国工矿企业共评出先进集体 60.2 万个，比上年增加 0.9 万个，其中先进班组 41.3 万个；评选出先进生产（工作）者 645.7 万人，比上年增加 14.5 万人；全国工矿企业职工这一年提出的合理化建议有 8211.5 万件，比上年增加 63.5 万件，其中已实施的建议有 3673 万件。[1]

（二）“比、学、赶、帮”活动助推生产水平提升

“比、学、赶、帮”活动是随着全国增产节约运动的不断开展和社会主义劳动竞赛的不断深入而兴起的一种群众性劳动竞赛形式，在深入开展社会主义教育运动的过程中发展起来，最早出现在上海。1958

1　王渔等：《当代中国工人阶级和工会运动纪事》，辽宁大学出版社，1989 年。

年1月，上海率先提出了“比先进、学先进、赶先进”的口号。1959年10月，在全国工业群英会上，全国总工会副主席李颉伯指出，现在“比先进、学先进、赶先进”的社会主义劳动竞赛，已经进一步发展为“比先进、学先进、赶先进、帮后进”的社会主义劳动竞赛，要让先进水平经过“比、学、赶、帮”的社会主义劳动竞赛，迅速变为社会生产水平。会后，出席工业群英会的全体劳动模范发出倡议书，号召全国职工“大力推广先进经验，开展‘比先进、学先进、赶先进、帮后进’的社会主义劳动竞赛”。同年11月10日，全国轻工业系统举行职工跃进广播大会。会上，全国总工会主席刘宁一号召轻工系统职工大力开展以“比、学、赶、帮”为特点的社会主义劳动竞赛。从此，“比先进、学先进、赶先进、帮后进”的活动在全国掀起高潮。1962年10月30日，全国总工会党组向中共中央报送了《关于进一步开展先进生产者、先进班组运动的报告》；1963年1月17日，报送了《关于全总八届四次执委会议的情况报告》。对两份报告中提到的在劳动竞赛中开展“比、学、赶、帮”活动，党中央给予了充分肯定。

在“比、学、赶、帮”活动中，大批劳动模范和先进工作者以饱满的政治热情、顽强的革命斗志、不计得失的高尚品格、敢于争先的模范作用和令人折服的职业技能汇聚成榜样的力量，点燃了持续燃烧的“后进赶先进、先进更先进”的时代火炬，用耀眼的光芒照亮了“比、学、赶、帮”的赛道，擎旗领跑在亿万职工方阵的最前列。

全国劳动模范、西北国棉一厂纺织女工赵梦桃在1962年前后，先后帮助了12位女工成为厂或车间的先进生产者。在“先进帮后进、后进赶先进”的劳动竞赛活动中，这12位女工又以赵梦桃为榜样，把从赵梦桃那里学到的先进思想和生产经验传授给别人，使得全厂涌现出207个先进集体和先进个人。全国先进生产者、吉安市钢铁厂炼钢工人曹德祥在“比、学、赶、帮”劳动竞赛中，不计条件，不怕困难，埋头苦干。1961 年前后，他主动要求到全厂闻名的落后炉工作。经他手，7 座低产炉变成了高产炉，其中 6 号炉最高日产量达到了 23.5 吨，成为全厂高产红旗炉。1959 年，全国劳动模范、新疆生产建设兵团玛纳斯垦区石河子总场拖拉机手侯正元驾驶“莫特兹”牌拖拉机，运行 1.3 万多小时无大修，3 年半完成 17 年工作量 13.09 万标准亩的事迹，震动了全国机耕界。消息传到制造“莫特兹”拖拉机的苏联明斯克拖拉机制造厂，苏联专家都感到震惊，特派代表到石河子总场，把一个荣誉奖状授给侯正元。在这以后的 4 年半中，他又完成了 21.8 万多个标准亩的工作量，相当于国家 1960 年个人定额 18 年的任务。全国先进生产者、内蒙古大兴安岭西尼气林业局杨振起包车组和兄弟包车组开展对手赛。在 12 小时的竞赛中，杨振起带领的包车组共运出了 330 多立方米木材，超额 32%完成了原定运材计划。两个小组的对手赛，还带动了全局职工以超额完成生产计划 30%的开门红，进入 1960 年的第一天。1960 年，全国先进生产者、三门峡工程局混凝土浇筑班班长赵福江在领导全班浇筑 4.57 万立方米混凝土的过程当中，因人制宜分配工作，发挥每个工人的特长，使劳动效率大大提高。其班组由原来每天浇筑 288 立方米提高到 587.3 立方米，连获 4 次满堂红先进班的光荣称号。内蒙古通辽市广播站职工刘树林在“比、学、赶、帮”活动中，研制成功利用电灯线送广播的新技术，减轻了线路维护人员的负担，为国家节约了大量投资。他还研发了用一部 200 瓦扩大机带 3000 只喇叭，用土办法研制出天线线圈、振荡线圈、负压整流器等，并协助照相馆试制成自动电子曝光机，协助铁路管理部门制成了无人接触答话机、电子中间控制器等。1960 年 6 月，刘树林出席了全国文教群英会，被评为全国劳动模范。

全国总工会主席刘宁一在 1960 年 3 月召开的全国总工会八届执委会第三次会议上评价说：“我国职工群众的共产主义觉悟空前高涨。在企业中，干部、工人和技术人员更是连成一片心，拧成一股劲。共产主义大协作愈来愈广泛地发展着。职工群众中的集体主义精神大高涨，共产主义风格大发扬，先进集体和先进生产者大量涌现。‘比先进、赶先进、学先进、帮后进’的社会主义竞赛比以往更是热火朝天。”

（三）以劳模名字命名的先进班组成为时代标识

在社会主义劳动竞赛中，一些先进个人不断创造出优异成绩，但要想完成国家或企业生产计划，仅凭个人努力是不行的，还需要整个集体的努力。于是，企业开始涌现出众多的先进班组。“这些先进班组的共同特点是：有坚强的骨干，他们处处带头，以身作则，成为做好班组工作的核心力量；经常深入细致地进行思想政治工作，不断提高职工的思想觉悟，使全组紧密团结，始终保持旺盛的革命干劲，千方百计地完成国家计划；具有高度的集体主义精神，人人关心集体，在生产上密切协作，生活上互相帮助；认真执行企业的规章制度，组织职工搞好班组的各项管理工作，使小组生产和工作有条有理；积极地组织职工学习技术、改进技术，使小组技术水平不断提高；尤其可贵的是，他们这些优良的工作作风和工作方法一般能够经常坚持。因此，这些先进班组是企业中坚强的、生气勃勃的战斗单位，成为完成各项任务的可靠基础。”[1]

马恒昌小组是全国第一个以工人名字命名的班组。从小组成立到1964年的15年间，“马恒昌小组”先后有过227名小组成员。其中，有39人成为车间以上的干部，174人成为技术工人，41人入了党，28人成为先进工作者，创造了18种新的刀具，创造了699项新技术，提前23个月零7天完成了五年计划的指标。马恒昌本人曾3次被评为全

1　引自1962年10月28日，全国总工会党组向中共中央报送《关于进一步开展先进生产者、先进班组运动的意见的报告》。

国劳动模范，13次受到毛泽东主席接见。

在“比、学、赶、帮”活动中，西北国棉一厂“赵梦桃小组”发扬“把方便送给别人，把困难留给自己”的共产主义风格，竭尽全力帮助别人达到先进水平。到1963年6月，经过“赵梦桃小组”帮助的小组和工人中，有3个小组和22个工人成了先进集体和先进生产者。

河北省龙烟铁公司庞家堡铁矿矿工马万水在国家百废待兴之际，以铁锤和钢杆数十次改写全国掘井挖矿的纪录，他所探索的一套冶金矿山快速掘进经验被推广至全国。1950年6月，“马万水小组”被正式命名以后，一直是全国黑色金属矿山掘进的先进小组。身为组长的马万水严于律己，以身作则，带领大家月月超额完成国家计划。马万水进京参加全国第一次劳模大会时，受到了毛泽东主席的亲切接见。朱德委员长还把他请到家里，详细询问他及其所在小组的情况。1957年，“马万水小组”连续2次创造了全国黑色金属矿山掘进新纪录，1958年先后攀登了4次全国快速掘进新高峰。为了改善工人们的劳动条件，马万水研究创新出湿式凿岩、机械通风等新方法，对巷道掘进来说，是一次大改进，也是全国矿山技术的一次大提高。“马万水小组”在1950年、1959年两次被评为全国劳动模范集体。在70多年的岁月洗礼中，“马万水小组”培育和发展了“艰苦奋斗、严细求精、拼搏奉献、勇攀高峰”的“马万水精神”。

“毛泽东号”机车包乘组是铁路运输战线上一面永不褪色的红旗。1960年，北京铁路局党委在全局一万多个生产小组中开展了学习“毛泽东号”、赶上“毛泽东号”、超过“毛泽东号”的劳动竞赛运动。从1946年“毛泽东号”机车命名到1960年的14年间，“毛泽东号”机车已经安全运行117万多千米，相当于绕地球37圈半；从第一个五年计划开始到1960年9月，按定额共为国家多拉了47万吨货物，节约煤炭2800多吨，曾连续获得“机车旗帜”、全国先进集体等光荣称号。

20世纪五六十年代，闻名全国的先进集体和以劳动模范名字命名的先进班组不胜枚举。先进集体有以大庆王进喜为代表的“生当做铁人，永铸石油魂”的1205钻井队；连续53个月超额高产的本溪阜新露天煤矿青年掘进队；全国商业战线的一面红旗——天桥百货商场；坚持不懈按月按旬和全国同行业比差距、挖潜力的东北制药总厂；“帮别人就是帮自己”的大同永定庄煤矿六一掘进队；连续创造钻井新纪录的克拉玛依油矿钢铁钻井队；仅用10个月就建起人民大会堂的北京市第一建筑公司；开创国内企业设立研发机构之先河的北京电子管厂；配合农民进行丰产试验获得成就的陕西乾县烽火公社农业气象试验点；全心全意为百姓服务的北京东四邮电局等。先进班组有“比、学、赶、帮”争上游的上海国棉一厂杨富珍小组；不让一个伙伴掉队的安徽省纺织一厂黄桂兰小组；连续77个月全面完成计划的上海国棉二厂裔式娟小组；降低工时，以共产主义精神多作贡献的黑龙江农业机械制造厂邢守元小组；积极开展合理化建议活动的旅顺船坞厂刘立富小组；12年来一直优质高产、无一废品的大连造船厂詹水晶小组；其工作法被写入全国纺织业法规的青岛国棉六厂郝建秀小组；创出“单线巡回、双面照料、不走回头路”工作法的上海国棉十七厂黄宝妹小组；不断革新钻工操作法的上海锅炉厂李福祥小组；大搞技术革新和发明创造的重庆钢铁公司黄荣昌小组；创造先进伐木法、四季锉锯法、流水作业法的黑龙江铁力林业局马永顺小组等。可以说，每个先进集体和每个先进班组的背后，都有劳动模范的身影。这些先进集体和班组用奉献书写传奇，以责任诠释担当，其先进事迹感染了广大人民群众，也为大众所熟知，成为时代的显著标识。

在新中国成立后的国民经济恢复期，以及在完成第一、第二、第三个五年计划过程中，通过开展大规模的群众性增产节约运动，极大地调动了广大职工群众的积极性和创造性。全党和全国各族人民在党中央的领导下，团结一心，克服了前进中的各种困难，推动了我国社会主义经济建设的全面发展。

三、1959 年和 1960 年，全国工业群英会与全国文教群英会分别召开

劳动模范是千千万万奋斗在各行各业劳动群众中的杰出代表。他们在平凡的岗位上创造了不平凡的业绩，在全面建设社会主义的过程中，发扬工人阶级的光荣传统和优良作风，创造出许多辉煌业绩，成为各个时期的领跑者。为了大力弘扬劳模精神，表彰为社会主义建设作出卓越贡献的劳动模范和先进集体，总结和推广他们的先进经验，中共中央、国务院决定于 1959 年 10 月在北京召开全国工业、交通运输、基本建设、财贸方面社会主义建设先进集体和先进生产者代表大会（简称“全国工业群英会”）；1960 年 6 月在北京召开全国教育和文化、卫生、体育、新闻方面社会主义建设先进单位和先进工作者代表大会（简称“全国文教群英会”）。由于这两次群英会是在“大跃进”的时代背景下召开的，受“左”倾冒险错误影响，因此带有一定的历史局限性。

（一）1959 年，全国工业、交通运输、基本建设、财贸方面社会主义建设先进集体和先进生产者代表大会召开

1959 年是新中国成立 10 周年。为了实现更大、更好、更全面的跃进，提前和超额完成国家生产建设计划，表彰在“大跃进”中工业、交通运输、基本建设和财贸战线上涌现出的先进集体和先进生产者，总结和推广他们在技术革命和技术革新上的突出成绩、在企业管理中的重大改进、在钻研先进科学技术和创造发明方面的先进经验，中共中央、国务院接受全国总工会的建议，决定在当年第四季度在北京召开全国工业、交通运输、基本建设、财贸方面社会主义建设先进集体

1959年：全国工业、交通运输、基本建设、财贸方面社会主义建设先进集体和先进生产者代表大会（简称“全国工业群英会”）

1959年10月25日至11月8日在北京举行。中共中央、国务院授予2565个单位全国先进集体称号，授予3267人全国先进生产者称号。10月25日，大会在人民大会堂开幕。刘少奇、周恩来、朱德、邓小平等党和国家领导同志出席。全国总工会主席刘宁一主持开幕式，中共中央副主席朱德致祝词，国务院副总理李富春向大会作报告。大会期间，国务院副总理薄一波、谭震林、李先念、聂荣臻、陆定一，团中央书记胡耀邦，全国妇联主席蔡畅作了专题报告；周恩来总理举行宴会招待全体代表。11月8日大会闭幕，周恩来总理向各代表团授奖旗，中共中央委员、中央交通工作部部长曾山致闭幕词。

与往届不同的是，这次表彰大会采取了大会、中会、小会相结合的开法。在大型会议上，有中央领导同志的重要报告和讲话，有典型人物的经验交流发言；在中型会议上，由各产业领导同志作报告；在小型会议上，按代表们的工种、工序划分成不同的小组，劳模们在小组会上相互献宝取经，取长补短。

和先进生产者代表会议。

1959年3月21日，中共中央、国务院下发《关于召开全国工业、交通运输、基本建设、财贸方面社会主义建设先进集体和先进生产者代表会议的通知》。23日，全国总工会发出《告全国职工书》，号召亿万职工热烈响应党和政府的号召，在社会主义劳动竞赛中，昂扬斗志，意气风发，拿出更大、更好的成绩和千千万万的先进事迹，献给全国工业群英会。与此同时，共青团中央、全国妇联、全国科协也按照党中央、国务院《通知》精神，先后在24日和25日分别发出通知，号召全国青年职工、全国女职工、全国科技工作者鼓足干劲，力争上游，学先进，赶先进，掀起一个更为巨大的生产和建设新高潮，力争在各条战线上涌现出更大量的先进集体和先进人物，用更多、更好、更卓越的成就迎接大会的召开。

为了召开好全国工业群英会，1959年3月21日，大会筹委会召开第一次会议。会上，中共中央政治局委员、国务院副总理、筹委会主任委员李富春对这次劳模大会的任务、方针作了重要指示。他在会上提出，搞先进生产者代表会议，组织者以工会为主，工、青、妇在群众中要发挥群众的组织者和教育者的作用。3月25日，全国总工会召开各省、自治区、直辖市工会负责人电话会议，全国总工会主席、筹委会副主任委员刘宁一传达了李富春在筹委会上的讲话精神，并提出在评选会议代表时要照顾地区、重点企业、少数民族，照顾到产业和工程技术人员，照顾到女职工。

在全国工业群英会正式召开的前一天，全体与会代表在刚刚落成1个月的人民大会堂举行了预备会。预备会由刘宁一主持，他称赞这次大会是一次“英雄汇北京，献宝又取经”的群英盛会，大会筹备委员会秘书长李颉伯介绍了大会筹备经过。会议一致通过了主席团名单和秘书长、副秘书长名单。为了更广泛深入地传播劳动模范的先进事迹和先进经验，会议将采取大型会、中型会、小型会相结合的方式，按产业系统分别交流经验。

1959年10月25日至11月8日，全国工业、交通运输、基本建设、财贸方面社会主义建设先进集体和先进生产者代表大会在北京召开。出席会议的有33个代表团、6576名代表，其中先进集体代表2565名、先进生产者代表3260名，还有特邀代表751名。他们代表了全国30万个先进集体和300多万名先进生产者。出席大会的代表，不仅有

1959年10月，全国工业群英会现场。

一直保持先进的全国劳模和先进集体、先进生产者，如全国著名的马恒昌小组、马万水小组、裔式娟小组，孟泰、苏广铭、赵梦桃、倪志福、王崇伦、黄荣昌等劳动模范，还有大量新的先进模范典型，如王进喜、李瑞环、张百发、罗淑珍、马学礼、吴良潮、詹水晶、王凤恩、徐呈龙、徐永基等。在这些劳模代表中，还有不顾自己生命安全奋勇与匪徒作斗争、保护国家财产的会计员徐学惠；不顾冻伤自己手脚而抢拍爬山英雄活动惊险镜头的摄影师沈杰；冒着被炮弹轰炸的危险用自己生命保护信件的邮递员郭诗杏等。

10月26日下午3时，会议在人民大会堂隆重开幕，这是新中国成立后召开的第3次全国劳模表彰大会。刘少奇、周恩来、朱德、林彪、邓小平等党和国家的领导人在全场热烈掌声中登上主席台。同他们一起登上主席台的还有，中共中央政治局委员林伯渠、彭真、罗荣桓、李富春、刘伯承、贺龙、李先念、谭震林，政治局候补委员陆定一、康生、薄一波，书记处候补书记杨尚昆，国务院副总理聂荣臻、习仲

1959年10月，周恩来总理接见全国工业群英会部分代表。接见时，周总理亲切地握着全国劳模孟泰的手，并听取了他关于鞍钢完成生产任务的汇报。

勋，全国人大常委会副委员长沈钧儒、郭沫若、黄炎培、陈叔通、程潜、林枫，国防委员会副主席叶剑英、张治中、傅作义，政协全国委员会副主席包尔汉，最高人民法院院长谢觉哉，最高人民检察院检察长张鼎丞，以及中共中央各部门、中央国家机关各部门、各人民团体的负责人和大会主席团的全体成员。

朱德代表中共中央在大会上致祝词。祝词向工人阶级和全国人民发出号召：为了实现在一个不太长的时间内把我国建设成为一个拥有现代工业、现代农业和现代科学文化的伟大社会主义国家的远大目标，我们首先要在10年左右的时间内在主要工业产品的产量方面赶上和超过英国；与此同时，我们要尽快地实现我国的农业技术改造，实现农业的机械化、水利化、化学化和电气化。李富春在报告中详细说明了当前全国经济建设战线上的大好形势和今后的任务，号召全国先进生产者和广大职工同全国人民一道，在中国共产党和毛主席的引导下，更高地举起社会主义总路线的红旗，为社会主义建设事业的继续跃进而英勇奋斗。

全国总工会主席刘宁一在开幕词中称颂出席这次大会的先进集体和先进生产者代表是伟大时代的英雄，是执行党的社会主义建设总路线的先锋，是社会主义建设的尖兵，他们集中地表现了中国工人阶级高度的共产主义觉悟和战斗意志，不愧是中华民族最优秀的儿女。有了这样一支对党、对祖国、对人民无限忠诚的英雄队伍，我们的事业就会无往而不胜。接着，中共中央政治局委员、国务院副总理李富春在会上作了题为《高举党的总路线的红旗，为社会主义建设事业的继续跃进而奋斗》的报告。

大会期间，薄一波、谭震林、李先念、聂荣臻、陆定一在会上分别作了报告。除大会交流经验外，还有 7 天时间按 34 个产业系统和部门召开了中型经验交流会，共交流各种先进经验 3492 项。11 月 5 日晚，周恩来总理在人民大会堂宴会厅举行盛大宴会，招待出席全国工业群英会的全体代表。周恩来总理在宴会上致词，他代表中共中央和国务院向在座的先进生产者和先进集体代表致以热烈的祝贺，并号召工人阶级和各路英雄为把我国建设成为一个具有现代工业、现代农业和现代科学文化的伟大社会主义国家而努力。宴会上，周恩来、彭真、李富春同劳动模范孟泰、裔式娟、袁文周、扎喜洋季、王凤恩、苏广铭、刘九学、张百发、李川江、黄昆、高凤琴、胡占芳等同坐一桌，并与他们亲切交谈。国务院副总理贺龙、李先念、聂荣臻、薄一波、陆定一，中共中央书记处候补书记杨尚昆，全国人大常委会副委员长沈钧儒、陈叔通、林枫，国防委员会副主席叶剑英、傅作义，政协全国委员会副主席包尔汉，最高人民法院院长谢觉哉，最高人民检察院检察长张鼎丞，以及中央机关各部门和各人民团体的负责人，分别同各个地区、各个战线的代表们同桌热情交谈。周恩来总理致词后，刘宁一和孟泰等 12 位著名劳动模范一起登上讲台，代表全国工业群英会全体先进生产者致词，感谢党对他们的关怀和培养。上海代表团团长钟民，辽宁代表团团长金直夫，四川代表团团长彭光伟，西藏代表团团长张英，中国人民解放军原总后勤部和铁道兵代表团团长张治安，陕西省先进纺织工人赵梦桃，湖北代表团团长陈克东，中央文教、卫生、科学技术部门代表团副团长张锡钧，分别代表28个省、市、自治区和中央各部门的全体代表，向党和国家领导人致词敬酒，表示坚决响应党的战斗号召，沿着党和毛主席指出的胜利道路，迅速掀起增产节约运动新高潮，为完成和超额完成国民经济计划而奋斗。宴会开始前，周恩来总理接见了出席全国工业群英会的部分先进生产者代表，包括魏高厚、徐学惠、孟泰、张百发、苏广铭、扎喜洋季、徐永基、李川江等29人。宴会结束后，苏联芭蕾舞团的艺术家们为全体代表演出了古典芭蕾舞《天鹅湖》。

会议期间，冶金系统的代表到石景山钢铁厂、建国轧钢厂、北京小铝厂等9个大、中、小型冶炼企业参观，并作技术操作表演；轻工系统的代表分别到北京陶瓷厂、燕京造纸厂、北京玻璃厂、北京火柴厂等40多个工厂或商店进行了参观访问和技术表演；杭州张小泉剪刀厂钳工徐祖兴在北京王麻子剪刀厂作了操作表演；刘小娥、吴起明在北京火柴厂和北京橡胶厂作了包装火柴和缝纫的技术表演；建筑工业系统的代表参观了北京钢筋工青年突击队——张百发队的工作现场；粮食系统的代表连续两天参观了北京东郊面粉厂、南苑油厂和永定门粮食仓库等单位。各系统参加表演的代表，都拿出了自己的“绝招”，给各单位献了宝。通过参观、表演，代表们都感觉学到了许多新东西。机械、铁道、石油、水运、商业、外贸、银行等系统的代表经过几天的交流经验，制定了新的目标，向全国本系统的职工提出了竞赛倡议：机械、铁道系统的代表在11月6日召开的全国机械系统跃进广播大会和全国铁道系统电话会议上提出竞赛倡议；水利电力系统的部分代表在11月6日水利电力部召开的全国电力建设电话广播会议上，向全国电力建设、设计、施工部门职工提出竞赛倡议；以小麦高产著称的青海德令哈农场代表向全国农场提出挑战；以棉花高产著称的黄泛区农场屈应理植棉小组代表向各兄弟单位棉业队提出挑战。大会期间，仅北京、黑龙江、四川等 14 个省市代表团取经就达 16937 项。在黑龙江代表团学到的 2722 项经验中，有 1374 项可以在短期内应用并生产，提高生产率从 20% 到几十倍不等。

在 7 天的大会上，有中央领导同志的重要报告和讲话，有典型人物的经验交流发言；在中型会议上，由各产业领导同志作报告，产业方向明确、专业分工清晰、今后任务具体，对保证提前超额完成当年国家计划起到指导性作用；在小型会议上，按代表的工种、工序划分成不同的小组，劳模在小组会上畅所欲言，相互献宝取经，取长补短，交流生产岗位经验。这种会议形式生动活泼，内容丰富，大会务虚、中会务实、小会灵活，最后形成了领导满意、代表团满意、劳模代表满意的圆满结果。大会期间，有 204 位代表在各种会上发言，有 6996 份劳模代表的先进事迹被分别送到不同的部、委、办和 26 个有关产业部门。

11 月 8 日晚，经历 14 天的全国工业群英会在雄壮的乐曲和热烈的掌声中胜利闭幕。全体代表一致通过《大会向党中央、毛主席的致敬电》《大会致全国职工书》《大会向全国农民兄弟姐妹致敬电》《大会向中国人民解放军致敬电》。党和国家领导人周恩来、董必武、李富春、李先念、陆定一、康生、薄一波、沈钧儒、郭沫若、陈叔通、何香凝、林枫、谢觉哉，政协全国委员会副主席包尔汉，国防委员会副主席张治中、傅作义出席了闭幕式。在全场热烈的掌声中，周恩来把绣着"为把我国建设成为一个具有现代工业、现代农业、现代科学文化的社会主义国家而奋斗"的红色丝绒金字奖旗授给各个代表团，并同接受奖旗的代表亲切握手。大会把 2000 面奖旗授给全国各地区、各产业系统的先进基层单位，并且给每位代表发了奖品。少先队员登上主席台，代表北京市 48 万少先队员宣读献词。300 多名儿童涌上主席台向英雄们献花。中共中央委员、中共中央交通工作部部长、大会执行主席曾山致大会闭幕词。

1959 年是先进集体和先进人物辈出的一年。这一年，全国工矿企业评选出的先进集体和先进生产（工作）者成倍增加。全国共评选出先进集体 51.2 万个，比上年增加 31.3 万个，增加 1.57 倍；共评选出先进生产（工作）者 630.3 万人，比上年增加 386.2 万人，增加 1.58 倍。参加这次工业群英会的许多代表都有“把困难留给自己，把方便让给别人”的先进思想和事迹，使广大职工群众受到了生动的教育。在这种先人后己、舍己为公的共产主义风格影响下，“一朵鲜花不是春，万紫千红才是春”“一人先进单枪匹马，众人先进移山倒海”成了会上最响亮的口号；为争取集体先进，人人要帮助后进，使“英雄左右皆好汉，先进周围无落后”的思想普遍深入人心。

全国工业群英会结束后，全国各地展开了广泛、深入的会议精神传达。传达的方法灵活多样，有广播大会、报告会、红旗代表团宣讲会、先进经验播种队、技术表演等。北京、上海、辽宁等 22 个省、市有 2658 万名职工群众听了会议传达，全国数千万机关干部、职工家属、学生、城市居民也听取了会议传达。通过传达，“先进帮后进、后进赶先进”的共产主义风格在祖国大地发扬起来。在全国工业群英会精神影响下，“见困难就上，见荣誉就让，见先进就学，见后进就帮”的口号叫得很响，“先进帮后进”之风遍及全国。上海市代表裔式娟、黄宝妹回厂之后，搞起“三姐妹合同”，加强了三班工人之间的互助协作。沈阳市 8800 多名先进生产者组成 740 多个生产跃进服务队，帮助了 6300 多名后进工人，并使其中 2300 人达到先进生产者的水平。刘少奇主席接见北京市淘粪工人时传祥的消息传出后，极大扭转了社会上看不起服务性行业工人的观念。同一时期，技术表演赛也迅速广泛开展起来。河北省在 1959 年 11 月有 1687 个主要厂矿开展了技术表演赛，参加人数达 142 万人次。仅在天津市的技术表演赛中，就推广了先进经验2376项。广州市1477个厂的15万人参加了技术表演。沈阳市到当年12月初，有139个大厂的职工参加了20万人次的表演，推广了7753项先进经验，革新技术53912件，突破了2380个重大技术关键。这次全国工业群英会对提前33天完成1959年全年国民经济计划起到重大作用。全国工业群英会的召开也引起了广大职工群众的特别关注。从大会召开前后的10月24日至31日，《工人日报》发行量由以往的每日29万份，上升到每日的106万份。

全国工业群英会闭幕第二天，《人民日报》发表社论《先进生产者是执行党的总路线的先锋》，对先进生产者的时代特征给予了高度概括。

> 在我们先进生产者身上，集中地表现了工人阶级的不断革命的特性。先进生产者之所以先进，就是因为他们不断革命，不断前进。他们达到了一个新的指标，就立即开始向另一个新的更高的指标进军；他们革新了一次技术，创造了一次奇迹，就立即又开始新的革新，创造新的奇迹。他们永远不满足于已有成绩，总是要百尺竿头更进一步，力求先进更先进、超额再超额、创造再创造，成为时代的闯将，永远走在时间前面。

（二）1960年，全国教育和文化、卫生、体育、新闻方面社会主义建设先进单位和先进工作者代表大会召开

党的八届八中全会以后，我国进一步掀起了经济建设、文化建设的新高潮。全国文教战线的千百万教育工作者和文化、卫生、体育等工作者，在党的领导下，开展了声势浩大的文化革命[1]和教育革命运动，全国文教事业有了进一步发展和提高。为了推动教育和文化、卫生、

1 编者注：这段时期的文化革命与后来发生的“文化大革命”是不同概念。

1960 年：全国教育和文化、卫生、体育、新闻方面社会主义建设先进单位和先进工作者代表大会（简称“全国文教群英会”）

1960 年 6 月 1 日至 11 日在北京举行。中共中央、国务院授予 3092 个集体全国先进单位称号，授予 2686 人全国先进工作者称号。6 月 1 日，大会在人民大会堂开幕。刘少奇、周恩来、朱德、宋庆龄、董必武、邓小平等党和国家领导同志出席。中共中央委员、全国人大常委会副委员长林枫作工作报告。大会期间，全国总工会主席刘宁一讲话；周恩来总理举行宴会招待全体代表。6 月 11 日大会闭幕，林枫为代表颁奖，中共中央委员、国务院文教办公室主任张际春致闭幕词。

这次大会与全国工业群英会都是在国民经济面临严重困难的时期召开的，党和国家先后高规格地招待出席工业群英会和文教群英会的全体代表，体现出党和人民对劳动模范的敬重、爱戴与关心，并对他们寄予重托与厚望。

体育等事业继续跃进，表彰在教育战线和文化、卫生、体育等战线涌现出来的先进单位和先进工作者，总结交流他们的先进经验，中共中央、国务院决定于 1960 年 6 月在北京召开全国教育和文化、卫生、体育、新闻方面社会主义建设先进单位和先进工作者代表大会。1960 年 2 月 9 日，党中央、国务院发出通知，要求全国教育、文化、卫生、体育、新闻等系统，包括厂矿企业、人民公社、街道、机关、团体、军队中的文教事业单位，选派在坚决贯彻执行党的文化教育方针、在大闹文化革命和教育革命中有突出成绩、在发挥共产主义协作精神、钻研业务和创造发明等方面作出贡献的先进集体和先进工作者代表参加。通知要求各省、市、自治区党委、政府和工会、共青团、妇联等组织，立即向文教战线上所有的干部和群众进行广泛、深入的宣传，充分发动群众，学先进、赶先进，总结和推广先进经验，努力提高工作质量，进一步开展文化革命和教育革命运动，配合和促进经济建设的继续跃进，力争在文教战线上涌现出更多的先进单位和先进人物，用更卓越的成就迎接大会的召开。

为了迎接全国文教群英会的召开，北京市统筹安排工矿企业与高等院校、中等职业学校相互协作，积极选拔优秀的教师去职工业余大学授课。在中共中央和国务院发出通知后的 1 个月里，就有 20 多个大型厂矿建立了 11 所职工业余大学和 25 所业余中等技术学校，职工业余大学学员比上年增加了 1 倍，有 13 万多人，业余中等技术学校学员增加了 3 倍。北京师范大学选派了 160 多名教师到各职工业余大学授课，全市参加各种业余学习的职工有 68 万多人。为迎接全国文教群英会，兰州市委召开了企业办学比武大会，并且在全市进行实况转播，全市职工入学人数在上一年 2.1 万人的基础上又提高了 20%。兰州化工厂在企业建立了完整教育体系后，全厂 90% 以上的职工经常参加各种学习。天津市职工业余大学从 20 所增加到 43 所，学员 1.3 万多人；业余中等技术学校从 72 所增加到 108 所，学员 1.9 万多人。长春 32 家企业合办了一所职工业余工业学院，经过学习考试，学员毕业水平达到同类全日制大学毕业生水平。全国科协系统开办各级各类业余技术学校 31 万多所，培训职工 1700 多万人。到 1959 年底，我国卫生机构达 39 万个，正规病床达 57 万张，简易病床达 76 万张，专业医务人员达 146 万人，治愈血吸虫病患者 520 万人、丝虫病患者 610 万人、钩虫病患者 9120 多万人、疟疾患者 3150 多万人。[1] 这些成绩的取得，与全国医

---

1 编者注：数据引自原卫生部部长李德全在 1960 年 4 月召开的二届全国人大二次会议上的发言。

药卫生工作者为社会主义建设共同努力、更好地保护人民健康的服务宗旨是分不开的。到1959年底，全国共有电影放映单位1.45万个，比新中国成立时的1949年增加了22倍；全国有各种剧团3500个、剧场2500家；有专区级以上的报纸456种、杂志859种，全年总印数有5亿多册；全年出版各类图书4.2万多种，总印数有20多亿本。[1]一大批诸如《红旗谱》《青春之歌》《林海雪原》《百炼成钢》《创业史》《苦菜花》《烈火金刚》等优秀文学作品，《林则徐》《青春之歌》《风暴》《万水千山》《五朵金花》等优秀电影，《洪湖赤卫队》《东进序曲》《红旗谱》《槐树庄》《枯木逢春》等优秀剧目，以及《社会主义好》歌曲、《梁山伯与祝英台》小提琴协奏曲、《嘎达梅林》交响诗、《幸福河》大合唱等优秀文艺作品纷纷亮相，在党的“百花齐放、推陈出新”文艺方针指引下，极大地促进了社会主义文化艺术事业的繁荣与发展。

1960年6月，全国文教群英会现场。

值得一提的是，20世纪50年代末到60年代中期，一批歌颂劳动模范的文艺作品也随之问世。比如，著名画家蒋兆和创作的姜茂勤、陈培跟、许洪度、倪志福等劳动模范画作，李琦创作的《同志——刘

1　编者注：数据引自原文化部部长沈雁冰在1960年4月召开的二届全国人大二次会议上的发言。

少奇和时传祥》等；工人诗人李学鳌在1958年创作的一批诸如《张百发的手》等诗歌，王术创作的赞颂劳模倪志福的诗歌《站在世界科学的讲坛上》，王恩宇创作的歌颂二七机车厂老劳模陈发事迹的《机车大夫》，何玉锁创作的歌颂轧钢工人的《李永贵的故事》，韩忆萍和陈满平分别创作的歌颂纺织劳模的《三姐妹》和《韩茶仙》等组诗、叙事诗等。1958年，由谢晋导演的电影《黄宝妹》由上海天马电影制片厂摄制完成并在全国上映。黄宝妹是上海国棉十七厂纺织女工，影片展示了她作为上海棉纺系统技术革新能手和全国劳动模范的先进事迹，而电影主角则由黄宝妹亲自出演。1958年，上海电影制片厂以全国劳动模范李瑞环为原型，拍摄出彩色故事片《青年鲁班》。1963年，陕西作家魏纲焰撰写了《党的好女儿赵梦桃》一书。1964年，中国评剧院以全国劳动模范时传祥为原型，创作出评剧《一杯茶》。1965年，北京电影制片厂以全国劳动模范、北京市房山区黄山店供销社售货员王砚香为原型，拍摄出电影《红色背篓》。1965年，中国青年出版社出版了《劳动模范家谱》等，这些文艺作品都曾在社会上引起很大反响。

1960年6月1日下午3时半，全国教育和文化、卫生、体育、新闻方面社会主义建设先进单位和先进工作者代表大会在人民大会堂隆重开幕，这是新中国成立后召开的第5次全国劳模表彰大会。党和国家领导人刘少奇、周恩来、朱德、宋庆龄、董必武、邓小平等出席大会。中共中央政治局候补委员、国务院副总理陆定一代表党中央、国务院向大会致祝词。党中央、国务院在祝词中，向出席全国文教群英会的3000多个先进单位代表、2700多名先进工作者代表、200多名特邀代表致以热烈的祝贺，向全国700多万专业的文化教育工作者和3000多万业余的文化教育工作者致以热烈的祝贺。祝词中说，文化教育战线上许多先进单位和先进工作者的出现，标志着我国的文化革命已经开始取得巨大的成绩，标志着以无产阶级知识分子为骨干的文化教育干部队伍已经开始形成。党中央、国务院认为应该召集这样一个大会，表扬先进，交流经验，加强团结，鼓足干劲，把我国的文化革命，推向一个新的高潮，来配合我国工农业生产的“大跃进”，配合乡村和城市的人民公社化运动，配合技术革新和技术革命运动，大大地促进我国的社会主义建设。

中共中央委员、国务院文教办公室主任张际春主持开幕式。中共中央委员、全国人大常委会副委员长林枫在会上作了题为《大搞文化革命，实现工农群众知识化，知识分子劳动化》的报告。他在1.6万多字的报告中提到，文化教育战线的根本任务是在党中央和毛泽东同志领导下，在社会主义建设总路线的光辉照耀下，把政治思想战线上的社会主义革命进行到底，彻底肃清资产阶级的政治影响和思想影响，极大地提高全体人民的共产主义思想觉悟和道德品质，普及和提高全民教育，为消灭工农差别、城乡差别、脑力劳动和体力劳动的差别而积极奋斗。

在大会主席台就座的还有中共中央政治局委员彭真、陈毅、李富春、刘伯承，中共中央政治局候补委员陆定一，中共中央书记处书记王稼祥，中共中央书记处候补书记刘澜涛，国务院副总理罗瑞卿、习仲勋，全国人大常委会副委员长沈钧儒、郭沫若、黄炎培、赛福鼎、何香凝、林枫，国防委员会副主席张治中、傅作义，政协全国委员会副主席李四光，最高人民法院院长谢觉哉，以及中共中央各部门、各人民团体负责人和大会主席团的全体成员。出席这次大会的有先进单位代表3092个、先进工作者代表2714人、特约代表260人。代表中有年龄80多岁的老劳模，也有十一二岁的少先队员。代表中，工人和农民的比例占绝大多数。他们当中有很多人原来文化程度不高，但后来成了优秀的作家、诗人、艺术家、教师、医生、记者等。原来是半文盲的钢铁工人胡万春几年来写出4部短篇小说集，有70多万字，成为一名优秀作家；仅上过3年半小学的矿工李连荣经过刻苦攻读，成了湖北大学政治系教师。

会议期间，国务院副总理李先念、全国总工会主席刘宁一、解放军总政治部副主任萧华、团中央书记处书记胡克实、全国妇联副主席杨之华、中央统战部副部长徐冰、中国科学院副院长张劲夫等党和国家领导人，以及各社会团体负责人、政府部门有关领导到会讲话或作报告。6月5日，国务院副总理、外交部部长陈毅向代表们作了国际形势报告。晚上7时，周恩来在人民大会堂宴会厅举行宴会，招待出席全国文教群英会的全体代表。周恩来总理在讲话中强调文化教育工作是社会主义革命和建设的一个重要方面，号召文化教育工作者要实现工农群众知识化，知识分子劳动化。朱德出席了招待宴会。大会期间，京剧艺术大师梅兰芳表演了新编历史剧《穆桂英挂帅》。

在大会举行的经验交流会上，解放军特约代表王福如、中国登山队队长史占春、山西稷山县委书记仪耀文、辽宁黑山县关北小学代表贾桂枝、新疆伊犁女子中学教师艾乃提·伊敏、北京第三建筑公司木工青年突击队队长李瑞环、吉林省和龙县德化人民公社柳洞管理区幼儿园教员申淑子、甘肃农业大学饲料生产教研组代表任继周、山西省昔阳县代表张怀英、江西省余江县代表杨龙祥、上海市中小学课程革新委员会代表刘佛年、清华大学工程化学系教授张子高、复旦大学数学系代表谷超豪等作了发言。他们的发言充满了时代激情，也显示出时代赋予先进集体和先进工作者代表的精神风貌，在全社会引起共鸣。会议期间，大会收到了来自全国各地各行各业的贺信、贺电2614件，喜报88件。向先进集体和先进工作者学习，以英雄模范为榜样，全身心地投入全面建设社会主义伟大事业中，成为广大人民群众的一种共识。

6月11日，历经11天的全国文教群英会在高昂的《社会主义好》乐曲声中和热烈掌声中结束，全体代表通过了《大会向党中央、毛主席的致敬电》，林枫代表大会向代表们颁奖，奖旗和奖状上分别印有周恩来、邓小平题写的“先进单位”4个字。大会由中宣部副部长周扬主持，张际春致闭幕词。全国人大常委会副委员长沈钧儒、郭沫若、黄炎培、陈叔通、何香凝，全国人大常委会委员徐特立，政协全国委员会副主席李四光，国防委员会副主席张治中、傅作义，中国人民解放军总政治部副主任肖华和国务院各有关部门负责人吴玉章、杨秀峰、沈雁冰、李德全、钱俊瑞等出席了闭幕式。全国文教群英会召开后，全国掀起了文化革命的高潮，对全国的文化与教育卫生事业等起到了推动、激励和引导的积极作用。

四、劳模发起群众性职工技术协作活动

职工技术协作活动（以下简称“技协活动”）是20世纪60年代初，在技术革新和技术革命运动中兴起的一个具有强大生命力的群众性生产技术协作活动，被誉为“工人阶级的伟大创举”。随着技协活动规模的不断扩大和技协队伍的不断壮大，各级职工技协组织已成为社会上有影响的科学技术团体，成为推动企业技术进步和推动社会科技进步的重要力量。

（一）职工技协活动在沈阳率先兴起

1961年6月，沈阳市劳动模范、沈阳气体压缩机厂工人工程师吴家柱，沈阳市劳动模范、革新能手、沈阳拖拉机制造厂工人技术员林海峰，沈阳市先进生产者、快速切削能手、沈阳高压开关厂工人技术员吴大有3人经过商议，决定建立互学关系，定期研究各自厂里的生产关键难题，开展技术革新、技术协作活动。沈阳市总工会及时发现和扶持了这项活动，并积极总结推广技术协作的活动经验。同年10月24日，沈阳市总工会召开劳动模范和先进生产者会议。会上，成立了由吴家柱、林海峰、吴大有等17位同志组成的“沈阳市劳动模范、先

进生产者厂际经验交流和技术协作活动委员会”，吴家柱任主任，王凤恩、尉凤英、张甲禄任副主任。这是我国第一个市级职工技协组织，这一天也被视为职工技术协作活动的纪念日。1962 年 12 月 11 日，辽宁省建立起了全国第一个以劳模为核心的省级职工技协组织。

1962 年 1 月 9 日，《工人日报》在头版头条刊登了《沈阳先进生产者主动串联传播先进经验》的消息。从此，沈阳市技协活动的先进经验开始在全国推广，并在各地蓬勃开展起来。在辽宁的旅大、鞍山、抚顺、丹东、锦州等地区和沈阳铁路局，都开展起技协活动。旅大市特等先进生产者卢盛和、王际坤等人成立了冷加工、汽车配件修理、食品、木器等技术互助组；鞍山市劳动模范王崇伦、郑代雨等开始组织技术协作攻关活动；抚顺市龙凤煤矿全国煤矿先进集体代表、掘进组组长吕振刚带领全组成员到兄弟掘进组交流先进操作经验；沈阳铁路局沈阳机务段先进生产者、技术革新能手孙玉魁和工程师郭渭贤等人组建了机务段技协 3 人小组，开展技术串联活动；丹东市劳动模范韩秀芬、姜富全，锦州市劳动模范刘政、胡秀峰等，也带头搞起了技术串联与协作，整个辽宁省的群众技术协作活动风起云涌。到了 1964 年，辽宁省已有 1678 个大中型工矿企业开展了技协活动，技协队员达 12 万人，达到了 20 世纪 60 年代技协活动的高峰。

（二）职工技协活动在社会主义建设中发挥了重要作用

职工技协以活动实践，吸引并凝聚起一支思想先进、技术精湛、团结协作、作风顽强的职工群众技术大军，在企业的生产实践中起到了骨干核心作用，发挥了组织技术革新、技术革命、合理化建议活动的带头作用。

1962 年 2 月，在吴家柱、林海峰、吴大有等劳动模范的倡议和串联下，沈阳市广泛开展起群众性职工技术协作活动。这一活动，充分发挥了劳动模范和先进生产者的首创精神，调动了各行各业的优秀技术力量，有组织、有计划、有目的地解决一个行业或一个企业力所难及的生产技术关键难题。在半年多时间内，交流了先进技术经验 170 多项，帮助 24 个企业解决了重大技术关键难题 50 多个。这对全面贯彻执行党的“调整、巩固、充实、提高”方针，实现增产节约，起到了积极的作用。同年 5 月，辽宁省委第一书记黄火青在抚顺市检查工作时说，技协积极分子“自动组织起来搞技术串联活动，不要工资，利用业余时间，进行互相帮助，很可贵，要很好地支持他们”。同年 6 月，他在沈阳、抚顺、沈铁技协骨干座谈会上指出：“搞技术协作活动，一不计较名誉，二不计较地位，三不计较报酬，要有共产主义觉悟。”

1963 年 10 月 4 日，中共中央政治局委员、书记处书记彭真听取了辽宁和沈阳的职工技协活动情况汇报后，在东北局第一书记宋任穷、辽宁省委第一书记黄火青的陪同下，接见了辽宁省和沈阳市的 23 名技协骨干。彭真说：“职工群众自觉地组织起来进行技术协作的办法，同各企业直接领导下的‘三结合’互相配合，是依靠广大职工群众，自力更生地、多快好省地提高我国技术水平的一条很好的道路。”他要求全国都来学习沈阳的经验，都搞技术大协作。从 1962 年 11 月至 1963 年底，中共辽宁省委先后 3 次批转辽宁省总工会和中共沈阳市委关于职工技协活动的报告。

1963 年至 1964 年，以倪志福、桂育鹏、李昌安、郑恩洪、常恩山等为代表的一大批劳动模范和技协积极分子帮助企业攻克技术难题 1102 项，推广新技术 35 项，推广新型刀具 107 种，举办技术培训班 21 期，培训企业技术骨干 2000 多人。1963 年，全国劳动模范、天津轧钢一厂单书和其他劳模一起，学习沈阳的经验，在天津河西区成立了技术协作委员会。他们组织各工厂企业的生产骨干、技术干部、革新能手和有专长特艺的老工人，利用星期天和节假日，协助各工厂攻克生产上的难题，普及科学技术知识，推广交流先进经验。1964 年 9

月，以全国先进生产者、革新能手梁成哲、董人铮、宿天和等劳动模范为代表的技协积极分子成立了太原市职工技协。第2年9月，太原市总工会举办了群众技术协作成果展览会，展示了1964年至1965年，全市技协攻克的各种技术生产难题1600多项，交流推广新技术、先进经验170多项。1964年2月，西安市总工会在全市印刷、塑料、印染、汽车修理、建筑材料、服装加工等行业的20多个工种中，陆续开展起技协活动。到当年10月，全市参加技协活动的工厂已有274个，按行业、按工种建立起73个队、组，有2300多人经常参加活动，涌现出技协积极分子1200多人。1964年4月，杭州市总工会在群众性技协活动的基础上，创办了职工技术"夜市"活动。每当下班后，由劳动模范、先进生产者和能工巧匠等组成的技协积极分子就聚集在一起，按照车工、刀具、铸造、焊工、电镀、电气6个专业组开展攻关、献宝、表演、讲座等。自开办"夜市"后的短短4个月，就为70多家企业解决了110多项技术难题。

这支诞生于20世纪60年代初，由劳模发起，工人、技术人员、管理干部组成的"三结合"技协队伍，在各级工会的领导下，在劳动模范的引领下，围绕社会主义建设的中心任务，广泛开展了各种形式的群众性技术协作活动，为支持国民经济渡过困难阶段和推动社会技术进步作出了重大贡献，并在国民经济建设中显示出强大生命力，也为中国工运史留下了灿烂的一章[1]。

---

1 编者注：1982年12月10日，经中共中央批准，中华全国职工技术协作委员会在北京成立。这一年，职工技协在全国已有1.8万个基层组织、40多万人的骨干队伍、620多个活动阵地，积累了20多年丰富的活动经验。在选举产生的第一届中华全国职工技术协作委员会领导班子中，绝大多数是全国劳动模范或技协积极分子。1989年4月，中国职工技协组织更名为中国职工技术协会。中国职工技术协会在全国总工会近40年的领导下，经历7次换届后，根据国家有关规定，于2021年2月3日与全国总工会脱钩，从此成为独立的社团组织。

五、开展工业学大庆、“蚂蚁啃骨头”、“五好”竞赛和向雷锋同志学习等活动

20 世纪 50 年代末 60 年代初，由于错误地连续发动“大跃进”，瞎指挥、浮夸风、“共产风”愈演愈烈，破坏了国民经济的正常秩序，加上农业生产连续 3 年遭受严重自然灾害，苏联政府又单方面撕毁援建合同，致使新中国面临成立以来最严重的困难局面。为扭转困局，党中央提出了“调整、巩固、充实、提高”八字方针。在这个时期，中国人民不畏艰辛，迎难而上，发愤图强，艰苦奋斗，在困难与挫折面前经受住了严峻考验，涌现出大批可歌可泣的英雄模范人物和感天动地的先进事迹。

（一）大庆成为中国工业战线艰苦创业的榜样

1959 年 9 月，我国首次在东北松辽地区发现了世界级的特大砂岩油田，含油面积达 2000 平方千米。此时正值新中国成立 10 周年国庆前夕，因此该油田取名为“大庆油田”。当年，中国石油工业发展远远不能满足国民经济建设需要。为了尽快拿下这个大油田，石油工业部党组 1960 年 2 月 1 日召开扩大会议，决定组织大庆石油会战。2 月 20 日，中共中央批准了大庆油田勘探开发大会战的报告，指出这次大会战“对于迅速改变我国石油工业落后状况有着重大作用”。组织大庆石油会战，是中国石油发展史上一次重要转折。

在大庆油田会战中，涌现了一大批先进模范人物。其中，最突出的代表人物是“铁人”王进喜。王进喜从 15 岁就到了玉门油矿当徒工，后来成为 1205 钻井队队长，1959 年被评为全国劳动模范。1960 年 3 月，王进喜奉命从玉门带领 1205 钻井队来到大庆参加石油会战。王进喜和广大石油工人一起，积极投身于大庆石油会战，以“宁可少活 20 年，也要拿下大油田”的英雄气概，“石油工人一声吼，地球也

要抖三抖！石油工人干劲大，天大困难也不怕”的豪言壮语，夺取了大庆石油会战的最后胜利。“铁人”王进喜带领的1205钻井队，仅在1960年就打出19口油井，完成进尺21258米，同时创造了6项历史新纪录。会战第1年，大庆油田共生产出原油97万吨。经过3年多的会战，中国原油产量大幅度增长。1963年，全国原油产量已达647.6万吨，占国内消费量的71.5%。1963年12月，周恩来在二届全国人大四次会议上宣布：“我国需要的石油，现在可以基本自给了。”

大庆油田取得的成就和经验引起了党中央和国务院的高度重视。1964年1月7日，毛泽东在听取全国工业交通情况汇报时，指示报纸要写点新鲜事物，报道学习解放军、学习石油工业部，并在会上表扬了石油工业部经验和“铁人”王进喜。1964年1月25日，《人民日报》以头版头条通栏刊出毛泽东“工业学大庆”的号召。2月5日，中共中央下发《关于传达石油工业部关于大庆石油会战情况报告的通知》。《通知》指出，大庆油田的开发，是一个多、快、好、省的典型。他们系统地学习和运用解放军政治工作经验，把政治思想、革命干劲和科学管理紧密结合起来，把工作做活了，把事情做活了。它的一些经验，不仅在工业部门中适用，在交通、财贸、文教各部门，在党政、军队、群众团体的各级机关中也都适用，或者可以作参考。因此，“中央决定在全国工交、财贸、文教系统和各机关、团体、部队中，普遍传达这个报告，一直传达到基层单位”。从这以后，中央和各地报刊、电台连续报道大庆石油会战的事迹和经验。同年4月20日，《人民日报》发表了长篇通讯《大庆精神大庆人》，同时发表短评《崇高的榜样》。通讯和短评集中宣传了大庆油田王进喜、马德仁、段兴枝、薛国邦、朱洪昌的先进事迹。这5位标兵被誉为大庆石油会战中的“五面红旗”。同年10月1日，《人民日报》再次报道了大庆油田的先进事迹。1964年12月，周恩来在三届全国人大一次会议的《政府工作报告》中高度评价大庆是学习和运用毛泽东思想的典范；是大学解放军，具体运用解放军政治工作经验的典范；大庆自始至终地坚持了集中领导同群众运动相结合的原则，坚持了高度革命精神同严格科学态度相结合的原则，坚持了技术革命和勤俭建国的原则。从此，一场轰轰烈烈的“工业学大庆”运动在全国兴起。各地先后涌现出许多学大庆先进集体和先进个人，也产生了一大批大庆式企业。

1965 年 12 月 6 日，全国总工会党组向中共中央报送了《关于宣传大庆先进人物的请示报告》。12 月中旬，全国各省、市、自治区工会和部分省辖市工会的领导干部 170 余人到大庆油田学习取经，历时 19 天。《工人日报》也先后派出 20 多名记者到大庆采访，组织系统报道。仅 1966 年 1 月到 2 月，《工人日报》就先后报道了大庆 7 个先进人物、7 个先进集体；1 月 3 日，刊登了长篇通讯《工人阶级的光辉形象——王铁人》，并连续发表了 3 篇论铁人革命精神的社论；刊登了王铁人自述 1 篇，唱铁人、谈铁人、学铁人的诗歌、谈话 26 篇，连环画 60 幅，铁人组画 1 套，铁人故事 17 篇。对其他先进人物和先进典型，如“平凡而伟大的人”张洪池、大庆职工家属革命化的火种薛桂芳、“五好”班长魏光荣、艰苦奋斗的大庆家属缝补厂、严细成风的大庆三矿四队等，也都用通讯、诗歌、言论、组画、照片等形式进行了连续报道。《工人日报》的这些报道，对全国“工业学大庆”起到了积极的促进作用。

全国掀起“工业学大庆”高潮。以王进喜为代表的大庆人，吃大苦，耐大劳，坚持“三老”“四严”“四个一样”[1]，体现了中国工人阶级

---

1 编者注：“三老”是指对待革命事业，要当老实人、说老实话、办老实事；“四严”是指对待工作，要有严格的要求、严密的组织、严肃的态度、严明的纪律；“四个一样”是指对待革命工作要做到黑天和白天一个样、坏天气和好天气一个样、领导不在场和领导在场一个样、没有人检查和有人检查一个样。

爱国、创业、求实、奉献的精神风貌，铸就了铁人精神。大庆成为我国工业战线的一面旗帜，为全国人民树立起自力更生、艰苦奋斗的榜样。在毛泽东发出“工业学大庆”号召后，全国掀起了一场轰轰烈烈的“工业学大庆”运动。1966 年 1 月 1 日，《工人日报》发表了题为《突出政治，学习大庆》的元旦社论，号召全国广大职工群众“要更广泛、更深入地开展学习大庆的活动。每个企业学办大庆式企业，每个干部和职工学做大庆式工人。人人学、厂厂学、行行学，做到各行各业都有大庆式企业，每个企业都有大庆式工人”。

1966 年 3 月 3 日至 8 日，全国工业交通工作会议和全国工业交通政治工作会议在北京召开。根据各省、市、自治区和中央工业交通各部提名，推荐出 70 个大庆式先进单位。这些单位是全国各地区、各行业先进单位的代表，是全国工业交通企业的学习榜样。在这些大庆式先进单位当中，有全国闻名的大庆油田；有 1963 年受到国家经济委员会表扬的 5 个勤俭办企业的先进单位：襄樊棉织厂、潞安矿务局石圪节煤矿、兰州炼油厂、湖南橡胶厂、上海嘉丰棉纺织厂；有中央工业交通部所属的企业；有各省、市、自治区所属的企业；有冶金、化工、煤炭、石油、电力、建筑材料、林业、机械、农业机械等部门的重工业企业；有纺织、轻工、手工业部门的企业；有铁道、交通、邮电、地质和物资部门的企业；有工业交通企业和新兴的工业地区企业。

这 70 个大庆式先进单位高举毛泽东思想伟大红旗，突出政治，坚持群众路线，不断地进行技术革新和技术革命，出色地完成了生产建设任务，培养出了一支出色的职工队伍，并且取得了办企业的成功经验。全国工业交通工作会议和全国工业交通政治工作会议认为，推广他们的先进经验，将会进一步促进工业交通战线上学大庆、创“五好”的“比、学、赶、帮、超”群众运动的继续深入发展，进一步促进企业革命化，促进工业生产新高潮。

3 月 5 日下午，周恩来总理亲切接见了应全国工业交通工作会议和全国工业交通政治工作会议邀请，前来北京作报告的先进人物代表王进喜、田风林、冯玉萍、陈鑫煜、黄荣昌、刘源富 6 位同志。接见时，周恩来勉励他们更高地举起毛泽东思想伟大红旗，更好地活学活用毛主席著作，要互相学习，互相帮助，经常交流经验，不断前进。周恩来在接见时说："只你一个单位红了还不算，而且要帮助其他单位一样红，让他们来超过你们，你们再超过他们，在'比、学、赶、帮、超'运动中，做出更大的成绩"。[1] 周恩来还表扬了全国工业交通工作会议和全国工业交通政治工作会议所推荐的 70 个大庆式先进单位，薄一波、余秋里、陶鲁笳等同志一同参加接见。在全国工业交通工作会议和全国工业交通政治工作会议上，全国著名劳动模范王进喜作了《读毛主席的书，听毛主席的话，为无产阶级革命事业奋斗一辈子》的报告。与此同时，全国总工会正在召开八届六次执委扩大会。会议期间，大庆油田工会、后勤 3517 厂工会等介绍了工会基层工作经验。

（二）开展"蚂蚁啃骨头"和"五好"竞赛活动

"蚂蚁啃骨头"显示了工人们的聪明和智慧。20 世纪 50 年代末 60 年代初，由于缺乏加工用的重型机床，许多企业在大型机械设备加工上遇到生产困难。于是，上海、重庆、太原、沈阳等地的一些机械制造企业的工人和技术人员开动脑筋，利用一台或多台小机床或专用机头对大型设备进行加工，用简易、轻便的机床组成组合机床，替代了部分复杂的重型机床，克服了重型机床缺乏的困难，用以简代繁、以轻代重的加工方法，圆满地完成了生产任务。这种在机械加工上"以小代大"的巧妙创举，显示了职工群众的聪明和智慧，被称为"蚂蚁啃骨头"。沈阳东北机器制造厂（沈阳 724 厂）的全国劳动模范尉凤英

1　新华通讯社 1966 年 3 月 5 日电。

是一名从普通女工成长起来的工人工程师。她爱岗敬业，刻苦钻研，在1953年至1959年的7年时间里，共完成技术革新107项，并用434天完成了第一个五年计划，用120天完成了第二个五年计划。1957年底，她和工人们利用“蚂蚁啃骨头”办法，对大型气体压缩机加工过程进行了详细的工艺分析，只用了7个月时间，就设计制作出一套组合机床，共7种13台。这套组合机床平均每台成本只有2万余元，但可以代替19台正规的重型机床，节约投资200万元以上，还大幅度提高了生产效率。尉凤英曾先后13次受到过毛泽东主席接见。1966年3月，中共中央国防工业政治部、全国总工会发出《关于开展学习尉凤英活动的通知》。1966年10月22日，《人民日报》发表社论《向毛主席的好工人尉凤英同志学习》。2019年9月5日，尉凤英被中宣部授予“最美奋斗者”光荣称号。

1958年8月11日，中共中央批转了第一机械工业部党组《关于推广组合机床，用“蚂蚁啃骨头”的办法制造大型设备的报告》。中央对《报告》中提到的沈阳724厂用组合机床的“蚂蚁啃骨头”办法制造大型设备情况给予肯定，并提出“注意推广这方面的经验”。[1]在“蚂蚁啃骨头”活动中，各地劳动模范和先进工作者发挥了示范引领和技术先锋作用。在上海，也传颂着劳模与“蚂蚁啃骨头”的故事。1958年12月3日，金日成首相率朝鲜政府代表团访问上海，特别提出要看“小厂办大事”的企业。次日上午，金日成一行在陈毅副总理陪同下来到上海建设机器厂。厂先进工作者张如清、郑顺富等人正在用3台小机床切削一个重8.5吨的椭圆形转炉风圈，金日成、陈毅兴致勃勃地在旁观看。金日成对陈毅赞叹道：“你们工人真有创造性，有了创造性，什

1　中央档案馆、中共中央文献研究室：《中共中央文件选集》（第28册），人民出版社，2013年。

么事情都能办到。”事后，陈毅用诗歌体写下了《参观蚂蚁啃骨头》一文，称赞工人们的干劲和创造性“与愚公移山的古老故事同样动人”。正因为工人们创造出土洋并举的“蚂蚁啃骨头”生产方式，1958 年，上海建设机器厂提前 48 天完成全年生产任务，并制造出轧钢、化肥、冶炼行业适用的多种重型机械设备。20 世纪 50 年代末 60 年代初，全国各地工矿企业利用“蚂蚁啃骨头”的办法解决生产难题的实例比比皆是。

“五好”竞赛是对社会主义劳动竞赛和先进生产者运动的进一步发展。“五好”竞赛比传统的劳动竞赛、先进生产者运动内容更为丰富、要求更加全面。随着群众性的增产节约运动不断深入，1962 年底，有 15 个省、市、自治区和 11 个中央工业交通部门提出了开展“五好”企业（政治工作好、完成计划好、企业管理好、生活管理好、干部作风好）、“五好”职工（政治思想好、完成任务好、遵守纪律好、技术学习好、团结互助好）的“比、学、赶、帮”社会主义竞赛。他们的倡议得到了各级工会的大力支持，也得到了广大职工群众的欢迎和拥护。1963 年 10 月 22 日，中共中央、国务院批转了《国家经委、全国总工会关于在工业、交通企业中开展“五好”企业和“五好”职工竞赛问题的报告》。各地将“五好”竞赛和先进生产者运动结合起来，从而把这一活动的开展推向深入，并且大力树立先进典型，宣传先进事迹，交流先进经验，从而有效地保证了国家计划的完成，推动了生产的发展，并且对不断提高企业管理水平、培养又红又专的职工队伍具有重要意义。京西木城涧煤矿开展“五好”竞赛后，参加技术革新的职工人数由 30% 提高到 97%。本溪矿务局彩屯煤矿开展竞赛后仅 1 个月，就涌现出“六好闯将”754 人，“红、勤、巧机械主人”141 人，“五好干部”151 人，“五好家园”1943 户；采煤效率提高了 20%~30%，掘进效率提高了 23.9%，机电事故比上月降低了 9.6%。

在1964年的创“五好”企业、当“五好”职工的“比、学、赶、帮”社会主义劳动竞赛中，全国共评选出先进集体单位40.4万个，其中先进班组29.1万个；共评选出先进生产（工作）者320.3万人。全国工矿企业职工提出合理化建议共计456万项，得以实施的建议300.2万项。

（三）全国开展向雷锋等英雄模范人物学习运动

20世纪60年代初，祖国大地英雄辈出。雷锋生前系中国人民解放军原工程兵某团汽车连班长。入伍前，他在鞍钢曾3次被评为先进工作者，18次被评为标兵，5次被评为红旗手。他“甘当一颗永不生锈的螺丝钉”，把自己有限的生命投入无限的为人民服务之中。1963年2月，毛泽东写下“向雷锋同志学习”的题词。毛泽东说：“学雷锋不是学他哪一两件先进事迹，也不只是学他的某一方面的优点，而是要学他的好思想、好作风、好品德；学习他长期一贯地做好事，而不做坏事；学习他一切从人民的利益出发，全心全意为人民服务的精神。”[1]

1963年3月5日，《人民日报》《工人日报》等都在头版显著位置刊登了毛泽东的题词手迹。从此，每年的3月5日成为向雷锋学习纪念日。刘少奇、周恩来、朱德、邓小平、陈云、叶剑英等党和国家领导人也先后为学习雷锋题了词。1963年3月6日，全国总工会发出《关于广泛组织全国职工向雷锋同志学习的通知》，号召全国职工以雷锋为榜样，学习他有远大理想，有崇高生活目的，不怕困难，爱憎分明，做永不生锈的螺丝钉的精神。一个向雷锋同志学习的高潮从此在全国范围内掀起。

1965年7月14日，中国人民解放军73081部队工兵营1连5班班长王杰在组织民兵进行实爆训练时，为了保护在场的12名民兵和人民

1　林克：《毛泽东同志为雷锋题词经过》，《人民日报》，1993年3月5日。

武装部干部英勇牺牲，献出年仅 23 岁的生命。毛泽东、邓小平等老一辈无产阶级革命家号召全国人民学习和发扬王杰“一不怕苦，二不怕死”的革命精神。1965 年 11 月 7 日，全国总工会发出《关于组织职工向王杰同志学习的通知》。

这段时期，全国还先后掀起向奋不顾身救列车而英勇牺牲的解放军班长欧阳海、身居闹市一尘不染而始终保持艰苦奋斗优良传统的南京路上好八连、南海舰队“海上英雄艇”轮机兵麦贤德、“县委书记的好榜样”焦裕禄、硬骨头六连等英模人物和先进集体学习的热潮。这些人们耳熟能详的英雄模范和闪光群体从 20 世纪 60 年代开始，就在人民心中深深地扎下了根，至今仍在鼓舞和激励着全国各族人民以他们为榜样，为实现中华民族伟大复兴的中国梦而不懈奋斗。

在科技战线上，钱学森、李四光、钱三强、华罗庚、邓稼先、茅以升等著名科学家和广大科技工作者刻苦钻研，不图名利，隐姓埋名，默默奉献，成为知识分子队伍中的杰出代表，为国家科技事业和经济建设作出了不可磨灭的重大贡献。那时凝成的“两弹一星”精神，至今仍是人们勇攀科学高峰的强大动力。

第二节

在艰辛与曲折中为国家建设作贡献

党的八大虽然制定了正确的路线和方针政策，却未能在之后的实践中坚持下去。党对于什么是社会主义、怎样建设社会主义这样的重大问题在思想上和理论上并没有完全搞清楚，在实践上也缺少经验，因而导致“左”的错误指导思想盛行。党中央在一定时期和在一定条件下作出过一些纠正，但并不彻底。由于党内“左”倾错误的长期积累和不断滋长，特别是毛泽东对当时我国阶级形势以及党和国家政治状况做出了完全错误的估计，导致发动和领导了“文化大革命”，被林彪、江青反革命集团所利用，酿成10年内乱，使党、国家和人民遭受了新中国成立以来最严重的挫折和损失。大批劳动模范、先进工作者在“文化大革命”中受到打击迫害，被列为“黑帮”和“假典型”，甚至被迫害致死。

一、在政治动荡中坚持生产

1966年5月至1976年10月的“文化大革命”，是一场由领导人错误发动，被反革命集团利用，给党、国家和各族人民带来严重灾难的全国范围的内乱。党的十一届六中全会通过的《关于建国以来党的若干历史问题的决议》对于“文化大革命”的性质、指导思想、概要过程和主要责任以及主要经验教训等，作了科学而明确的回答。

（一）“文化大革命”使国家和社会陷入政治动荡

1965年11月10日，姚文元执笔署名的长篇文章《评新编历史剧〈海瑞罢官〉》在上海《文汇报》发表，成为“文化大革命”发动的导火线。此后，意识形态领域的批判运动逐渐发展成为矛头指向党的领导层的政治运动。

1966年5月4日至26日，中共中央政治局召开扩大会议。在党内民主生活遭破坏的情况下，于5月16日通过了《中国共产党中央委员会通知》。该《通知》不仅对思想文化战线的形势和基本情况作出了错误的估计和判断，而且对20世纪60年代中期整个党内和国内的形势也作出了同样错误的估计和判断。1966年8月1日至12日，中共八届十一中全会在北京召开。全会于8月8日通过的《中国共产党中央委员会关于无产阶级文化大革命的决定》，对运动的对象、依靠力量、方法等根本性问题作出了有严重性错误的规定。5月的中央政治局扩大会和8月的八届十一中全会的召开，标志着无产阶级“文化大革命”的全面启动，随后内乱逐渐席卷全国。

（二）劳动模范受到打击迫害

从新中国成立到“文化大革命”开始前的17年里，全国各条战线涌现出一大批先进集体和劳动模范。从1950年的第1次全国劳模大会到1960年的第4次全国劳模大会，共评选出6492个全国先进集体、11126 名全国劳动模范，[1] 他们为社会主义建设作出了巨大贡献。这些劳动模范是先进生产力的优秀代表，是广大人民群众学习的榜样。在“文化大革命”中，林彪、“四人帮”出于篡党夺权的险恶用心，否定 17 年的伟大成就，在残酷迫害老干部的同时，对许多劳动模范也进行了打击迫害。王进喜、时传祥、孟泰、马恒昌、王崇伦、苏广铭等全国著名劳动模范都遭到不同程度的迫害。据天津市统计，“文化大革命”期间惨遭迫害的劳动模范就有 736 人，占全市 3200 多名劳动模范的 23%。据黑龙江省哈尔滨、齐齐哈尔、佳木斯、牡丹江、鸡西、双鸭山 6 个市的不完全统计，这些地方在“文化大革命”前有全国劳模 338 人，省、市劳模 2837 人，在“文化大革命”中被揪斗的就有 870 人，立案审查的有 21 人。长春市出席 1959 年全国工业群英会和 1960 年全国文教群英会的 250 名劳动模范中，有 40 人受到打击迫害。在“文化大革命”中，受“四人帮”迫害的劳动模范，在全国比比皆是，不胜枚举。

（三）在岗位上坚持生产

“文化大革命”期间，搞经济建设、搞科学研究，就会被扣上“唯生产力论”“走白专道路”的帽子，被视为要“复辟资本主义”，所以不能讲技术，不能提管理，更不能抓生产。再加上林彪、江青一伙煽动“打倒一切”“停产闹革命”，各地企业的生产秩序和规章制度几乎荡然无存。面对林彪、江青反革命集团给全国带来内乱的严重局面，千千万万职工群众用各种方式抵制“文化大革命”的错误，自觉坚守生产岗位，坚持生产，广大工人和知识分子以及他们中的劳动模范、先进生产者顶着被戴上“只促生产，不抓革命的‘封资修’异己分子”“资产阶级黑标杆”“反动学术权威”等帽子的巨大压力，在混乱

1 《中国工会年鉴 1995》，中国工人出版社，1995 年。

的政治环境和困难的经济建设、企业生产、科学研究环境中，一心为生产，专心搞科研。

“文化大革命”期间，1950 年全国劳动模范、全国第一位女拖拉机手梁军，1950 年全国劳动模范、四川空军修配厂王景文，1956 年和 1959 年全国先进生产者、哈尔滨机车车辆厂苏广铭，1956 年全国先进生产者、哈尔滨水泥厂王有道，1959 年全国先进生产者、哈尔滨锅炉厂梁彦德，沈阳市特等劳动模范、沈阳铸造厂张成哲，1956 年和 1959 年全国劳动模范、北京门头沟建新煤矿桂育鹏，1959 年全国先进生产者、武汉重型机床厂马学礼，1959 年全国先进生产者、杭州闲林埠钢铁厂葛建勋，1959 年全国劳动模范、湖南宝源煤矿胡德佑，1979 年全国劳动模范、“毛泽东号”机车组陈福汉等一大批劳动模范和先进生产者，任劳任怨地奋战在生产一线。他们坚守岗位，坚持生产，排除林彪、“四人帮”带来的政治干扰，在逆境中搞建设、搞科研、搞职工技协活动。全国劳动模范、水稻专家袁隆平在实验室稻种几次被造反派捣毁的情况下，仍然冒着危险在阴沟里秘密进行籼型水稻杂交实验；全国先进生产者、天津轧钢一厂工人单书顶着巨大政治压力，坚持带领职工技协队员开展活动；全国劳动模范孟泰带领几十位劳模守在鞍钢各厂区门口，坚决不许“红卫兵”进厂影响生产；呼拉尔基重型机器厂先进生产者陈勉面对近 2 万人的工厂因“文化大革命”而停产，正在制造的世界最大的 3.5 万吨水压机无法按时完成，心急如焚，专程到全国总工会反映情况，呼吁工人要坚守生产一线，企业不能停产；全国劳动模范、武汉市重型机械厂刘道成进京向中央建议，先把企业里的“文化大革命”运动停一停，集中精力抓好生产；江苏省劳动模范邹德勋带着 7 名省劳模、35 名“五好工人”来到全国总工会提出，“希望中央尽快扭转生产下滑的局面”；孟泰在病重期间面见周恩来总理，发出生命中的最后声音：“几十万鞍钢工人着急啊，不生产钢铁怎么能行……”

“文化大革命”10年的内乱使我国国民经济收入损失了5000亿元，相当于新中国成立后30年全部基本建设投资的80%，是全国40万个工业交通企业的全部固定资产的总和。到1978年，中国GDP占世界GDP总量的比重仅为1.8%。尽管受到“文化大革命”的严重破坏和干扰，但在工人阶级的不懈努力下，我国在工业交通、基本建设和科学技术等方面仍取得了重要成就。例如，1965年9月，我国成功制成人工合成结晶胰岛素；1966年5月，我国第一批新型“红旗”轿车问世；1966年10月，我国第一枚导弹核武器发射成功；1967年6月，我国第一颗氢弹爆炸成功；1968年10月，科技工作者圆满完成对珠穆朗玛峰的完整科学考察；1968年12月，我国第一台具有世界先进水平的深井石油钻机试钻成功；1969年1月，我国具有20世纪60年代世界先进水平的现代化大型氮肥厂——河北化肥厂正式投产；1969年4月，我国第一艘万吨级油轮“大庆27号”下水；1969年9月，我国第一台12.5万千瓦双水内冷汽轮发电机组建成发电；1970年4月，我国第一颗人造卫星“东方红一号”发射成功；1970年7月，成昆铁路正式通车；1971年6月，我国第一艘2万吨货轮“长风号”下水；1971年7月，医务工作者和科研人员成功研究出针刺麻醉；1972年6月，刘家峡水电站第一条33万伏超高压输电线建成；1972年11月，我国第一台每秒11万次的集成电路通用数字电子计算机问世；1973年9月，我国第一台光电等高仪研制成功；1974年5月，华北大港油田建成投产；1974年9月，胜利油田建成投产；1974年12月，三门峡水利枢纽改建工程获得成功；1975年2月，我国最大的刘家峡水电站建成发电；1975年7月，我国第一条电气化铁路宝成铁路通车；1976年4月，北京、上海、杭州中同轴电缆1800路载波通信干线建成，等等。

毋庸置疑，“如果没有‘文化大革命’，我们的事业会取得多得多的成就……历史再一次表明，我们的人民是伟大的人民，我们的党和社会主义制度具有伟大而顽强的生命力”。[1]

二、用劳模精神投身三线建设

始于20世纪60年代中期的三线建设，是毛泽东和党中央根据当时的国际形势和我国经济在结构、布局上存在严重缺陷，以及自然条件和地理环境而作出的重大战略决策。这场贯穿“三五”“四五”“五五”三个五年计划，先后投入2052亿元资金和400多万个人力，从1964年到1980年的三线建设，在西南、西北13个省区建立起以国防工业、基础工业为主的近2000个大、中型工厂和诸多科研院校，在广袤的三线地区建立起强大的能源、交通、钢铁、机械、电子及军工等门类齐全的工业体系。三线建设改变了中国经济建设的布局，在我国西部建起了一批新兴工业城市，有力地促进了我国国防工业的发展。三线建设是新中国成立以来经济建设战略的伟大决策和壮举，至今仍对我国西部经济的战略地位和发展起着举足轻重的作用。

（一）发扬“一不怕苦、二不怕死”的革命精神

三线建设是在国民经济比较困难、“文化大革命”严重干扰的情况下展开的，成千上万的工人、解放军、工程技术人员和干部从祖国的四面八方，汇集到内地大西北、大西南的丛山峡谷之中，苦战10余年，进行的一场鲜为人知但规模浩大的建设。在三线建设中，他们发扬了“一不怕苦、二不怕死”的大无畏革命精神，克服了难以计数的重重困难，用“献了青春献终身，献了终身献子孙”的宝贵年华，谱写了一首中国人民气壮山河的英雄史诗。

1965年3月4日，当毛泽东作出开发建设攀枝花特区指示后，来

1 《关于建国以来党的若干历史问题的决议》，1981年6月27日。

自全国各地的10万英雄儿女，跋山涉水，历经艰险地来到攀枝花这一古老小村，会聚在荒无人烟的金沙江两岸，拉开了“三块石头架口锅，帐篷搭在山窝窝”创业史的序幕，而当时这些建设者的平均年龄只有23岁。在艰苦创业中，攀枝花涌现出以“红莲花”张莲花、“知难而上的好姑娘”杨桂兰、“三过硬的红姑娘”吴德素、“红色服务员”王燕秋、“红色话务员”吴修润、“傣族铁姑娘”李祥志为代表的“六金花”，以“穿山虎”李金银、“铁牛”唐大黑、“铁人”陈治权、“红色掘进工”代士森、“运输尖兵”王树森、“炉窑铁兵”杜永义、“革新能手”吴恒泰、“设计标兵”刘善发为代表的“八闯将”，他们是这座地标性英雄城市的模范典型，是三线建设的开拓者和创业者，是先进生产力的代表者。在“六金花”“八闯将”等劳模人物的带动和精神鼓舞下，三线建设者们以顽强的斗志和奋勇争先的干劲夺取了攀枝花“勘探设计”“三通一住”“夺煤保电”“夺煤保铁”“夺煤保钢”五大会战的最后胜利。

（二）在三线建设中书写精彩篇章

1967年9月，全国先进生产者、新中国第一代汽轮机设计制造专家、四川东方汽轮机厂首任厂长丁一，怀着支援祖国三线建设的赤诚之心，从哈尔滨来到“蜀道难、难于上青天”的四川龙门山下，开始书写他事业和人生的精彩篇章。在三线建设的艰难岁月中，丁一与来自四面八方的东方汽轮机厂建设者们艰苦创业，边基建边生产，吃干粮、喝溪水、睡破庙，硬是在一片荒山河滩上迈开了三线建设的第一步。1971年9月，丁一带领东方汽轮机厂第一代技术人员和工人在基建完成61%的情况下，生产出东方汽轮机厂第一台7.5万千瓦汽轮机组。1974年东方汽轮机厂完成基建，顺利投产。1975年9月，东方汽轮机厂制造出我国首台超高压20万千瓦汽轮机组。1965年，年仅20岁的雷永怀着投身社会主义建设的澎湃激情，毅然决然地加入条件异常艰苦的三线建设大军。他被分配到攀枝花矿务局建材总厂电杆厂，当看到满眼的荒凉和简陋，雷永心里有些失落，但当他看到厂墙上“先生产、后生活”的大红标语，看到热火朝天的工作场面后，他暗下决心：一定要积极响应国家号召，建好三线，建好攀枝花。为了支援成昆铁路建设，厂里需要支援 50 名同志参加送电大会战，雷永第一个报名参加。在海拔近 3000 米的山上，雷永不分昼夜地挖塔基，挥汗如雨地抡铁锤打钢钎，头顶烈日背着 100 多斤重的铁件，走在荒山乱石、陡峭山坡的羊肠小道上。100 多斤重的铁件，身强力壮的人一天最多只能背 2 趟。雷永咬紧牙关，每天尽可能背 3 趟，被大会战指挥部评为先进生产者，1977 年被评为全国劳模。1969 年，中国工程物理研究院研发基地搬迁到三线的川北深山沟。“两弹一星功勋奖章”获得者、著名科学家王淦昌化名王京，放弃了功成名就的基本粒子研究，改攻自己不熟悉但国家迫切需要的核应用研究，从此再未公开发表过一篇论文，再未参加过一次国际学术交流，隐姓埋名 17 年，为填补我国的核武器空白默默作着奉献。“两弹元勋”、核武器研究院院长邓稼先在弥留之际，拖着重病的身体与于敏合作，向中央提交了关于加快中国核武器发展的建议书。

在 20 世纪的特殊年代，党和国家发出了“备战备荒为人民”“好人好马上三线”的号召，三线建设者们深居祖国大西南、大西北的深山峡谷和大漠荒野，支援和参与了国防、科技、工业的大规模建设，也由此形成了三线建设特有的劳模精神。这种劳模精神在三线建设中，成为激励职工群众战胜当前困难、完成繁重任务的强大精神动力。

（三）三线建设取得巨大成就

在三线建设中，我国新建、扩建了 59 个新兴工业城市，初步缩小了全国东西部经济布局不平衡的状况。成昆铁路、青藏线西宁至格尔木段、贵昆铁路、湘黔铁路、襄渝铁路等重要交通干线将广袤西部与东部紧密相连，改变了西部的交通面貌。特别是我国的国防工业，也取得了长足进步，建立了包括电子、兵器、船舶、航空、航天、核能在内的现代国防工业体系。以重庆为中心的常规兵器工业基地体系，不仅能够大批量生产轻武器，而且能够生产相当数量的先进重武器。四川、陕西等地的核战略武器科研生产基地，拥有从铀矿开采提取、元件制造到核动力、核武器研制的核工业系统。贵州、陕西、四川、湖北等地的航空工业基地建成的 125 个项目，到 1975 年占全国生产能力的 2/3。四川、陕西、贵州、湖北、湖南等地的航天工业基地建有 96 个项目，形成了比较完整的战略导弹、战术导弹、火箭动力系统研制生产基地，建起了卫星地面测控中心、西昌卫星发射中心等。船舶工业在长江中上游的川东、鄂西、广西、云南、江西等地建设了造船、船用设备、水中兵器生产基地和 10 余个科研设计机构。

三线建设体现了奋发图强的斗争精神、胸怀大局的担当精神、精诚合作的团结精神、敢为人先的创新精神，饱含着中国人民为党、为国家、为社会主义建设勇于付出乃至牺牲的家国情怀和坚定执着的理想信念，也沁入了广大劳动模范的无穷智慧和辛勤汗水。

第三节

劳模表彰及劳模工作的恢复与发展

1976年10月6日，党中央一举粉碎“四人帮”。在经历10年的磨难和挫折之后，党和人民终于结束了“文化大革命”这场灾难，使党和国家的工作得以重新走上健康发展的轨道，使广大职工群众和劳动模范得以全身心地投入各项革命和建设工作中，一个改革开放和社会主义现代化建设的新时期在神州大地开启。

一、1977年全国工业学大庆会议召开，1978年全国科学大会、全国财贸学大庆学大寨会议分别召开

粉碎“四人帮”后不久，中共中央发出关于批判“四人帮”的一系列重要指示，号召全国人民通过深揭狠批“四人帮”，掀起“工业学大庆”运动的高潮，掀起抓革命促生产的高潮，把大庆工人阶级提出的“大干社会主义有理，大干社会主义有功，大干社会主义光荣”的

口号化作实际行动。由于10年内乱带来的破坏，我国科技水平同世界科技先进水平的差距被逐渐拉大。为加快向科学技术现代化进军的步伐，党中央决定召开全国科技大会，表彰有发明创造的科技人员和工农兵群众，奖励重大科技成果。同时，中共中央决定高规格举行新中国成立后全国财贸系统规模最大的一次盛会。

（一）1977年，全国工业学大庆会议召开

为把被“四人帮”干扰和破坏造成的损失夺回来，把国民经济搞上去，1977年1月19日，中共中央发出《关于召开全国工业学大庆会议的通知》，决定在当年“五一”国际劳动节前召开全国工业学大庆会议，动员全党、全国工人阶级，把工业学大庆的革命群众运动推向一个新的阶段，为普及大庆式企业而奋斗。

《通知》发出后的2月中旬，大庆油田开展了群众性年度大总结、大评比活动，全油田共评选出先进个人6.4万多名、先进单位840多个、先进班组4700多个，从中又评选出模范标兵155人、标杆单位138个。这次的评思想、比贡献、选模范、树标兵活动声势规模之大，评选出来的先进单位、模范人物之多，超过了大庆以往的任何一次活动。3月底，大庆举行了规模空前的先进单位和模范人物代表大会，国务院副总理余秋里出席大会并讲话。在这前后，云南、陕西、湖南、广东、山东、江西、四川、青海、河北、北京、广西、甘肃、西藏、辽宁、吉林、黑龙江、福建等地区也先后召开了“工业学大庆”会议。在这些地区召开的“工业学大庆”会议上，还总结了本地区“工业学大庆”的经验，表彰了一批学大庆的先进单位和个人，命名了一批大庆式企业。

1977年4月20日，由中共中央召开的全国工业学大庆会议在大庆油田隆重开幕，这是新中国成立后召开的第5次全国劳模表彰大会。中共中央主席、国务院总理华国锋及李先念、纪登奎、汪东兴、李德

1977年：全国工业学大庆会议

1977年4月20日至5月14日先后在大庆油田和北京举行。中共中央、国务院授予2126个企业全国大庆式企业、全国先进企业称号，授予385人全国先进生产者称号。4月20日，全国工业学大庆会议在大庆油田开幕。中共中央主席、国务院总理华国锋主持开幕式，国务院副总理李先念致开幕词，大庆市委书记宋振明介绍大庆的基本经验。4月27日，大会在北京继续进行。5月4日，国务院副总理余秋里受党中央委托向大会作报告。5月14日，大会闭幕，国务院副总理纪登奎致闭幕词，副总理王震、谷牧向代表颁发《光荣册》。

这次大会是与上次表彰大会（1960年召开的全国文教群英会）间隔17年之后召开的，也是“文化大革命”结束后的第一次。受历史局限影响，会议提出要在第五个五年计划期间，按评比大庆式企业的6条标准，把全国1/3的企业建成大庆式企业的目标，并提出用23年把我国建设成为社会主义现代化强国。

生、陈永贵、吴桂贤、苏振华、王震、余秋里、谷牧出席了大会，国务院副总理李先念致开幕词。这次会议的任务是动员全党、全国工人阶级，更高地举起毛主席的伟大旗帜，进一步深入揭批“四人帮”，把“工业学大庆”的群众运动推向新的阶段，普及大庆式企业，为尽快把我国建设成为社会主义的现代化强国而奋斗。开幕式上，中共大庆委员会书记、大庆革命委员会主任宋振明介绍了大庆17年的基本经验。参加会议的7000名代表中，有大庆油田的代表，有大庆式企业、学大庆先进企业和先进集体的代表，有生产一线的先进生产者和先进工作者的代表，有关系国民经济全局的重点企业的代表，有各省、自治区、直辖市负责同志，党中央、国务院、解放军有关单位负责同志等。

1977 年 4 月，参加全国工业学大庆会议的各地代表团到达大庆油田驻地时，受到大庆职工和家属的热烈欢迎和亲切接待。图为新疆代表团到达大庆油田。

（新华社记者张映华摄）

会议提出，要加快工业的发展，就必须狠抓企业整顿，在 1977 年内首先把那些关系国民经济全局的重点企业领导班子整顿好。各个企业都应以大庆为榜样，认真学习中国人民解放军的经验，建立健全政治工作机构和政治工作制度，切实加强企业的思想政治工作，同时要像大庆那样抓好社会主义的企业管理。要广泛开展劳动竞赛，掀起增产节约的高潮，使各项技术指标在最短时间内达到本企业的历史最高水平，在两三年内达到本行业的目前国内先进水平；已达到的，要向更高的目标进军，努力赶超世界先进水平。在第五个五年计划期间，按评比大庆式企业的 6 条标准，把全国 1/3 的企业建成大庆式企业。

会议开幕前，华国锋等党和国家领导人同中央各部委，各省、自治区、直辖市的负责同志及各地先进模范人物深入大庆的标杆钻井队、采油站等地参观，住进了大庆“干打垒”的房子和帐篷。

4 月 21 日至 23 日，大庆油田 1205 钻井队副指导员殷文著、大庆油田采油二部 49 队指导员李春好、大庆革委会副主任闵豫、大庆油田建设指挥部二大队三中队队长刘长坤、大庆石油化工会战指挥部党的核心小组副组长张泗存、大庆革委会副主任张瑞清、大庆生产办公室副主任张立中、大庆油田供应指挥部革委会副主任李泽清、大庆油田建设指挥部红一站先锋五队指导员高玉英9位来自大庆的代表，在会上介绍了各自的经验。大会还提供了10份书面发言材料。

4月27日，全国工业学大庆会议转移到北京继续进行。当日，7000名代表在北京听取了黑龙江省委常委陈剑飞、湖南省委书记于明涛、常州市委书记何冰皓、遵化县委常委王云阁的交流发言。从4月27日至5月3日，全国工业学大庆会议先后举行了5次大会和数次中小型经验交流会。在大会上先后发言的有山东省委书记厉日耐、四机部副部长刘寅、上海第三十三棉纺厂党委书记梅寿棒、四川汽车制造厂党委书记王黎山、上海市委书记林乎加、郑州铁路局党委副书记李克基、杭州丝绸印染联合厂负责人沈初云、北京市委常委杨寿山、广东省委常委刘田夫、石油工业部部长康世恩、开深煤矿党委书记王永武、鞍钢弓长岭矿党委副书记王君绍、天津第二建筑工程公司第二工区党总支书记胡宪法、西藏自治区日喀则地区加加公路养护段藏族青年女工普赤、中国人民解放军原总后勤部副部长张元培、河南省辉县化肥厂党总支副书记袁志成、玉门石油管理局党委书记傅万祯、山东省昌潍地委书记魏坚毅、北京铁路局“毛泽东号”机车组司机长陈福汉、黑龙江省鸡西矿务局党委书记张秀亭、江西拖拉机厂党委副书记安金贵、四川新都机械厂党委副书记陈英、广西壮族自治区南宁市委书记郭耀卿，以及来京后第一天在大会上发言的陈剑飞、于明涛、何冰皓、王云阁，共27位代表。

5月4日，全国工业学大庆会议在经验交流环节结束后，在人民大会堂继续举行。华国锋出席并主持了大会，叶剑英、李先念、陈锡联、纪登奎、汪东兴、李德生、陈永贵、吴桂贤、苏振华、倪志福、郭沫若、徐向前、谭震林、李井泉、张鼎丞、邓颖超、周建人、许德珩、胡厥文、李素文、姚连蔚、王震、余秋里、谷牧、孙健、粟裕、沈雁冰、江华出席了会议。大会主要议程是，国务院副总理余秋里受党中央委托作题为《全党、全国工人阶级动员起来，为普及大庆式企业而奋斗》的报告。报告围绕发展大好形势，夺取新的胜利；把揭批“四人帮”的斗争进行到底；坚持走我国自己工业发展的道路；加快我国工业发展速度，努力赶超世界水平；关于整顿企业的若干问题；普及大庆式企业，关键在省委、市委6个方面进行了阐述。

5月9日，全国工业学大庆会议在人民大会堂举行。中共中央主席、国务院总理华国锋，中共中央副主席叶剑英在会上讲话。国务院副总理李先念主持了大会，陈锡联、纪登奎、汪东兴、吴德、李德生、陈永贵、吴桂贤、苏振华、倪志福、郭沫若、徐向前、谭震林、李井泉、张鼎丞、乌兰夫、阿沛·阿旺晋美、周建人、许德珩、胡厥文、李素文、姚连蔚、王震、余秋里、谷牧、孙健、江华等出席。华国锋号召全党、全军、全国工人阶级和各族人民，一定要高举毛主席的伟大旗帜，在20世纪内全面实现四个现代化，把我国建设成为社会主义强国，并要求大庆向更高的目标进军，石油部门要为创建十来个“大庆油田”而斗争。

5月13日下午，全国工业学大庆会议圆满地完成了各项任务，在北京胜利闭幕。中共中央和国务院领导人李先念、陈锡联、纪登奎、汪东兴、李德生、陈永贵、吴桂贤、王震、余秋里、谷牧、孙健出席了闭幕式。闭幕式由中共中央政治局委员汪东兴主持。中共中央政治局委员、国务院副总理纪登奎在会上致闭幕词。闭幕式上，中共中央、国务院表彰了2126个全国大庆式企业（单位）、全国先进企业（单位）和385位全国先进生产者（工作者）。国务院副总理王震、谷牧向出席全国工业学大庆会议的大庆油田，各省、自治区、直辖市和中国人民解放军的大庆式企业（单位）、先进企业（单位）、先进集体和先进生产者（工作者）颁发《光荣册》，到会的29个省、自治区、直辖市和中国人民解放军各派出一名代表，代表2511个大庆式企业（单位）、先进企业（单位）、先进集体和先进生产者（工作者），从中央领导手中领受《光荣册》。中央领导同志同他们合影留念。5月14日，华国锋、叶剑英等党和国家领导人接见了参加全国工业学大庆会议的全体代表。李先念、陈锡联、纪登奎、汪东兴、吴德、李德生、陈永贵、吴桂贤、苏振华、倪志福、徐向前、谭震林、李井泉、乌兰夫、邓颖超、阿沛·阿旺晋美、周建人、许德珩、胡厥文、李素文、姚连蔚、王震、余秋里、谷牧、孙健、粟裕、沈雁冰、江华参加了接见。

会议结束后，一个工业学大庆、普及大庆式企业，用23年时间把我国建设成为社会主义现代化强国的工业发展高潮在全国兴起。

（二）1978年，全国科学大会召开

粉碎“四人帮”之后，党中央提出在20世纪末实现四个现代化是我国人民的中心任务。在全国工业学大庆会议之后，如何把科技工作搞上去的问题摆到了议事日程上来。1977年5月12日，尚未正式复出的邓小平约见了中国科学院主要领导方毅和李昌，专门谈科技和教育的整顿问题，提出实现现代化，关键是科学技术要上去。5月24日，邓小平又向王震和邓力群两位中央领导进一步谈了“尊重知识、尊重人才”的意见。5月30日，中共中央政治局召开会议，听取方毅、李昌、武衡等同志汇报中国科学院工作。会上，华国锋代表党中央和国务院作出了召开全国科学大会的决定。在7月16日召开的党的十届三中全会上，决定恢复邓小平同志党内外一切职务，并分工主管科学和教育工作。在8月12日召开的中共十一大上，华国锋在政治报告中正式宣布：“中央决定，在适当的时候召开全国科学大会。这次大会要交流经验，制定规划，表扬先进，特别要表扬有发明创造的科技工作者

1978年：全国科学大会

1978年3月18日至31日在北京举行。中共中央、国务院授予826个单位全国先进集体称号，授予1213人全国先进科技工作者称号。3月18日，全国科学大会在人民大会堂开幕。中共中央主席、国务院总理华国锋主持开幕式，中共中央副主席、国务院副总理邓小平作了报告。3月24日，华国锋向大会作报告。3月31日大会闭幕，中国科学院院长郭沫若作书面讲话，国务院副总理纪登奎致闭幕词，国务院副总理方毅向先进集体和个人颁发了奖状。

这次大会是我国科技事业在“文化大革命”后的一次全面拨乱反正，也是我国科技工作改革和开放的一个重要契机和起点。邓小平在讲话中提出了“科学技术是生产力”的著名论断，大会向全国人民发出树雄心、立壮志向科学技术现代化进军的动员令。

和工农兵群众，把科技战线上广大干部和群众的积极性充分调动起来，向科学技术的现代化进军。”

9月18日，中共中央发出《关于召开全国科学大会的通知》。全国科学大会是我国科技界一次拨乱反正，确定新时期科技发展路线、方针和政策的重要会议。在筹备全国科学大会的过程中，全国各省市推荐和表彰了一大批科技工作者。陈景润、杨乐、张广厚等科技工作者成为全社会追捧的明星，科技工作者终于迎来了扬眉吐气的日子。

1978年3月18日下午，全国科学大会在北京人民大会堂隆重开幕，这是新中国成立后召开的第6次全国劳模表彰大会。中共中央主席、国务院总理华国锋主持大会，中共中央副主席、国务院副总理邓小平发表了重要讲话。中共中央副主席叶剑英、汪东兴出席了大会。党和国家领导人郭沫若、韦国清、乌兰夫、方毅、纪登奎、苏振华、

1978 年 3 月 18 日，中共中央在北京召开全国科学大会。图为大会现场。

（新华社记者李生南摄）

余秋里、张廷发、陈永贵、陈锡联、耿飚、聂荣臻、倪志福、徐向前、陈慕华、赛福鼎、王震、谷牧、康世恩以及中央军委负责人粟裕、罗瑞卿出席了大会。来自包括中国台湾地区在内的 30 个省、市、自治区，中央直属机关和国务院各部委，解放军和国防科工部门的 5586 名代表出席了大会，他们中有优秀科技工作者、技术革新能手、科学种田模范、从事科学事业的干部，还包括全部健在的 117 名中科院学部委员，54 名各学会理事长。代表中科技人员有 3478 人，占总数的 62.3%，年龄最大的 90 岁，最小的 22 岁。

这次大会是党中央在粉碎“四人帮”之后，国家百废待兴的形势下召开的一次重要会议，也是中国科技发展史上一次具有里程碑意义的盛会。邓小平在大会讲话中明确指出“现代化的关键是科学技术现代化”“知识分子是工人阶级的一部分”，重申了“科学技术是生产力”这一马克思主义基本观点，[1] 从而澄清了长期束缚科学技术发展的重大理论是非问题，打开了“文化大革命”以来长期禁锢知识分子的桎梏，

1　新华通讯社 1978 年 3 月 18 日电。

迎来了科学的春天。大会通过了《1978—1985年全国科学技术发展规划纲要（草案）》，这是我国的第3个科学技术发展长远规划。

中共中央政治局委员、国务院副总理、国家科委主任、中科院副院长方毅在会上作了报告，报告从社会主义科学技术事业发展的新阶段、树雄心立壮志向科学技术现代化进军、全党动员大办科学3个方面进行了阐述。

3月19日至23日，大会分组讨论邓小平的讲话和方毅的报告，讨论了《1978—1985年全国科学技术发展规划纲要（草案）》。分组座谈期间，党和国家领导人方毅、苏振华、王震等分别前往代表住地看望代表，并同代表座谈。24日下午，华国锋在全体大会上作了题为《提高整个中华民族的科学文化水平》的讲话，号召全国人民向科学技术现代化进军。大会由邓小平主持，中共中央副主席叶剑英、李先念、汪东兴等党和国家领导人出席。25日至26日，大会分组学习和讨论华国锋的讲话。27日至30日，每天上午分组交流工作经验，下午是全体大会，由会议代表作大会发言。大庆油田总地质师闵豫、中共湖南省委书记刘夫生、中国农林科学院院长金宝善、中国科学院数学研究所研究员陈景润、山西省昔阳县大寨大队党支部委员贾承让、冶金工业部副部长叶志强、冶金工业部钢铁研究院物理室主任陈篪、农林部副部长何康、航天专家孙家栋、卫生部副部长钱信忠先后在大会上发了言。3月31日下午，全国科学大会在人民大会堂举行闭幕式。邓小平、李先念等党和国家领导人出席了会议，纪登奎主持会议并致闭幕词。闭幕式上，由播音员代读了中科院院长郭沫若的书面讲话《科学的春天》。他在讲话中称，"我们民族历史上最灿烂的科学的春天到来了"。这一讲话，凸显了全国科学大会的历史性意义，为大会画上了圆满的句号。

闭幕式上，中共中央、国务院授予826个单位"全国先进集体"

称号，授予1213人“全国先进科技工作者”称号。7657项优秀科技成果的完成单位和个人受到中共中央、国务院的表彰。4月2日，中共中央副主席叶剑英、邓小平、李先念、汪东兴以及党和国家其他领导人在人民大会堂接见了出席全国科学大会的全体代表。参加接见的党和国家领导人还有乌兰夫、方毅、纪登奎、余秋里、张廷发、陈永贵、陈锡联、耿飚、聂荣臻、倪志福、徐向前、陈慕华、赛福鼎、王震、谷牧、康世恩。中央军委负责人粟裕、罗瑞卿也参加了接见。

1978年召开的全国科学大会是新中国历史上的第一次，也是粉碎“四人帮”后我国科学技术事业的一次历史性转折。大会极大地振奋了人民的精神，推动了广大科技工作者钻研科技的热潮，揭开了中国科技工作历史上新的一页。通过这次大会，科研人员的科研时间有了保证，科研项目得以确定，科技职称评定得以恢复，科研奖惩制度得以实行，学术交流活动重新开展了起来。

（三）1978年，全国财贸学大庆学大寨会议召开

为了动员广大财贸职工在建设社会主义现代化强国的新长征中作出贡献，1978年3月，中共中央决定，原计划年内由国务院召开的“全国城乡商业学大庆学大寨会议”改由中共中央主持召开“全国财贸学大庆学大寨会议”，时间定于当年五六月份。

为了迎接全国财贸学大庆学大寨会议的召开，全国各地的商业、供销、粮食、财政、金融、外贸等部门及其所属基层单位的职工纷纷行动起来，用新的成绩向大会献礼。北京、上海、天津、广东、湖北、湖南、四川、河南、山西、福建、安徽、辽宁、吉林、黑龙江14个省市的财贸系统，在饮食业、服务业等28个工种中，评选出了519名技术精湛的专门人才，恢复和授予他们专门技术职称并颁发了任命书。在这批评选出来的专门技术人才中，既有财贸战线的杰出人物，也有崭露头角的新秀。

1978年：全国财贸学大庆学大寨会议

1978年6月20日至7月9日在北京举行。中共中央、国务院授予736个企业全国财贸战线大庆式企业称号，授予381人全国劳动模范或先进生产者称号。6月20日，全国财贸学大庆学大寨会议在人民大会堂开幕。中共中央主席、国务院总理华国锋主持开幕式，中共中央副主席、国务院副总理李先念讲话。7月9日大会闭幕，国务院副总理方毅致闭幕词，副总理陈永贵、王震、康世恩向先进集体和个人颁发了《光荣册》。

这次会议是新中国成立后，党中央第一次召开的全国财贸系统表彰先进单位和劳动模范及先进工作者的大会。会议激励起全国1200万财贸职工向四个现代化进军的斗志，推动着财贸战线学大庆学大寨群众运动的开展，在我国财贸行业的历史上占有重要地位。

1978年6月20日，全国财贸学大庆学大寨会议在北京人民大会堂隆重开幕，这是新中国成立后召开的第7次全国劳模表彰大会。中共中央副主席叶剑英、邓小平、汪东兴以及党和国家其他领导人韦国清、乌兰夫、吴德、余秋里、张廷发、耿飚、倪志福、陈慕华、赛福鼎、王震、谷牧、康世恩，中央军委负责人罗瑞卿出席大会，中共中央副主席、国务院副总理李先念在会上讲话。来自全国财贸系统的各级领导干部、先进集体和先进模范人物的代表5000多人出席大会。各省、市、自治区财贸战线上的先进集体和先进个人的代表也在主席台上就座。他们当中的许多人是长年累月战斗在边疆、山区、农村、城市基层财贸单位的营业员、收购员、出纳员、理发员、修鞋工、修脚工、吆赶工人等。

会议在党的十一大路线指引下，总结了20多年来正反两个方面的经验教训，制定了一整套适合财贸工作情况的方针、政策和办法。会议指出，财贸工作，包括各项服务工作，是社会主义伟大事业的一个重要组成部分，是大有前途的光荣豪迈的事业。会议号召广大财贸职工进一步贯彻执行发展经济、保障供给的总方针，为实现新时期的总任务、把我国建设成为社会主义的现代化强国而奋斗。

6 月 21 日至 24 日，大会进行了分组讨论。6 月 25 日至 29 日，大会连续 5 天进行经验交流。北京市百货大楼特级售货员张秉贵、江苏省江都县樊川旅社服务员沈美英、河南省林县石板岩供销社主任李合堂、中国人民银行吉林省九台县支行副行长胡玉琴、河北省万全县安家堡供销服务社主任苗沛泽、上海市静安区长寿支路菜场党支部书记曾维甫、河北省玉田县粮食局直属库党支部书记周振华、四川省大竹县工商行政管理局党支部书记吴杰周、天津市红桥区丁字沽新村饮食基层店党支部书记赵巨华等劳动模范和先进集体代表在经验交流大会上先后发言。

这些劳动模范和先进集体代表的发言和先进事迹引发了强烈反响。会议期间，除了组织各种类型的交流经验会议，大会还举办了几场大型报告会，邀请党和国家领导同志讲话，并举办了现场实际操作表演等。来自全国财贸战线的 5000 多名代表在本次大会上收获巨大，进一步明确了财贸工作的方针、政策、路线和任务，鼓起了干劲，明确了方向。7 月 2 日，中共中央政治局委员、国务院副总理余秋里在大会上作了题为《为促进国民经济的高速度发展而奋斗》的报告，李先念主持了会议。7 月 4 日至 6 日，代表们按系统分组，结合本系统工作的实际深入学习讨论，安排规划本系统的工作，推动工作的落实。商业部、外贸部、财政部、全国供销合作总社、中国人民银行总行、工商行政管理总局、国家水产总局分别主持召开了这些分组会议。

7 月 9 日，全国财贸学大庆学大寨会议在人民大会堂举行了隆重的闭幕式，1700 多名财贸战线的先进集体、先进个人代表，胸前佩戴着鲜艳的大红花，坐在会场的前排。会上，中共中央、国务院授予全国财贸战线大庆式企业称号 736 个，授予全国劳动模范和全国先进生产者称号 381 人。

闭幕式上，中共中央政治局委员、国务院副总理陈永贵，国务院副总理王震、康世恩代表党中央、国务院，向受到中共中央、国务院表彰的先进集体和先进个人代表颁发了《光荣册》。中共中央政治局委员、国务院副总理方毅致闭幕词，中共中央政治局委员、国务院副总理纪登奎主持闭幕式。方毅在闭幕词中表示，大会上许多先进单位、先进人物介绍的经验和事迹，生动地表明，在新的长征中，固然需要攀登科学高峰的尖兵，需要创造生产奇迹的能手，同时也需要为生产建设和人民生活服务做出卓越成绩的后勤兵。7 月 10 日，叶剑英、邓小平、李先念等党和国家领导人接见了全国财贸学大庆学大寨会议和全国物资战线学大庆会议的全体代表。

全国财贸学大庆学大寨会议是新中国成立后中共中央第一次召开的全国财贸系统表彰先进单位和劳动模范及先进工作者的大会。会议激起了 1200 万名财贸职工向四个现代化进军的斗志，推动着财贸战线学大庆学大寨群众运动的开展，在我国财贸工作的历史上占有重要的地位，写下了光辉的一页。

二、3 次大会鼓舞了全国人民向四化进军的斗志

20 世纪 70 年代后期连续召开的全国工业学大庆会议、全国科学大会、全国财贸学大庆学大寨会议，是粉碎“四人帮”不久后召开的 3 次重要会议。全国工业学大庆会议是毛泽东发出“工业学大庆”号召以来，第一次召开的推广大庆经验的全国性大会。会议提出把“工业学大庆”的群众运动推向新的阶段，普及大庆式企业，为尽快地把

我国建设成为社会主义的现代化强国而奋斗的目标。全国科学大会是我国科学史上一次空前的盛会，它的召开标志着“四人帮”肆意摧残科技事业、迫害知识分子的情景一去不复返，科学技术工作受到了全党和全国人民前所未有的重视和关怀，我国科技事业发展迎来了春天。全国财贸学大庆学大寨会议是新中国成立以来，财贸战线规模空前的一次盛会。大会讨论和决定了在新的发展时期，财贸工作如何促进国民经济高速度发展，如何促进四个现代化的加快实现。

3 次会议的代表身份不同、行业不同、会议主题不同、会期时长不同、经验交流内容不同，但相同的是，都大张旗鼓地表彰了来自各条战线的全国先进集体和先进个人；都极大地激发了全国人民向四个现代化进军的斗志；都在全社会产生了积极而深远的影响。当然，受“文化大革命”极“左”思潮的影响和“两个凡是”错误方针的束缚，3 次会议都提出了不切实际的口号、任务、目标等，急于求成的冒进倾向进一步显现。受历史局限，也未能对“文化大革命”中在工业战线、科技战线和财贸战线形成的一些错误观点进行纠正。

（一）全国工业学大庆会议的影响

全国工业学大庆会议召开以后，全国工业交通战线的各级领导干部和职工群众广泛开展起“比、学、赶、帮、超”的社会主义革命竞赛。到 1977 年底，全国已经有 26 个省、市、自治区开展了省际竞赛。国务院工业交通各部开展了部际竞赛。城市与城市之间，地区与地区之间，企业与企业之间，企业内部车间与车间、班组与班组、科室与科室、个人与个人之间，都根据自己的特点和生产、技术发展需要，广泛开展起流动红旗赛、一条龙赛、小指标赛、技术攻关赛、技术表演赛、对手赛等，全国各地到处呈现出开足马力学大庆、你追我赶创先进的生动局面。

全国工业学大庆会议召开后不到 1 年，全国建筑材料系统就涌现出诸如哈尔滨水泥厂、陕西红旗水泥制品厂、山东新汶水泥厂等 33 个大庆式企业、453 个学大庆先进企业、132 个学大庆先进集体和 101 名学大庆先进个人。全国煤炭战线的社会主义劳动竞赛进入了一个新阶段。江苏与湖南、山东与四川、广东与广西壮族自治区煤炭局开展了劳动竞赛，东北三省 13 个局（矿）、全国 22 个煤田地质公司和 120 个勘探队也开展起劳动竞赛，广大职工在劳动竞赛中虚心地学、拼命地干，呈现一派你追我赶、大干社会主义的新景象。到 1978 年初，全国煤炭战线有 36 人被煤炭工业部授予劳动英雄称号，320 人被授予劳动模范称号，63 个单位被命名为大庆式企业，236 个队组被命名为特别能战斗队组。在鞍钢，全国著名的鞍钢弓长岭铁矿王君绍一条龙小分队开展了“红旗拿到手，今后怎么走”的讨论。他们瞄准一个世界先进水平的矿山，决心在 6 项可比指标中，有 5 项要赶上或超过它。他们用半年时间就完成了当年全年的生产任务，在电铲工作效率、潜孔钻进尺、全员劳动生产率等方面，都赶上和超过了世界先进水平，汽车单机效率也刷新了全国纪录。鞍钢的全国著名劳动模范王崇伦和工人们一起战斗在重建七号高炉的会战工地上。全国著名炼钢能手、劳动模范王凌好担任了第一炼钢厂平炉车间的总支书，他走到哪里干到哪里，哪里艰苦，哪里就有他的身影。鞍钢炼铁厂配管工段的团员和青年恢复了著名的“孟泰仓库”，“孟泰仓库”里的工具和设备对维护高炉的正常生产起到了很大作用。1978 年 3 月底到 4 月初，北京、上海等 8 个省、市、自治区的 41 名全国工业战线劳动模范、刀具革新能手在南昌举办了群钻、喷吸钻等 6 个技术讲座，并在江西拖拉机厂和南昌柴油机厂进行了 47 个项目的新型刀具切削技术表演，还开办了技术专题学习班。先后有 2000 多人次参加了技术讲座，6000 多人次观看了现场技术表演，60 多人参加了技术专题学习班。

（二）全国科学大会的影响

在全国科学大会上被授予先进集体的四川省自贡市东新电碳厂，坚持工厂办科研，不断发展新产品、新工艺、新技术。1977 年，该厂新生产的机械用碳制品，有 27 个新品种广泛地被应用于机械、化工、化纤、化肥、石油、仪表、国防等工业部门，并销售至全国 28 个省、市、自治区的 200 多家用户，厂研究所由最初的 6 人发展到当年的 134 人。全国劳模、大连造船厂工艺科爆炸加工实验室工程师陈火金研制的“爆炸焊接”和“无模爆炸成形”两项科研成果，在全国科学大会上获奖。会后，陈火金被中国力学学会聘请为爆炸力学专业委员会委员。1978 年，陈火金和实验室的科研人员一起突破了爆炸加工方面的 3 个攻关项目；1979 年上半年，又解决了大板面爆炸焊接的质量问题。全国劳模、中国科学院数学研究所研究员陈景润曾在全国科学大会上发言，回顾了自己研究工作的历程和研究哥德巴赫猜想的感受。1983 年，陈景润当选为中国科学院学部委员（院士）；1988 年被定为一级研究员；1992 年，任《数学学报》主编，荣获首届华罗庚数学奖。他研究哥德巴赫猜想和其他数论问题的成就，至今仍然在世界上遥遥领先，被誉为“哥德巴赫猜想第一人”。全国劳模、中国科学院数理化学部委员、中国科学院福建物质结构研究所所长卢嘉锡曾任厦门大学化学系教授、厦门大学理学院院长等职。他主持工作的福建物质结构研究所十几年来在结构化学、原子能和平利用、激光材料与技术研究等方面都作出了贡献，有 13 项科研项目在全国科学大会上获奖。

全国科学大会的召开是我国科技事业一次全面的拨乱反正，也是我国科技工作开放和改革的一个重要契机和起点。大会结束不久，经党中央批准，杨乐、张广厚于 1978 年 4 月赴瑞士参加国际学术会议并顺访英国，成为“文化大革命”后我国科学家首次以个人身份赴西方参加学术会议的一次活动。从此，我国向西方科技先进国家派遣留学生的规模迅速加大。与此同时，科技系统和教育系统还选派了大批中青年科技骨干赴欧美留学，开启了20世纪末的中国留学大潮，使中国科技发展水平逐步跟上了世界科技发展的步伐。

（三）全国财贸学大庆学大寨会议的影响

自召开全国财贸学大庆学大寨会议以后，全国1700万名财贸战线职工在大会精神的鼓舞下，开展了当好“新长征的后勤兵”活动，表示一定要为实现四个现代化作出新贡献。粮食系统有的提前完成了全年的收购、销售、调拨、财政收入等计划；商业系统有的改进了服务工作，解决了长期没有解决的问题。吃早点排长队是天津市饮食业长期没有解决的问题。全国财贸学大庆学大寨会议后，天津市饮食业职工表示，“新长征的后勤兵”责任重大。他们采取措施增设网点，增加流动售货车，增加早点品种和供应数量，使早点供应状况有了改善。沈阳市牛奶公司的职工决心克服困难，改善牛奶的供应方法，做到送奶到大院，重点户送奶到家。西安市新城区十九粮店的职工找差距、定措施，在原有服务项目基础上，又增加了电话预约售粮、流动售粮等新的服务项目。上海市海燕食品厂在大会精神的鼓舞下，做出156种面包和42种蛋糕、糖果供应市场。有些财贸职工结合自己的实践经验，写出了介绍专业知识的书籍。全国劳模、西安大众浴池青年女工于素梅将大会精神带回单位，更加刻苦学习修脚知识和技能，和老师傅共同研制出揉搓散、脚气粉、瘊子二号等5种治疗脚病药物，并在全国同行业中推广。福州市先锋粮店的职工在全国劳模、店主任马春英的带领下，开展了多项便利群众的服务业务，顾客可以在上班前交好钱和粮票，下班后再来取货，也可以用电话预约购粮；对于五保户以及老工程师、老劳模、老教师、老医生和老艺人，他们还每月固定两次送粮上门。全国劳模、模范山村银行朝鲜族会计员幺姬淑从1955年到1978年参加全国财贸学大庆学大寨会议时，23年间共办理了52

万笔业务，没发生一笔差错，并走遍了全公社 7 个大队的 30 个生产队，帮助生产队查核账目、传授业务知识、健全财务制度。全国劳模、北京市广渠门外修鞋门市部女青年修鞋工杜宝荣参加完大会后，担任了党支部副书记，但她仍然坚持每年劳动 250 天以上，修鞋 4500 多双，月月超额完成任务。

全国财贸学大庆学大寨会议后，各地财贸部门先后开展了改善服务态度、提高服务质量的群众运动，开始扭转在林彪、“四人帮”极“左”路线的干扰破坏下，人们思想被搞乱、社会风气被败坏、是非标准被歪曲的局面。一个主动、热情、耐心、周到地服务人民大众的良好风尚开始恢复和形成。

三、劳模工作在拨乱反正后得到恢复和发展

粉碎“四人帮”以后，全党和全国人民广泛深入地开展了揭、批、查“四人帮”反革命集团的运动。工会界是受“四人帮”干扰破坏十分严重的领域，“揭批查运动”开展后，全国总工会九大筹备组的一些负责人仍然压制揭、批、查的开展，致使全国总工会机关的“揭批查运动”落后于形势和基层。1977 年 8 月 3 日，党中央决定，全国总工会副主席、书记处书记马纯古负责领导全国总工会机关揭、批、查“四人帮”运动，并成立了以马纯古为首的全国总工会机关领导小组，由此全国总工会机关“揭批查运动”才得以开展。在“揭批查运动”中，全国各级工会在党委领导下，结合本地工运实际情况，组织职工和工会干部揭发批判“四人帮”分裂工人阶级队伍，砸烂工会组织，迫害工会干部、劳动模范、技术人员，煽动无政府主义，鼓动停工停产，败坏工人阶级优良传统和作风的罪行，清查了工会系统内与“四人帮”篡党夺权阴谋活动有牵连的人和事，打掉了“四人帮”安插在工会系统的帮派体系，厘清并统一了对许多重大问题的思想认识，工

会组织和劳模管理工作也逐步恢复正常。

（一）各地为劳动模范平反昭雪

10年“文化大革命”内乱使劳模工作陷于停顿，绝大多数劳模受到错误批判和迫害。粉碎“四人帮”以后，各地工会在党组织的领导和有关部门配合下，开始为受林彪、“四人帮”迫害的老劳模平反昭雪，落实政策，恢复名誉。

1977年9月30日，鞍钢党委举行全国劳模孟泰逝世10周年纪念会。会上，鞍钢党委推翻强加在孟泰身上的所有莫须有罪名，作出《关于向孟泰同志学习的决定》。1978年6月30日，北京市总工会、市环卫局和中共北京市崇文区委联合举行大会，为著名全国劳动模范时传祥平反昭雪。到1979年3月底，中共天津市委基本完成为全市劳模平反工作，恢复了全市2700多名老劳模的名誉，61名受到所谓“重点审查”的老劳模全部得到平反。与此同时，辽宁、吉林、黑龙江、北京、天津、河北、山西、内蒙古、陕西、江苏、山东、安徽、福建、湖北、湖南、广西、云南等省、市、自治区对劳模现状做了普查，有些省市为老劳模颁发了荣誉纪念状或证书。此外，各级工会组织逐步建立起劳模管理机构。全国总工会出台的《劳动模范工作暂行条例》下发后，劳模管理工作初步走上轨道。各地建立起劳模档案、劳模联系制度，并在组织劳模疗休养、开展劳模对口技术交流、为劳模进行健康体检、解决劳模生活困难等方面做了大量工作。

（二）粉碎“四人帮”后首次召开全国劳模座谈会

为了深入揭批“四人帮”篡党夺权反革命罪行，揭批窃据工会九大筹备组领导权的“四人帮”黑干将公然反对把劳动模范选为工会九大代表，“四人帮”及其党羽污蔑劳动模范是“假劳模”“黑典型”，污蔑先进集体是“黑样板”的罪行，在粉碎“四人帮”后的新长征路上继续发扬和继承老英雄、老劳模“特别能战斗”的光荣传统，总结和传播他们的先进思想和先进经验，经党中央批准，1978 年 4 月 27 日至 5 月 2 日，全国总工会在北京召开“文化大革命”结束后的第一次全国劳动模范座谈会。来自全国各条战线的 115 名劳动模范代表、36 名社会主义精神文明建设的先进人物代表、50 名优秀工会工作者代表，共计 201 人出席了会议。会议期间，代表们汇报了成就，交流了经验，制定了《全国职工守则》，并向全国职工发出了积极参加制定和遵守《全国职工守则》，深入持久地开展学赶先进、为四化立功的竞赛活动的倡议。

这次座谈会规模不大，但是代表的组成反映了我国历史发展新时期的鲜明特点。一是与会代表绝大部分是党的十一届三中全会以来涌现的先进模范人物，而且有相当数量的 30 岁以下的青年人，这表明在党的正确路线指引下，我国工人阶级英雄辈出、后继有人。二是参加座谈会的知识分子占代表总数的近 1/3。这既说明落实党的知识分子政策极大地调动了广大知识分子建设社会主义的积极性，也反映出发挥知识分子在社会主义现代化建设中的积极作用是时代的要求。三是建设社会主义精神文明的先进人物代表与劳动模范代表一起出席会议，这是一个新的发展，反映了“两个文明”一起抓所取得的可喜成绩。四是女代表占代表总数的近 1/3，反映出女职工在四化建设中正在起着越来越重要的作用。

出席会议的代表不仅有工业、交通、基建、农林、财贸等战线的先进模范人物，还有在科技、文教、卫生等各条战线顶着“四人帮”压力作出了卓越贡献的科学家、艺术家、教授、医生等。这些先进模范代表在平凡的工作岗位作出了不平凡的贡献。例如，18 年如一日忘我劳动、不计报酬的煤矿工人傅昌旺；不怕打击报复，与滥用职权、违法乱纪、走私贩私的上级领导作坚决斗争的广东潮阳县邮电局职员庄惜英；为维护社会治安，在腹部被刺、肠子外露的重伤情况下，仍然坚持与3名歹徒顽强搏斗的哈尔滨粮油加工厂工人郭志坚；立志要用自己的劳动去创造真正的幸福，主动捐献10万元遗产支援国家建设的苏州丝绸厂青年女工杜芸芸等。代表中的知识分子把个人前途和祖国命运紧紧连在一起，以超人的毅力勇攀现代科学技术高峰。例如，上海纺织局女工程师谭一芸，南京工学院无线电电子研究所女讲师、荣获德国博士学位的韦钰，大连造船厂工程师陈火金，福建顺昌光学仪器厂工程师赖爱光等，都为国家作出了杰出贡献。天津第四半导体器件厂工程师叶迪生曾被错划为右派，在10年动乱中横遭摧残。抱着对党和社会主义的坚定信念，他忍辱负重地在逆境中坚持不懈搞科研。落实政策后，叶迪生以主人翁姿态更加忘我地工作，并且拒绝了亲人动员他出国定居的请求，表现了他对祖国和对党的无限忠贞。

4月29日下午，中共中央政治局委员、国务院副总理余秋里到会并讲话。他说："这样的会议前几年是开不起来的。'四人帮'横行的时候，全国总工会长期不能恢复工作，劳动模范和先进工作者遭到疯狂迫害和摧残。党中央一举粉碎了'四人帮'，我们各条战线的劳动模范和先进工作者才能像今天这样扬眉吐气，欢聚在首都北京，座谈我们党制定的路线、方针、政策如何来贯彻执行。"全国总工会副主席、书记处书记马纯古在会上说："要建立一支高度革命化的、精通技术业务的产业大军，劳动模范肩负着'传、帮、带'的光荣而艰巨的重担。工会组织要把建设一支高度革命化的、精通技术业务的产业大军作为最迫切、最重要、最根本的任务。"

全国劳动模范薛国邦、陈福汉、王君绍、张秉贵、马恒昌、郝建秀、王崇伦、苏广铭、李国才、李凤恩、包喜、黄荣昌、唐应斌、叶慧英、林德时、李长荣、薛聚高、林树平、王国骥等32人在会上先后发言。中央人民广播电台《对工人广播》栏目从当年5月1日起，连续7天播出了马纯古、张维桢的致辞和19位劳模的发言摘要。5月1

日，参加座谈会的全体劳模参加了首都人民庆祝“五一”国际劳动节活动。5 月 3 日，中共中央主席、国务院总理华国锋，中共中央副主席邓小平、李先念、汪东兴等党和国家领导人亲切接见了出席座谈会的全体代表。

这次座谈会还有力地推动了工会工作。全国总工会恢复工作后，全国总工会机关领导小组首先抓劳动模范的政策落实，抓劳模精神的弘扬，抓先进模范人物的骨干、带头和桥梁作用。这在广大职工群众和全国各级工会系统中产生了极大的影响，激发和调动了亿万职工群众为实现社会主义四个现代化而努力奋斗的雄心壮志。

（三）职工技协活动得到恢复并取得明显进展

群众性职工技协活动和队伍建设是以劳动模范和先进生产者为骨干组织起来的。粉碎“四人帮”以后，为了拨乱反正和调查了解职工技协队伍的生存现状，1978 年 9 月 8 日至 14 日，全国总工会在辽宁省本溪市召开了北京、天津、辽宁、吉林、黑龙江五省市群众技术协作工作座谈会，这样的专门会议是职工技协活动开展以来的第一次。参加会议的有五省市工会负责群众生产工作的副主任、生产部部长、技协负责人共 23 人。

会议回顾了群众技术协作活动的发展史，肯定了群众技术协作活动在社会主义建设事业中所起的重大作用；揭批了林彪、“四人帮”对群众技术协作组织和积极分子的迫害；交流了各地的工作经验；明确了群众技术协作活动在新的历史时期中所担负的主要任务。会议提出，要为遭受迫害的劳动模范、技协积极分子等平反昭雪，把被林彪、“四人帮”停止和解散了的大、中城市的技协组织迅速恢复和重建起来，迅速恢复和开展起职工技协活动。

座谈会上，黑龙江省职工技协活动发起人之一、全国劳动模范苏广铭，天津市职工技协活动发起人之一、全国劳动模范单书，北京市职工技协活动发起人之一、北京市总工会副主任邹瑞禄，辽宁省职工技协活动发起人之一、辽宁省先进生产者吴大有等在会上发言。与会的劳动模范决心继续开展好职工技协活动，为实现四个现代化作出新贡献。会议结束时，全国劳动模范、全国总工会副主席候选人王崇伦作了总结发言。会议提出：要为因积极参加职工技协活动而遭受林彪、“四人帮”打击迫害的劳动模范、能工巧匠、技术人员、技协积极分子等平反昭雪，恢复名誉。1978年10月6日，复刊第一天的《工人日报》刊登了会议消息。10月23日，全国总工会党组给中共中央副主席汪东兴报送了《关于五省市群众技术协作工作座谈会的情况报告》。

为了促使职工技协活动尽快恢复，1979年4月9日至29日，全国总工会在北京分批召开了部分省、市、自治区技协工作汇报座谈会。参加会议的有21个省、市、自治区工会及基层工会技协工作负责人和技协活动骨干160余人。倪志福、康永和、王崇伦出席会议并讲话。会议认为，粉碎“四人帮”以后，职工技协活动迅速恢复并取得明显进展。在不到1年的时间里，仅北京、天津、辽宁、吉林、黑龙江5个省市技协组织就举办各种技术讲座、报告会、短训班3600多场次，参加的职工人数达51万人；为各厂矿企业培训技术骨干12万多名；技协专业攻关队发展到2700多个，解决技术关键2.8万多项；交流技术资料1000多种、68万多册。会议提出，各级技协组织要选拔有共产主义觉悟、有领导能力和组织能力、有技术专长的技协骨干组成委员会，劳动模范、先进生产者、老工人和科技人员在各级委员会中要占优势，他们中间的优秀分子要担任各级技协的领导工作。

（四）全国总工会党组向党中央、国务院报告劳模工作

粉碎“四人帮”以后，有关劳模工作的恢复与推新百端待举。从1977年开始，全国总工会就将劳模工作重新摆上重要议事日程，各地在为劳模平反昭雪的同时，劳模管理开始步入正轨，但积累的许多问

题也在凸显。1977 年至 1978 年，先后有劳模给《工人日报》写信，反映社会活动太多、住房紧张、疗休养无法落实等问题。1981 年 5 月下旬，新华社国内动态清样第 1160 期刊发了《黑龙江省劳模管理工作存在的几个问题》。中共中央总书记胡耀邦看过之后批示："总工会要研究这类问题。"同年 9 月 9 日，全国总工会提交了《中华全国总工会党组关于劳模工作向党中央、国务院的报告》。

《报告》在介绍我国劳模队伍现状的同时，也归纳了当前劳模队伍的三个特点：一是全国劳模队伍发生了很大变化。据山东、江苏、天津对 1950 年、1956 年、1959 年三届全国劳模的调查，提干的占 50%，退休的占 20%，逝世的占 10%，犯错误的占 5%，仍在第一线的占 15%。二是全国劳模中青年为数甚少。1950 年评选出的全国劳模平均年龄已达 68 岁，1956 年评选出的全国先进生产者达退休年龄的占 70%。从 1959 年召开全国工业群英会到 1979 年国务院召开两次劳模表彰会之间，近 20 年未评选一位全国劳动模范，也可以说，全国劳动模范也缺了一代人。1979 年两次表彰的全国劳模中，30 岁以下的只有 31 人。三是全国劳模中工程技术人员的比重显著增加。出席 1950 年劳模会议的工程技术人员占 1.5%，出席 1956 年先进生产者会议的工程技术人员占 28%，出席 1979 年劳模表彰会的工程技术人员占 34%。

《报告》同时指出了劳模管理工作存在的一些问题，并提出了改进建议。《报告》提到，当前社会上被林彪、"四人帮"破坏了的学习、爱护、尊重劳模的社会风尚，还未得到很好恢复。讽刺、打击劳模的事例时有发生，使一些劳模处于"苦煞、累煞、难煞"的境地。建议加强对劳模的先进思想、先进经验的宣传，各地每逢"五一""十一"应比较集中地宣传表彰劳模一次，并形成一种制度。劳模"三多"问题较为严重。劳模兼职多、会议多、社会活动多，劳模一般身兼三四职，甚至有人身兼 20 职。因为要拿出很多时间参加各种会议和社会活动，有的劳模脱离工作岗位达 7 个月之久。为了保证劳模集中精力搞好本职工作，建议劳模兼职一般不要超过 2 个，劳模参加非生产性活动，应由各级工会严加控制。要加强对青年劳模的培养和深造。过去工会把一批有培养前途的年轻劳模保送到工农速成中学或大学进行深造，曾收到了良好效果，现在应恢复起来。建议请教育部和纺织部选择一所纺织高等院校办个试点班，待取得经验后再行推广。工人工程师职称问题有待解决。过去一些在技术革新方面有特殊贡献的劳动模范曾被任命为工人工程师，但现在的职称评定需经过正规考试，特别是外语考核，因而有相当多原来的工人工程师没有被授予工程师职称。据黑龙江省对哈尔滨等 4 市调查，原有工人工程师 377 人，其中有全国、省、市劳动模范 278 人，只有 2 人被授予工程师职称，包括全国著名劳动模范马恒昌、苏广铭等人在内的其余工人工程师，因学历不够又不懂外语而无法被授予。建议对已经授予过工人工程师职称的人不要取消，这样有利于调动这部分同志的积极性。劳模面临住房紧张的实际困难。据调查，有不少劳模的住房面积每人平均不到两平方米，严重影响他们的学习和工作。黑龙江省有的劳模已让房 10 次，他们思想境界高、生活上不伸手是可贵的，但对那些贡献大、住房又有困难的劳模，给以适当照顾也是合情合理的。老劳模的退休待遇应执行有关规定。1978 年国务院对劳模退休后的待遇有过明确规定，各地应按此原则执行，亟须出台一个有关职工荣誉称号的暂行办法。目前，全国各地的荣誉称号十分繁杂，据统计不下 20 种。广大群众反映“太多、太毛”，建议由国务院颁布一个统一的荣誉称号办法。

第六章

在改革开放中建设有中国特色的社会主义

（1978 年 12 月—1992 年 9 月）

引　语

1978 年 12 月 18 日至 22 日，党的十一届三中全会在北京召开。全会重新确立了解放思想、实事求是的思想路线，确定把全党的工作重点转移到社会主义现代化建设上来。这次历史性的会议，标志着党和国家从根本上冲破了长期以来“左”倾错误的严重束缚，实现了思想路线、政治路线和组织路线的拨乱反正，恢复和确立了马克思主义的正确路线，结束了粉碎“四人帮”以来党的工作在徘徊中前进的局面，将中国社会主义事业引向健康发展的道路。

以党的十一届三中全会和此前不久召开的中国工会九大为标志，中国社会主义建设和工人运动开始进入改革开放新时期。从党的十一届三中全会召开，到 1992 年 9 月党的十四大召开，在改革开放最初的 14 年里，党和国家始终关心劳模群体，重视劳模工作，分别于 1979 年、1989 年召开了 3 次全国性劳模表彰大会，其他年份也多次进行即时性年度表彰。此外，全国总工会新设立全国五一劳动奖项，开启劳模高等教育工作，一系列举措树立了劳动模范的光辉形象，健全对有突出贡献劳动者的表彰体系，激发全国广大职工投身于社会主义现代化建设的积极性，营造学赶先进的良好社会氛围，对于推动社会主义物质文明、政治文明和精神文明建设都有重要意义。

在党和国家的关怀下，在改革开放的大潮中，一大批劳动模范和先进集体涌现出来，如“党的好女儿”赵春娥、“知识分子的优秀代表”蒋筑英、隐姓埋名的“两弹元勋”邓稼先和于敏等，他们在各自行业领域作出了突出贡献，引领和带动了身边的广大职工在改革开放和社会主义现代化建设中建功立业。

第一节

改革开放初期的劳模工作

党的十一届三中全会确定党的工作重心转移到社会主义现代化建设上来，结束了粉碎“四人帮”以来党的工作在徘徊中前进的局面，实现了新中国成立以来党的历史上具有深远意义的伟大转折，正式拉开了改革开放的大幕。经历了长时期的动荡，各行各业百废待兴，人们渴望安定发展，社会秩序亟须重建，巨大的生产潜力也亟待释放。但在改革开放初期，各行各业的职工群众尚未完全解开心结，这种情况下发挥劳动模范的示范引领作用至关重要。通过表彰劳动模范、宣传劳模先进事迹、弘扬劳模崇高思想，可以带动广大职工群众为现代化建设作出新贡献。

劳动模范工作是运用榜样力量以宣传、组织、发动群众投身于社会主义建设的一项群众性工作。党和国家采取多方面措施，重视劳模工作，关怀劳模生活，从而更好地发挥了劳动模范的带头作用、骨干作用和桥梁作用。

一、各行各业大力表彰劳模，宣传劳模精神

“文化大革命”给党、国家和各族人民带来沉重灾难，造成了长期以来人们思想的僵化。要冲破“文化大革命”造成的思想禁区，激励全国人民以饱满的热情投入社会主义现代化建设中去，必须大力选树和表彰先进典型。“文化大革命”结束后，一度陷入停滞的全国劳模评选奖励制度开始逐渐恢复。

（一）各行各业相继召开劳模表彰大会

1978年起，各省、自治区、直辖市及各部委为弘扬劳模精神，调动广大职工群众献身四化建设的积极性，相继召开了各种类型的劳模表彰大会。例如，1978年5月，全国纺织工业学大庆会议在北京召开。中共中央副主席、国务院副总理李先念，国务院副总理纪登奎、陈锡联、陈永贵、王震、康世恩、陈慕华等出席。大会授予18个企业和单位全国纺织工业大庆式企业标兵称号，授予82个车间、科室和班组全国纺织工业学大庆先进集体称号，授予28人全国纺织工业劳动模范称号，授予160人全国纺织工业学大庆先进生产（工作）者称号。同年8月，在北京召开的全国机械工业学大庆会议举行隆重的命名仪式，授予“马恒昌小组”“三大革命斗争的英雄集体”光荣称号，康世恩向“马恒昌小组”颁发锦旗。1979年“五一”国际劳动节前夕，中共天津市委、市革委会召开表彰大会，表彰了36名特等劳动模范，607名劳动模范；22个特等模范集体，276个模范集体；161个大庆式企业，408个学大庆先进单位。同年7月，中共上海市委、市革委会表彰了919个大庆式企业，746个学大庆先进企业，286名劳动模范和1416名先进生产者、先进工作者。同月，中共辽宁省委和辽宁省革委会表彰了150名技术革新能手和500名技术革新积极分子。1980年1月，冶

金部召开表彰大会，授予首钢炼铁厂四号高炉等12个单位“英雄集体”称号，授予天津第一钢丝绳厂工人万桂庭等6人“劳动英雄”称号，表彰了130名劳动模范、125个红旗单位。同年4月，地质部召开全国地质系统评功授奖大会，表彰了新中国成立30年来在地质找矿工作中作出重大贡献的集体和个人，对评选出的24个功勋单位、259个先进单位和集体、50名作出重大贡献的地质工作者、231名劳动模范给予表彰。1980年“五一”国际劳动节前夕，江苏省人民政府举行表彰大会，表彰全省各条战线的1366个先进集体、517名劳动模范、870名先进生产（工作）者。此外，公安部也于1980年召开全国公安战线先进集体、先进工作者表彰大会。1983年，教育部召开了全国五讲四美为人师表活动先进代表会议等。

这期间的劳模评选都是分地区、分领域、分行业进行的，体现了特定历史阶段国家对特定领域建设任务的迫切需要，有着强烈的时代烙印。这些不同类型、不同级别的劳模表彰活动共同构成了我国改革开放初期的劳模表彰体系。为了配合各地各部门做好劳模表彰工作，1981年11月26日，全国总工会下发《关于配合有关部门做好劳动模范的表彰工作的通知》。《通知》要求各省、市、自治区总工会和各产业工会配合有关部门做好劳动模范的表彰工作，同时要注意坚持高标准、严要求，注重劳模质量，坚持民主评选的原则。[1]

（二）大力宣传劳模先进事迹

除了授奖表彰，党和国家还要求有关部门对劳模事迹进行大力宣传。在召开全国劳模表彰大会等重大活动前，有关单位会发文强调要请新华社和《人民日报》《光明日报》《工人日报》等报刊，中央广播电台、中央电视台、中央新闻纪录电影制片厂及其他有关新闻、宣传、

1 中华全国总工会办公厅：《中华全国总工会文件选编（1981年）》，工人出版社，1983年。

文艺单位制订宣传计划，及时报道相关新闻，充分宣传表彰先进的活动。在其他时间，也会多次安排相关部门组织劳模下基层参加报告会、座谈会，推动学赶先进活动。

每逢国庆等重大节日，党和国家都邀请各地劳模前往北京等地观礼。例如，1984 年新中国成立 35 周年庆典之际，全国总工会组织全国各地 400 名劳动模范代表前往北京观礼。劳模代表涵盖各条战线，代表着我国工人阶级的崭新风貌。劳模代表在京期间，参加了国庆观礼、座谈会和参观工厂等活动，被各方新闻媒体广泛报道，在社会产生巨大的反响，营造出了崇尚劳模、学习劳模、争当劳模的良好社会氛围。

（三）劳模在学赶先进活动中传播优秀品质

劳动竞赛可以增强职工队伍的主人翁意识，提高职工队伍的成就感和荣誉感，激励职工的竞争意识，强化职工的效益观念，提高职工素质，构建和谐劳动关系，增强企业竞争力与技术创新力。1978 年 3 月 5 日，第五届全国人民代表大会第一次会议通过的《中华人民共和国宪法》首次明确："国家提倡社会主义劳动竞赛，在无产阶级政治挂帅的前提下，实行精神鼓励和物质鼓励相结合而以精神鼓励为主的方针，鼓励公民在劳动中的社会主义积极性和创造性。"

学赶先进活动是开展劳动竞赛的重要内容和主要形式。党的十一届三中全会以后，全国各地学赶先进活动得到恢复和发展。1982 年 4 月，全国总工会、共青团中央、全国妇联三部门联合发出《关于发挥先进人物作用，推动学赶先进活动的报告》。《报告》指出，各条战线的先进模范人物是走在时代前列的光荣战士，他们的先进思想和模范行动是推动我国社会主义现代化事业不断发展的动力，引导和推动越来越多的人尊重和学习先进模范人物，广泛、深入、持久地开展群众性的学先进赶先进活动，是建设社会主义物质文明和精神文明的一项重要内容。4 月 27 日至 5 月 2 日，全国总工会在人民大会堂召开全国

1982 年“五一”国际劳动节前后，全国总工会在北京召开劳动模范和先进人物座谈会。图为 4 月 27 日座谈会现场。

图为 1982 年 5 月 2 日全国总工会在北京召开劳动模范和先进人物座谈会现场，全体与会代表热烈鼓掌通过《全国职工守则》的倡议。

劳动模范和先进人物代表座谈会，代表们各自汇报成果、交流经验，制定了《全国职工守则》，研究进一步开展学赶先进、为四化立功的竞赛活动等问题。国务院副总理万里出席开幕式并讲话，在讲话中号召劳动模范和先进人物把先进思想、优良品质传播到广大人民群众中去。全国总工会主席倪志福在座谈会的总结讲话中说："全国广大职工都要有学赶先进的信心和勇气，只要我们像许多先进模范人物那样，在党的领导和教育下，努力提高自己的共产主义思想觉悟，发扬为社会主义现代化建设而刻苦钻研、埋头苦干的精神，就有可能赶上甚至超过先进模范人物的水平，即使暂时没有赶上，也会大有长进。"5月3日，中共中央书记处将《关于发挥先进人物作用，推动学赶先进活动的报告》转发给各省、市、自治区党委，中央各部委，国家机关各部委党组，解放军总政治部，各人民团体党组。[1]随后，《人民日报》发表社论指出，对待先进要有正确态度，"不能要求先进、模范人物事事都好。只要他们在某些方面确实先进，就应该承认，就应该虚心向他们学习。不要不服气，不能吹毛求疵，更不能嫉贤妒能"[2]，反映出实事求是的态度。1982年12月4日，第五届全国人民代表大会第五次会议通过的《中华人民共和国宪法》，将有关劳动竞赛的表述修订为"国家提倡社会主义劳动竞赛，奖励劳动模范和先进工作者"，彰显了党和国家对于劳动竞赛的提倡和重视。

在中央各部门的号召下，各地相继开展评先创优活动。至1982年6月底，上海、北京、天津、广州、武汉、湖南、河北、山西、内蒙古、河南、陕西、黑龙江等省、区、市先后举行了劳动模范、先进集体、先进生产者会议，煤炭部、邮电部、铁道部等已召开或准备召开

---

1 《广泛深入开展学赶先进、为四化立功竞赛》，《人民日报》，1982年4月28日，第2版。

2 《开展学先进赶先进活动》，《人民日报》，1982年6月25日，第1版。

劳动模范、先进工作者会议。涌现出山西西山矿务局白家庄煤矿傅昌旺、吉林化学工业公司工人工程师侯德武等先进人物以及北京首都钢铁公司、河北邯郸第二建筑公司等先进集体。齐齐哈尔市开展“对指标、找差距、长志气、赶先进”活动，让各工厂企业同省内外同行业先进企业进行比较，寻找差距，弥补不足，使全市产值和利润都有较大提高。[1] 湖南省湘江机器厂一〇一车间通过发挥先进模范作用、领导带头干、因人制宜做思想工作等，使该车间年年超额完成任务，诞生了全国劳模李临庄和全国三八红旗手彭祝玲，并且有95%左右的职工在生产竞赛中立功受奖。[2]

改革开放以来，诸如学赶先进的劳动竞赛活动形式多样、内涵丰富。各级工会发起的各种类型劳动竞赛活动，不仅培养和选树了一大批先进模范人物，打造出一支有理想、有文化、明道德、守纪律的劳模队伍，同时也在社会上产生了广泛的影响，调动了广大职工的生产积极性，培养和造就了庞大的劳模群体，形成并弘扬了伟大的劳模精神，使崇尚劳动、敬慕模范在社会上蔚然成风。

二、制定相关法律和政策，完善劳模管理机制

要使劳模工作步入正轨，必须制定和完善相关法律和政策，使劳动模范的培养、选树、奖惩、管理等工作都有章可循。因此，在改革开放前后，党和国家陆续出台若干条例或在已有的法律文献中新增有关劳模工作条目，逐步将劳模工作制度化、科学化。

---

1 《齐齐哈尔出现学先进赶先进新局面》，《人民日报》，1982年8月26日，第1版。

2 《学先进赶先进的风气是怎样形成的——湖南湘江机器厂一〇一车间的调查》，《人民日报》，1982年9月26日，第4版。

（一）国家出台相关法律和政策

改革开放前后，党和国家出台一系列法律、政策，恢复和发展了劳动模范工作。1978 年 5 月 24 日，第五届全国人民代表大会常务委员会第二次会议原则批准《国务院关于工人退休、退职的暂行办法》。6 月 2 日，国务院颁布《国务院关于安置老弱病残干部的暂行办法》。两个文件对于劳动模范的退休金有统一的规定："获得全国劳动英雄、劳动模范称号，在退休时仍然保持其荣誉的干部；省、市、自治区革命委员会认为在新民主主义革命和社会主义革命、社会主义建设的各条战线上有特殊贡献的干部；部队军以上单位授予战斗英雄称号和认为对作战、军队建设有特殊贡献的转业、复员军人，在退休时仍然保持其荣誉的，其退休费可以酌情高于本办法所定标准的百分之五至百分之十五，但提高标准后的退休费，不得超过本人原标准工资。"这两个文件经党中央和全国人民代表大会常务委员会原则批准，要求各地先行试点，总结经验，再普遍实行。文件中所规定的劳动模范退休金标准有利于改善劳动模范的生活，体现了党和国家对劳动模范的关怀。

中国工会九大以后，许多地方工会和职工致信有关部门，询问党中央、国务院 1950 年召开的全国工农兵劳动模范代表会议，1956 年召开的全国先进生产者代表会议和 1959 年召开的全国工业、交通运输、基本建设、财贸方面社会主义建设先进集体和先进生产者代表大会的参会代表，是否享受国家规定的劳模待遇。为此，全国总工会党组根据国务院 1978 年 104 号文件中第 6 条关于劳动模范在退休时享受待遇的规定，认为出席上述 3 次会议的正式代表在社会主义革命和建设中发挥了带头、骨干和桥梁作用，虽没有被正式授予全国劳动模范称号，但是在广大人民群众的心中和报纸宣传中实际上早已被看作全国劳动模范，因此认为出席上述 3 次劳模会议的个人正式代表（约 9280 人），且继续保持荣誉者，应享受与全国劳动模范同样的待遇。

1982 年 4 月 10 日，国务院发布施行《企业职工奖惩条例》。《条例》分为总则、奖励、处分和附则共 4 章、28 条，规定了对全民所有制企业和城镇集体所有制企业员工进行奖励和惩罚的适用情形，其中将对职工的奖励分为“记功、记大功，晋级，通令嘉奖，授予先进生产（工作）者、劳动模范等荣誉称号”等不同等级，明确将授予劳动模范称号作为职工重要奖励方式，增强广大职工的国家主人翁责任感。该《条例》长期以来成为我国企业制定奖惩制度的重要依据。

在 1982 年底施行的新版《中华人民共和国宪法》第 42 条中，新增了“劳动是一切有劳动能力的公民的光荣职责。国营企业和城乡集体经济组织的劳动者都应当以国家主人翁的态度对待自己的劳动。国家提倡社会主义劳动竞赛，奖励劳动模范和先进工作者”的条目，这是以国家根本大法的形式提倡劳动竞赛和劳模表彰，彰显党和国家对于劳动的提倡以及对劳模工作的重视，对于指导劳模工作的开展具有非凡的历史意义。

在 1989 年全国劳动模范和先进工作者表彰大会召开前夕，国务院下发了《国务院办公厅关于 1989 年全国劳动模范和先进工作者奖励升级问题的通知》，其中规定“1989 年荣获全国劳动模范或先进工作者荣誉称号的职工（不含离退休职工），奖励晋升两级工资。其中，1988 年 1 月 1 日以后已获得奖励晋升两级工资（含两级）以上的，奖励晋升一级工资”。[1] 20 世纪 90 年代后，开始对全国劳模发放奖金，全国劳模退休时仍保持荣誉的亦能享受每月一定数额的荣誉津贴。省部级劳模的奖励待遇则无国家统一规定，由各省依据相关政策具体实施，如湖南省对省部级劳模给予奖励晋升一级工资，退休时仍保持荣誉的增发本人基本工资 10% 的退休费。

1　颜琴：《工会劳动模范工作实用手册》，中国工人出版社，2015 年。

（二）工会完善劳模管理机制

1980 年 3 月 8 日，全国总工会制定出台《劳动模范工作暂行条例》，随后下发到各省、市、自治区总工会和各产业工会全国委员会试行，希望各地在试行中总结经验，进一步提出修改意见，使《条例》更加完善。《条例》共 3 部分、17 条，对于劳模工作的基本原则和要求、管理办法、工作制度以及评选劳模的根本标准都作了具体规定。例如，对于劳模评选的根本标准是在推动生产力发展方面起了显著作用、对社会主义现代化建设事业作出较大贡献的个人和集体，评选方法要坚持民主评选原则；对于劳模的管理坚持分级管理的原则，各级单位负责对应级别的劳模管理工作；对于劳模工作制度要求定期检查，总结经验，找出问题，还要建立劳模个人档案，各级工会要设专人或指定人员监管劳模工作。《条例》的发布规范了对于劳模群体的评选和管理工作，也激励了广大职工争当先进的热情。

（三）不断提高劳模的各种待遇

劳动模范和先进工作者是党和国家授予各行各业先进职工的荣誉称号。长期以来，党和国家对于各级获奖者均以精神鼓励为主、物质奖励为辅，向各级获奖者颁发奖章和证书，并给予一定数额的奖金。随着社会经济的发展，党和国家对劳模群体的物质奖励逐步增加。

1983 年 7 月 1 日，全国总工会、中共中央组织部、劳动人事部、卫生部四部门联合发布《关于保护劳动模范身体健康的几项规定》。《规定》提出，要把保护劳动模范和先进人物的身体健康当作一件大事来抓。考虑到劳模群体压力大、劳动时间长、社会兼职多等情况，为保障他们的身体健康，被省属市（县）以上人大常委会或人民政府授予劳动模范和先进人物称号的职工须每年体检一次，经费由劳模所在单位负责，形成制度。若查出劳模患有疾病需治疗，各有关医院要提供方便、优先照顾。疗养院（所）和休养院（所）要把接收劳动模范和先进人物作为重要对象，努力办好疗养事业，提高疗效，端正服务方向，改善服务态度。各级工会组织要在党委领导下，认真做好劳动模范、先进人物疗养和休养的联系和组织工作。此外，对劳模群体兼职多、加班多、住房条件差等问题作出指示，以保障劳模群体的身体健康。各地各级地方政府陆续出台相关政策优待劳模生活。例如，1987 年，青岛市规定对市级职工劳动模范，“每年享有 15 天的疗养、休养时间；在同等条件下，在分配住房、调资等方面由所在单位根据实际情况予以优先照顾”。[1]1990 年，湖南省政府发布对于在省内工作的省部级以上职工劳动模范福利待遇标准：如本人与配偶分居两地，允许将配偶调到劳模所在地工作；劳模本人工龄满 20 年、年龄满 45 岁的，其在农村的配偶和 16 周岁（在普通中学读书的到 18 周岁）以下子女可以转为非农业户口；若子女属于城镇户口，在集体单位招工时可在同等条件下优先招收一名就业；对职工劳模实行“医疗优待证”，在当地医疗单位优先就诊和住院治疗。

1988 年 3 月，全国总工会经济技术劳动保护部对新中国成立以来先后命名的全国劳动模范的社会地位和生活待遇等情况进行调查，发现主要存在以下问题：全国劳模社会地位降低；退休费低、生活困难、处境维艰；看病难、治病没钱；住房困难；其家属农转非得不到解决；退休后的优惠待遇难以完全落实等。全国总工会针对这些问题，提出了以下建议：（1）以劳动部、全国总工会为主，会同国务院有关部委尽快起草一个劳模管理条例；（2）各级党政机关、群众团体和企事业单位加强对劳模工作的领导，各级宣传部门、出版部门、新闻单位和报纸杂志等单位要把宣传劳模的先进思想和先进事迹作为经常的重要任务之一；（3）尽快解决全国劳模主要关心的四个具体问题：按月发

1　中华全国总工会经济工作部：《劳模管理工作手册》，中国工人出版社，2001 年。

放补贴、按标准报销医疗费用、按标准解决住房问题、制定劳模家属农转非的解决办法。

除此以外，各有关部门还逐步建立和完善劳模联系与走访机制、劳模定期体检与疗休养制度，不定期组织劳模集体外出参观旅游等。一系列针对劳模群体的制度、政策体现出党和国家对于劳模工作的重视和关怀，有助于在社会上形成人人尊重劳模、人人争当劳模的良好社会风气。

第二节

处于历史转折中的劳模表彰

党的十一届三中全会之后，党和国家一方面加快平反冤假错案，调动广大干部群众的积极性；另一方面大力推动国家经济整顿和社会主义现代化建设，推动社会各方面工作重回正轨。国家的发展离不开先进集体和劳动模范的带头作用，1979 年下半年，国务院接连两次召开全国劳动模范表彰大会，表彰了各条战线上的先进企业和劳动模范，为推动社会经济发展注入勃勃生机。

一、1979 年，工业交通、基本建设战线全国先进企业和全国劳动模范大会召开

为动员广大职工把精力集中到社会主义现代化建设上来，全力投入四个现代化建设，全国总工会于 1979 年初向党中央请示召开全国劳动模范代表大会。经过广泛研究讨论，国务院于 8 月 15 日正式下发

1979年：工业交通、基本建设战线全国先进企业和全国劳动模范大会

1979年9月28日在北京人民大会堂举行。国务院授予118个企业全国先进企业称号，授予222人全国劳动模范称号。华国锋、叶剑英、邓小平、李先念等党和国家领导同志出席大会。国务院副总理康世恩主持大会并宣读表彰决定，中共中央副主席、国务院副总理李先念讲话。党和国家领导同志向先进企业代表颁发了《国务院嘉奖令》，向全国劳动模范颁发证书和奖章。

这次会议是改革开放之后召开的第1次全国性劳模表彰大会，大会贯彻党的十一届三中全会“解放思想，开动机器，实事求是，团结一致向前看”方针，动员广大职工把精力集中到社会主义现代化建设上来，全力投入四个现代化建设，推动增产节约运动更加广泛、深入地开展，以胜利完成经济调整第一仗的优异成绩迎接新中国成立30周年。

《关于表彰全国先进企业和全国劳动模范的通知》，通知各省、市、自治区革命委员会，国务院各部门，全国总工会和各省、市、自治区总工会，将在新中国成立30周年之际，表彰一批全国先进企业和全国劳动模范，其中阐明了表彰大会的有关事项。

表彰的范围、对象是工业交通、基本建设战线的全国先进企业（事业单位）和劳动模范。每个省、市、自治区推荐1个至3个先进企业和2名至5名劳动模范。有些工业集中、职工人数较多的省、市，经国务院评选委员会同意可适当增加名额。全国先进企业和全国劳动模范分别由国务院颁发嘉奖令和奖章证书。

评选的条件包括以下几方面：全国先进企业必须是大庆式企业中

最先进的，是本地区、本行业学习的榜样。全国劳动模范必须是一贯表现好，并具有下列条件之一者：在完成生产建设任务，实现增产节约方面有重大贡献者；在生产技术上有重大改革或有重大合理化建议者；在创造发明、科学研究方面有重大贡献者；在其他方面有重大贡献者。

评选的方法有以下几种。各省、市、自治区推荐的全国先进企业和全国劳动模范，必须经本企业的职工讨论同意并事先和国务院有关部门协商一致，由省、市、自治区革命委员会审定，于当年9月5日以前把全国先进企业和全国劳动模范的名单、事迹，分别报国家经济委员会和全国总工会。国务院设评选委员会，负责审批。[1]

8月16日，国家经济委员会和全国总工会联合发布《关于表彰全国先进企业和全国劳动模范评选问题的通知》，对国务院《关于表彰全国先进企业和全国劳动模范的通知》进行补充。次日，新华社发布了《国务院关于表彰一批全国先进企业和全国劳动模范的决定》，阐明表彰全国先进企业和全国劳动模范是为了激励职工群众将全部的力量和智慧集中到社会主义现代化建设上来，推动增产节约运动更加广泛、深入地开展，以胜利完成经济调整第一仗的优异成绩来迎接新中国成立30周年。

1979年9月28日下午，工业交通、基本建设战线全国先进企业和全国劳动模范大会在北京人民大会堂隆重召开，这是新中国成立后召开的第8次全国劳模表彰大会。由全国各地区和工业、交通、基建各行业评选出来的118名全国先进企业的代表和222名全国劳动模范，身佩红花登上主席台，接过党和国家领导人颁发的荣誉证书和金质奖章。

---

1 《在今年国庆节表彰一批全国先进企业和劳模》，《工人日报》，1979年8月18日，第1版。

中共中央主席、国务院总理华国锋，中共中央副主席、全国人大常委会委员长叶剑英，中共中央副主席、政协全国委员会主席邓小平，中共中央副主席、国务院副总理李先念，以及中共中央政治局委员、候补委员，人大常委会副委员长，国务院副总理，中央军委负责人，政协全国委员会副主席，最高人民法院院长，最高人民检察院检察长等领导同志出席了大会。参加大会的还有党政军各部门负责人、群众代表，以及北京市工交基建战线的先进单位、模范人物的代表，共9000多人。

人民大会堂内悬挂着两幅大标语："充分发挥先进集体、劳动模范的带头作用、骨干作用、桥梁作用，团结全体职工，为把我国建设成社会主义现代化强国而奋斗！""大力开展以优质高产多品种低消耗为中心的增产节约运动！"

余秋里副总理主持大会，宣读了《国务院关于表彰工业交通、基本建设战线全国先进企业和全国劳动模范的决定》。《决定》说明了表彰先进企业和劳动模范的重要意义，并要求全国先进企业和全国劳动模范谦虚谨慎，戒骄戒躁，再接再厉，积极作出新贡献。《决定》号召全国工业、交通、基本建设等战线的企业和职工，向全国先进企业和全国劳动模范学习，在增产节约运动中掀起一个"比、学、赶、帮、超"社会主义劳动竞赛的新高潮。

李先念代表中共中央和国务院发表讲话。他在讲话中高度评价了先进企业、劳动模范在我国30年社会主义革命和社会主义建设中作出的巨大贡献。李先念表示，先进企业和劳动模范起了推动历史前进的作用。国家和人民给先进企业和劳动模范以荣誉，是完全应该的。光荣属于全心全意为社会主义事业贡献力量的劳动者。他强调，摆在工人阶级面前的历史任务是光荣而艰巨的。当前最主要的是坚决贯彻三中全会"解放思想，开动机器，实事求是，团结一致向前看"的方针，认真解决思想路线问题，以保证四个现代化的顺利实现。接着，在欢快的乐曲声中，党和国家领导人把嘉奖令授予全国先进企业的代表，把金质奖章和全国劳模证书授给全国劳动模范。台上台下掌声雷动，一片欢腾。北京市 500 名少先队员手持五彩花束进入会场，向来自全国的劳动模范和先进企业的代表朗诵献词《献给推动历史前进的先驱》，全国劳动模范陈福汉在会上宣读了《工业交通、基本建设战线全国先进企业和全国劳动模范倡议书》。授奖仪式结束后，党和国家领导人及党政军有关部门负责人同全国先进企业的代表、全国劳动模范合影留念。

被授予“全国劳动模范”称号的 222 人中，男性 193 人，女性 29 人，年龄最小的 24 岁，最大的 73 岁，他们都是时代的佼佼者。例如，株洲湘江机器厂钻工李临庄在 29 年的时间里，平均每年完成近 4 年的工作量，被誉为“走在时间前面的人”。沈阳铸造厂钳工张成哲实现了 400 多项技术革新，并成功研制出造型机，其技术革新填补了国家该技术领域的空白。大连造船厂高级工程师陈火金被称为“爆炸大王”，他从 20 世纪 60 年代开始研究爆炸加工工艺，研制出 40 多种爆炸加工新技术、新工艺，包括 1968 年爆炸我国第一块白铜和高强度钢的双金属复合板。

会议期间，全国劳动模范和全国先进企业代表听取了叶剑英副主席关于庆祝新中国成立 30 周年的报告，集体学习了李先念副总理在授奖仪式上的讲话，各有关部门分别邀请相关先进企业代表、劳动模范座谈，瞻仰毛主席遗容，参观周恩来总理生平事迹展览，参加第四届全运会闭幕式，集体游览颐和园，晚上参加国宴、国庆联欢晚会，观看文艺表演等。10 月 4 日，参会代表们陆续离京，回到各自的工作岗位，表彰大会圆满结束。

二、1979年，农业、财贸、教育、卫生、科研战线全国先进单位和全国劳动模范大会召开

1979年9月末的表彰大会在全国范围内引起热烈反响，国务院在《关于表彰全国先进企业和全国劳动模范的通知》中指出，“其他各条战线如农业、财贸、文教、卫生、科研等，亦应积极准备，以后分批进行（劳模表彰大会）”。国家农业委员会、国务院财贸小组、国家科学技术委员会和中华全国总工会四部门遂于当年10月10日向国务院提交《关于表彰农业、财贸、文教、卫生、科研战线全国先进单位和全国劳动模范的请示报告》，请示于1979年底前举行表彰农业、财贸、文教、卫生、科研战线全国先进单位和全国劳动模范授奖仪式。报告陈述了拟定的表彰规模、表彰范围和对象、评选条件、评选方法、奖励方式、授奖仪式安排、宣传报道、活动经费等问题，建议尽快设立国务院评选委员会。姚依林、李先念等中央领导同志很快进行了批复，并成立了以全国总工会副主席黄民伟为主任的评委会办公室。

10月27日，国家农业委员会、国务院财贸小组、国家科学技术委员会、全国总工会将《关于表彰农业、财贸、文教、卫生、科研战线全国先进单位和全国劳动模范评选问题的通知》下发给各省、市、自治区农办（委）、财办、科委、总工会，通知了本次表彰的范围对象、评选条件、名额分配、评选方法及注意事项，要求于11月25日前将有关资料报给国务院评选委员会审批。

11月12日，国务院下发通知，确定于年底举行全国劳模表彰大会，目的是嘉奖和表彰一批农业、财贸、文教、卫生、科研战线的全国先进单位和全国劳动模范。通知要求，评选标准是“先进单位中最优秀的，是本地区、本行业学习的榜样。评选的全国劳动模范，必须是一贯表现好，并具有下列条件之一者：在完成本职工作方面，有重

1979年：农业、财贸、教育、卫生、科研战线全国先进单位和全国劳动模范大会

1979年12月28日在北京人民大会堂举行。国务院授予351个集体全国先进单位称号，授予340人全国劳动模范称号。华国锋、邓小平、李先念等党和国家领导同志出席大会。国务院副总理余秋里主持大会并宣读表彰决定，中共中央副主席、国务院副总理李先念致词，党和国家领导同志向全国先进单位的代表颁发了《国务院嘉奖令》，向全国劳动模范颁发证书和奖章。

这是与工业交通、基本建设战线全国先进企业和全国劳动模范大会相隔两个月之后，国务院在北京隆重举行的第2次授奖仪式。林彪、“四人帮”横行10年，给国家和民族造成了深重灾难。在进入四化建设的新时期后，先进单位、劳动模范起到了推动社会生产发展的作用，受到全国人民的尊敬。大会希望劳动模范把国家给予的崇高荣誉变为前进的动力，为四化作出新的贡献，建立新的功勋。

大贡献者，在工作中有重大改革或有重大合理化建议并取得显著效果者；在创造发明、科学研究方面有重大贡献者；在其他方面有重大贡献者。推荐的全国农业劳动模范，也必须一贯表现好，在农、林、牧、副、渔生产中，或在农业科学技术的研究推广中，有重大贡献者”。并特意提到“在坚持评选条件下，应适当注意评选一定数量的妇女、青年、台湾籍职工以及少数民族中的劳动模范。评选农业劳模时要顾到社队企业、事业单位的社员以及上山下乡知识青年”[1]。

1979年12月28日下午，国务院在北京人民大会堂隆重举行授奖

1 《国务院决定年底举行第二次授奖大会》，《人民日报》，1979年11月13日，第1版。

仪式，嘉奖农业、财贸、教育、卫生、科研战线的全国先进单位和全国劳动模范，这是当年举行的第 2 次全国劳模表彰大会，也是新中国成立后召开的第 9 次全国劳模表彰大会。

来自全国各地的 351 个先进单位的代表和 340 名全国劳动模范，胸戴大红花，在热烈的掌声和欢快的乐曲声中登上主席台，接过党和国家领导人颁发的荣誉证书和金质奖章。

中共中央主席、国务院总理华国锋，中共中央副主席、政协全国委员会主席邓小平，中共中央副主席、国务院副总理李先念，以及中共中央政治局委员、候补委员，人大常委会副委员长，国务院副总理，中央军委负责人，政协全国委员会副主席，中共中央副秘书长，最高人民检察院检察长等领导同志，出席了大会，向获奖的全国先进单位和全国劳动模范表示热烈祝贺。参加大会的还有党政军各部门的负责人、群众代表，以及北京市农业、财贸、教育、卫生、科研战线的先进单位、模范人物的代表，共 8000 多人。

人民大会堂内悬挂着两幅大标语：“充分发挥劳动模范的带头作用、骨干作用、桥梁作用，团结广大群众，向着四个现代化的宏伟目标奋勇前进！”“深入持久地开展群众性的增产节约运动，努力实现国民经济“调整、改革、整顿、提高”的各项任务，为打好四个现代化的第一战役而奋斗！”

大会由国务院副总理余秋里主持，他宣读了《国务院关于表彰农业、财贸、教育、卫生、科研战线全国先进单位和全国劳动模范的决定》。《决定》充分肯定这批先进单位、劳动模范在社会主义现代化建设事业中做出的优异成绩和发挥的骨干作用、带头作用、桥梁作用，并希望全国先进单位和全国劳动模范谦虚谨慎、艰苦奋斗、勇于创新、不怕挫折，为四个现代化作出新的贡献。国务院号召全国的工人、农民、知识分子，向先进单位和劳动模范学习，掀起一个人人为四化作贡献、立功劳、争当劳动模范的热潮，为建设四个现代化的社会主义强国而努力奋斗。

李先念在会上致词。他在致词中指出：打倒了“四人帮”，进入四化建设的新时期以来，我们在各条战线取得的显著成绩是举世公认的。在建设中，先进单位、劳动模范起到了推动社会生产发展的作用，所以理所当然地受到全国人民的尊敬。最后他强调说，林彪、“四人帮”横行10年，给我们国家和民族造成了深重的灾难，我们要坚持党的领导，坚持无产阶级专政，坚持社会主义道路，坚持马列主义、毛泽东思想，希望同志们回去以后，一定要把国家给予的崇高荣誉变为前进的动力，为四化作出新的贡献。

全国劳动模范史来贺在会上宣读了《农业战线全国先进社队和全国劳动模范倡议书》，全国劳动模范刘靖慧宣读了《农业、财贸、教育、卫生、科研战线全国先进单位和全国劳动模范倡议书》。北京市500名少先队员手持五彩花束进入会场，向来自全国的先进单位代表和劳动模范祝贺。少先队员的代表朗诵了题为《敬爱的伯伯叔叔阿姨，光荣应该属于你们！》的献词。授奖仪式结束后，党和国家领导人及党政军有关部门负责人同全国先进单位的代表、全国劳动模范合影留念。

在受表彰的351个全国先进单位中，农村先进社队有229个。在受表彰的340名全国劳动模范中，有农民106人、职工234人，其中有教授、副教授20人，研究员、副研究员、助理研究员27人，研究所所长、室主任22人，工程技术人员15人，医务、教育工作者（除教授、研究员）38人。年龄最大的是79岁的河北省老劳模耿长锁，年龄最小的是22岁的天津财贸战线的王娟、宋丽梅和湖北省农村生产队长盛国玉。

被授予全国劳模称号的西藏自治区雪巴农场工人多吉，常年与妻

参加农业、财贸、教育、卫生、科研战线授奖仪式的全国劳动模范、江苏省江阴县华西大队的党支部副书记葛玉岐（前排左一）和其他劳动模范在一起座谈。（新华社供图）

子坚守在农场开荒种粮，以2人之力完成6人的工作量，并且年年向国家提供1.5万多斤粮食，被群众称为“一心扑在社会主义事业上的人”。被授予全国先进单位称号的甘肃省皇城绵羊育种试验场，从1952年开始引进新疆良种细毛羊，与本省羊杂交改良，培育出一批生产性能较高的毛肉兼用的细毛羊，连续22年做到经营有利。财贸系统的全国劳模、天津市食品进出口公司冷冻厂动力科副科长王云锡20年如一日，带动群众搞出技术创新成果20多项，成为天津外贸战线上的一面旗帜。河南省汤阴县任固税务所所长吴丙治帮助落后的穷队变成先进队，他领导的税务所年年超额完成税收任务，他工作7年坚持不吃请、不收礼、不徇私情，被群众誉为“活雷锋”。教育系统的全国劳模、贵州省思南县三溪公社学校教导主任韩碨，不论是任校长、教师，还是在乡村、城市工作，始终兢兢业业，不仅完成教学任务，还总结出许多教学经验，培养出一批优秀学生。全国先进单位、四川省资阳中学不断探索教学规律，改进教学方法，贯彻落实知识分子政策，使该校成为当地重点中学，多次被选为先进单位。卫生系统全国劳模、卫生部生物制品研究所检定科科长兼肿瘤免疫研究室主任卢锦汉，1972 年在国内首先研制成单相特异性甲胎蛋白诊断血清，率先研发出检测血清甲胎蛋白诊断肝癌的反向血球凝集试验方法，他研发出的血凝法是当时全国肝癌普查的首选常规方法，并在全国推广。全国先进单位、北京市积水潭医院在认真建立健全和严格执行以岗位责任制为中心的各项规章制度的基础上，狠抓急诊抢救、三级查房、手术管理等几方面工作，其临床科研成果达到国内外先进水平，在 1978 年的全国科学大会上获得 12 项奖项。科研系统全国劳模、中国科学院长春分院院长王大珩在光学领域贡献突出，他及团队承担了“150 工程”的核心任务——大型精密光学跟踪电影经纬仪的研究和制造，其技术成果达到世界先进水平。全国先进单位中科院生物化学研究所、北京大学和中科院有机化学研究所的部分科学工作者组成的人工合成胰岛素研究组，研制出世界上首次人工合成牛胰岛素，使其成为人类第一次用人工方法合成的蛋白质。

12 月 29 日上午，参会代表们游览了十三陵景区。下午，全国先进单位代表和全国劳动模范讨论了李先念副主席在授奖仪式上的讲话。12 月 30 日，各部门分别邀请本行业的先进单位代表和劳动模范座谈、参观，方毅副总理参加了科研战线的座谈并作了讲话。劳模代表纷纷表示：今后的奋斗方向明确了，回去后要为四化建设作出新的贡献。

12 月 31 日，代表们怀着崇敬的心情参观了周恩来总理生平事迹展览，之后参观党史展览和故宫。元旦节当天，代表们出席晚宴，共度新年。1980 年 1 月 2 日下午，国务院副总理方毅、陈慕华、姚依林与全国先进单位代表和全国劳动模范代表一起座谈。3 日，表彰大会圆满结束。

三、处于历史转折期的两次全国劳模表彰大会的特点与意义

1979 年的两次表彰大会是改革开放之后最早召开的全国劳模表彰大会。党和国家在 1979 年 4 月提出对国民经济实行“调整、改革、整顿、提高”的方针，采取有力措施纠正前两年经济工作中的失误，认真清理过去在这方面长期存在的“左”倾错误影响，使经济建设适合中国国情，符合经济规律和自然规律，社会各方面的恢复与建设正在进行。因此，相较于其他时期，这两次劳模表彰呈现出以下特点。

一是过渡性。1977 年召开的全国工业学大庆会议、1978 年召开的全国科学大会和全国财贸学大庆学大寨会议的 3 次表彰带有落实政策、拨乱反正的性质，以中共中央、国务院的名义进行表彰。1979 年的这两次表彰以国务院的名义进行表彰，表彰对象是 1978 年至 1979 年的先进典型，主题已经转移到四个现代化建设上来，评选目的也是动员广大职工把精力集中到社会主义现代化建设上来，这种过渡特点体现出十一届三中全会召开前后，党的方针政策的调整[1]，表现出明显的时代特征。

二是密集性。1977 年至 1979 年 3 年内共举办了 5 次全国劳模表彰大会，而在此之前已经 17 年未召开过全国性的劳模表彰大会，此后再次举办则是 10 年之后。从 1989 年全国劳模大会起，全国劳模大会确定为每 5 年举办一次。过去在短短的几年内密集举办全国劳模表彰大会的做法，是在历史转折期拨乱反正，将党的工作重心转移到社会主义现代化建设上来的重要举措，也是调动亿万职工投身社会主义现代化建设积极性的迫切需要。这种特殊时期的特殊做法，既是对“文化大革命”时期忽视劳模作用的纠正，也是对今后集中力量搞四个现代

1 姚力：《1977~1979 年的全国劳动模范表彰》，《当代中国史研究》，2015 年第 5 期。

化的重要动员。

三是标准延续性。这两次劳模表彰大会的主要表彰对象和此前历次大会相似，仍以在生产一线埋头苦干的“老黄牛”式人物为主，知识型、技能型、经营型人才在这一时期的劳模群体中所占比例尚小。

两次全国劳模表彰大会表彰了现代化建设中各条战线的先进企业和劳动模范，尤其是科研、卫生、教育战线的先进单位得到国务院总理颁发的嘉奖令，这是新中国成立以来第 1 次。大会在全社会产生了巨大而深远的影响，极大地鼓舞了广大职工群众的生产热情，为加快四个现代化建设吹响了嘹亮的进军号角。

第三节

劳模在促进发展和维护稳定中发挥重要作用

1982年9月，党的十二大召开标志着党和国家成功实现了历史性的伟大转折。会上，邓小平明确提出“建设有中国特色的社会主义”的重大命题，意味着社会主义现代化建设即将全面展开，此后许多大规模的建设随之启动。

在这样的大背景下，国家多次即时表彰全国劳动模范，全国总工会围绕中心、服务大局，发起新的群众性劳动竞赛活动，设立五一劳动双奖，以此激励广大劳动群众特别是劳模群体在现代化建设中奋勇争先。劳模们也不负众望，充分发挥了社会中坚、人民楷模的旗帜作用。

一、1983年至1990年，国务院7次即时表彰全国劳模

1979年以后，虽然在长达10年的时间里，国家未召开过全国性劳

模表彰大会，但是1983年至1990年，曾有7次即时表彰活动。这些表彰由国务院作出决定，受表彰的劳模所获的荣誉等级、待遇与历次全国劳模表彰大会的劳模一致，颁奖仪式亦十分庄重。

（一）23人被即时授予全国劳模

1983年至1990年，经全国总工会申请，党中央、国务院批复，共有23人被国务院即时授予全国劳动模范。

1983年2月12日，国务院授予（追授）河南洛阳老集煤场女工赵春娥、航天工业部陕西骊山微电子公司工程师罗健夫、中科院长春光学精密机械研究所副研究员蒋筑英3名同志全国劳动模范称号。为了贯彻中央精简机构、减少会议的精神，授奖大会未在北京举办，而是分别在河南洛阳、陕西西安、吉林长春举行，国务院委托河南、陕西、吉林3省省长举行仪式并讲话，由3位劳动模范的亲属代领奖章和证书。1984年9月24日，国务院授予河北邯郸运输公司汽车六队货车驾驶员焦红全国劳动模范称号。10月31日，授奖大会在河北省石家庄举行，河北省政府受国务院委托向焦红颁发了奖章和证书。1985年11月2日，国务院授予上海海运局“长柳”轮服务员杨怀远全国劳动模范称号。11月5日表彰大会在上海举行，上海市市长江泽民、中共上海市委书记芮杏文分别代表国务院和上海市委向他颁发奖章、证书。1986年7月8日，国务院授予核工业第九研究院名誉院长、核工业部科技委副主任兼国防科工委技委副主任邓稼先全国劳动模范称号。7月16日，国务院副总理李鹏代表国务院在解放军301医院的病房里为邓稼先举行授奖仪式，邓稼先在此前的实验中受到核辐射，患上直肠癌，于7月29日不幸逝世。1987年4月11日，国务院授予鞍山钢铁公司半连轧厂副厂长赵成顺，核工业部科技委员会副主任、理论物理学家于敏，河北开滦唐家庄煤矿三区采支小队长艾有勤，广州中医学院副院长李国桥，湖北武汉六渡桥百货公司女营业员熊汉仙5位同志全国劳动模范称号。4 月 27 日，授奖仪式在北京中南海怀仁堂举行，全国总工会主席倪志福主持大会，国务院副总理万里等党和国家领导人出席大会，并向劳动模范颁发了奖章和证书。1988 年 4 月 20 日，国务院即时授予河北石家庄市第一塑料厂厂长张兴让、黑龙江牡丹江木工机械厂车工李守堂、安徽省水产局局长赵乃刚、北京虎坊路浴池特级修脚技师杜德顺、航空工业部科技委员会副主任顾诵芬、上海第三十一棉纺厂挡车工路寅娟、山东电力建设第一工程公司副总工程师朱菊儿、河南省计算机中心副总工程师王永民、辽宁盘锦市实验中学教师魏书生、中国围棋国家队总教练聂卫平 10 位同志全国劳动模范称号。4 月 30 日，授奖大会在北京人民大会堂举行，国务院总理李鹏、中央书记处书记胡启立、国务院副总理姚依林等领导同志出席大会并接见了获奖代表。1990 年 4 月 27 日，国务院在首都举行庆祝“五一”国际劳动节的大会上即时授予潘星兰、追授杨大兰全国先进工作者称号，并号召全国各行各业的广大职工向潘星兰、杨大兰学习。

（二）受即时表彰的全国劳模引领社会风气

这些劳动模范的背景、职业、经历各不相同，却都在各自的岗位上践行无私奉献、为民服务的宗旨，很好地引领了改革开放初期的社会风气，他们励志又精彩的奋斗故事影响了一代乃至几代人。

“党的好女儿”赵春娥从 1966 年开始在洛阳老集煤场当现场工，几十年如一日在车站看守煤堆。她工作认真负责，注意点滴节约，每天弯着腰用手将漏在石缝里的煤抠出来，十个手指经常磨得鲜血淋漓，用这样的方式硬是捡回上百吨煤。她长期坚持干脏活儿、累活儿，积劳成疾，但仍坚持带病工作。她曾说：“我宁肯倒在煤堆上，决不躺在病床上。我喜欢煤场，也离不开煤场，死后将我的骨灰撒在煤场上，让我看煤。”她助人为乐，周围人谁也说不清她为别人办了多少好事，即便在患癌症期间，仍坚持为五保户、军烈属老人送煤、送粮、打扫卫生、操劳家务。1982 年，年仅 47 岁的赵春娥不幸因病去世。赵春娥的一生是平凡而伟大的，她把革命精神和实干精神结合起来，在寻常的工作和生活中展现出崇高的精神品质，成为全国职工群众学习的楷模。

原航天工业部 771 所工程师罗健夫在极端困难的客观环境中学习、成长起来，多年来坚持研制国家紧缺的关键技术，有时连续多日工作在实验室里，在“文化大革命”期间先后研制出中国第一台“图形发生器”“Ⅱ型图形发生器”，为我国航天事业作出卓越贡献。1981 年正在全力研制“Ⅲ型图形发生器”的他突然病倒，被诊断为晚期淋巴癌，医治无效去世，年仅 47 岁。罗健夫平时不爱财、不图利，酷爱读《钢铁是怎样炼成的》，最终他也如保尔一般将自己的一生奉献给了人民，奉献给了他热爱的中国航天事业，他也被人们称为“中国式保尔”。

中科院长春光学精密机械研究所副研究员蒋筑英的事迹在 20 世纪 80 年代可谓家喻户晓。蒋筑英于 1962 年毕业于北京大学物理系。1965 年，在王大珩教授支持下，他研制出我国第一台光学传递函数测量装置。蒋筑英在工作中常常废寝忘食、夜以继日，解决了国产镜头研制中的诸多技术问题。他精通 5 门外语，出国考察时省吃俭用，用省下的外汇为单位购买仪器设备。1982 年在出差去成都的路上，长期超负荷工作的蒋筑英终因劳累过度，不幸病逝。蒋筑英将自己的一生都奉献给了祖国的光学事业，被人们誉为“知识分子的优秀代表”。

“两弹元勋”邓稼先、于敏为我国的核事业奉献了一生。邓稼先长期忘我工作，从原子弹、氢弹原理的突破和试验成功及其武器化，到新的核武器的重大原理突破和研制试验，他不为名、不为利，默默无闻地奋斗了数十年，总是奋战在最危险的前线，接触到剧毒的放射物，最终因肝癌去世。“于敏是核工业部科技委副主任”，短短 13 个字便是 1987 年于敏获得全国劳动模范称号时《人民日报》对他的全部介绍。

为了研究高度机密的氢弹原理、打破大国的核讹诈，于敏隐姓埋名 28 年，带领他的团队长期在艰苦环境里搞科研，一次次与死神擦肩而过。被媒体报道后，他的妻子感叹道："没想到老于搞这么高级的秘密工作。"[1] 于敏在研制氢弹期间，奔波于北京和大西南之间，长期处于高度紧张和劳累之下，3 次与死神擦肩而过。以邓稼先、于敏为代表的"两弹元勋"为了国家事业甘愿隐姓埋名几十年，忍受常人难以忍受的艰苦，做出巨大的牺牲。20 世纪 80 年代中后期，他们的事迹一经公开便感动了全国人民，并引发全国上下学习"两弹一星"精神的热潮。几十年来"两弹一星"精神已融入中华文化的血脉，成为中华民族精神和时代精神的重要组成部分。

石家庄市第一塑料厂厂长、总经济师张兴让自 1984 年担任厂长以来，带领全厂职工进行一系列大胆改革：1985 年围绕企业管理，发明创造出《满负荷工作法》，获得企业改革创新奖；积极推行经济承包责任制，联合 6 家有经营内在联系的企业组建了石家庄市内第一个跨行业、跨地区、跨所有制的松散型联合体——东方塑料联合公司，走上"以城扶乡、以乡补城、相互促进、共同发展"的道路。在张兴让的带领下，第一塑料厂的生产得到极大发展。从 1984 年到 1987 年，该厂人均产值由 28750 元增加到 51998 元，提高了 80%；人均利润由 3164 元增加到 6100 元，增长了 92%；流动资金周转天数加快了 62.73 天。张兴让作为一个中型集体企业的普通厂长，在中国改革的大棋盘上，走出了一步好棋。

潘星兰和杨大兰是湖北省枝江县董市镇信用社桂花分社的普通女职工。1989 年 12 月 25 日凌晨，正在信用社值班的二人突然遭遇蒙面

1 《他的名字曾绝密二十八年（传承·大力弘扬科学家精神）》，《人民日报》，2021 年 1 月 6 日，第 12 版。

歹徒持刀抢劫，歹徒要求她们交出保险柜钥匙。两位 19 岁女孩遇到两个穷凶极恶的歹徒持械抢劫，英勇地与其搏斗，不顾自身安危换取了国家财产的安全。最终，潘星兰因浑身上下受了多处严重刀伤而昏迷，杨大兰则永远地离开了我们。“二兰”勇斗歹徒的事迹一经报道便感动了全国人民，中国农业银行授予她们“社会主义农村金融卫士”称号，在 1990 年“三八”国际劳动妇女节 80 周年纪念大会上，党和国家领导人江泽民、杨尚昆、万里、李鹏等亲切接见杨大兰的父亲杨尚洪和正在康复中的潘星兰，杨尚洪代替女儿接受“为国献身，重于泰山”的锦旗，全国妇联授予她们“三八红旗手”称号。

这些劳动模范在各自平凡的岗位上干出非凡的成就，展现出爱岗敬业、无私奉献的精神风貌，不仅成为时代的楷模，激励广大干部职工为社会主义现代化建设建功立业，也在人民群众的心中树立了一座座丰碑，融入中华民族的精神血脉之中。

二、1985 年，全国总工会设立全国五一劳动奖项

全国五一劳动奖项包括全国五一劳动奖章和全国五一劳动奖状，是全国总工会授予在中国特色社会主义建设中作出突出贡献的劳动者和企事业单位、机关团体的荣誉称号。全国总工会从 1985 年开始设立该奖项，通常在未召开全国劳模表彰大会年份的“五一”国际劳动节前后进行评选、颁发。

（一）五一劳动奖章和五一劳动奖状的设立

为及时奖励在四化建设中作出突出贡献的先进个人和先进集体，调动职工的积极性、主动性和创造性，推动改革和技术进步，促进社会主义现代化建设事业的发展，根据《中华人民共和国宪法》“国家提倡社会主义劳动竞赛，奖励劳动模范和先进生产者”的精神，1985 年 2 月 25 日，全国总工会向各省、自治区、直辖市总工会、各产业工会

发出《关于颁发“五一劳动奖章”和“五一劳动奖状”的决定》。《决定》指出：“将对工业、交通、基本建设、农林水利、财贸金融、文化、教育、新闻、出版、卫生、科研、体育、公安、机关团体等各行各业的职工和集体，在四化建设中贡献突出，由省、自治区、直辖市总工会和全国产业工会评定申报，经全国总会审核批准，个人颁发‘五一劳动奖章’，授予相应的荣誉称号；对集体颁发‘五一劳动奖状’，授予全国先进集体荣誉称号。”

《决定》还规定了五一劳动奖章和五一劳动奖状的获奖条件。五一劳动奖章获得者需满足下列条件之一：在经济体制改革和其他各项改革中有创见，并付诸实施，取得显著实效者；在社会主义现代化建设事业的各个岗位上，成绩显著，有所创新，达到全国或国际先进水平者；在科学研究、发明创造、技术革新、合理化建议或采用与推广新技术、新工艺、新设备、新材料等方面，取得显著成果者；在全国同行业各种比赛中获得最佳名次者，或创全国最高纪录者；在社会主义精神文明建设中，做出突出成绩，对四化建设作出重大贡献者；在防止重大事故，抵制不正之风，抢救和保护国家、集体财产，同坏人坏事作斗争，维护社会治安等方面有突出贡献者。各行各业的企业、事业、机关、团体及其下属单位直至班组，在四化建设中出色完成任务，创造出优异成绩，达到或创造全国同行业先进水平，授予全国先进集体荣誉称号，颁发五一劳动奖状。

五一劳动奖章和五一劳动奖状原则上在每年“五一”国际劳动节前后授予，有突出贡献者，随时申报授予。评选先进人物和先进集体时，要求“坚持群众路线，经所在单位评议，做到事实准确，情节真实可靠，评价恰如其分”[1]。

---

1 《全总决定颁发五一劳动奖章和奖状》，《工人日报》，1985年2月28日，第1版。

1985 年是全国总工会成立 60 周年，这一年“五一”国际劳动节前夕，全国总工会对在四化建设和经济体制改革中作出杰出贡献的 1002 名先进模范人员，首次颁发五一劳动奖章。1986 年 9 月，全国总工会首次授予 296 个先进班组五一劳动奖状。从 1987 年开始，五一劳动奖状表彰范围，从班组扩大到了企事业单位，并和五一劳动奖章统一集中在“五一”国际劳动节前夕分别授予。从 1990 年开始，全国五一劳动奖状分成两个序列，一个是企事业单位，一个是班组，集中在“五一”国际劳动节前夕表彰和颁发。从 2001 年开始，全国五一劳动奖状不再单列企事业单位和班组，改为合并表彰。从 2008 年起，开始命名全国工人先锋号。从 2009 年开始，为进一步完善工会表彰机制，全国总工会对全国五一劳动奖状的授予对象进行调整：除特殊情况外，全国五一劳动奖状只授予先进企事业单位、机关和其他社会组织；全国工人先锋号授予企事业单位、机关和其他社会组织中的车间、工段、班组（科室）。

（二）全国总工会即时表彰先进集体和有突出贡献者

即时表彰有突出贡献的先进集体和个人，授予他们全国五一劳动奖章和五一劳动奖状，是全国总工会在“五一”国际劳动节期间之外的一种非集中式表彰形式，目的是对甘于奉献、不怕牺牲、锐意进取、为国争光的先进集体和有突出贡献者及时进行表彰。

1985 年 12 月 16 日，石家庄铁路分局定县站客运服务员宋增娣正在定县站维持秩序，疏导人流，一列特快列车将要通过时，一位旅客不听劝阻，强行跨进一股道，眼看一场伤亡事故就要发生，宋增娣一边大声呼喊“有车！”，一边纵身向那位旅客扑去，双手把旅客推出道外，旅客得救了，而她却被列车撞出十几米，壮烈牺牲。1986 年 1 月 4 日，全国总工会首次即时授予宋增娣五一劳动奖章，表彰其舍己救人的英雄事迹。

此后，全国总工会即时表彰先进集体和有突出贡献者制度一直延续下来。1998 年夏季，我国长江流域、嫩江和松花江流域遭受了历史上罕见特大洪水的袭击。在党中央领导下，全党、全军和全国人民紧急行动起来，湖南、湖北、江西、安徽、江苏、黑龙江、吉林、内蒙古等受灾省、区的广大职工，同前来支援的解放军指战员和武警官兵一起，为取得抗洪救灾的全面胜利作出了巨大贡献，涌现出了许多英雄人物和先进集体。同年 10 月 6 日，全国总工会对在抗洪救灾中涌现出的先进集体和个人进行了表彰，授予湖北省交通厅公路运输管理局、湖南水文水资源勘测局、江苏南京市长江河道管理处、黑龙江依兰县总工会、哈尔滨市总工会全国五一劳动奖状；授予王占成、李智杰、吴绍雨、熊富贵、苏铁锚、杜玮、刘军、陈纪如、王锡铭、田凤春、石发、韩学忠、姜树良、张胜 14 人全国五一劳动奖章，以表彰他们在洪水来临的危急时刻和生死关头，冲锋在前、不怕牺牲的革命英雄气概，公而忘私、先人后己的高贵品格，连续作战、不屈不挠的坚强毅力，国家利益至上、全局利益至上的宽广胸怀，以及爱国主义、集体主义、社会主义的崇高风范。

1999 年 11 月 20 日，我国第一艘载人航天试验飞船“神舟”一号在酒泉卫星发射中心发射升空，在完成预定的空间科学试验之后成功着陆。这是我国载人航天工程的第一次飞行试验，标志着我国载人航天技术有了新的重大突破，中共中央、国务院、中央军委致电热烈祝贺。12 月 8 日，全国总工会在人民大会堂隆重召开表彰大会，授予中国航天科技集团公司中国运载火箭技术研究院、中国航天科技集团公司中国空间技术研究院、中国航天科技集团公司上海航天技术研究院、中国航天科技集团公司航天化学动力技术研究院四十一所一室、信息产业部“航天飞船统一测控系统”研制集体 5 个单位全国五一劳动奖状；授予中国航天科技集团公司中国空间技术研究院科技委主任戚发韧、中国航天科技集团公司中国运载火箭技术研究院副院长黄春平、中国航天科技集团公司系统工程部副部长张宏显、中国航天科技集团公司上海航天技术研究院研究员方国隆、中国航天科技集团公司清华机械厂高级技师杨贵龙 5 位同志全国五一劳动奖章。在他们身上，集中体现了我国科技人员热爱祖国、不计名利的奉献精神，自力更生、艰苦奋斗的创业精神，依靠科学、开拓进取的创新精神，团结一致、联合攻关的协作精神。

2000 年 10 月 4 日，全国总工会还即时授予在第 27 届奥运会上取得优异成绩的国家乒乓球队、羽毛球队、体操队、射击队、女子举重队、跳水队 6 个先进集体全国五一劳动奖状，授予李小鹏等 36 名运动员全国五一劳动奖章，授予在十一届残奥会上取得优异成绩的朱宏艳等 21 名运动员全国五一劳动奖章。2001 年 3 月 8 日，即时授予冬奥会夺得金牌的运动员杨杨全国五一劳动奖章。3 月 28 日，即时授予见义勇为、壮烈牺牲的周光裕全国五一劳动奖章。5 月 16 日，即时授予在“神舟”三号飞船试验中，作出突出贡献的中国航天科技集团公司航天技术研究院 7416 厂三车间混合组等 3 个单位全国五一劳动奖状；授予在“神舟”三号飞船试验中作出突出贡献的孙凝生、王连友、秦文波、陈东生 4 人全国五一劳动奖章。6 月 20 日，即时授予勤政为民、廉洁从税的李玉国等全国五一劳动奖章。

三、1989 年，全国劳动模范和先进工作者表彰大会召开

1979 年以后，我国在长达 10 年的时间里未召开全国劳模表彰大会。1989 年，恰逢新中国成立 40 周年，又处于治理经济环境、整顿经济秩序、全面深化改革的关键阶段。为动员广大人民群众坚决贯彻党中央的方针政策，向新中国成立 40 周年献礼，经全国总工会申请、国务院批准，决定于 1989 年国庆节前夕召开全国劳动模范表彰大会。

本次大会具有深远的意义。10年间，中国社会发生了翻天覆地的变化，劳模的选树标准、培养方式、管理制度等也都随之变化。因此，此次大会不仅表彰了各条战线的劳动模范、先进工作者，体现出评选标准与时俱进，而且此次大会所确立的劳模评选和表彰的各项标准和程序，此后长期被沿用，标志着我国劳模表彰制度逐渐走向成熟。

（一）表彰大会的筹备与召开

为表彰改革开放以来在各条战线上涌现出的一大批先进人物，1988年5月30日，全国总工会党组向党中央提交报告，提出于1989年9月召开全国劳模表彰大会。7月7日，经中央十三届政治局常务委员会第三十三次会议同意，拟于1989年召开全国工业、交通、财贸、基本建设职工劳模表彰大会，全国总工会随即着手筹备。12月初，全国总工会再次就有关问题请示党中央、国务院：建议会议名称为全国工业、交通、财贸、基本建设职工劳模表彰大会；表彰规模为全国先进企事业单位100个左右，全国先进车间（科室）200个左右，全国先进班组400个左右，全国劳动模范2000人左右，另特邀有影响的老全国劳模，有突出贡献的个体劳动者、私营企业家代表200人左右列席大会，总人数不超过3000人；表彰范围是工业、交通、财贸、基本建设等部门的企事业单位、车间（科室）、班组和职工；评选条件是在坚持四项基本原则、坚持改革开放总方针基础上有突出贡献的集体和个人，此外对评选方法和要求、奖励问题、宣传问题、评选机构等均有相关建议。1989年3月14日，国务院办公厅会同全国总工会、人事部、农业部对大会筹备工作方案向国务院作出请示：关于大会筹备工作的机构设置，建议成立全国劳动模范表彰大会筹备委员会，由国务院副总理田纪云担任筹委会主任，委员由各有关部委领导同志组成。关于大会表彰范围和全国劳模评选方法，建议表彰范围包括工业、农业、交通、财贸、基本建设、科研、文化、教育、卫生、体育、政法

1989年：全国劳动模范和先进工作者表彰大会

1989年9月28日至10月2日在北京举行。国务院授予1987人全国劳动模范称号，803人全国先进工作者称号。9月28日，大会在人民大会堂开幕。江泽民、李鹏、杨尚昆、万里等党和国家领导人出席。全国人大常委会副委员长、全国总工会主席倪志福主持开幕式，李鹏代表中共中央、国务院讲话，党和国家领导人向先进模范代表授奖。

这次大会是在受国际形势激烈动荡影响、国内出现严重政治风波之后不久召开的。出席会议的劳动模范在大是大非面前坚持四项基本原则，坚决拥护党的十三届四中全会决定，在思想上、行动上与党中央保持高度一致，始终坚定维护国家的安定团结，继续发挥劳模的表率作用，努力推动社会经济的发展，充分彰显出人民楷模的本色，无愧于党和人民的赞誉与重托。

等战线的有关人员，评选工作以地方为主，由各省、自治区、直辖市人民政府审定推荐，将材料报筹委会办公室征求国务院有关部门意见，经协商后报筹委会审批，并对评选条件作出规定。另外，对奖励方法、表彰名额、大会日期和安排、经费预算、特邀代表等问题都有成熟建议。就此，中共中央政治局曾两次开会研究。

3月29日，国务院办公厅下发通知，为筹备1989年全国劳模表彰大会，决定于4月11日至13日在北京召开布置会议，请各省、自治区、直辖市及有关部委负责人出席会议。在4月11日召开的筹备会上，国务院副总理、筹委会主任田纪云，国务院副秘书长、筹委会委员安成信，全国总工会副主席、筹委会办公室常务副主任王厚德先后讲话，对筹备工作进行具体部署。

4月12日，国务院正式发布《国务院关于召开全国劳动模范和先进工作者表彰大会的通知》，明确了此次表彰大会各项具体要求：本次大会拟表彰1980年以来涌现的3000名全国劳动模范和先进工作者，范围包括工业、农业、交通、财贸、建设、教育、科研、文化、卫生、体育等各行各业的工人、农民、专业技术人员、管理人员、思想政治工作者及其他工作人员。全国劳动模范和先进工作者的评选条件是必须热爱祖国，坚持四项基本原则，拥护改革开放总方针，并具备下列条件之一者：在企业发展生产、深化改革，改善经营管理，提高经济效益、社会效益方面作出重大贡献的；在发展农业生产和农村经济方面作出重大贡献的；在科研、教育、文化、卫生、体育等事业中作出重大贡献的；在发明创造、技术改造、合理化建议、技术协作、技术扶贫等方面作出重大贡献的；在提高劳动生产率，提高产品质量、服务质量、降低消耗以及增产节约、增收节支方面作出重大贡献的；在环境保护、安全生产、文明生产方面作出重大贡献的；在保卫国家和人民利益、维护社会安定和增进民族团结、维护国家尊严方面作出重大贡献的；在社会主义精神文明建设方面作出重大贡献的；在其他方面作出重大贡献的。另外，此次大会特邀中国人民解放军英雄代表，中国人民武装警察部队英雄代表，全国法院、检察院系统的劳动模范和先进工作者代表，原有的全国劳动模范代表以及私营企业者和个体劳动者代表参加。

国务院成立全国劳动模范和先进工作者表彰大会筹备委员会，负责审批全国劳动模范和先进工作者，并领导表彰大会的筹备工作，由国务院副总理田纪云担任筹委会主任，全国总工会主席倪志福、国务院秘书长罗干、人事部部长赵东宛、农业部部长何康、国家教委副主任何东昌、国家科委副主任阮崇武、中共中央办公厅副主任徐瑞新担任副主任，国务院有关部门及中宣部、团中央、全国妇联、北京市的负责同志担任委员。筹委会下设办公室，国务院副秘书长安成信担任办公室主任，全国总工会副主席王厚德担任常务副主任，办公室设在全国总工会。由于评选全国劳动模范和先进工作者是一项涉及面广、政策性强的工作，《通知》强调各省、自治区、直辖市人民政府一定要加强领导，成立相应的临时机构负责组织实施。

7月17日，筹委会办公室对各省、自治区、直辖市、中直工委、国家工委、法院系统和检察院系统推荐上报的劳动模范和先进工作者人选进行资格审查。审查中，因不符合劳模条件撤销的有16人，调换的有12人，最终确定了此次受表彰的人员共计2790名。

9月25日至27日，各地劳模代表团陆续抵京。代表团来京前，各地纷纷热烈欢送：山西、青海等省委、省政府、省顾委（省顾问委员会）、省人大、省政协等主要领导同志参加了欢送会；西藏自治区领导向劳模献了哈达，敬了青稞酒，祝代表们“扎西德勒”；海南省劳模坐在彩车上，在万众瞩目中环绕市区至机场。代表们抵京时，也受到国务院和有关部门领导同志以及首都群众的热烈欢迎。

1989年9月28日，举国瞩目的全国劳动模范和先进工作者表彰大会在北京人民大会堂隆重开幕，这是新中国成立后召开的第10次全国劳模表彰大会。上午10时，全国总工会主席倪志福宣布表彰大会开始，军乐队高奏中华人民共和国国歌。国务院副总理田纪云在大会上宣读《国务院关于表彰全国劳动模范和先进工作者的决定》：屠学信等1987名同志被授予全国劳动模范称号，彭时雄等803名同志被授予全国先进工作者称号。

在热烈的掌声和欢快的乐曲声中，党和国家领导人江泽民、杨尚昆、李鹏、万里、乔石、姚依林、宋平、李瑞环、王震等，分别把金光闪闪、印有“全国劳动模范”和“全国先进工作者”字样的奖章和大红证书，颁发给列队上台领奖的先进模范人物代表，同时向解放军和武警部队特邀代表颁发了荣誉证书。在欢快的《团结友谊曲》中，

1989 年 9 月 28 日，全国劳动模范和先进工作者表彰大会在北京人民大会堂隆重开幕。图为大会现场。（新华社记者白连锁摄）

少先队员向大会献花。会前，邓小平、彭真同志与出席开幕式的其他党和国家领导同志一起，在人民大会堂亲切地会见出席表彰大会的代表，祝贺大会召开，并与代表们合影留念。

出席这次大会的先进模范人物代表分别来自工业、农业、交通、财贸、基建、科研、教育等 51 个系统或行业。他们中年龄最大的 84 岁，最小的只有 16 岁；曾获得全国劳动模范称号的老劳模 15 名。在他们当中，有的常年工作在艰苦行业或生产第一线，艰苦奋斗、任劳任怨、刻苦钻研，掌握先进的生产技术和现代化的管理方法，不但具有高尚的思想品质、强烈的主人翁意识，而且具有高超的业务技能和良好的职业道德；有的在发展农业生产和农村经济方面作出了重大贡献，不仅是广大农民勤劳致富、推广科学种田的带头人，也是农村精神文明建设的带头人，是在改革开放时代涌现出来的新型农民和农民企业家；有的奋力拼搏、勇于攀登，为我国科技发展和国防现代化建设作出了卓越的贡献，为祖国争得了荣誉；有的忠诚党的教育事业，为人师表、呕心沥血、教书育人，为我国现代化建设培养了大批优秀人才；有的立志改革、开拓创新，在发展生产、改善经营管理、提高经济效益和社会效益方面作出了重大贡献；有的在保卫国家和人民利益、维护社会安定和增进民族团结、维护国家尊严方面作出了重大贡献。他们的一个共同特点就是具有高度的思想觉悟和优良的政治品质。他们坚信共产党的领导，坚定地走社会主义道路，对改革开放抱有坚定的信心。他们都是党的十一届三中全会以来涌现出的先进典型。因此，这次表彰大会也是对我国10年改革和建设成果的一次检阅。

人民大会堂显得格外明亮，数百盏明灯与先进模范人物胸前佩戴的奖章交相辉映，犹如群星闪耀。会场上高悬的大幅标语“紧密地团结在党中央周围，为实现党的十三届四中全会提出的各项任务而奋斗！”表达了全国人民的共同心愿。

会上，中共中央政治局常委、国务院总理李鹏代表党中央和国务院发表了讲话。李鹏在讲话中高度评价了先进模范人物的作用，赞誉他们是民族的英杰、人民的脊梁、社会的中坚、共和国的支柱。他指出，我国各条战线上的劳动模范和先进工作者，是社会主义现代化建设事业中最积极、最活跃的因素。劳动模范和先进工作者的积极因素，不仅体现在他们以自己的卓越成就为现代化建设作出了贡献，更重要的是能够在群众中起带头作用、起示范作用、起桥梁作用，能够影响和带动广大群众一起前进。这种积极因素当前尤其应当受到党和政府的极大重视，受到全社会的尊敬。全国各民族人民，广大干部尤其是各级领导干部，都应该向劳动模范学习。李鹏讲话中还对劳动模范提出了6点希望：希望劳模们做集中精力发展社会生产力的先锋；希望劳模们做把四个坚持和改革开放结合起来的模范；希望劳模们做带头发扬艰苦奋斗、自力更生精神的榜样；希望劳模们帮助党和政府惩治腐败；希望劳模们做维护和促进安定团结的卫士；希望劳模们做建设社会主义精神文明的标兵。中国人民解放军、武警部队的190名英雄代表，71名曾荣获全国劳动模范称号的老劳模代表，作为特邀代表也参加了表彰大会。

9月29日上午，受表彰的劳动模范和先进工作者参加了全国劳动模范和先进工作者表彰大会经验交流会，大会突出自力更生、艰苦奋斗和无私奉献的精神。安徽淮北煤矿建设公司三十处“猛虎”掘进队队长陈登明、浙江杭州万向节厂厂长鲁冠球、天津市河西区环卫局工人孙丽华、山东潍坊市央子税务所副所长徐秀亭、新疆地矿局第一区调大队地层古生物高级工程师孙巧缡、湖北省郧县杨溪邮电支局乡邮员余国印、大庆油田钻井三公司1205钻井队队长申冠作为代表进行发言。9月29日下午，代表们又参加了首都各界群众庆祝新中国成立40周年大会，聆听了江泽民总书记的重要讲话。

9月30日下午，出席表彰大会的部分全国劳模、先进工作者分别来到农业部、商业部、邮电部、林业部、新闻出版总署、冶金部、纺织部、经贸部、国家建材局、铁道部、交通部、航空航天部、卫生部、司法部、水利部、轻工业部、广播电影电视部、建设部、国家体委、全国总工会、全国妇联、全国侨联、全国工商联等20多个对口单位进行座谈，李铁映、荣毅仁、倪志福等领导同志也分别参加了与劳模们的座谈，反响十分热烈。农业系统近600名劳动模范和先进工作者参加了农业部组织的座谈会，400多名妇女代表被全国妇联授予“全国三八红旗手”称号。

10月2日，大会胜利闭幕。会后，劳模们集体游览了长城、十三陵、天安门城楼等北京著名景点。2日晚，在各代表团团长会议上，国务院副秘书长安成信作简要总结，人事部副部长程连昌、全国总工会书记处书记张富有发表讲话，他们希望会后各地要认真组织学习贯彻大会精神，大力宣传先进模范人物事迹，努力在全社会形成尊重、爱护劳动模范和先进工作者的良好风尚，还希望劳动模范和先进工作者保持和发扬艰苦奋斗、无私奉献的精神，继续做群众的榜样和表率。

（二）劳模表彰评选标准变化

从 1979 年的两次具有转折性意义的全国劳动模范表彰大会，到 20 世纪 80 年代的多次即时性表彰，再到 1989 年的全国劳动模范和先进工作者表彰大会，可以看到改革开放后的 10 年间，国家巨大的生产潜力被激活，社会面貌日新月异，劳模评选标准也展现出与时俱进的时代特征。

国务院于 1989 年 4 月 12 日发布的《国务院关于召开全国劳动模范和先进工作者表彰大会的通知》着重强调，评选全国劳动模范和先进工作者，一定要面向基层，面向生产、工作第一线；既要评选改革创新的先进人物，也要评选在平凡岗位上一贯勤勤恳恳、任劳任怨、事迹突出的先进人物；要重视从科研、教育、卫生等系统中选先进人物；妇女、少数民族应占一定比例；要加强不同行业、部门间的协调，充分发挥工会等群众组织的作用，自下而上，走群众路线；要层层把关，严格按照评选条件，优中选优。

从职业分布来看，1989 年的全国劳模表彰大会受表彰的 1987 名全国劳动模范和 803 名先进工作者来自 51 个系统、行业。其中工人 850 名，占 30.5%；农民 487 名，占 17.5%；科研和工程技术人员 313 名，占 11.2%；文教、卫生、体育工作者 4 名，占 0.14%；行政、企业、事业管理人员 670 名（其中厂长、经理 349 名），占 24%；党群工作者 40 名，占 1.4%；政法工作者 85 名，占 3%；其他方面的 3 名，占 0.1%。

在劳模评选中，仍然提倡在平凡的工作岗位上勤勤恳恳、任劳任怨的“老黄牛”式基层劳模。比如，山西省平顺县西沟村党总支副书记申纪兰积极维护妇女劳动权利，倡导并推动将“男女同工同酬”写入《宪法》，带领乡亲把几乎不具备生产条件的落后的西沟村建设成为一个农、林、牧、贸、工、商全面发展的社会主义新农村。因此，申纪兰不仅在1979年、1989年、1995年多次被评选为全国劳模，还是全国仅有的连续担任第一届至第十三届全国人大代表的人。河南省新乡市刘庄村党支部书记史来贺在基层农村党组织的岗位上奋斗了50多年，带领村民把数一数二的穷村子刘庄建设成为农业现代化、生活城市化、管理民主化的社会主义新农村，他也因此被评为1979年、1989年的全国劳模。

同时，劳模评选也更加重视改革、创新的典型，尤其是科研类、经营类等不同领域人才的模范作用，体现出这一时期劳模评选开始注重对经济发展和创新创造的贡献。比如“杂交水稻之父”袁隆平、“两弹元勋”邓稼先、“光学专家”蒋筑英、“核潜艇之父”黄旭华等为国家发展作出突出贡献的科学家。提出“满负荷工作法”的石家庄第一塑料厂厂长张兴让、研制出“王码繁体汉字电脑系统”的北京科理高技术集团副董事长王永民、创建全球白色家电第一品牌“海尔”的张瑞敏、创造出中国第一家上市乡镇企业万向集团的鲁冠球，这些经营类、管理类人才都因各自成就而被评选为全国劳动模范，成为那个时代全民推崇的企业家。

此外，这一时期党和国家还首次将一些在华积极工作的外籍职工评选为劳模，让劳模评选工作体现出国际化的特点。比如长春一汽集团的德籍车间副主任弗理拉·理查德，他在一汽工作的2年多里勤勤恳恳，创造性地完成了生产任务，因此获得了全国外国专家劳动模范称号和吉林省政府授予的优秀外国专家称号，并于1991年被授予友谊奖章，同其他奖章获得者一起受到李鹏总理的接见。一汽的另一位“洋劳模”是同样来自德国的哈里，他负责整车审核工作，以极为严苛的标准帮助奥迪汽车质量不断提升，奥迪汽车因此获得1992年全国用户产品金奖，哈里本人也被吉林省政府外事办授予优秀外国专家称号。[1]这些掌握先进技术和管理经验、工作认真负责的“洋劳模”同样为中国现代化建设作出了巨大贡献。

（三）劳模表彰制度逐步完善

1989 年之前的 9 次全国劳模表彰大会，因特定的历史时期和阶段性历史任务的差别，其名称、频率、规模、对象、评选标准均不相同，具有较大随机性，劳模表彰尚未形成完善的评选机制。比如，全国劳模表彰授予的称号有“全国劳动模范”“全国先进工作者”“全国先进生产者”“全国先进科技工作者”“劳动英雄”“生产积极分子”等不同称谓；表彰大会召开的时间、表彰人数也不固定。

1989 年的全国劳模表彰大会后，我国劳模表彰制度逐步完善，具体表现在以下 4 个方面。

一是明确荣誉称号与全国劳模表彰大会名称。1989 年之后，全国劳模表彰统一只设立“全国劳动模范”和“全国先进工作者”两项荣誉称号，前者授予企业职工、农民和其他社会主义事业建设者，后者授予机关和事业单位职工，因此全国劳模表彰大会的名称也固定为“全国劳动模范和先进工作者表彰大会”。

二是明确表彰大会举办时间。全国劳动模范和先进工作者表彰大会的举办时间此后固定为 5 年召开一次，每逢“五”、逢“十”的年份举办，自 1995 年起召开时间均在“五一”国际劳动节前。在召开前，成立由党中央、国务院各部委组成的筹委会，负责劳模表彰大会的各项工作，筹委会办公地点设在全国总工会。其他各级表彰大会也根据实际需要设立领导机构，省部级劳模表彰大会一般 2~5 年召开一次，由各级工会组织协助地方政府组织召开。

---

1 《一汽老外轶闻》,《长春日报》, 1993 年 6 月 26 日，第 1 版。

三是明确表彰规模与范围。1989 年以后，全国劳动模范和先进工作者表彰大会表彰人数均固定在 3000 人左右。表彰的对象范围扩大，包括各行各业、各条战线，妇女、少数民族占一定比例。1989 年全国劳动模范和先进工作者表彰大会获表彰的 2790 人中，妇女有 474 名，占 17%；少数民族有 233 名，占 8%。同时，此后的全国劳模大会只表彰个人，不再进行集体表彰。

四是明确表彰对象的奖励方式。长期以来，对劳模的奖励采取精神奖励和物质奖励并重，以精神奖励为主的原则。1989 年以后，逐渐加大物质奖励的力度。1989 年后，对全国劳模和全国先进工作者奖励晋升两级工资，对农民劳模每人一次性奖励 1000 元。1995 年开始，确定表彰时全国劳模统一发放一次性奖金，1995 年、2000 年奖金分别为 3000 元、5000 元；2005 年、2010 年、2015 年奖金为 1 万元；2020 年奖金提高到 3 万元。各地对劳模的奖励金额也随着社会生产力的发展而逐渐提高，劳模表彰制度趋于成熟。这是劳模工作不断科学化、制度化的体现，也是国家各项社会制度发展的体现，有利于激发广大职工的生产积极性，促进社会生产力进一步发展。

（四）劳模报告团把先进事迹传播到全国各地

为了宣传劳模先进事迹，弘扬劳模精神，在全国职工中进一步掀起学赶先进的热潮，全国总工会于 1990 年组织了劳模报告团，于“五一”国际劳动节后分赴各地巡回报告。首场报告于 1990 年 5 月 8 日在人民大会堂举行，专场为中央党政机关干部作报告。中共中央总书记江泽民作为普通听众，坐在主席台下和 6000 名干部群众一同认真听取了劳模代表的报告。报告会由全国总工会主席倪志福主持。

第一位在会上报告的是来自大庆油田 1205 钻井队的第十二任队长申冠。大庆油田 1205 钻井队是全国著名的先进集体，“铁人”王进喜是该钻井队的第一任队长。1205 钻井队创建于 1953 年的玉门油矿，

1960 年参加大庆石油会战，还参加过辽河、华北油田的开发建设。在王进喜的带领下，1205 钻井队为大庆油田的开发建设和我国石油工业的发展建立了卓著的业绩。1205 钻井队 37 年来累计为国家打井 1013 口，完成钻井进尺 126 万多米，相当于钻透了 142 座珠穆朗玛峰，还先后培养和输送各类干部、技术骨干 756 名。

第二位报告的是全国劳模李双良，他是太原钢铁公司加工厂退休职工。1980 年 4 月，李双良承包了治理渣山的任务。他以身作则，紧紧依靠群众，自力更生，艰苦奋斗，经过 6 年 8 个月的努力，共挖运了废钢渣 1484 万吨，回收废钢铁 56.39 万吨，价值 8489 万元；回收其他可利用物资 6.74 万吨，价值 1713 万元，总经济效益达 8720 万元。同时，修建长达 2500 米，平均宽 20 米、高 13 米的防尘护坡，种花植树 7 万多株，从根本上解决了太钢生产倒渣难的问题。

第三位报告的是获得全国五一劳动奖状的先进集体唐山市刘庄煤矿的代表胡殿荣。唐山市刘庄煤矿是一个只有 516 名职工的国营小矿。由于该矿是在开滦唐山矿 20 世纪 30 年代的老采区内搞复采，生产条件极为恶劣，井下水、火、瓦斯、煤尘、顶板“五害”俱全，生产一直遇到很大困难。1988 年以来，为维护市政建设大局，唐山市政府作出决定，刘庄煤矿只能掘进，不能回采，几乎使企业陷入绝境。在极为困难的情况下，刘庄煤矿各政工领导干部，发扬密切联系群众的作风，铸造了强大的企业凝聚力，形成了干群一心共渡难关的拼搏精神，使全矿人心稳定，充满了祥和、奋进的气氛。

第四位报告的是全国劳模李国桥。他是广州中医学院副院长、三亚热带医学研究所所长。他长期扎根南疆，从事疟疾防治科研工作。几十年来，他的足迹遍及海南山区和云南边陲的 20 多个县，医治救护了汉、黎、苗、傣、佤等 10 多个民族的 8 万多疟疾病人，其中，挽救脑型疟疾病人及其他垂危病人 500 多人。李国桥为了进一步验证一种由他率先提出的新理论，在自己身上注射恶性疟原虫病菌做试验，忍受了巨大的痛苦，经受了生死的考验。其后，他又主持研制治疟特效药青蒿素，为亿万疟疾患者带来了福音。

最后一位报告的是全国劳模朱骅。他是江苏南通郊区平潮饭店经理。在服务岗位上，朱骅把群众的利益放在第一位，把群众的冷暖记心头，想群众所想，急群众所急，真正做到顾客至上、服务第一，因此得到了群众的信赖。几年前，在涨价风盛行时，朱骅带领全店职工以“全心全意为人民服务是我们的命根子”的思想，坚决不提“档次”，坚持薄利多销，甚至主动下调价格，从而在激烈的市场竞争中赢得了信誉，赢得了顾客的心。1989 年，平潮饭店盈利达 80 万元，人均劳动生产率和人均创利在全国同类饮食服务单位中名列前茅。[1]

报告会后，江泽民在湖南厅会见了劳模报告团的全体成员。江泽民说：“你们的先进事迹使我感到榜样的力量是无穷的，任何平凡的岗位都能做出不平凡的事业。只要各行各业都用你们这种精神，发扬中国工人阶级的优良传统，发扬中华民族的光荣传统，我们有什么困难不可克服，有什么问题解决不了呢！希望全国总工会劳模报告团把中华民族的爱国主义精神、把工人阶级勤劳勇敢的优秀品德带到各地去，激励全国人民，在社会主义的四化建设中做出新的成绩。”

之后，劳模报告团分为 6 个分团，于 5 月 9 日启程分赴各地巡回报告。报告团由 32 名全国劳动模范、全国先进工作者、全国五一劳动奖章获得者、全国优秀工会积极分子和全国五一劳动奖状获得单位的代表组成。全国总工会主席倪志福任总团长，全国总工会和其他行业工会的负责同志分别担任正、副分团长。劳模报告团分赴华北、东北、华东、中南、西北、西南等地，在省会城市和主要大中城市巡回

1 《全总劳模报告团举行首场报告会》，《人民日报》，1990 年 5 月 9 日，第 1 版。

报告，为期半个月。离京前，劳模报告团的同志们表示，决不辜负江泽民总书记的期望，一定把中华民族的爱国主义精神，把工人阶级勤劳勇敢的优秀品德带到各地去。[1]

劳模报告团在各地的报告生动感人，场场座无虚席。在哈尔滨市作首场报告时，可容纳 2000 人的大厅爆满，许多人搬来休息厅的长椅，坐在门口认真聆听。原定在哈尔滨 2 天作 4 场报告，应一些单位要求又增加了 2 场。各地的报纸、电台、电视台对劳模报告团的情况和劳模事迹都作了突出而集中的报道，使劳模事迹广为传播，广大干部工人从中受到了一次生动的爱国主义教育、工人阶级优良传统的教育、党的群众路线的教育。社会各方面反响强烈，许多人称颂劳动模范"操主人心，尽主人责，为国家排难，为人民造福，是工人阶级的优秀代表"。"如果人人都像劳模那样，还有什么困难不能克服！"劳模报告团所到之处受到当地党政领导的高度重视和人民群众的热烈欢迎，报告活动开展得十分成功，社会反响相当强烈。

（五）劳模在大是大非面前坚定不移跟党走

20 世纪 80 年代末，受国际形势激烈动荡的影响，我国发生严重政治风波。能不能在国内外的压力和大是大非面前，毫不动摇地坚持党的基本路线，能不能抓住机遇把改革开放和社会主义现代化继续推向前进，成为进入 20 世纪 90 年代以后我党必须着力解决的重大问题。作为人民群众和广大职工中的优秀代表，广大劳模矢志不渝听党话，坚定不移跟党走，坚持服务于党和国家的工作大局，坚守自身岗位的同时也努力稳定人心，充分发挥劳动模范的带头作用、桥梁作用和骨干作用，以身作则，带动他人，维护了社会局面的安定团结。

湖北鄂西农校校长、农业部"优秀教育工作者"称号获得者彭振

1 《全总劳模报告团分赴各地》，《人民日报》，1990 年 5 月 10 日，第 2 版。

坤，在社会动荡之际带领全校师生先后进行近200次“四项基本原则”学习讨论会，维护学校秩序，深入群众中做疏导工作，保证了学校及周边的稳定和正常教学活动的进行。在国内政治风波造成的动乱逐渐平息后，全国劳模、著名植棉能手吴吉昌和山西省劳动模范董来福写信表示，大批学生陆续回乡后，他们将主动做好学生的工作，不轻信谣言，不上当，不在当地串联，不做影响安定团结的事。[1]江苏南通江海电容厂厂长、省部级劳模缪康强带领全厂员工艰苦创业，引进先进设备，提升管理水平，使得该厂即便在1989年经济疲软的大环境下依然实现利税900多万元，成为同行业的翘楚，为国家的经济恢复发展作出应有贡献。

劳动模范在大是大非面前坚持四项基本原则，坚决拥护党的十三届四中全会决定，在思想上、行动上与党中央保持高度一致，始终坚定维护国家的安定团结，努力推动社会经济的发展，在政治风波中依然坚持做好本职工作，并且感染、带动了身边的人，充分彰显出人民楷模的本色，无愧于党和人民的赞誉与重托。中央领导同志在多个场合中，也充分肯定了以劳动模范为代表的广大工人阶级在政治风波中的作用。江泽民在全国总工会第十一届第三次主席团扩大会议的全体同志座谈中说：事实再次表明，工人阶级是完全可以信赖的。[2]

1 《发挥带头作用，维护安定团结》，《人民日报》，1989年7月3日，第2版。

2 《全心全意依靠工人阶级 充分发挥工会组织作用》，《人民日报》，1989年7月27日，第1版。

第四节

劳模高等教育工作的开启

1992 年 10 月，党的十四大召开，大会的主要任务是以邓小平建设有中国特色社会主义的理论为指导，认真总结十一届三中全会以来 14 年的实践经验，确定今后一个时期的战略部署，动员全体党员和全国各族人民，进一步解放思想，把握有利时机，加快改革开放和现代化建设步伐，夺取中国特色社会主义事业的更大胜利。党的十四大召开和邓小平的“南方谈话”标志着我国改革开放事业即将迈上新的台阶，国民经济水平和社会生产力迎来了快速发展阶段。

这种情况下，提高劳动者素质的工作便日益紧迫。劳动者素质对于一个国家、民族的发展至关重要，只有提高劳动者的素质才能帮助我国在日趋激烈的国际竞争中赢得主动。劳动模范是千千万万个劳动者的优秀代表，对劳动模范进行政治思想、科学文化知识的教育，让他们及时了解国家的重要方针、政策，同时培训他们掌握先进的操作技能，不断提升他们的素质和能力，有助于更好发挥劳模在工作岗位上的先锋模范作用。

劳模高等教育是劳模教育的重要形式，历经几十年的发展演变，从 20 世纪 50 年代以郝建秀为代表的部分劳模接受高等教育，到改革开放后《关于省市自治区级以上先进人物升学深造的暂行规定》明确要求选拔劳模到高校进行深造，再到 20 世纪 90 年代设立劳模本科班，劳模高等教育逐步发展完善。

一、劳模高等教育的发展缘起

劳模高等教育始于 20 世纪 50 年代，但当时尚未形成制度和规模。改革开放后，随着社会生产力的发展，对于劳动者素质要求不断提升，国家也将规范劳模高等教育工作提上了日程。

（一）党和国家关心劳模教育工作

新中国对劳动模范进行正规学校教育、提高劳动模范科学文化素质的做法可追溯到 20 世纪 50 年代。1951 年，年仅 16 岁的郝建秀因“郝建秀工作法”当选为全国纺织行业劳动模范，毛泽东勉励她“好好学习，和大家一起干”。此后几年，郝建秀先后在山东大学工农速成中学、中国人民大学速成中学、华东纺织工学院纺织工程系棉织专业学习。宝贵的学习生涯也帮助她在日后成长为纺织工业部部长、中央书记处书记。

改革开放后，劳模教育工作开始步入正轨。1980 年，全国总工会发布的《劳动模范工作暂行条例》第 5 条就规定“要经常了解和掌握劳模的学习、生活和工作情况……针对不同对象制定培训规划，不断提高劳模的水平”。1981 年 2 月，中共中央、国务院发布的《关于加强职工教育工作的决定》，成为指导新时期恢复发展职工教育的重要文件。

在党和国家的重视下，各级政府积极响应号召，开展劳模高等教育工作。例如，20 世纪 80 年代以来，安徽省各级政府积极选送优秀劳模进入大中专院校深造以提高其科学文化水平，至 1990 年 4 月，安徽省政府已累计选送了 3211 名省级劳模到大中专学校脱产培训、深造，其中绝大部分是在一线岗位工作的青年劳模。而在市一级政府中，芜湖、蚌埠等地专门开办了劳模和先进人物的文化补习班、中专班等，为劳模的进步成长提供了良好的条件。

（二）《关于省市自治区级以上先进人物升学深造的暂行规定》出台

1993 年 6 月 13 日，教育部、国家计划委员会、财政部、劳动人事部、全国职工教育管理委员会、全国总工会、共青团中央、全国妇联 8 部门联合签发《关于省市自治区级以上先进人物升学深造的暂行规定》，对于劳模高等教育工作作出统一部署。

关于劳动模范报考条件，《规定》明确指出对具有 3 年以上实践经验的省、市、自治区人大常委会或人民政府级以上批准授予的劳动模范，先进生产（工作）者，“新长征突击手”，“三八”红旗手和革新、操作能手，报考全国全日制高等学校，年龄可放宽到 28 周岁，婚否不限，经单位推荐，可报考相应专业，参加统一考试，录取时适当降低分数要求，择优录取。对男女考生应一视同仁，除不适宜女性工作的专业外，不能对女性先进人物限制比例或提高分数线。在考试前，有关单位要给予他们一定的复习时间，并组织他们集中进行学习，选派水平较高的教师给予必要的辅导。

对于参加上述统考落选低于录取分数 80 分以内的，教育部将安排若干所高等院校试办预科班，从中择优录取，学习 1 年后经考试合格者，可直接升入本校或相应院校的本科或专科。《规定》对满足条件的劳动模范报全国全日制高等学校时予以较多优待政策，且对入学后的生活费、交通费均有补贴，对家属生活也有照顾，让劳动模范在学习时无后顾之忧。由此，劳动模范对于接受更高水平教育的呼声日益高涨，劳模高等教育工作亟待推进。

二、劳模本科班的试办与发展

经过20世纪80年代劳模教育工作的铺垫，实施劳模高等教育的条件已臻于成熟。因此，90年代初期，全国总工会和中国工运学院开始试办和发展成人高等学历教育劳动模范本科班，最终取得良好效果。

（一）劳模本科班的试办

1991年8月15日，全国总工会就关于中国工运学院开办成人高等学历教育劳动模范本科班的问题请示国家教育委员会。全国总工会在给国家教委《关于中国工运学院开办劳动模范本科班的请示》中说，开办劳模本科班的目的是从劳模中培养一批坚持四项基本原则、具有一定理论水平和实践经验、有奉献精神和高度革命责任感、热爱工会工作的跨世纪工会后备干部。具体设想是培养对象为28岁以下具有高中、中专毕业文化程度，工作3年以上，有培养前途、热爱工会工作、身体健康的全国、省（部委）、地市级劳动模范、先进生产者和优秀工会干部，培养方法由地方按条件推荐，经中国工运学院审核后提前补习，经过考核达标后录取。招生名额为每年招收劳模本科生50人。

1991年9月16日，国家教委、财政部、人事部、劳动部联合发布《关于在普通高等学校招收先进模范青年试点工作的通知》。《通知》指出，为了有利于理论与实践结合，改善普通高等学校学生结构，为基层培养德才兼备的社会主义建设人才，拟从1992年起，试验招收部分获先进模范称号的优秀青年进入普通高等学校学习，招生条件是获省级以上劳动模范、先进工作者称号；高中毕业或具有同等学力；28周岁以下；能坚持正常学习者。

12月11日，国家教委对全国总工会《关于中国工运学院开办劳动模范本科班的请示》作出《关于同意中国工运学院开办“工会学”专业劳模本科班问题的批复》。《批复》指出，“工会学”专业劳模本科班属试点性质，仅限招收地市级以上在职劳动模范。对于文化基础达不到本科入学要求的学员，应先补习提高。同意劳模本科班1992年安排招生计划50名。招生工作须执行国家教委《1992年各类成人高等学校招生规定》。该班学员毕业授予学士学位问题，向国务院学位办另行申请。劳模本科班的学制为4~5年，免试招收符合条件的全国劳动模范、全国先进工作者和全国五一劳动奖章获得者入学，各省（区、市）少数年轻且优秀的省部级劳模，也可经各省（区、市）总工会推荐并参加中国工运学院自主招生考试，成绩合格者可获入学资格。

12月22日，全国总工会、中国工运学院发出《关于认真做好中国工运学院1992年度“工会学”专业劳模本科班招生工作的通知》，委托各省、自治区、直辖市总工会组织部为招生代办单位，推荐考生参加成人高等学校招生全国统一考试，计划招收劳模本科班学员50名。12月27日，中国工运学院发布了“工会学”专业劳模本科班招生简章，规定了该专业的培养目标、招生对象等。

1992年1月17日，国家教委发布《关于1992年部分普通高等学校试验招收先进模范青年的实施意见》。《意见》规定先进模范青年入学的条件：一是获国务院授予全国劳动模范或先进工作者称号；省、自治区、直辖市授予劳动模范称号；中央、国务院工作部门授予劳动模范或先进工作者（不包括各系统评选的单项工作先进称号获得者）称号；全国或省、自治区、直辖市党组织、妇联、共青团、工会分别授予的优秀党员、“三八”红旗手、“新长征突击手”、优秀团干部和优秀团员（须有3年以上工作经历）称号或五一劳动奖章；省、自治区、直辖市教育部门授予的优秀教师称号。二是高中毕业或具有同等学力。

三是身体健康，入学后能坚持正常学习。四是年龄一般不超过 28 周岁。特别优秀者，经省、自治区、直辖市招生委员会批准，年龄可适当放宽。婚否不限。《意见》还公布了 1992 年试点招收先进模范青年的 16 所大学名单，分别是国家教委直属高校：中国人民大学、北京师范大学、天津大学、浙江大学、四川大学、华东师范大学、上海交通大学、武汉大学；部门所属高校：华东政法学院、石油大学、中南工业大学、中国矿业大学、东北财经大学、中国纺织大学；地方所属高校：上海工业大学、上海师范大学（两校只在上海市范围内招生）。这些重点高校同时招收劳模生，当年报名人数超过千人。

4 月 3 日，新修订的《中华人民共和国工会法》正式颁布，其中第 32 条规定，“根据政府委托，工会与有关部门共同做好劳动模范和先进生产（工作）者的评选、表彰、培养和管理工作”，从法律的角度重申了劳模培养的重要性。

7 月 9 日，国家教委成人教育司就全国总工会组织部《关于中国工运学院举办劳模预科班的请示》作出《对〈关于中国工运学院举办劳模预科班的请示〉的复函》。《复函》中指出：为了保证劳模本科班的新生质量，原则同意全国总工会组织部 1992 年委托中国工运学院为全国工会系统劳动模范举办预科班。要求参加预科班学习的劳模需具备以下条件：地、市级以上劳模；年龄在 26 周岁（含 26 周岁）以上、5 年以上（含 5 年）工龄；参加 1992 年各类成人高校全国统考并达到一定分数线（具体分数由考生所在地省级招生办参照专科层次预科生成绩确定）。预科班的组织实施办法包括：预科班学员由所在地省级招生办按上述条件审批；由中国工运学院集中组织补习高中文化课，补课后由北京市成人教育考试办公室组织考试，由中国工运学院将成绩合格学生的名单及成绩报考生所在地省级招生办，以办理大学本科生审批录取手续；录取数需纳入 1993 年全国总工会的招生计划。

1992年9月，中国工运学院首届劳模班正式开学，共有48名学员入学，学制4年。他们分别来自18个省、自治区、直辖市，学员年龄跨度大，从20出头的年轻人到40岁以上的中年人都有。劳模学员在学期间，学费、住宿费和入学体检费等全免，教学方式采取脱产与函授相结合，前两年脱产学习，之后以在岗学习为主，成绩合格、符合相关条件的学员，毕业后可获得成人高等教育本科学历和学士学位。

（二）劳模本科教育的发展与成熟

从1993年开始，国家教委将高校招收劳模生纳入正轨，劳模的报名时间、报考选择均与普通考生一致，对录取分数线给予一定程度放宽。

1993年10月，中国工运学院工会学系制订工会学（含经济管理）劳模本科班专业教学计划（试行），旨在培养具有坚定正确的政治方向、能坚持四项基本原则、热爱工会事业、具有较高理论素养和丰富的实践经验、德才兼备的工会工作专业人才和各级工会的后备干部。11月，中国工运学院向全国总工会组织部提交《关于劳模本科班专业名称的请示报告》，提出社会主义市场经济条件下工会工作急需专门的经济管理人才，中国工运学院对工会学专业课程进行调整，增加经济管理专业的课程比例，调整后的专业名称为工会学（工会与经济管理）专业，其为文科类四年制本科专业。为了解决劳模本科生中部分学员的生活困难问题，中国工运学院于1994年6月27日出台了《中国工运学院劳模本科生助学金制度实施办法（试行）》，对生活困难的劳模本科生提供助学金。

1995年6月16日，全国总工会组织部下发《转发中国工运学院〈关于劳模本科班92级学员教学实习问题的报告〉的通知》，要求各省、自治区、直辖市总工会组织部对于劳模本科班学员教学实习问题积极予以协助和支持。12月20日，中组部又下发文件《关于确认中国工运学院劳模本科班毕业生干部身份问题的批复》，同意从中国工运学院劳模本科班毕业的学员为干部身份，各有关单位对通过公务员考试的劳模本科班毕业生应优先录用。这种将劳动模范培养和使用相结合的做法，进一步激发了劳模群体和广大职工的学习热情，劳模高等教育工作逐渐走向制度化、规范化。

经过多年的发展和经验积累，中国劳动关系学院（原中国工运学院）劳模本科教育形成了较为成熟的培养模式。学校根据劳模本科班特点制订了专门的培养方案，配备强大的师资队伍，提供良好的教学和生活设施。劳模本科班的课程包括通用素质能力、专业素质能力和专业技能 3 个部分。学员不仅掌握了社会科学基础知识，而且在工会与工会工作，劳动关系，社会保障，企业管理与相关法律，社会工作的理论、方法和技能，企业文化等方面有所专长，成为能够服务各级工会组织、企事业单位相关岗位的应用型专门人才。结合课堂教学需要，学校定期组织劳模学员到实践基地、厂矿企业、基层社区实地调查。为丰富劳模学员的课余生活，学校经常组织形式多样、内容丰富的活动，鼓励学员踊跃参加，在活动中陶冶情操。通过组织参加劳模讲堂、党员知识竞赛、大国工匠与国家创新发展论坛、大国工匠进校园等活动，拓宽了劳模学员的视野，提高了劳模学员的理论水平和实践能力。30 年来，劳模本科班累计培养劳模学员近千人。一大批劳模学员通过在劳模本科班 4 年的辛勤学习，改变了人生轨迹，但依然不改为人民服务的初心。

除湖北、河北、黑龙江、甘肃、江苏、上海、新疆、江西、山东等省、市、自治区总工会选送了符合条件的劳动模范到中国工运学院等高等院校深造外，湖北省总工会还与湖北大学联合举办了劳模大专班，到 1999 年 7 月已毕业 3 届，118 名劳模获得大专以上文凭，全省共有 204 名各级劳动模范接受了大专以上教育，其中，90% 相继走上各级领导岗位。黑龙江省总工会与黑龙江省工会干部学院联合办学，曾连续3年组织了172名劳动模范入学深造，所有劳模都获得大专以上学历。甘肃省为提高劳动模范综合素质，创造条件让劳动模范挂职锻炼，受到劳动模范的普遍欢迎。

劳模高等教育坚持与时俱进、改革创新，始终与我国发展需要紧密结合在一起，一大批劳模学员当选为各级党代表、人大代表，以卓越的劳动创造推动经济社会发展，彰显了劳模本科教育的价值和意义。实践充分证明，劳模高等教育只有不断适应新形势、新要求，创新教学理念和方法，才能充分发挥育人功能，达到育人效果。

第七章

在世纪之交迎接
机遇与挑战

（1992年10月—2002年11月）

引　语

20 世纪 90 年代，在经历了国内政治风波和国际变局严峻考验后，我国的改革开放和社会主义现代化建设破浪前行，继往开来。随着邓小平南方谈话的发表和党的十四大、十五大的召开，邓小平建设有中国特色社会主义理论在全党得以确立，建立社会主义市场经济体制的改革目标也已明确，社会主义建设进入了快速发展的新阶段。

在这一伟大实践中，我国工人阶级和各族劳动群众充分发挥历史主动精神，在各自工作岗位上做出了辉煌的业绩，涌现出诸如王启民、孔繁森、石光银、包起帆、李斌、李素丽、徐虎、赵国锋等一大批劳动模范和先进工作者。他们的崇高思想和模范事迹，展现了时代精神和工人阶级风采，显示了工人阶级和劳动群众作为历史的创造者、改革开放和现代化建设主力军的伟大作用。

从 1992 年 11 月党的十四大召开，到 2002 年 11 月党的十六大召开的 10 年间，是世纪交汇、国内外环境复杂多变的关键期，是改革开放至关重要的转型期。在邓小平建设有中国特色社会主义理论和“三个代表”重要思想的指引下，全国各条战线的劳动模范和先进工作者与广大职工群众一起立足岗位，深入开展适应社会主义市场经济要求的劳动竞赛、合理化建议、技术革新、发明创造等多种形式的群众性技术创新活动，努力打好国有企业改革和发展的攻坚战。特别是随着科学技术的迅猛发展，劳动模范所具有的技术创新、发明创造等能力，成为跨世纪高素质劳动者的重要标志。

党的十五大召开后，我国进入了全面建成小康社会、加快推进社会主义现代化，为实现第三步战略目标而奋斗的新的发展阶段。千千万万劳动模范站在新时代的最前列，用劳模精神凸显着工人阶级的时代特征，用劳动模范的优秀品格和实际行动引领着广大职工群众积极投身改革和建设的伟大实践中。

第一节

在向社会主义市场经济转变中展现劳模本色

从高度集中的计划经济向社会主义市场经济转变，是一场前无古人的伟大变革。在这一改革和建设的伟大实践中，中国工人阶级牢记使命，为推动社会主义物质文明和精神文明建设立下了不朽功勋，涌现出一大批劳动模范和先进工作者。在他们身上表现出的无私奉献、开拓进取、创新求实、爱岗敬业的精神，昭示着这个时代的前进方向，他们也成为广大人民群众学习的典范。

一、党和国家关心劳模群体

继续站在改革开放和现代化建设的最前列，发扬创业精神，积极开拓进取、艰苦奋斗、真抓实干，为推进国家经济的发展和社会的全面进步作出新贡献，是党和国家对劳动模范和广大职工群众提出的殷切希望。

（一）党和国家领导人多次接见全国劳动模范

在邓小平南方谈话和党的十四大精神指引下，广大干部和群众的积极性空前高涨，出现了加快改革开放和现代化建设的好势头。1993 年 4 月 29 日“五一”国际劳动节前夕，中共中央总书记江泽民，中共中央政治局常委、全国人大常委会委员长乔石，中共中央政治局常委、全国政协主席李瑞环，中共中央政治局常委、中央书记处书记胡锦涛等党和国家领导人，在北京人民大会堂亲切会见了全国劳动模范和全国五一劳动奖章、全国五一劳动奖状获得者代表。江泽民指出，当前摆在各族人民面前的任务，就是全面贯彻落实党的十四大和八届全国人大一次会议精神和确定的各项任务，进一步解放思想，实事求是，抓住机遇，深化改革，促进发展，集中力量把国民经济搞上去。他希望各条战线的劳动模范和先进工作者团结和带动广大职工群众，再接再厉，继续奋斗，为夺取有中国特色的社会主义事业的更大胜利，为民族振兴、国家富强、人民幸福，再立新功。

4 月 29 日下午，来自各地的全国劳动模范和获得 1993 年全国五一劳动奖章和全国五一劳动奖状的代表与首都 3500 多名各界群众，在北京人民大会堂隆重集会庆祝“五一”国际劳动节。大会由全国总工会副主席、书记处第一书记张丁华主持，全国人大常委会副委员长、全国总工会主席倪志福受党中央和国务院的委托，在会上作了题为《抓住机遇，加快发展，充分发挥工人阶级的主力军作用》的讲话。

1996 年“五一”国际劳动节前夕，党和国家领导人在不同场合，分别庆祝“五一”国际劳动节，接见劳动模范。4 月 30 日晚，正在上海考察工作的江泽民总书记出席了题为《世纪回响》的上海市“五一”歌会，与上海市的 1.5 万各族各界劳动者一起庆祝“五一”国际劳动节。歌会开始前，江泽民和正在上海考察的国家副主席荣毅仁，中共中央政治局委员、上海市委书记黄菊，中共中央政治局候补委员、书记处书记温家宝，全国政协副主席董寅初等会见了上海的3位全国劳动模范，他们是西部企业集团有限公司房修水电工徐虎、龙吴港务公司经理包起帆、上海第一百货商店营业员马桂宁。江泽民高度赞扬他们在各自平凡的岗位上为国家和人民作出的突出成就，勉励他们再接再厉，继续全心全意为人民服务，把好传统、好品格一代代传下去。

同天，中共中央政治局常委、国务院总理李鹏来到安徽芜湖造船厂、芜湖一汽扬子汽车底盘厂等企业看望职工，代表党中央、国务院向工人阶级致以节日的问候。在芜湖一汽扬子汽车底盘厂，李鹏接见了芜湖市的省级和市级劳动模范。4月29日下午，首都隆重集会庆祝"五一"国际劳动节。中共中央政治局常委、书记处书记胡锦涛出席了庆祝会。大会开始前，胡锦涛等中央领导同志先后接见了徐虎、徐秋元、崔殿镇、张贞泉、孙俊福、马桂宁、邓志芳、余孝德、邬洪胜、李津来、黄益朝、叶中央12位全国劳动模范和全国五一劳动奖章、全国五一劳动奖状获得者。胡锦涛说：徐虎等同志奋斗在生产第一线，在平凡的岗位上做出了不平凡的业绩，以自己的行动实践了全心全意为人民服务的宗旨。他希望全国广大共产党员、职工群众都向徐虎等同志学习，让各条战线涌现出千千万万个像徐虎那样的模范先进人物。会上，胡锦涛代表党中央、国务院发表了题为《工人阶级要为实现跨世纪的宏伟纲领努力奋斗》的讲话。中共中央政治局委员、书记处书记、全国总工会主席尉健行作了题为《全国各族职工动员起来，为实现跨世纪宏伟纲领建功立业》的讲话。

1999年5月1日晚上，正在出席1999年昆明世界园艺博览会开幕式系列活动的中共中央总书记江泽民来到昆明青少年活动中心，同云南26个民族的工人代表和劳动模范一起出席由云南省总工会、昆明市总工会主办的联欢晚会，共庆"五一"国际劳动节。全国劳动模范、云南省劳动模范和昆明市劳动模范及工人代表近1000人，在这里欢聚一堂。同年8月10日至15日，江泽民在辽宁考察。考察期间，他特意看望了沈阳劳模物业管理有限公司的劳动模范。这家公司是由著名全国劳动模范、沈阳市劳模协会会长、原沈阳铸造厂副总机械师张成哲发起成立的。江泽民对劳模们说："你们曾为我们国家的社会主义建设立下过不朽的功勋。退休以后，你们老当益壮，继续发扬艰苦奋斗、无私奉献的精神，为美化人民群众的生活而辛勤劳动。你们这样做不仅使自己的退休生活更充实了，而且为我们树立社会主义社会的新风气做出了表率，对促进社会主义物质文明和精神文明协调发展具有很重要的意义。"[1]江泽民总书记的这番话，不仅是对我国老一辈劳动模范的肯定，也是对全国所有劳动模范的褒奖。

2001年4月28日，在新世纪第一个"五一"国际劳动节来临之际，全国劳动模范座谈会在北京中南海怀仁堂举行，江泽民出席会议并发表重要讲话。座谈会由中共中央政治局常委、国家副主席胡锦涛主持。中共中央政治局常委、书记处书记、全国总工会主席尉健行以及来自全国各地的100多名劳动模范代表参加了座谈会。全国劳模李黄玺、包起帆、王宜强、孙海军、张瑞敏先后发言。江泽民在讲话中充分肯定了模范先进人物为全社会树立的光辉榜样。他说：全国人民都要学习劳动模范胸怀全局、目标远大，爱岗敬业、艰苦奋斗，刻苦学习、勇于创新，严于律己、弘扬正气的先进思想和优良作风。会前，江泽民等中央领导同志亲切接见了全国劳动模范代表，并与大家合影留念。丁关根、吴邦国、温家宝、曾庆红等中央领导出席了座谈会。

从1992年到2002年的10年间，党和国家领导人每年在"五一"国际劳动节来临之际，都要出席诸如庆"五一"劳动节大会、劳模大

1 新华社沈阳1999年8月15日电，《江泽民总书记在辽宁考察强调解放思想实事求是，推进国企改革发展》。

会、座谈会、招待会、报告会等，亲切接见全国劳动模范和全国先进工作者，发表具有时代特色的重要讲话。这充分说明，党和国家对劳模群体的关心和对劳模工作的高度重视，也由此在全社会形成了尊重、依靠、支持、关爱劳模的浓郁氛围。

（二）全国总工会每年组织劳模进京参加大型活动

为宣传劳模先进事迹，弘扬劳模时代精神，全国总工会在1992年至2002年期间，年年组织全国劳动模范、全国先进工作者、全国先进集体、全国五一劳动奖章获得者、全国五一劳动奖状获得者及其他优秀职工代表进京参加庆祝“五一”、庆祝“十一”及全国劳模大会等各种大型活动，10年来从未间断。

1992年4月29日下午，庆祝“五一”国际劳动节大会在北京人民大会堂举行。李鹏、姚依林、李瑞环、吴学谦、丁关根、倪志福等党和国家领导人在会前亲切接见了进京参加庆“五一”活动的全国劳动模范和全国五一劳动奖章、五一劳动奖状获得者代表，并参加庆祝大会。李鹏在会上作了讲话，倪志福受党中央、国务院委托发表了讲话。这一年，杨贵旺等1059名先进个人获得全国五一劳动奖章，北京同仁堂制药厂等144个先进企事业单位、首钢总公司北钢第二炼钢厂乙班炼钢小组获得全国五一劳动奖状。4月30日上午，进京参加庆“五一”活动的全国劳动模范年景林、侯振清、包起帆、李铁锤、刘桂荣来到全国总工会礼堂，向在座的首都各界群众、全国总工会机关干部1000多人介绍了他们参与改革和建设的先进经验和体会。当天下午，20位全国劳动模范、62位全国五一劳动奖章获得者来到全国总工会职工之家参加全国总工会举办的庆“五一”劳模座谈会。全国劳动模范、内蒙古建筑科研所高级工程师乌力吉等18位同志发了言。倪志福出席会议，张丁华在会上讲话。

在“五一”劳模座谈会上，近百名进京全国劳动模范、全国先进工作者、全国五一劳动奖章获得者就发展社会主义市场经济、建立现代企业制度过程中，如何更好地发挥工人阶级主力军作用；如何搞活大型国有企业，帮助亏损企业扭亏为盈；如何解决当前改革和建设中出现的一些深层次问题建言献策。尉健行出席了座谈会。全国劳模鲁冠球、白春礼和全国五一劳动奖章获得者陆昌生等在会上发表了意见和建议。张丁华主持会议，并作了题为《发展社会主义市场经济要更加重视先进模范人物的地位和作用》的讲话。

1994 年是新中国成立 45 周年。为了激励全国亿万职工掀起学先进、赶先进热潮，迎接 1995 年全国劳模大会的召开，全国总工会决定邀请百名劳动模范进京参加国庆观礼活动，并将其列为新中国成立 45 周年庆祝活动的一个重要组成部分。

这次百名进京劳动模范是经过严格评选而产生的。在百名劳动模范中，有全国劳动模范 88 人、省部市级劳动模范 5 人、全国五一劳动奖章获得者 7 人。他们中有原“毛泽东号”机车驾驶员陈福汉、20 世纪 50 年代创造煤矿掘进经验的马六孩、被誉为“毛主席的好工人”的尉凤英、为发展我国保温材料工业作出贡献的刘子玉、我国第一个女拖拉机手梁军、立足在改革前列的周阿庆、我国第一批优秀纺织女工朱玖、著名粤剧女演员红线女、推进我国木工机械化的王全禄和黄荣昌等。

9 月 30 日上午，全国总工会邀请百名劳动模范围绕“论改革、讲传统、提良策”这一主题在人民大会堂举行座谈。尉健行、倪志福、李沛瑶等出席会议，会议由张丁华主持。座谈会上，石家庄市新华区卫生队清淘工张振盘、长春一汽铸造厂清灰车间主任于永来、南京无线电厂老工人周阿庆、哈铁绥化机务段司机长宋国才、沈阳 139 厂工会主席尉凤英、青岛海尔集团总裁张瑞敏、航天工业总公司一院一部主任张庆伟、苏州东吴丝织厂挡车工顾惠芳等劳动模范结合自己的本职工作和切身体会发了言。尉健行在座谈会上作了讲话。

10月1日，江泽民、李鹏、乔石、李瑞环、朱镕基、刘华清、胡锦涛、荣毅仁等党和国家领导人，分别来到劳动人民文化宫、中山公园、北海公园和天坛公园，与首都40万各界人士和百名劳动模范共度国庆。当晚，江泽民等党和国家领导人、首都各界10万群众以及百名劳动模范参加了在天安门广场举行的盛大联欢晚会。在新中国成立45周年庆祝活动期间，百名劳动模范还参观了新中国成立45周年成果展览、邓小平大型图片展，瞻仰了毛主席纪念堂。

1997年4月29日，首都隆重庆祝"五一"国际劳动节大会在北京人民大会堂举行。中共中央政治局常委、书记处书记胡锦涛出席庆祝大会。尉健行代表党中央、国务院作了题为《充分发挥工人阶级主力军作用，在改革开放和现代化建设中再立新功》的讲话。会上，全国劳模牛星壮、李少言、蒋再英作了发言。4月30日，进京参加庆"五一"活动的全国劳动模范和全国五一劳动奖章获得者代表来到全国总工会机关，参加劳模座谈会。会上，邵玉镇、亢龙田、周保华、周志正、解仁义、李斌等劳模代表发了言，张丁华作了讲话。

1999年是新中国成立50周年，全国总工会再次邀请百名劳动模范进京参加国庆观礼活动。在这次进京的百名劳动模范代表中，既有20世纪五六十年代著名的老劳模，也有在改革开放中作出突出贡献的各行各业优秀代表。他们中有荣获联合国环境规划署全球500佳称号的育林老英雄马永顺，共和国第一个女火车司机田桂英，"杂交水稻之父"袁隆平，"当代愚公"李双良，"新时期的铁人"王启民，"抓斗大王"包起帆，当代产业工人的楷模张玮，全心全意依靠职工办企业的优秀领导干部刘汉章、滕增寿，著名科学家于敏、任新民，著名农业劳模史来贺、鲁冠球等。这百名劳动模范来自全国52个产业或行业，年龄最大的85岁，最小的29岁。

9月29日，全国总工会在京举行庆祝新中国成立50周年劳动模范代表座谈会，尉健行出席会议并作了讲话。这次座谈会也是在刚刚闭幕的党的十五届四中全会明确提出了推进国有企业改革和发展的一系列方针政策和目标任务后召开的。会上，上海港务局南浦港务公司高级工程师包起帆、邯郸钢铁集团公司总经理刘汉章、中国三江航天集团研究员刘石泉、河南平顶山煤业集团管工班长张玮、浙江东方集团公司总经理滕增寿、原辽宁铸造厂钳工张成哲等进京劳动模范代表发了言。湖北省二汽集团东风汽车公司总装厂工人王涛代表百名劳模，宣读了题为《充分发挥工人阶级主力军作用，为推进国有企业改革和发展建功立业》的倡议书。

在参加国庆观礼活动期间，百名劳动模范还参观了《光辉的历程——中华人民共和国建国50周年成就展》；在北京人民大会堂观看了《祖国颂》大型国庆文艺演出。10月1日，百名劳动模范身披绶带，胸前挂着闪亮奖章，站在天安门观礼台出席和观看了有50万各界人士参加的庆祝大会、国庆阅兵式和群众游行，聆听了江泽民总书记发表的重要讲话，并在当晚参加了在天安门广场举行的有10万群众参与的联欢焰火晚会。

为了落实中央开发西部地区的战略决策，加强西部地区和中部地区劳动模范之间的交流，发挥全国劳动模范在西部大开发中的模范带头作用，2000年9月28日至10月2日，全国总工会组织西部地区12个省市的80名全国劳动模范来到大连考察，开展交流活动。活动期间，劳动模范参观了金石滩、大窑湾港、大连造船厂等，并与大连市党政领导举行了座谈会。

2001年4月24日至27日，在新世纪第一个“五一”国际劳动节来临前夕，由全国总工会组织的100名劳动模范考察团分赴深圳、上海和三峡工地参观考察，3个考察团分别由全国总工会领导李奇生、倪豪梅、纪明波带队。这百名劳动模范来自全国机械、纺织、轻工等22

个行业，他们在各自的岗位上都做出了不凡的业绩。在百名劳动模范中，有 37 人是全国劳动模范，54 人是全国五一劳动奖章获得者，其余是获得全国五一劳动奖状的代表。他们中年龄最大的 68 岁，最小的 25 岁。

4 月 27 日，各路劳动模范参观考察团齐聚北京，参加了全国总工会举行的劳动模范座谈会等活动，并出席“五一”国际劳动节庆祝大会及全国总工会“五一”招待会。劳动模范普遍反映，通过这次参观考察，开阔了眼界，加强了交流，进一步感受到祖国日新月异的巨大变化，也增强了迈入新世纪后劳动模范的紧迫感、责任感和使命感。

7 月 1 日，全国总工会根据中央办公厅的安排，邀请了 50 名全国劳动模范进京参加庆祝中国共产党建党 80 周年活动。他们中有发扬“两弹一星”精神、献身国防科研事业的优秀科技工作者，有立足苦、脏、累、险岗位，致力于科技创新的当代产业工人，有全心全意依靠职工办企业的企业负责人，还有带领农民集体致富的新型农民等各行各业的先进人物。这些劳动模范代表在人民大会堂参加了庆祝建党 80 周年大会和大型文艺晚会，还参观了中国共产党建党 80 周年成就展。

二、全国“十大杰出职工”“十大能工巧匠”彰显劳模风采

1993 年 11 月，党的十四届三中全会审议通过了《关于建立社会主义市场经济体制若干问题的决定》，我国经济体制改革进入整体推进、重点突破的新阶段。在从计划经济转向社会主义市场经济的新征程中，工人阶级为加快改革开放和现代化建设步伐，争取国民经济再上一个新台阶付出了大量心血和汗水，作出了巨大贡献。

（一）全国总工会评选全国“十大杰出职工”

为充分发挥工人阶级主力军作用，动员亿万职工为实现跨世纪的宏伟纲领而不懈努力，1994 年 4 月 11 日，全国总工会首次评选出全国

“十大杰出职工”。首批荣获此称号的有“抓斗大王”、上海港务局南浦港务公司高级工程师包起帆，全国造船行业“女铁人”、辽宁省大连造船厂船体车间电焊工郭玲华，心系祖国、教书育人的北京理工大学力学工程系教授冯长根，在“九岗十八洼”邮路上辛勤耕耘的湖北省郧县扬溪邮电支局乡邮递员余国印，时传祥式的环卫工人、重庆市政养护管理处疏浚工孙春明，敬业爱业的新时代矿工、河北省开滦赵庄矿采煤三区回柱组组长侯振清，站在改革前列的乡镇企业家、浙江省万向集团公司董事长鲁冠球，勇于开拓创新的优秀经营管理者、江苏省春兰（集团）公司总经理陶建幸，荣获国际人道主义服务荣誉的白衣天使、山东省曲阜市红十字医院副主任医师姜健，为企业增产创效千万元的炼钢工人、天津钢厂第二炼钢厂炉长王振华。

4 月 28 日，全国总工会作出《关于在全国职工中开展向“十大杰出职工”学习的决定》，要求各级工会组织认真抓好这一群众性的学习活动，以推动社会主义物质文明和精神文明建设。《决定》强调学习“十大杰出职工”，关键是学思想、学精神。要像他们那样，热爱党、热爱祖国、热爱社会主义，以坚定的共产主义信念和炽热的爱国热情在岗位上尽职尽责，为建设社会主义奋发图强；要像他们那样，锐意改革，开拓进取，为发展社会主义市场经济，早日跻身于世界强国的行列贡献力量；要像他们那样，以强烈的求知欲望，学习技术、学习科学、学习管理，不断增长才干，努力攀登世界科学技术的高峰；要像他们那样，树立良好的职业道德，敬业爱业，遵章守纪，立足本职，团结同志，不断加强行业的风气建设，全心全意为人民服务；要像他们那样，发扬集体主义精神，反腐倡廉，自觉抵制拜金主义、享乐主义、极端个人主义思想的侵蚀，把自己锻炼成“四有”新人。

1996 年 4 月 10 日，全国总工会又评选出“全国十二名优秀工人”。在他们当中，有 11 人是全国劳动模范，1 人是省部级劳动模范。在这 12 名优秀工人中，有敬岗爱业、一心为民服务的上海普陀区房管局水电维修工人徐虎，革新洋设备为中国煤矿工人争光的山西平朔煤炭工业公司安泰堡露天矿采矿部钻机总工长徐秋元，勇于攀登科技高峰、献身我国造船事业的大连造船厂电装车间工人崔殿镇，不畏艰险、忠诚航标事业的浙江省宁波海上安全监督局灯塔工人叶中央，技术革新能手、促进企业技术进步的吉林化学股份有限公司化肥厂合成车间钳工张贞泉，艰苦奋斗、奉献祖国绿化事业的黑龙江国营农场总局宁安国营农场林业工人孙俊福，精益求精、不断提高服务质量的上海第一百货商店呢绒柜营业员马桂宁，无私奉献、创 14 万米无疵布的河南洛阳白马企业集团布机挡车工邓志芳，苦干实干、争当建筑先锋的中建一局建筑工人余孝德，创立先进操作法、勇夺全国同行业浇铸先进水平的武汉钢铁（集团）公司第一炼钢厂铸锭车间铸钢工人郧洪胜，提建议搞革新、敢向世界先进技术挑战的天津电缆总厂油泵分厂电器维修工人李津来，在生命禁区实现人生价值、成为高原通信忠诚卫士的青海邮电局线务总站巡线工人黄益朝。5 月 3 日下午，中共中央宣传部、全国总工会在人民大会堂小礼堂举行了优秀工人事迹报告会，尉健行出席了会议。会上，徐虎、邓志芳、张贞泉、崔殿镇、孙俊福介绍了各自的成长历程，张丁华讲了话。李奇生宣读了《中华全国总工会关于向十二名优秀工人学习的决定》。

1997 年 4 月 21 日，全国总工会评选出“’97 全国十大杰出工人”。在这 10 人中，有 5 人是全国劳动模范，有 5 人是全国五一劳动奖章获得者。这十大杰出工人是：谱写新时期石油工人壮丽篇章的天津大港油田钻井工程公司 45111 钻井队队长牛星壮，安徽铜陵有色金属公司凤凰山铜矿“出矿状元”胡绍水，岗位作贡献、真情为他人的北京公用局液化石油气公司工人范进卯，驾驭当代新技术、争做时代新工人的上海液压泵厂数控工段副段长李斌，以厂为家、默默奉献的鞍山市运输机械总厂冲压钳工班聋哑工人李少言，将青春无悔地献给三峡大坝的湖北葛洲坝集团公司第一工程公司女司机蒋再英，开好时代列车、献身边疆建设的呼和浩特铁路局临河机务段司机长邵玉镇，争做一流的新时代矿工的山西西山矿务局西曲矿综采一队采煤工亢龙田，兢兢业业、努力拼搏的山东济南成通纺织有限责任公司纺织女工王静侠，努力攀登技术革新高峰的甘肃兰州通用机器厂采机一厂车工芦巨才。4 月 28 日，全国总工会作出《关于向’97 全国十大杰出工人学习的决定》。同年“五一”期间，全国总工会邀请了这 10 位杰出工人、全国五一劳动奖章获得者和全国五一劳动奖状获得单位的代表共 75 人进京参加了庆“五一”活动。在京期间，10 位杰出工人和其他劳动模范同首都各界群众一起参加了庆祝“五一”国际劳动节大会，并受到党和国家领导人的亲切会见。

1998 年 4 月 23 日，全国总工会评选出“’98 全国十大杰出工人”。他们当中，有 6 人在技术革新方面有突出贡献，有 4 人在苦、脏、累、险岗位上做出显著成绩。他们是东风汽车公司总装配厂调整车间调整工王涛，陕西省铜川矿务局东坡煤矿采煤工张彦生，湖南湘潭钢铁公司建安公司安装二队焊工艾爱国，贵州航空工业集团西南工具总厂工人林菊凤，重庆铁路分局重庆客运段列车员钟声，南京江海集团江苏 627 轮 13 船队队长杨小虎，广州市南洋电器厂运输班班长刘铁儿，江西省萍乡市邮电局邮递员曹罗生，辽宁省鞍山市第三建筑工程公司工人张维东，拉萨市市政养护管理处施工队队长德吉卓嘎。

1999 年 9 月 16 日，在新中国即将迎来 50 华诞的前夕，全国总工会评选出全国“’99 十大杰出职工”，与此同时，还评选出全国“十名全心全意依靠职工办企业的优秀领导干部”。“’99 十大杰出职工”是：天津建工集团第三建筑工程有限公司项目经理范玉恕、平顶山煤业（集团）有限责任公司田庄选煤厂管工班长张玮、中国国际航空公司一级飞行员刘晋平、中国三江航天集团研究员刘石泉、山东省冶金科学研究院防腐研究室主任周惠敏、中国远洋运输（集团）总公司轮机长王新全、宝山钢铁（集团）公司运输公司修理工孔利明、铁道部四局二处六段木工班长刘志祥、甘肃会宁县头寨乡中湾小学校长冉树苍、农行福建龙岩市红坊营业所主任饶才富。“十名全心全意依靠职工办企业的优秀领导干部”是：北京开关厂厂长黄国诚、石家庄天同集团有限公司董事长谷全诚、山西南风化工集团股份有限公司总经理王梦飞、辽宁熊岳印染有限责任公司总经理刘国庆、长春欧亚集团股份有限公司总经理曹和平、黑龙江省农垦总局党委书记申立国、无锡小天鹅股份有限公司总经理朱德坤、昌河飞机工业公司总经理杨金槐、水城钢铁（集团）有限责任公司总经理朱继民、云南红河光明股份有限公司总经理王铨。

以上先进模范人物在建立社会主义市场经济体制过程中，为推动社会主义现代化建设事业，在各自的工作岗位上做出了优异成绩，是工人阶级队伍中的优秀代表。他们身上体现出的爱国奉献、爱厂如家、爱岗敬业、艰苦奋斗、求实进取、技术精湛、开拓创新、一心为公、不计得失、为民服务的精神，代表了我国工人阶级在改革开放和现代化建设中的时代风貌，集中体现了工人阶级先进思想和优秀品质，是全国广大职工学习的榜样。

（二）全国总工会首次评选全国“十大能工巧匠”

为了推动实施“科教兴国”战略，进一步调动和发挥广大职工的积极性和创造性，激发广大职工立足本职，学习技术，钻研技艺，岗位成才，提高技术素质，为社会主义现代化建设事业作出更大贡献，1997 年，全国总工会首次在生产一线职工中开展了全国“十大能工巧匠”评选活动。能工巧匠不仅体现了对产品精心打造、精工制作的理念和追求，而且在不断吸收最前沿科学技术的同时，为社会创造出大批新成果。11 月 11 日，全国总工会在北京隆重召开全国“十大能工巧匠”表彰大会。中共中央政治局常委、书记处书记、全国总工会主席尉健行，全国总工会党组书记、副主席、书记处第一书记张丁华等为受表彰者颁奖，尉健行在会上讲了话。

受表彰的全国“十大能工巧匠”有被誉为“矿山安全功臣”的淮北矿务局机电维修工李振安，创造“小、精、尖模具之最”的沈阳手表厂模具钳工张绍阳，攻克“超高空吊装技术难关”的吉化建设公司起重工刘维彬，身怀独特焊接技艺的首都航天机械公司手工氩弧焊焊工高凤林，在细长轴和深孔加工方面有高超技艺的中国一拖车工潘传风，首创将石刻技法运用在陶瓷装饰上的宜兴精陶集团陶瓷装饰工徐安碧，练就一手“抹、磋、创、压”技术绝活儿的北京六建公司抹灰工张加平，“看叶识花、由芽辨种”鉴赏菊花的天津市水上公园花卉工叶家良，总结“稳、准、短细纱接头”三快法的上海九棉细纱挡车工蔡梅春，准确区分树种、科学管理用材的内蒙古莫尔道嘎林业局检验工吴燕。

“十大能工巧匠”都是具有绝招、绝技的先进模范人物。他们中有 3 人是全国劳动模范，3 人是全国五一劳动奖章获得者，3 人是省部级劳动模范，1 人是区优秀共产党员；他们中年龄最大的 59 岁，最小的 26 岁。这些能工巧匠在平凡岗位上，用辛勤的劳动和聪明才智创造了非凡业绩，取得了突出成绩，充分体现了爱岗敬业、苦练技能、在岗位作贡献、一心为国家的工人阶级主人翁精神。在表彰大会上，全国总工会号召全国各族职工学习全国“十大能工巧匠”爱岗敬业、钻研技艺的精神，推广学习他们的先进操作法和绝招、绝技，不断提高自身素质，争当技术能手，为完成党的十五大提出的战略任务、实现跨世纪的宏伟目标建功立业。

三、1995 年，庆祝“五一”国际劳动节暨表彰全国劳动模范和先进工作者大会召开

党的十四大以后，在邓小平建设有中国特色社会主义理论和党的基本路线指引下，我国工人阶级和各族人民按照“抓住机遇，深化改革，扩大开放，促进发展，保持稳定”的方针，同心同德，艰苦奋斗，为全面完成国民经济和社会发展的第八个五年计划，研究制订第九个五年计划，继续推动国民经济持续、快速、健康地向前发展，把建设有中国特色社会主义的伟大事业不断向前推进而不懈努力。

（一）表彰大会筹备情况

为了开好这次劳模表彰大会，党中央、国务院领导同志高度重视。在大会筹备阶段，成立了由中共中央、国务院 40 多个部门负责同志参加的筹备委员会。为了增加劳模表彰大会的隆重气氛，决定将庆祝“五一”国际劳动节大会与全国劳动模范和先进工作者表彰大会合在一起，以党中央、国务院的名义在人民大会堂召开。

根据全国劳动模范和先进工作者表彰大会筹委会的决定，经过认真评审，推选拟定出全国劳动模范 2154 名，全国先进工作者 719 名，总共为 2873 名，待国务院最后审定。这些劳动模范和先进工作者分别来自工业、农业、交通、财贸、基本建设、科研、教育、文化、卫生、体育、公安、高检、高法、解放军等 50 多个系统或行业。其中，工人 907 名，占 31.6%；农民 547 名，占 19.0%；工人和农民所占比例之和超过 50%。科研和工程技术人员 516 名，占 18.0%；在各类人员中，具有高级专业技术职称的有 1000 名。

另外，在上述人员中，妇女 487 名，占 17.0%；少数民族 239 名，占 8.3%；中共党员 2560 名，占 89.1%；民主党派成员 12 名，占 0.4%；年龄 35 岁以下的 304 名，占 10.6%；36 岁至 60 岁的 2401 名，

1995年：庆祝“五一”国际劳动节暨全国劳动模范和先进工作者大会

1995年4月29日在北京人民大会堂举行。国务院授予2157人全国劳动模范称号，授予716人全国先进工作者称号。江泽民、李鹏、乔石、李瑞环、朱镕基、刘华清、胡锦涛等党和国家领导同志出席大会。大会由国务委员、国务院秘书长罗干主持。中共中央总书记江泽民发表重要讲话。中央政治局委员、国务院副总理邹家华宣读了《国务院关于表彰全国劳动模范和先进工作者的决定》。

这次大会彰显了劳动模范努力用先进的思想道德和现代科学文化知识武装自己，努力贯彻执行党和国家的方针政策，努力做到识大体顾大局、正确对待改革中利益关系的调整，努力在生产和工作中发挥自己的智慧和创造力的时代特色。从本次大会起，形成5年一次的表彰大会新规范。

占83.6%；61岁以上的176名，占6.1%。其中，年龄最大的86岁，最小的18岁。他们当中有在生产第一线艰苦奋斗、无私奉献的产业工人，有在发展农业生产和农村经济方面开拓创新、大有作为的新型农民和农民企业家，有为我国经济社会发展和国防建设勇攀高峰、作出卓越贡献的科技人员，有为提高经济效益和社会效益作出重要贡献的企事业领导者，有在弘扬民族文化、建设社会主义精神文明方面取得显著成绩的文化艺术工作者，有秉公执法、为国家和人民利益英勇奋斗的政法工作者。

4月28日，前来参加表彰大会的33个代表团全部到达北京。全国各地的代表以省、自治区、直辖市为单位组成代表团；中直机关及中央国家机关和最高人民检察院、最高人民法院系统的代表组成一个团；

解放军和武警部队分别组成了特邀代表团。

（二）表彰大会隆重召开

1995 年 4 月 29 日，雄伟壮丽的人民大会堂群星灿烂。党中央、国务院在这里隆重召开全国劳动模范和先进工作者表彰大会，庆祝“五一”国际劳动节，表彰在改革开放和社会主义现代化建设中做出优异成绩的近 3000 名劳动模范和先进工作者，这是新中国成立后召开的第 11 次全国劳模表彰大会。党和国家领导人江泽民、李鹏、乔石、李瑞环、朱镕基、刘华清、胡锦涛等出席了大会，并在会前同全体劳动模范、先进工作者和特邀代表合影留念。江泽民代表党中央、国务院在会上发表了重要讲话。

下午 3 时 30 分，大会在雄壮的国歌声中开始。国务委员、国务院秘书长罗干主持会议。中共中央政治局委员、全国总工会主席尉健行发表了题为《弘扬劳动模范的崇高思想，为改革发展稳定再立新功》的讲话。国务院副总理邹家华宣读了《国务院关于表彰全国劳动模范

1995 年 4 月 29 日，庆祝“五一”国际劳动节暨表彰全国劳动模范和先进工作者大会在北京人民大会堂召开。图为大会现场。

和先进工作者的决定》。国务院决定，授予郭玉明等2157名同志全国劳动模范荣誉称号，授予罗玲等716名同志全国先进工作者荣誉称号。国务院号召全国各行各业、各条战线的广大工人、农民、知识分子和各级干部向全国劳动模范和先进工作者学习，在以江泽民同志为核心的党中央领导下，坚定不移地贯彻执行党的基本路线和“抓住机遇，深化改革，扩大开放，促进发展，保持稳定”的方针，为夺取改革开放和社会主义现代化建设事业的更大胜利而努力奋斗。党和国家领导人向32名劳动模范和先进工作者代表颁发奖状和证书。

在全场热烈的掌声中，中共中央总书记江泽民发表重要讲话。江泽民指出，中国共产党领导的建设有中国特色的社会主义事业，是中国工人阶级和人民群众自己的创造性事业。在这一伟大实践中，我国工人阶级和各族劳动群众，充分发挥历史主动精神，在各自工作岗位上做出了辉煌的业绩，涌现出一大批劳动模范和先进工作者，他们的崇高思想和模范事迹，展现了我们的时代精神和工人阶级的精神风貌，显示了工人阶级和劳动群众作为历史的创造者、改革开放和现代化建设的主力军的伟大作用。各条战线的劳动模范和先进工作者，为全社会树立了光辉的榜样。党和国家感谢你们，各族人民尊敬你们。

江泽民在讲话中号召全社会都要尊重、爱护劳动模范和先进工作者，虚心向他们学习，关心他们的工作和生活。榜样的力量是无穷的，要大力宣传他们的主人翁责任感和艰苦创业精神，忘我的劳动热情和无私奉献精神，强烈的开拓进取意识和创新求实精神，良好的职业道德和爱岗敬业精神，充分发挥他们的骨干、带头和桥梁作用，努力扩大他们在全社会的积极影响，以激励广大干部和群众进一步弘扬中华民族的爱国主义精神和中国工人阶级的优秀品质，战胜前进中的各种困难，为我国社会主义现代化建设作出新的更大的贡献。

尉健行在讲话中说：劳动模范和先进工作者的伟大功绩，党不会忘记，人民倍加崇敬，社会广为传颂，祖国由衷感谢！会上，包起帆代表全国劳动模范和先进工作者宣读了题为《争做“改革发展稳定”的模范》的倡议书。来自全国各条战线的全国劳动模范和先进工作者，包括人民解放军和武警部队英模代表在内的特邀代表以及首都各界人士 7000 多人出席了大会。

4 月 30 日上午，全国劳动模范和先进工作者表彰大会在人民大会堂举行形势报告会。中共中央政治局常委、国务院副总理朱镕基，中共中央政治局委员、国务院副总理钱其琛，分别作了国内形势和国际形势的报告。朱镕基希望全国劳动模范和先进工作者在净化社会风气、加强企业管理、支持企业改革等方面发挥模范带头作用。

4 月 30 日下午，出席全国劳模表彰大会的 187 名教育系统的全国先进工作者应国家教委和全国教育工会的邀请，会聚京西宾馆座谈教育形势和问题。中共中央政治局委员、国务院副总理李岚清出席座谈会并讲话。农业部邀请中国人民解放军总政歌舞团等文艺团体在中国剧院表演精彩节目，慰问 600 多名农业战线的全国劳动模范和先进工作者。中共中央政治局委员、书记处书记、国务院副总理姜春云同劳动模范们一起观看演出。就在同一天，出席全国劳模大会的全国公安系统 67 位代表来到公安部与有关领导进行了座谈。中央军委委员、总后勤部部长傅全有与出席全国劳动模范和先进工作者大会的军队代表进行了座谈。61 位卫生系统的全国劳动模范和先进工作者来到北京中日友好医院参观和交流经验。在这些受到党中央、国务院表彰的白衣战士中，有双鬓斑白的老专家和名医，有年轻的后起之秀，还有来自基层、深受民众爱戴的保健卫士。

此外，4 月 30 日下午，出席表彰大会的部分代表还分别来到对口的人民日报社、国家教委、冶金部、卫生部、农业部、中国纺织总会、中国民航总局、国家建材局、国家新闻出版署、中国轻工总会、外经贸部、国家海关总署进行了交流座谈。当晚，劳模代表在京西宾馆礼堂观看了由全国各地企业职工自编自演的歌舞晚会。

5月1日早上5时，近3000名全国劳动模范和先进工作者来到天安门广场，心潮澎湃地参加了庄严的升国旗仪式。6时，他们登上了天安门城楼。8时整，代表们怀着崇敬的心情来到毛主席纪念堂，瞻仰毛泽东同志遗容。5月2日上午，代表们来到北京展览馆参观全国工业技术进步展。他们参观了机械、电子、轻工等23个展厅，了解到改革开放15年来，特别是党的十四大确立社会主义市场经济体制以来，我国企业在技术进步方面取得的巨大成就。

（三）劳模事迹报告团在全社会引起强烈反响

为了让劳模精神成为全社会的共同财富，全国劳模表彰大会召开后不久，在5月至6月期间，38位有突出贡献的全国劳动模范和先进工作者组成全国劳模报告团，由全国总工会领导分别带队，分成6路奔赴全国各地，在29个省、自治区、直辖市的38座城市作了60场事迹报告，直接听众达14万人，通过电视直播收看的观众达数百万人。

5月17日，首场劳模报告会在北京人民大会堂举行。尉健行及全国总工会有关领导出席了报告会。来自北京各行各业的3000多名职工听取了5位全国劳动模范所作的事迹报告。吉林化纤股份有限公司董事长、总经理傅万才讲述了作为一个大厂经营者，紧紧依靠职工办企业，瞄准市场，善抓机遇，清正廉洁地带领职工艰苦奋斗，使企业经济效益连续10年以年均49%的速度递增的事迹。江苏通裕纺织集团公司细纱挡车工毛洪梅讲述了自己15年出勤5400多天，每年超产30多吨棉纱，为企业多创产值50多万元，先后6次获得省、市操作比赛冠军的事迹。郑州铁路局郑州铁路客运站客运服务员张海燕讲述了自己以优良的服务，温暖了无数旅客的心的故事。中国航空工业总公司北京航空材料研究所研究员李东生讲述了其负责研制的多种金属陶瓷摩擦材料为国家节省外汇折合人民币达 4 亿多元的事迹。报告会不时响起长时间热烈的掌声，听众被他们无私奉献的先进事迹所打动。在劳动模范报告团巡讲期间，劳动模范所到之处无不受到当地热烈欢迎。广大干部群众踊跃参加报告会，不少听众被劳动模范的动人事迹和朴实无华的思想所感动。

劳动模范是我国工人阶级和劳动群众的杰出代表，社会主义建设需要劳模的骨干带头作用。举办这样大规模的报告活动，有助于更广泛地宣传劳模事迹，弘扬劳模精神，在职工群众中掀起“学先进、赶先进、争当先进”的热潮。

第二节 劳模为推动世纪之交经济社会发展建功立业

改革开放以后，我国工人阶级和广大劳动群众在建设有中国特色社会主义市场经济伟大进程中，拼搏奋斗、争创一流、勇攀高峰，为决胜全面建成小康社会、决战决胜脱贫攻坚发挥了主力军作用。

一、传统劳模队伍向知识型、技能型、创新型方向转变

计划经济时期，劳动模范们在苦、累、脏、险的工作岗位上忘我工作，赢得了人民的赞誉。这一时期劳动模范的显著特征是不畏困难、自力更生、艰苦奋斗、无私奉献、刻苦钻研、团结协作、爱岗敬业、多作贡献。这一时期的劳动模范主要来自基层，80% 来自一线产业工人，“一不怕苦、二不怕死”的硬骨头精神和“老黄牛”形象是他们的真实写照。例如，在新中国国民经济恢复期，面对一穷二白、白手起家的艰苦条件，以孟泰、马六孩、马万水、吴运铎等为代表的劳动模

范爱厂如家，修旧利废，创新生产纪录，大搞红旗竞赛，在极其艰苦条件下，为迅速恢复生产、提高劳动生产率、推动生产力发展，起到了决定性作用。在我国进入工业化起步阶段，以马恒昌、王崇伦、倪志福、马学礼、李瑞环、裔式娟、赵梦桃等为代表的劳动模范，带头大搞技术革新、技术协作，利用现有生产条件，土法上马，靠“蚂蚁啃骨头”的精神，解决了一个又一个技术难题，极大提高了我国工业技术水平。在打破帝国主义对我国经济技术进行封锁时期，王进喜的“铁人”精神、邓稼先的“两弹一星”精神，又使我国在自力更生的基础上，实现自给自足和提高综合国力上了一个大台阶。这种在极其艰苦环境中，知难而进地创造出惊天伟业的精神，形成了劳模难能可贵的优良品格，也是劳模队伍传统的表现形式。

改革开放初期，邓小平强调尊重知识、尊重人才，明确提出知识分子是工人阶级的一部分。这无疑扩展了劳模队伍的外延，丰富了劳模精神的内涵。这一时期，党和国家工作重心逐渐向经济建设转移，“生产力”标准成为当时劳动模范评选的重要条件。知识分子成为工人阶级一部分之后，摘取“皇冠明珠”的数学天才陈景润、“杂交水稻之父”袁隆平、“追光路上铺路石”蒋筑英、“中国式保尔”科技工作者罗健夫、“中国光学之父”王大珩、“中国航天之父”钱学森、“五笔输入法”创始人王永民等优秀知识分子，都成为全国著名劳动模范，他们的丰功伟绩受到党和人民的充分肯定，他们的科研成果极大地促进了中国经济的发展。

世纪之交，伴随改革开放和社会主义现代化建设的发展进程，中国经济社会发生巨大变化。新一代劳动模范逐渐具有知识型、技能型、创新型等特点，全社会也进一步形成尊重劳动、尊重知识、尊重人才、尊重创造的时代风尚。我国劳动模范队伍的构成正由体力劳动者向体力劳动者与脑力劳动者并重、生产者与创新者并重的方向发展。这主要表现为：一是劳模的评选标准更加具有时代特征；二是劳模的内涵不断丰富，外延不断扩展；三是劳模的评选过程和程序更加公开透明；四是劳模构成更加复杂多样。劳模精神的内涵丰富了，劳模队伍的外延扩展了，但劳模精神的本质并没有变化。无论时代如何变迁，劳动光荣、知识崇高、人才宝贵、创造伟大这些本质要素都是劳模精神不变的精髓，也是时代精神永恒的内涵。劳动模范队伍在变化中被赋予不同时代元素，而劳动模范引领社会大众投身社会主义事业建设的导向作用始终不变。

从“抓斗大王”包起帆到“金牌工人”窦铁成，从“蓝领专家”孔祥瑞到“智造工人”邓建军，从“铸造大师”李黄玺到“新时代专家型工人”李斌……这些全国劳动模范，都是新时期争做知识型、技能型、创新型工人中的优秀代表。他们为推动世纪之交经济社会发展、推进经济增长方式转变和全面建成小康社会贡献了智慧和力量，诠释了劳动光荣、知识崇高、人才宝贵、创造伟大的时代精神，在为中华民族伟大复兴建功立业征途中，充分发挥了中国工人阶级的主力军作用。

二、劳动模范体现各具特色的时代特征

从 1992 年到 2002 年的 10 年改革开放和社会主义现代化建设历程中，全国各族人民高举邓小平理论伟大旗帜，全面贯彻“三个代表”重要思想，继往开来，与时俱进，社会主义制度的内在活力和亿万职工群众身上蕴藏的智慧和力量像涌泉一样迸发出来，各条战线英雄辈出。10 年来，全国有 4088 人被授予全国劳动模范称号，有 1731 人被授予全国先进工作者称号；有 8129 人被授予全国五一劳动奖章，有

2488个企事业单位（班组）被授予全国五一劳动奖状[1]。

在不同的年代，一批又一批各具特色的劳动模范成为时代领跑者，他们体现出的劳模精神，既丰富了民族精神和时代精神的内涵，又成为极为宝贵的精神财富。在这10年中，中共中央宣传部、全国总工会及国家有关部委、有关部门，围绕党的十四大、十五大提出的奋斗目标，结合国民经济和社会发展十年规划与“八五”“九五”计划纲要，把贯彻落实全心全意依靠工人阶级的指导方针落到实处，大张旗鼓地在全国重点宣传了一大批模范先进典型。这些不同类型的模范人物具有明显的时代特征，他们在不同领域、不同行业、不同岗位，以不同方式发出同样的光和热，奉献了智慧和力量。

太原钢厂退休老工人李双良人退心不退，不用国家投资一分钱，组织60多名退休工人承包了太钢加工厂渣场，白手起家，靠艰苦创业精神，硬是把积累了半个世纪的1000万立方米的渣山搬掉，外运废渣1949万吨，回收废钢83.76万吨，创造经济价值1.415亿元，使原来污染严重的废渣山变成了美丽的花园。1988年6月，李双良被联合国环境规划署列入《保护及改善环境卓越成果全球500佳名录》；同年12月，联合国环境规划署授予他“全球500佳”金质奖章；1989年被国务院评为全国劳动模范。江泽民总书记曾亲笔题词：“学习李双良一心为公，艰苦创业的工人阶级主人翁精神，把太钢办成第一流的社会主义企业。”1993年4月5日，全国总工会作出决定，开展向李双良同志学习的活动。4月27日，太原钢铁公司举行李双良治渣10周年庆祝大会。会上，公司授予李双良“十年治渣特等功臣”称号，并向他颁发“当代愚公”光荣匾。

1　编者注：此数字仅包括每年“五一”国际劳动节集中颁发的全国五一劳动奖章和全国五一劳动奖状获奖者，没有包括即时表彰颁发的获奖者。

包起帆是一名从码头装卸工人成长起来的高级工程师，后来成为上海国际港务集团副总裁。40 多年来，他和他的同事们一起完成了 120 多项技术创新项目，3 项获得国家发明奖，2 项获得国家科技进步奖，17 项获得省部级科技进步奖，申请或被授予 41 项国家专利，21 项获得国际发明展览会金奖。在 2006 年 5 月巴黎国际发明展览会上获得 4 项金奖，成为巴黎发明展览会创办 105 年来个人同时获得 4 项金奖的第一人。他曾发明一系列港口装卸抓斗，被誉为“抓斗大王”，曾连续 4 次被评为全国劳动模范，两次被授予全国五一劳动奖章，还被评为全国优秀共产党员、全国十大杰出职工、全国优秀科技工作者等。

1994 年 3 月 2 日，中宣部、交通部、全国总工会在北京首次举办包起帆事迹报告会，后又在天津、石家庄等地多次举办报告会，他的事迹在全社会引起强烈反响。包起帆是新时期知识型、创新型职工的先进代表。他在工作岗位上刻苦钻研，发明创造，不断创新，用一流的成绩为经济社会发展和科技进步作出贡献。他立足本职、追求卓越，把创新渗透到工作中、落实到岗位上，在科技创新的实践中发挥聪明才智，在平凡的岗位上创造出了不平凡的业绩。

孔繁森生前是中共阿里地委书记，1979 年和 1988 年两次入藏。在阿里地区工作期间，他跨高山，涉深谷，过草原，访藏胞，进行深入的调查研究。全地区 106 个乡，他就跑了 98 个，为绘制建设新阿里的蓝图打下了坚实的基础。1994 年 11 月 29 日，他在车祸中不幸殉职，时年 50 岁。在长达 10 年的援藏工作中，孔繁森不畏艰苦，深入群众调查研究，帮助群众解决生产和生活中的困难。为了西藏的建设，他呕心沥血，为增强各民族团结作出了巨大贡献，被藏族人民称为“新时期的雷锋”“90 年代的焦裕禄”。按规定，副局级以上领导干部不参加全国先进工作者评选，但 1995 年全国劳动模范与先进工作者表彰大会筹委会认为，孔繁森为西藏的建设、发展和稳定作出了突出的贡献，经报请国务院批准，孔繁森被追认为全国先进工作者。孔繁森以自己的实际行动，展现了当代共产党人的优秀品质，塑造起新时期党的领导干部的崇高形象，用鲜血和生命谱写了一曲具有时代精神的奉献之歌。

全国劳动模范、上海普陀区房管局中山北路房管所房修水电工徐虎，在 1985 年到 1995 年的 3718 天里，把 7400 个小时的业余时间无私地奉献给千家万户普通居民。他在房修水电工岗位上一干就是 20 多年，以“辛苦我一人，方便千万家”的精神，做出了不平凡的业绩。1996 年 4 月 17 日，中共中央宣传部、建设部和中共上海市委联合在京举行徐虎先进事迹报告会。上海市普陀区石泉路街道居民李贵发代表所在地的 6000 多户居民在报告会上赞扬徐虎是“一心为民的好房修工”，是家喻户晓的服务明星，是最受欢迎的劳动模范。宣传徐虎这样在平凡岗位上为我国改革开放和现代化建设默默奉献的“小人物”，就是在宣传当代中国工人阶级的崭新风貌，让劳动模范敬业爱岗、无私奉献精神在全社会得到进一步发扬光大。

北京市公交总公司第一运营分公司 21 路公共汽车售票员李素丽，在 15 年的售票生涯中始终如一地遵守职业道德，发扬“一心为乘客，服务最光荣”的行业精神，钻研业务，爱岗敬业，全心全意为乘客服务。在平凡的售票岗位上，李素丽根据乘客不同需求，为他们提供最需要的服务：老幼病残孕，怕摔怕磕怕碰，李素丽搀上扶下；上班族急着按时上班，李素丽尽量让他们先上车；外地乘客容易上错车或坐过站，李素丽及时提醒他们；中小学生天性活泼，李素丽提醒他们车上维护公共秩序，车下注意交通安全。10 多年来，李素丽用真诚的笑脸、热情的话语、周到的服务、细致的关怀打动着每一位乘客，被人们誉为“老百姓的亲闺女”和“微笑的天使”。1996 年 10 月 9 日，全国总工会作出决定，授予李素丽全国职业道德标兵称号，并号召全国各族职工开展向李素丽同志学习活动。李素丽被授予全国劳动模范、全国优秀共产党员、全国三八红旗手等称号。

全国劳动模范、大庆石油勘探开发研究院院长、高级工程师王启民以铁人王进喜为榜样，克服各种困难，全身心地投入油田地质开发研究工作。他在 20 世纪 60 年代、80 年代、90 年代先后主持了油田 8 项重大开发试验任务，参加了 40 项科研攻关课题，解决了国外无法解决的难题，使大庆油田原油产量攀上了 5000 万吨的高峰，保证了油田第二个 10 年稳产 5000 万吨原油，为油田实现第三个 10 年稳产 5000 万吨打下了基础。王启民以“铁人精神”从事科学研究，用现代科技为国家和人民创造了巨大财富，成为当代知识分子的优秀典型，江泽民总书记评价他是“新时期铁人”[1]。1997 年 4 月 17 日，中共中央宣传部、全国总工会等 6 部门在京举行王启民同志先进事迹报告会。

王涛是东风汽车公司总装配厂调试分厂的一名调整工。40 年来，他始终工作在汽车生产一线，累计参与装调东风车达 20 多万辆，没出现过一次质量责任事故，被誉为汽车界“调整大王”。只有高中文化水平的他，写出了 10 本共计 70 多万字的汽车调整技术专业书籍，完成了 30 多项技术革新，创造了“王涛操作法”。王涛用奋斗者的姿态，用顽强的拼搏和执着的追求，在平凡的岗位上做出了不平凡的业绩，用实际行动塑造了新时期工人阶级的光辉形象，曾被全国总工会评为“全国十大杰出工人”“全国职工职业道德十佳标兵”；被国务院授予全国劳动模范称号。1998 年 4 月 29 日，中宣部、国家经贸委、全国总工会、湖北省委在北京召开学习王涛同志先进事迹座谈会，探讨王涛同志先进事迹的时代意义。

---

1 《江泽民总书记高度评价说——王启民是新时期铁人》，《工人日报》，1997 年 4 月 15 日，第 1 版。

全国劳动模范马恩华生前是河北省保定一棉纺织集团有限公司董事长、总经理兼党委书记。1984 年，马恩华出任保定一棉厂厂长时，厂里的机器 1/3 停转，工资发不出，上千名工人交了请调报告。在马恩华带领下，全厂职工经过 10 年拼搏，共创利税 3.77 亿元，连续 7 年稳居全国同行业 10 强。马恩华在办企业过程中全心全意依靠职工，科学决策，民主管理，把一个陷于困境的企业发展成全国同行中的一流企业，被人们称为“社会主义企业家”。1995 年 12 月 29 日，中共中央宣传部、中国纺织总会、中共河北省委在北京举行马恩华先进事迹报告会。

1994 年 5 月，35 岁的潘兰英成了停产企业湖北省黄石市丝绸厂的“留守工会主席”。当时，全厂 685 名职工有 665 人下岗。潘兰英在 5 年时间里，跑了 100 多家企业，走访了 340 余户困难职工家庭，先后帮助 170 多人谋到新职业，解决了 180 名退休职工的养老金，帮助 200 多户家庭缓解了困难。2000 年 9 月，潘兰英被调到铁山区总工会任副主席。位置变了，职务高了，但她“为党分忧，为职工解难”的信念没有变。上任伊始，她带着同事们跑遍了全区大大小小的企事业单位，为 25 家停产、半停产企业和 1200 户特困职工建立了档案。通过收集用工信息、自创就业基地以及多渠道推介就业等办法，几年中，她收到各类用工信息近 5000 条，提供就业岗位 3000 多个，推介下岗职工实现再就业 5731 人，使 120 多个下岗特困职工家庭逐步摆脱贫穷；累计免费培训下岗失业人员 2700 多人，就业和再就业率达到 100%。1999 年，潘兰英被全国总工会授予全国五一劳动奖章，还被全国总工会授予“全国职业道德十佳标兵”“全国模范工会干部”等荣誉称号。2000 年，被国务院评为全国劳动模范。2005 年，以她的名字命名的“潘兰英维权服务热线”成为帮助职工排忧解难的贴心热线，潘兰英以自己的实际行动证明，工会干部是职工群众的“娘家人”。

全国劳动模范李黄玺是一汽集团公司第二铸造厂造型车间电钳一体化维修工人。在工作中，他长期坚持业余时间学习文化科学知识，由一名初中生成长为一名具有大学文化水平的高级工人技师，能独立翻译外文资料，自己设计计算机系统，攻克了伺服驱动系统等 63 项技术难关，并改造了 4 条具有国际先进水平的造型线，为国家创造直接经济价值 1300 多万元。在经济技术创新时代，他用先进的科学技术武装自己，追赶时代的脚步永不停止。2001 年 6 月，中央企业工委、全国总工会先后在全国总工会机关、首钢、航天机电集团公司等单位组织了 4 场“新时代工人的楷模”李黄玺先进事迹报告会，引起强烈反响。

三、劳模当职业道德典范，做自学成才标兵

党的十四大指出，“物质文明和精神文明都搞好，才是有中国特色的社会主义”。[1] 职业道德建设是社会主义精神文明建设的重要内容。我国的职业道德是由具有中国特色的社会主义政治、经济与文化决定的，它以为人民服务为宗旨，以爱国主义、集体主义、社会主义为主要内容，以服务于生产力发展和社会全面进步为准则。为了在职工群众中积极倡导以“爱岗敬业、诚实守信、办事公道、服务群众、奉献社会”为主要内容的职业道德规范，促进职工职业道德水平的全面提高，用职工职业道德的崇高追求引领和影响社会道德价值，从 1994 年开始，全国总工会、国家经贸委、国务院纠风办联合成立了全国职工职业道德建设指导协调小组，并开始了每年一度的“全国职工职业道德十佳标兵”“全国职工职业道德十佳单位”及先进个人和先进单位（集体）的评选活动。

1　中共中央文献研究室：《十四大以来重要文献选编》（上），人民出版社，1996 年。

历届评选出的“全国职工职业道德十佳标兵”都是各行各业的先进人物。他们中有全国劳动模范、全国先进工作者、省部级劳动模范、全国五一劳动奖章获得者、全国十大杰出职工、大国工匠等，还有一些是全国人大代表、全国党代会代表。全国著名劳动模范李素丽、徐虎、包起帆、郭和平、周启美、张玮、孔祥瑞等，都是不同时期评选出的“全国职工职业道德十佳标兵”。从 2003 年开始，“全国职工职业道德十佳单位（集体）”“全国职工职业道德十佳标兵”改为每两年评选一次，并明确“十佳单位”和“十佳标兵”将被授予全国五一劳动奖状和全国五一劳动奖章荣誉称号。

为鼓励职工立足本职岗位自学成才，促进人才的培养和开发，提高职工队伍素质，加速社会主义现代化建设，1994 年 2 月 28 日，全国总工会、国家教委、国家科委、人事部、劳动部公布了《全国职工自学成才奖励条例》，对在科学技术方面有重要创造发明，达到或超过国内先进水平；在学术研究方面取得重要成果，有独创性见解；在推广应用科学技术成果中有创造性贡献，并取得显著经济效益和社会效益；有重大技术改进和合理化建议，经试验研究和实际应用，使某一单位的生产或工作取得显著成效，并具有较大社会效益；有效地管理企业，使生产经营活动取得较大经济效益，并创造了一套科学管理办法，具有重要推广价值；总结出本市、本行业系统性的有推广价值的经验，并作出重大贡献；在生产中具有较高的技能和理论水平，作出突出贡献，在全国性技术比赛中获得突出成绩等符合条件者，均可申报全国职工自学成才奖。6 月 9 日，全国总工会首次给天津静海县技术开发研究所所长李春先等 49 人颁发了“全国职工自学成才奖”，授予抚顺石化公司石油一厂等 50 个单位“全国职工读书自学活动先进单位”称号，授予肖纪农等 25 人“全国职工读书自学活动优秀组织者”称号。

这些先进个人和单位是由各地推荐，经由全国总工会、国家教委、国家科委、人事部、劳动部组成的全国职工自学成才奖评审委员会严格评审确定的。49 名“全国职工自学成才奖”获得者中，有 54%是工业战线的职工，67%原有文化程度是初中以下。经过数年艰苦自学，现在都具有较高的专业技术水平，有 43 人已具有中级以上技术职称。获奖者中，党员占 59%。全国总工会号召全国各族职工，在发展社会主义市场经济、推动社会主义物质文明和精神文明建设中，不断提高读书自学的积极性，立足岗位学理论、学文化、学科学、学技术、学管理，提高素质，增长才干，为改革开放和社会主义现代化建设作出新的更大贡献。

在历届“全国职工自学成才奖”获得者中，有许多是全国劳动模范、全国五一劳动奖章获得者、省部级劳动模范等。全国劳动模范、山东省烟台市建筑工程公司工人技师于建友原来只有高中文化程度。从 1982 年开始，他自学建筑专业知识，运用自己发明创造的工艺方法，在 1990 年首届全国青工技术大赛中获得抹灰工第 1 名。1993 年，他作为唯一的工人代表，以专家身份参加了首届中国青年奥林匹克技能竞赛。他编写的技术培训教材广受建筑工人们的好评。全国劳动模范、河北省新河县新钻有限公司总经理、党委书记赵继英在长达十几年从事技术工作中，把学到的知识运用到开发研制新产品中，有 3 种自主研发的新型钻机分别获省科技进步三等奖，其中一种被列为国家级新产品。全国先进工作者、浙江省鄞县中学教师殷志毅先后自学了高等数学、复变函数等大专基础理论课程。1981 年，他任教的初中毕业班的 43 名学生全部考上高中，他任教的数学课程，在升学考试中平均成绩达 96.4 分，他撰写出版了 8 本专著和教学参考书。全国五一劳动奖章获得者、河南焦作矿务局电子设备厂厂长赵禧林通过自学，搞出了 60 多项技术革新和发明创造。他研制的产品，先后获得省部级科技进步奖、全国发明金牌奖等。全国五一劳动奖章获得者、山西孝义市工业建安公司经理董开杰在 3 年时间里，主持研制成功“GRC 轻质墙体板”等 8 项科研成果，完成了两项省星火计划项目，共创经济效益 1400 多万元，技术援助了省内 15 家亏损企业，使之全部扭亏增盈。

在 1998 年 6 月 12 日举行的全国职工读书自学活动表彰大会暨全国职工读书自学活动 15 周年纪念会上，100 名“全国职工自学成才奖”获得者在京受到隆重表彰。在这 100 名自学成才者中，刘庆梅等 10 人被树为 1998 年度全国职工自学成才标兵。这 100 名获奖者是由全国 29 个省、自治区、直辖市、新疆生产建设兵团及铁路系统推荐的，是各地各行业在自学成才活动中涌现出来的佼佼者。他们共完成技术攻关、科研项目 723 项，撰写学术论文及科研报告 423 篇，出版专著或译著 64 部，其中获得国家级成果奖的有 22 项，32 项获得国家专利。

四、2000 年，全国劳动模范和先进工作者表彰大会召开

自 1995 年国务院召开全国劳动模范和先进工作者表彰大会以来，全国各族人民积极投身到建设有中国特色的社会主义现代化建设事业中，各项改革和建设事业取得了巨大成就，涌现出了一大批品德高尚、成绩显著、贡献突出的先进模范人物。为充分调动全国人民建设有中国特色社会主义的积极性，全面完成党的十五大提出的各项任务，2000 年 2 月 15 日，国务院发出《关于召开 2000 年全国劳动模范和先进工作者表彰大会的通知》。《通知》要求各省、自治区、直辖市人民政府和各有关部门，一定要加强领导，认真做好表彰大会的筹备工作。评选全国劳动模范和先进工作者，要面向基层，面向经济建设第一线。在评选过程中，要严格把握标准。

（一）表彰大会筹备情况

这次表彰大会规模大、规格高、时间紧、任务重。大会筹备时长，只有历届大会的 1/5。为了开好本次大会，国务院办公厅于 2000 年 2

2000年：全国劳动模范和先进工作者表彰大会

2000年4月29日在北京人民大会堂举行。国务院授予1931人全国劳动模范称号，授予1051人全国先进工作者称号。江泽民、李鹏、朱镕基、李瑞环、胡锦涛、尉健行、李岚清等党和国家领导同志出席大会。大会由中共中央政治局常委、国务院总理朱镕基主持。中共中央总书记、国家主席、中央军委主席江泽民发表重要讲话。国务委员兼国务院秘书长王忠禹宣读了《国务院关于表彰全国劳动模范和先进工作者的决定》。

此次表彰大会在评选劳模过程中出现新变化：一是指导思想明确，政策规定可操作性强；二是不留机动名额，严格掌握标准；三是开始实行推荐人选公示制；四是筹委会评审工作机构采取封闭式管理，杜绝了“争名额”“跑指标”等不正之风。此外，这次表彰大会首次启用新奖章。

月17日，成立了2000年全国劳动模范和先进工作者表彰大会筹备委员会及其办公室。筹委会主任由国务委员兼国务院秘书长王忠禹担任。人事部部长宋德福，全国总工会副主席、书记处第一书记张俊九，劳动和社会保障部部长张左己，国家经贸委主任盛华仁，教育部部长陈至立，科学技术部部长朱丽兰，农业部部长陈耀邦，中共中央办公厅副主任胡光宝，国务院副秘书长崔占福任筹委会副主任。筹委会办公室设在全国总工会，主任由崔占福兼任，下设5个筹备小组。各省、自治区、直辖市也先后成立了相应的机构，负责本地全国劳动模范和先进工作者评选的组织实施工作。

2月24日，王忠禹主持召开了全国劳动模范和先进工作者表彰大会筹委会第1次全体会议，讨论并原则通过了《关于做好全国劳动模范和先进工作者推荐评选工作的通知》，研究了大会筹备工作的进度安排，明确了全国劳动模范和先进工作者推荐评选的若干政策问题。2月28日，召集筹委会办公室负责同志，具体研究修改了《全国劳动模范和先进工作者表彰大会组织工作方案》《关于2000年全国劳动模范和先进工作者推荐评选工作有关问题的请示》。3月4日，召开了全国劳动模范和先进工作者推荐评选工作会议，明确了推荐评选工作的指导思想，即通过表彰全国劳动模范和先进工作者，充分调动包括广大工人、农民、知识分子在内的人民群众的积极性、创造性，推动党的十五大确定的各项任务的全面完成。推荐评选的主要对象是广大一线工人、农民、知识分子。要坚持面向基层、面向一线，兼顾各行各业的代表性。妇女和少数民族人员应占一定比例。

做好全国劳动模范的评选工作、确保推荐人选的先进性是开好表彰大会的关键。在大会筹委会的统一部署下，各地和中央有关部门普遍成立推荐评选工作领导机构，集中力量开展工作，保证了评审任务按期完成。在大会筹委会正确领导和各地各有关部门的积极配合下，此次评选工作呈现出几个特点：一是指导思想明确，政策规定可操作性强。筹委会提出了推荐评选工作的指导思想，确定了推荐人选的名额和比例，明确了私营企业主不列入本次全国劳动模范评选范围，评选企业负责人和党政机关领导干部应从严掌握等政策规定，为做好评选工作提供了政策依据。二是不留机动名额，严格掌握标准。本次评选没有机动名额，也绝不开口子，避免了“争名额”“跑指标”现象的发生，保证了评选工作的有序进行。各地普遍采取差额推荐、优中选优的方法，推荐人选绝大多数是1995年以来涌现出的品德高尚、成绩显著、贡献突出、群众公认的先进模范人物，并经各省、自治区、直辖市和有关系统推荐评选机构集体研究审定。三是严格履行民主推荐程序，实行推荐人选公示制度。所荐劳动模范人选，经企事业职工

（代表）大会或村民（代表）大会讨论通过，企业负责人人选还经工商、税务、审计、纪检、监察和干部主管部门严格审查。各地和中央有关系统，通过媒体对初选人选进行公示。公示后，对其中 4 名人选作了调整。四是严肃评选工作纪律，杜绝不正之风。筹委会办公室评审工作机构采取封闭式管理，参与评审的工作人员坚持讲原则、讲纪律、讲廉政，杜绝了“拉关系”“找门路”“争名额”“跑指标”等不正之风。

为了体现面向基层、一线工人、农民、知识分子的评选原则，筹委会规定，各地推荐评选出的全国劳动模范、企业一线职工不得低于总数的 35%，农民应占总数的 20%，企业负责人不超过总数的 8%。各地有关部门按大会筹委会要求，对评选工作精心策划，精心组织，团结协作，分工负责，为确保推荐人选的先进性和开好劳动模范大会提供了保障。大会筹备期间，筹委会共开了 3 次全体会议、5 次办公室主任会议。会议就表彰大会组织实施方案、评选工作中的有关政策、大会会务方案、评选中出现的若干问题等进行了研究。4 月 26 日，辽宁、河北、山东、河南、江西、新疆、江苏、云南、广西等地分别举行了隆重而热烈的劳动模范进京欢送大会。4 月 27 日，参加全国劳动模范大会的各省、自治区、直辖市和中央直属机关、中央国家机关、中央企业工委、中央金融工委、中国人民解放军、中国人民武装警察部队、最高人民法院、最高人民检察院共 39 个代表团全部抵达北京。

这次大会的召开正处于世纪交替之年，也是完成“九五”计划和实现 20 世纪末重要奋斗目标的最后一年。一方面，经济建设蓬勃发展，人民生活水平不断提高；另一方面，市场经济又给人们的道德观、价值观带来了巨大的冲击，拜金主义、享乐主义、投机取巧等不良风气侵蚀着人们的思想。在这种情况下，确认劳动的社会价值，弘扬劳模的先进思想，让先进模范人物的崇高精神发扬光大，显得尤为必要。

（二）表彰大会隆重召开

2000 年 4 月 29 日 15 时，全国劳动模范和先进工作者表彰大会在北京人民大会堂宴会厅隆重召开，这是新中国成立后召开的第 12 次全国劳模表彰大会。中共中央总书记江泽民在会上发表了重要讲话。李鹏、朱镕基、李瑞环、胡锦涛、尉健行、李岚清等党和国家领导人出席表彰大会。中共中央政治局常委、国务院总理朱镕基主持大会。国务委员兼国务院秘书长王忠禹宣读《国务院关于表彰全国劳动模范和先进工作者的决定》，授予 1931 人全国劳动模范荣誉称号，授予 1015 人全国先进工作者荣誉称号。全国劳动模范和先进工作者代表登上主席台，从党和国家领导人手中接过全国劳动模范和先进工作者荣誉证书。中国第一汽车集团公司工人李黄玺代表全国劳动模范和先进工作者宣读了倡议书。

江泽民在讲话中高度评价全国劳动模范和先进工作者是亿万劳动

2000 年 4 月 29 日，全国劳动模范和先进工作者表彰大会在北京人民大会堂隆重召开。图为参加大会的劳动模范和先进工作者步入会场。

群众的杰出代表。他们对祖国和人民无限忠诚，爱岗敬业，勇于创新，无私奉献，严于律己，弘扬正气，在平凡的岗位上做出了不平凡的业绩，是建设社会主义物质文明和精神文明的先锋。他们的思想和行动，体现了中国工人阶级的高贵品格。他们不愧为我们民族的精英、国家的脊梁、社会的中坚和人民的楷模。

江泽民在讲话中号召全国人民都要以先进模范人物为榜样，努力树立远大的理想和坚韧不拔的奋斗精神，努力用先进的思想道德和现代科学文化知识武装自己，努力贯彻执行党和国家的方针政策，努力做到识大体顾大局、正确对待改革中利益关系的调整，努力在生产和工作中发挥自己的智慧和创造力，努力维护民族团结、国家安全和社会稳定。要在全社会始终倡导和保持学习先进、争当先进的良好风尚，让先进模范人物的崇高精神发扬光大、代代相传。朱镕基在讲话中希望全国劳动模范和先进工作者谦虚谨慎，再接再厉，立足本职，再立新功，为实现党的十五大提出的跨世纪宏伟蓝图作出新的更大的贡献。

在出席这次表彰大会的 2946 名全国劳动模范和先进工作者中，企业一线职工有 1085 人，占 36.8%；农民 559 人，占 19.0%；科研人员、专业技术人员和教育教学人员 800 人，占 27.2%；企业负责人 217 名，占 7.4%。这次表彰的全国劳动模范具有鲜明的时代特色，其表彰主体是掌握现代科学技术的产业工人、带领群众共同致富的新型农民、勇攀文化科技高峰的知识分子、为保卫国家和人民安全功勋卓著的英模人物。劳动模范的文化素质有明显提高，大专以上学历的占一半以上，具有高级专业技术职称的占 34.7%。其中，硕士 174 名、博士 39 名、两院院士 19 名。出席大会的 213 名特邀代表，主要是各省、自治区、直辖市的历届著名全国劳动模范代表，还有部分中央直属机关、中央国家机关、中央企业工委、中央金融工委的著名全国劳动模范代表和中国人民解放军、中国人民武装警察部队的英模代表。会议期间，还组织部分全国劳动模范到对口的国家部委进行座谈，并安排了慰问演出和参观活动。大会期间，有 80 多家新闻单位的 220 多名记者对大会进行了采访报道，从 4 月 20 日至 5 月 10 日集中宣传报道了 18 位全国先进模范人物。

表彰大会的隆重召开，弘扬了新时期先进模范人物的先进思想、优秀品质和时代精神，对于激励和鼓舞全国人民坚定信心、开拓进取，为实现跨世纪的宏伟目标而努力奋斗，具有重大而深远的意义。大会闭幕后，各地举行了形式多样的活动，迎接劳动模范载誉归来，传达贯彻江泽民重要讲话精神，动员广大人民群众以先进模范人物为榜样，在深化改革、促进发展、维护稳定中建功立业。

与往届劳动模范表彰大会不同，这次表彰大会首次启用新奖章。新奖章主体图案是五星和天安门，代表国务院授予荣誉称号的规格；外围由光芒组成，代表劳动模范和先进工作者的先进思想和骨干带头作用；齿轮、麦穗、书本分别代表工人、农民和知识分子；齿轮、麦穗、书本有机结合形成圆形设计，代表各族人民团结在党中央周围；奖章中分别标示了全国劳动模范、全国先进工作者字样；绶带红底，上有两条金色条带，分别代表全国劳动模范和全国先进工作者。另外，由于人民大会堂大礼堂正在进行修葺，首次将 4000 人规模的大会安排在了人民大会堂宴会厅举行。

（三）劳模表彰大会在全国引起强烈反响

江泽民总书记代表党中央、国务院在全国劳动模范和先进工作者表彰大会上发表的重要讲话及大会盛况，在全国广大人民群众中引起强烈反响。4 月 30 日，海关系统举行学习全国先进工作者电视电话会议，并从即日起开展了“学英模、创新高”活动，国务委员吴仪给大会发来贺信。在全国劳动模范表彰大会上，来自海关战线的 6 位同志受到表彰。这是新中国成立以来，海关系统被授予国家级先进工作者人数最多的一次。5月1日，李鹏来到西安考察工作。当天下午，他亲切会见了刚刚参加表彰大会返回西安的21位劳动模范，并与他们一起座谈。5月1日，全国总工会举行庆祝“五一”国际劳动节座谈会，尉健行出席并讲话。刚刚荣获全国劳动模范和先进工作者称号的上海宝山钢铁股份有限公司工人孔利明、黑龙江省佳木斯市郊区鞋厂下岗再就业工人董鑫、西北工业大学应用物理系系主任魏炳波、葛洲坝集团三峡工程指挥部指挥长陈飞、东北制药集团公司总经理陈钢、河南省内黄县总工会主席邵敬春、江西省萍乡市湘东区荷尧村农民熊启东先后在会上发言，畅谈参加劳模表彰大会后的感想和决心。4月26日，新疆维吾尔自治区召开庆祝“五一”国际劳动节大会，隆重表彰职工职业道德“双十佳”及先进个人和首届非公企业“贡献突出关爱职工”优秀经营者。4月27日，北京市隆重召开劳模表彰大会，1374人被授予北京市劳动模范和先进工作者。4月28日，山东省举行庆祝“五一”国际劳动节暨山东省富民兴鲁劳动奖章表彰大会。4月30日，吉林省委、省政府召开劳模座谈会。5月1日，云南在昆明翠湖公园举行劳模座谈会。当天，赴京参加全国劳模大会的68位代表返回昆明后，受到当地群众的热烈欢迎。

第三节

工会承担起关爱劳模“第一责任人”职责

劳动模范作为一个光荣的群体，在广大职工群众中发挥着骨干和表率作用，为我国经济建设和社会发展作出了不可磨灭的贡献。一直以来，党和政府十分重视和关注各级劳动模范生活情况，尤其是部分困难劳动模范的生活问题，先后制定了一系列保障和改善劳动模范生活的措施。许多省、自治区、直辖市党委、政府和工会也通过设立劳动模范荣誉津贴或生活补贴、办理补充养老保险、减免医疗费、设立专项帮困资金等措施，来改善劳动模范的生活待遇。这些措施体现了党和政府对劳动模范的关怀，得到了社会各方面的支持。

一、开展劳模状况调查，解决劳模实际困难

在全面建成小康社会的进程中，随着经济的发展和各项政策的落实，大部分劳动模范的生活水平不断提高，但仍有一部分劳动模范生

活困难。对于有特殊困难的劳动模范和离退休的老劳模，工会切实承担起“第一责任人”的职责，积极主动地协助有关方面，及时解决他们遇到的实际困难与问题。为此，全国总工会围绕劳动模范的工作和生活状况先后开展了一系列调查，与有关部门联合发出关爱劳动模范的通知，一些省、自治区、直辖市也出台了相关政策和规定。

（一）对劳模状况进行专项调查

为了翔实了解劳动模范的工作、生活、管理等方面的情况，在1995年至2002年期间，全国总工会有关部门曾多次开展专项调查。

1995年7月，全国总工会经济工作部对青岛、沈阳、大连等地的劳动模范有关情况进行了调查。就3地的劳动模范发挥作用、社会影响力、生活和工作现状、参政议政、队伍建设以及亟待研究和需要解决的问题写出了调研报告，提出了建设性意见。

1996年11月，全国总工会经济工作部会同北京等17个省市的20个中等城市（区）工会对“八五”期间全国五一劳动奖章获得者的状况进行了历时两个月的调查。通过发放调查问卷、召开座谈会、走访重点人物等形式，对343名全国五一劳动奖章获得者进行了调查。调查显示，他们中的绝大多数不仅依然保持着评选时的先进本色，而且在获得荣誉后，依然不断努力，向更高的标准进取和追求。

1997年11月，全国总工会经济工作部对1997年评选出的全国十大杰出工人和10名全心全意依靠职工办企业的优秀领导干部情况进行了跟踪调查。调查显示，对于全国总工会在当年“五一”庆祝表彰活动期间推出的全国十大杰出工人，中央电视台在新闻联播中连续进行了重点报道，全国各大新闻媒体竞相进行了报道，在全国引起强烈反响，但对在当年8月底推出的10名全心全意依靠职工办企业的优秀领导干部，在全国范围的宣传力度明显不如前者。有关省、自治区、直辖市非常重视这些出自本地的典型人物培养。有的送其入学深造，有的送其出国考察，对他们进行重点栽培；有的采取一次性重奖或晋升工资等形式，对他们进行激励；有的注重提高他们的政治待遇，王静侠、王启民、吕永杰被推选为党的十五大代表，王启民被推选为中共中央候补委员，滕增寿被推选为全国人大代表。

1999 年 12 月，全国总工会经济工作部根据全国总工会书记处确定的重点调研课题要求，会同湖南、北京、陕西、甘肃、四川、福建、江苏、上海、天津、河北、山西、山东、云南、内蒙古、重庆、辽宁 16 个省、自治区、直辖市总工会经济工作部对劳动模范管理状况进行了调研。调研围绕劳动模范队伍的基本概况、劳动模范管理工作的基本情况、当前劳动模范工作存在的主要问题进行，并提出了加强劳动模范管理工作的 6 条建议，撰写出《关于劳模管理工作状况的调查报告》。

2002 年 1 月至 8 月，全国总工会经济技术部会同各省、自治区、直辖市总工会和铁路、金融、民航工会对职工全国劳动模范生活状况进行了调查，完成了《关于全国劳动模范生活状况的调查报告》。此次调查，采取统计调查与问卷调查相结合、召开座谈会与个别访谈相结合的方法。其中，问卷调查 12611 人，召开座谈会 23 个，个别访谈 300 人。与此同时，各省、自治区、直辖市总工会和全国产业工会对省部级劳动模范的生活状况也进行了调查。通过调查，基本摸清了劳动模范的生活状况，指出了当前劳动模范生活存在的突出问题，分析了其中的原因，提出了解决劳动模范生活困难的具体建议。

《关于全国劳动模范生活状况的调查报告》显示，在 2002 年健在的 14074 名全国劳动模范中，30 岁以下的占 0.7%，31 岁至 50 岁的占 24.8%，51 岁至 60 岁的占 20.3%，60 岁以上的占 54.2%；在职劳动模范占 43.3%，离退休劳动模范占 55.5%。到 2002 年底，全国有 15 个省、自治区、直辖市制定了劳动模范管理办法，对劳动模范的工资、医疗、体检、住房等待遇作出规定；有14个省、自治区、直辖市设立了劳动模范荣誉津贴；有8个省、自治区、直辖市为劳动模范办理了补充养老保险；还有一些省、直辖市建立了劳动模范医疗优选制度。自2001年全国总工会和民政部开展“爱心献劳模”活动以来，缓解了部分全国劳动模范的生活困难。2002年以来，各地加大了确保国有企业下岗职工基本生活和确保离退休人员基本生活的工作力度，“两个确保”也使困难劳动模范的数量大幅度减少，生活状况明显改善。到2002年底，低于当地低保线的特困全国劳动模范，比上一年的1323人减少了683人。

调查显示，仍有一部分劳动模范，特别是离退休老劳动模范的生活比较困难。在2002年健在的14074名全国劳动模范中，收入低于当地最低工资标准的有860人，占6.1%；家庭人均收入低于当地低保线的有640人，占4.5%；还有少数劳动模范，因本人或家属患病、子女上学费用高、家庭赡养人口多等原因，生活窘迫。调查问卷显示，有15.3%的劳动模范，对目前的收入和生活现状不满意；有12.5%的劳动模范认为生活水平比一年前下降。从各省、自治区、直辖市总工会的调查看，省部级劳动模范的总体收入少于全国劳动模范，生活困难的程度也大于全国劳动模范。2001年，全国职工月平均工资收入为905.8元，而全国劳动模范月工资收入低于900元的有3747人，占26.7%。在收入低于当地最低工资标准的860名全国劳动模范中，退休的占71.1%，20世纪五六十年代的老劳动模范占78.8%。在14074名全国劳动模范中，有529人被拖欠工资或退休金，占3.8%；有2151人没有按照有关规定增加退休金，占15.28%；有1436名劳动模范所在单位没有为其缴纳养老保险金，占10.2%；有839人提前退休，占6.0%；有147人因下岗失业，生活无着落，占1.0%；有2041名1995年以前的全国劳动模范，退休后没有享受到国家规定的劳动模范退休待遇；有5291

人的医疗费不能报销或只能报销一部分，占 37.6%，拖欠金额达 578.27 万元，人均近 4000 元；有 4252 名全国劳动模范家庭，人均住房低于全国城镇居民平均水平。

（二）切实解决劳模遇到的困难

为切实解决部分劳动模范的生活困难，提高劳动模范待遇，国家和有关部门先后制定了关于提高劳动模范退休金、不得安排劳动模范下岗、给予劳动模范一次性奖励等规定，从资金和政策等方面解决部分劳动模范生活困难等问题。

1996 年 11 月 8 日，全国总工会下发了《关于为劳动模范多办实事的通知》。《通知》强调，各地要落实现行的劳动模范待遇政策，对国务院 1978 年和 1995 年分别下发的关于劳动模范应享受的待遇规定，1983 年全国总工会、中组部、劳动人事部、卫生部下发的对保护劳动模范身体健康的有关规定，各级工会组织要加强对这些劳动模范待遇政策执行情况的检查督促，使其更好地落到实处。

自 1989 年国务院召开全国劳动模范和先进工作者表彰大会后，6 年来，全国各行各业、各条战线都取得了可喜发展和变化，又有一大批先进模范人物涌现出来。为进一步调动全国各族人民改革开放和建设社会主义的积极性，国务院于 1994 年作出决定，在 1995 年“五一”国际劳动节前夕召开全国劳动模范和先进工作者表彰大会。

为了改善和提高劳动模范待遇，许多省、自治区、直辖市总工会通过为劳动模范发放荣誉津贴等方式，改善和提高劳动模范待遇。福建、上海、北京、山东，湖南、河北、浙江、陕西、云南、黑龙江、四川、广东等省、直辖市分别制定了离退休劳动模范荣誉津贴办法。办法分别规定，凡获得省部级劳动模范、先进工作者荣誉称号的职工，离退休后每月增发荣誉津贴 30~100 元；获得全国劳动模范、先进工作者称号的每月增发荣誉津贴 80~150 元。其中，北京、山东、浙江、河北、广东、黑龙江 6 个省市是由政府出政策，企业兑现；福建是由各级政府财政兑现；湖南省规定，视企业负担能力，由企业、社会统筹或政府财政支出。仅河北省 1999 年，就为 4000 多名省部级以上离退休劳动模范落实了每人每月 30~80 元的荣誉津贴。

为了解决劳动模范生活困难，全国各级工会通过定期走访慰问、建立送温暖基金等方式对特困劳动模范予以救济。到 1999 年底，江苏省省以上特困劳动模范均已达到各地制定的最低生活标准线，解困率达到 100%。四川省总工会 1998 年出台了对下岗和生活特困的省级以上劳动模范经常性补助的政策，每月补助 120 元。一些中心城市，如武汉市通过财政拨款 2501 万元建立了生活困难劳动模范帮扶资金，先后帮扶困难劳动模范 345 人次。西安市由政府拨款，按每人每月 300 元标准救济特困劳动模范，到 1999 年底已补助 1250 人次。2000 年，广西壮族自治区总工会经过调查，由政府对全区 58 名区级以上生活水平低于最低生活保障线的劳动模范，给予一次性 2000 元的困难补助。

为了解决劳动模范住房困难，上海市总工会于 1994 年对劳动模范的住房困难情况进行了调查。调查发现在离退休劳动模范中，人均居住面积 4 平方米以下的有 110 户，人均居住面积 5 平方米以下的有 240 户。经与政府有关部门共同努力，至 1998 年底，纳入解困范围内的离退休劳动模范住房问题 100% 都得到解决。辽宁省大连市由财政拨款 1368 万元，在繁华路段建设了面积为 6840 平方米的两栋“劳模楼”，新迁和调整住房困难的劳动模范 120 户。2000 年，福州市对人均住房面积在 10 平方米以下的劳动模范在申请购买职工解困住房时，一次性给予 6500 元至 3 万元不等的补助。

为了关心劳动模范身体健康，天津市总工会 1992 年至 1998 年为 2.2 万名（次）劳动模范进行了体检；1998 年又拨专款 50 万元，为特困企业劳动模范免费就医，677 人得到治疗。河北省建立了劳动模范体检疗养制度，有 90% 以上的全国劳动模范和省部级劳动模范分批到疗养院（所）进行疗养和休养。1997 年，上海市总工会为全市 13144 名历届劳动模范进行了体检。其中，离退休劳动模范 8473 人，经体检，对疾病严重的 4725 名劳动模范进行了治疗，30 人住院手术，200 多人进一步检查治疗。

为了帮助下岗劳动模范再就业，各地工会按照国务院的规定，明确规定了劳动模范原则上不能下岗。同时，积极为停产、破产企业下岗劳动模范再就业创造条件。例如，江苏省各级工会一方面通过源头参与，积极协助地方党委、政府制定有关政策，使劳动模范原则上不得下岗；另一方面针对少数劳动模范下岗的情况，发挥工会职业介绍所优势，努力为下岗劳动模范再就业牵线搭桥，使符合再就业条件的劳动模范大部分重新上岗。

为了给劳动模范办理补充养老保险，1998 年前后，山西、湖北省总工会与省保险公司联合下文，按照单位投保、个人享受，一次投保、终身享受原则，为省级以上劳动模范全部办理了补充养老保险。黑龙江省总工会为县以上劳动模范 4000 多人办理了互助补充保险，保险总金额达 1500 万元。上海市总工会经过努力，为市以上劳动模范投保 1~3 份补充养老保险，并规定对 1999 年以后退休的劳动模范分三个等级由社保局一次性发给补充养老金。大连市总工会为 336 名劳动模范办理了补充养老保险，投保金额达 170 万元。天津、吉林、河南、安徽、云南等省总工会也为劳动模范办理了补充养老保险。

二、把关心和爱护劳模当成重要任务来抓

劳模精神是激励全国各族人民应对各种机遇和挑战，团结奋斗、勇往直前的强大精神力量。为了在全社会大力弘扬劳模精神，用劳动模范的先进事迹感召人民群众，用劳动模范的优秀品质引领社会风尚，

充分发挥劳动模范的骨干和带头作用，在全社会进一步形成崇尚劳模、学习劳模、争当劳模良好氛围，全国总工会把关心和爱护劳动模范当作重要任务来抓。

（一）邀请百名全国劳动模范到北戴河疗休养

为了体现党和国家对劳动模范的高度重视和亲切关怀，2000 年 4 月，全国总工会发出了《关于组织劳动模范、先进工作者进行疗休养的通知》。2000 年夏天，全国总工会邀请了百名全国劳动模范和先进工作者到全国总工会北戴河疗养院疗休养。参加这次疗休养活动的全国劳动模范来自全国 31 个省、自治区、直辖市，分布在建筑、商业、科技、教育、公安、财贸等 32 个行业。其中，一线职工占 80%，离退休老劳模有 11 人，有蒙、藏、壮、满、维等少数民族 7 人，年龄最大的 73 岁，最小的 27 岁。他们当中，有在生产一线努力掌握现代新技术，艰苦创业、开拓进取的新型产业工人；有在科技兴农、发展农业生产和繁荣农村经济方面取得优异成绩的新型农民；有勇攀科学技术高峰，为我国科技创新、经济发展作出突出贡献的科技工作者；有辛勤耕耘、教书育人、无私奉献的优秀人民教师；有全心全意依靠职工群众，加强企业思想政治工作，在推进国有企业改革和发展中作出突出贡献的优秀企业负责人；有自强自立、谱写再就业新篇的下岗职工；有保卫国家安全和社会安宁，战斗在公安、缉毒第一线，为国家和人民利益英勇奋斗的公安干警，还有在其他方面取得优异成绩的先进模范人物。全国劳动模范杨怀远、优秀山区乡邮员余国印、矿工楷模赵国锋、新时代炼钢工吴克林、赵梦桃传人徐宝凤、缉毒英雄陈新民、汽车装配大王王涛、献身山区教育事业的张桂梅等参加了此次疗休养活动。

这次疗休养活动为百名全国劳动模范安排了全面体检、参观考察、劳动模范事迹报告会等。尉健行专程来到北戴河，看望了参加疗休养活动的全体劳动模范，并与他们合影留念。尉健行还和部分劳动模范代表进行了座谈，他在座谈时强调，党和政府高度重视劳动模范的工作和生活，各级工会要在党委的领导和政府的支持下，把关心、爱护、尊重劳模，作为贯彻落实“三个代表”要求，履行维护职工合法权益基本职责的重要任务来抓。要怀着深厚的感情，对劳动模范特别是遇到各种困难的劳动模范切实承担起“第一责任人”的职责，积极协助党政，努力为他们多办实事好事，推动有关方面落实各项劳动模范政策，使他们有一个良好的工作和生活环境，为他们充分发挥作用创造更好的条件。

仅2000年夏天，就有14个省、自治区、直辖市总工会及部分产业工会组织劳动模范到各地疗休养，全国有2000多名劳动模范享受到各级工会给予的这份厚爱。组织劳动模范到北戴河疗休养也成了全国总工会一个常态化关爱活动。

（二）举行中国福利彩票“爱心献劳模”活动

中国福利彩票是国家筹集社会公益资金发展社会公益事业的国家公益彩票。从1987年中国福利彩票问世到2021年，在社会各界的大力支持下，在数亿购彩者的参与下，中国福利彩票累计发行销售2.49万亿元，筹集福彩公益金7456亿元，惠及数亿人次。2001年4月20日，全国总工会与民政部在北京人民大会堂联合举行中国福利彩票“爱心献劳模”活动捐赠仪式。尉健行在捐赠仪式前会见了劳动模范及劳动模范家属代表并发表讲话，国务委员司马义·艾买提参加了会见。

捐赠仪式上，民政部部长多吉才让向全国总工会捐赠了300万元人民币，这300万元人民币由中国福利彩票出资，将资助1000名生活困难的全国劳动模范和劳动模范家属。中国福利彩票“爱心献劳模”活动在社会上产生了积极反响。在该活动带动下，2000年全国各级民政、财政、工会等部门向生活困难的劳动模范捐赠近1000万元。

第八章

积极投身全面建设小康社会

（2002 年 12 月—2012 年 10 月）

引　语

跨入21世纪，中国进入全面建设小康社会、加快推进社会主义现代化的新阶段。国际局势发生深刻变化，经济全球化不可逆转，科技进步加速推进，综合国力竞争空前激烈。中国紧紧抓住重要战略机遇期，深化改革开放，推动科学发展，促进社会和谐，战胜一系列重大挑战，胜利完成"十五"计划、"十一五"规划，顺利实施"十二五"规划，经济总量10年间从世界第6位跃升到第2位，为全面建成小康社会打下了坚实基础。

从2002年11月召开的党的十六大作出全面建设小康社会的战略决策，到2012年10月党的十八大召开前这10年，是全面建设小康社会的关键时期。中国工人阶级积极投身这一伟大实践，争当锐意改革创新的先锋、推动科学发展的楷模，充分发挥创新潜能和创造活力，在新世纪、新阶段再立新功。各行各业涌现出一大批劳动模范和先进工作者，创新模范包起帆、金牌工人许振超、专家型工人李斌、航空英模罗阳、"敦煌女儿"樊锦诗、誓让牧民过上好日子的廷·巴特尔、当代雷锋郭明义、人民的好法官宋鱼水、全国人民满意的公务员张云泉、"蓝领专家"孔祥瑞、"马班邮路"的忠诚信使王顺友、治沙英雄王有德、工人教授窦铁成等，成为这一时期广为人知的时代领跑者。

特别是在完善社会主义市场经济体制、加快经济发展方式转变的深刻变革中，在举办2008年北京奥运会、残奥会的历史跨越中，在抗击四川省汶川特大地震等重大自然灾害、迅速开展灾后恢复重建工作中，在应对国际金融危机冲击的风险挑战中，广大劳动模范和先进工作者在各自岗位上展现主人风采、焕发劳动激情，在共和国的旗帜上镌刻了人民伟大、劳动神圣的无上荣光。

2007年10月召开的党的十七大提出了实现全面建设小康社会奋斗目标的新要求，对推进社会主义经济建设、政治建设、文化建设、社会建设、生态文明建设和党的建设作出全面部署。广大劳动模范和先进工作者发挥骨干和带头作用，与千千万万劳动者围绕建设创新型国家，建设资源节约型、环境友好型社会等重大任务，开展技术革新和发明创造活动，立足本职岗位，提高劳动技能，争做知识型工人和一线创新人才，争创一流业绩，争当“金牌工人”，为推动经济社会又好又快发展积极献计出力。

第一节　党和国家激励和表彰劳动模范

党的十六大确立的全面建设小康社会的宏伟目标，是中国特色社会主义经济、政治、文化全面发展的目标，是与加快推进社会主义现代化相统一的目标，符合人民的愿望，也必然是新世纪、新阶段中国工人阶级和劳动群众的新历史使命。广大劳动模范和先进工作者胸怀全局、拼搏奉献，立足岗位、锐意创新，在推动经济社会科学发展中充分发挥工人阶级主力军作用，用实际行动当好时代先锋和行动楷模，为全社会树立了奋勇前进的旗帜。

一、党和国家领导人激励劳模引领社会风尚

在全面建设小康社会的伟大历史进程中，党和国家持续表彰劳模先进、关心关爱劳模，号召全社会向劳模学习，努力形成劳动光荣、知识崇高、人才宝贵、创造伟大的时代新风。

（一）党和国家领导人关心关爱劳模

2003年4月29日，在党的十六大之后的第一个“五一”国际劳动节前夕，党中央邀请全国劳动模范代表到北京中南海怀仁堂座谈。中共中央政治局常委、国家副主席曾庆红在座谈会上代表党中央、国务院，向全国广大职工和其他劳动群众致以节日的问候，向奋战在防治非典型肺炎第一线的广大医务工作者表示崇高的敬意。中共中央政治局常委、国务院副总理黄菊，中共中央政治局委员、全国人大常委会副委员长、全国总工会主席王兆国等出席会议。王兆国主持了座谈会。南京熊猫电子集团公司副总工程师董金春、上海液压泵厂工人技师李斌、沈阳春霞装饰公司总经理王春霞、北京佑安医院院长赵春慧4位全国劳动模范、先进工作者和全国五一劳动奖获得者代表在座谈会上先后发言，分别介绍了他们在投身卫星通信科研、从事企业技术劳动和创新、带领下岗职工再就业、组织医务人员抗击非典型肺炎等方面的感人事迹。北京市全国劳动模范、先进工作者和五一劳动奖状、五一劳动奖章获得者代表，全国总工会的领导同志等70多人参加了座谈会。

2004年4月30日下午，“五一”国际劳动节前夕，正在江苏省考察工作的中共中央总书记、国家主席胡锦涛来到南京熊猫集团考察，专门看望了江苏省部分全国劳动模范，并与他们进行座谈。劳模代表李瑞、邓建军、陶建幸、高德康分别汇报了各自的工作。他们表示，继续发扬爱岗敬业、无私奉献、团结协作、勇于创新的精神，为改革开放和现代化建设作出新的贡献。座谈会上，胡锦涛不时就一些问题和劳模代表交谈。在听取劳模代表发言后，胡锦涛说：劳动模范是工人阶级的优秀代表，你们以强烈的主人翁责任感，立足本职，忘我劳动，积极进取，争创一流，集中展示了当代中国工人阶级的时代风貌和崇高品格，不愧为民族的精英、国家的栋梁、社会的楷模。

胡锦涛指出，面对新形势新任务，全国广大职工及各族群众，都要自觉地向劳模学习，真正做到爱岗敬业、勤奋学习、艰苦奋斗、开拓创新，为实现我国新世纪新阶段改革发展的宏伟目标贡献更多的智慧和力量。

2007 年 9 月 26 日，中共中央政治局常委、国家副主席曾庆红来到国家博物馆，参观了正在这里举办的“中国劳模——时代领跑者”摄影展。在参观结束时曾庆红指出：这个展览形象地展示了劳模们的时代风采，看后令人振奋。我们要在全社会进一步营造学习劳模、尊重劳模、关爱劳模、崇尚劳模、争当劳模的社会氛围，弘扬劳动和创造光荣的时代新风，使尊重劳动、尊重知识、尊重人才、尊重创造真正成为全社会的共识和人们的自觉行动。

2007 年 9 月 27 日，中共中央政治局常委、国务院总理温家宝在人民大会堂会见全国煤炭工业劳动模范、先进集体代表。温家宝首先代表党中央、国务院向获得荣誉称号的劳动模范、先进集体表示祝贺，向全国煤炭战线的 550 万名干部职工表示亲切的问候和崇高的敬意。温家宝强调，要宣传煤矿工人的先进事迹，在全社会形成尊重煤矿工人的良好社会风尚。

2009 年 4 月 28 日，庆祝“五一”国际劳动节暨保增长促发展劳动竞赛推进大会在北京人民大会堂举行。中共中央政治局常委、中央书记处书记、国家副主席习近平出席大会并发表重要讲话。习近平指出，劳模精神是以爱国主义为核心的民族精神和以改革创新为核心的时代精神的生动体现，是激励我国工人阶级和劳动群众不为任何风险所惧、不被任何干扰所惑、在中国特色社会主义道路上奋勇前进的强大精神动力。深入开展“同舟共济保增长、建功立业促发展”劳动竞赛活动，要同发扬光大劳模精神紧密结合起来，组织职工群众深入学习新中国成立以来各个时期、各行各业的劳动模范和先进模范人物，以他们的崇高思想、先进事迹、优秀品质为楷模，引导职工群众崇尚劳模、学赶先进、争创一流，保持工人阶级昂扬向上、奋发进取的精神状态，用工人阶级的先进思想和模范行动影响和带动全社会。

（二）创建学习型组织，争做知识型职工

为推动工人阶级向知识型转变的进程，建设高素质职工队伍，2003年12月，在总结20年来开展职工读书活动经验的基础上，全国总工会联合中央文明办、国家发展和改革委员会、国务院国有资产监督管理委员会、教育部、科技部、劳动和社会保障部、人事部、全国工商联等，在全国启动了“创建学习型组织，争做知识型职工”活动。2004年1月30日，全国总工会等9部门联合发出《关于开展全国“创建学习型组织，争做知识型职工”活动的实施意见》。此后，创争活动在全国掀起了高潮，涌现出了一大批先进单位和先进个人。

自全国劳模、上海市“十大工人发明家”孔利明，工人发明家杜国华、韩明明、周才彬、陈阿威、王军等带头成立创新小组以来，宝钢集团以劳模名字命名的技术创新小组，从2003年的16个发展到2004年的200个。据2012年统计，2004年至2011年，在劳模示范引领下，宝钢职工经济技术创新成果获得省部级以上发明展金奖125项，一批一线职工创新能手脱颖而出。2006年8月28日，国务院国资委在人民大会堂召开中央企业学习型红旗班组（科室）知识型先进职工表彰推进会，隆重表彰中央企业各行各业涌现出的998个学习型红旗班组（科室）、997名知识型先进职工、104个学习型红旗班组（科室）标杆、106名知识型先进职工标兵。2004年10月17日，全国“创建学习型组织，争做知识型职工”活动现场推进会在山东省青岛市召开。会上，全国总工会授予首钢总公司第三炼钢厂连铸二车间丙班3号铸机组等200个集体“全国职工创新示范岗”荣誉称号，授予何文辉等300人“全国职工创新能手”荣誉称号。全国创争活动领导小组授予上海宝钢集团公司等 23 家单位“全国创建学习型组织、争做知识型职工活动示范单位”荣誉称号，授予山东青岛前湾集装箱码头桥吊队、上海电气液压启动有限公司液压泵厂李斌班组、上海航天局 800 所唐建平班组“全国创建学习型组织、争做知识型职工活动示范班组”荣誉称号。会上，还举行了长篇报告文学《金牌工人许振超》《工人专家李斌》首发仪式。10 月 17 日下午，与会代表来到青岛港集装箱码头，观摩了许振超及其团队桥吊“稳如泰山”“百米穿针”等绝技绝活儿表演。

2005 年 11 月，全国创争活动领导小组制定下发了《全国学习型组织、知识型职工奖励办法》，旨在推动形成全民学习、终身学习的学习型社会，奖励在全国“创建学习型组织，争做知识型职工”活动中作出突出贡献的组织和职工，调动各类组织及广大职工的积极性、主动性和创造性，加速工人阶级知识化进程，为社会主义现代化建设与和谐社会建设贡献力量。该《办法》明确，“全国知识型职工标兵”和“全国知识型职工优秀个人”称号每次授予人数各 10 名。“全国知识型职工先进个人”称号每次授予人数不超过 80 名。全国总工会向全国学习型组织标兵单位、全国知识型职工标兵授予全国五一劳动奖。

到 2008 年 10 月，全国得到各级工会表彰的“学习型组织”先进单位 3.7 万个、“学习型先进班组”1.67 万个、“知识型职工标兵”和先进个人 8.3 万人。学习型职工向知识型职工、专家型职工转变，劳模带头技术攻关，创新能手成为劳模，一个适应时代发展的良性人才循环链条昭示着新世纪新阶段劳模的崭新形象。包起帆、许振超、李斌、邓建军、孔祥瑞、窦铁成等劳动模范在社会上“走红”，推动“工人伟大、劳动光荣”的时代主旋律在全社会进一步唱响。

二、2005年，全国劳动模范和先进工作者表彰大会召开

自召开2000年全国劳动模范和先进工作者表彰大会以来，全国各族人民在党中央、国务院的领导下，高举邓小平理论和“三个代表”重要思想伟大旗帜，积极投身建设有中国特色社会主义的伟大实践，涌现出一大批思想先进、品德高尚、成绩显著、贡献突出的先进模范人物。为更好地调动广大人民群众全面建设小康社会的积极性，弘扬新时期先进模范人物的崇高精神，努力开创中国特色社会主义事业新局面，2004年12月25日，国务院发出《国务院关于召开2005年全国劳动模范和先进工作者表彰大会的通知》，决定2005年“五一”国际劳动节前后召开全国劳动模范和先进工作者表彰大会。拟表彰全国劳动模范和先进工作者3000名，要求评选全国劳动模范和先进工作者要面向基层，面向工作一线，面向经济社会发展的各条战线和社会各个阶层。2005年这次大会是新中国成立后召开的第13次全国劳模表彰大会。

（一）表彰大会筹备情况

为了开好这次表彰大会，胡锦涛、温家宝、曾庆红、黄菊、王兆国等都作了重要指示。2004年12月25日，国务院成立2005年全国劳动模范和先进工作者表彰大会筹备委员会。筹委会受国务院委托负责审批全国劳动模范和先进工作者，并领导表彰大会的筹备工作。国务委员兼国务院秘书长华建敏任筹委会主任，人事部部长张柏林，全国总工会党组书记、副主席、书记处第一书记张俊九，国务院副秘书长李适时等任筹委会副主任。中央31个部委和单位以及北京市负责同志任筹委会委员。筹委会下设办公室，办公地点设在全国总工会。各地、各有关部门也按照国务院的统一要求，成立了相应的推荐评选机构。

2005年2月21日，筹委会召开了全国劳动模范和先进工作者推荐

2005年：全国劳动模范和先进工作者表彰大会

2005年4月30日在北京人民大会堂举行。国务院授予2124人全国劳动模范荣誉称号，授予845人全国先进工作者荣誉称号。胡锦涛、温家宝、贾庆林、曾庆红、黄菊、吴官正、李长春、罗干等党和国家领导同志出席大会。大会由中共中央政治局常委、国务院总理温家宝主持。中共中央总书记、国家主席、中央军委主席胡锦涛发表重要讲话。国务委员兼国务院秘书长华建敏宣读《国务院关于表彰全国劳动模范和先进工作者的决定》。

本次劳模评选工作有三个重大突破：一是首次将私营企业主纳入全国劳动模范评选范围；二是首次将进城务工人员纳入评选范围；三是首次将候选劳模名单在社会上进行公示。在全国劳模构成上，也呈现出新变化，知识型、科技型、创新型劳模占主体，大学专科以上学历的劳模占劳模总数的65%左右，显示了新时期劳动模范为适应信息时代科技飞速发展，不断提高自身素质，开拓创新的时代特征。

评选工作会议，具体部署推荐评选工作。会议明确了推荐评选全国劳动模范和先进工作者必须坚持面向基层，面向工作一线，面向经济社会发展的各条战线和社会各个阶层的指导思想，确定了评选范围、评选对象、被推荐人选的条件、评选审批程序和各类人员的比例，并对推荐评选工作中的一系列政策问题作出了明确规定。根据《国务院关于召开2005年全国劳动模范和先进工作者表彰大会的通知》中明确的评选精神，2005年推荐评选的全国劳动模范和先进工作者中，企业职工不少于总数的45%，其中企业一线工人和专业技术人员不低于企业职工的55%，企业负责人不超过企业职工的22%。农民不低于总数的20%，其中乡镇企业负责人不超过农民的20%。表彰大会筹委会有关负责人专门就私营企业主和进城务工人员的评选作了说明。根据党的十六大精神，这次评选把私营企业主纳入了推荐评选范围，主要从中央统战部、国家发改委等5部门2004年在全国非公经济人士中表彰的100名“优秀中国特色社会主义事业建设者”和其他省部级劳模中产生。进城务工人员为国家经济建设和社会发展作出了重大贡献，在推荐评选中应占有一定的数量。各地推荐的人选必须有进城务工人员，其中跨省务工人员应有一定数量，由其工作所在省、自治区、直辖市征求户籍所在地意见后推荐。各地要重视对下岗职工的推荐评选，为鼓励下岗职工再创业，对深化国有企业改革实行下岗分流以来，已成为企业负责人的下岗职工的评选，可以不占企业负责人比例，但须按照企业负责人的条件和程序进行审查。

党的十六大指出，“要尊重和保护一切有益于人民和社会的劳动，不论是体力劳动还是脑力劳动，不论是简单劳动还是复杂劳动，一切为我国社会主义现代化建设作出贡献的劳动，都是光荣的，都应该得到承认和尊重”，“对为祖国富强贡献力量的社会各阶层人们都要团结，对他们的创业精神都要鼓励，对他们中的优秀分子都要表彰”。这段话，在2005年全国劳模和先进工作者评选表彰工作中被多次引用和提及，成为全国劳模大会首次将私营企业主和进城务工人员纳入评选范围的政策依据。之前在部分省的劳模和先进工作者的评选表彰活动中，已经有进城务工人员和一些私营企业主当选。实践证明，他们的当选起到了鼓励和推动全社会崇尚劳动、积极建设祖国的作用。

经过筹委会办公室和各地、各有关部门的共同努力，评审工作按期完成。2005年4月5日，筹委会召开新闻通气会，介绍大会筹备情况。2005年4月14日，为体现公开、公正、公平原则，广泛听取群众意见，接受社会监督，2005年全国劳动模范和先进工作者人选在《人民日报》、新华网和人民网向全国公示。公示内容包括2977名推荐人选的姓名、性别、民族、工作单位和职务，公示期 5 天。公示期间，筹委会办公室共收到举报来信 342 件，涉及 33 个工作单位 175 人。筹委会办公室对每一件举报反映的每一个问题都责成推荐单位进行了调查核实。

本次劳模评选工作有三个重大突破。一是首次将私营企业主纳入全国劳动模范评选范围，民营企业家刘永好等 30 位私营企业主的名字出现在公示名单上；二是首次将进城务工人员纳入评选范围，谢海宝、康厚明等 23 位农民工获得推荐，其中跨省进城务工人员有 7 人；三是首次将候选劳模名单在社会上进行公示。此次被表彰人选都是由基层自下而上，逐级推荐，层层审核，以省政府、有关部门名义报筹委会办公室的。对于入选的企业负责人，征求了工商、税务、环保、劳动、安全生产等部门意见；对于入选的党政机关领导干部，征求了纪检、监察、审计等部门意见，广泛接受群众和社会监督。在具体评选工作中，采取了“两审三公示”的办法。“两审”是在各地和各有关部门严格把关、推荐的基础上，由筹委会办公室分别对上报的各类人员比例、推荐程序与推荐人选的基本情况进行初审，对被推荐人选的事迹进行复审。“三公示”是指被推荐人选经筹委会审批前，要经过本单位范围的公示，本省、区、市或本系统范围内的公示和全国公示。对在公示中发现问题的，在调查核实的基础上，由有关地方和部门对人选及时进行调整，对在全国公示中有举报且经核实确有问题或一时无法查清情况的，取消评选资格。

（二）表彰大会隆重召开

2005 年 4 月 30 日，北京人民大会堂内，来自全国各条战线的近 3000 名全国劳动模范和先进工作者欢聚一堂，接受党和人民给予的崇高荣誉。上午 10 时，全国劳动模范和先进工作者表彰大会隆重举行。中共中央总书记、国家主席、中央军委主席胡锦涛在会上发表了重要讲话。中共中央政治局常委、国务院总理温家宝主持大会。中共中央政治局常委、全国政协主席贾庆林，中共中央政治局常委、国家副主席曾庆红，中共中央政治局常委、国务院副总理黄菊，中共中央政治局常委、中央纪委书记吴官正，中共中央政治局常委李长春，中共中央政治局常委、中央政法委书记罗干等党和国家领导人出席。会上，国务委员兼国务院秘书长华建敏宣读了《国务院关于表彰全国劳动模范和先进工作者的决定》，决定授予 2124 人全国劳动模范荣誉称号、授予 845 人全国先进工作者荣誉称号。在热烈的气氛中，全国劳动模范和先进工作者代表登上主席台，从党和国家领导人手中接过全国劳动模范和先进工作者荣誉证书。山东省青岛港集团前湾集装箱码头有限责任公司桥吊队队长许振超代表全国劳动模范和先进工作者宣读了倡议书，向全国各行各业、各条战线的职工倡议，为全面建设小康社会、推进中国特色社会主义伟大事业，作出新业绩，建立新功勋。

胡锦涛在讲话中充分肯定了全国劳动模范和先进工作者为建设中

2005 年 4 月 30 日，全国劳动模范和先进工作者表彰大会在北京人民大会堂举行。图为大会现场。

国特色社会主义事业作出的巨大贡献，高度评价了全国劳动模范和先进工作者的崇高精神。胡锦涛强调，人民推动历史前进，劳动孕育历史创造。新中国成立50多年来，我国不同时期涌现出来的千千万万先进模范人物，为国家发展、民族振兴、人民幸福建立了卓越功勋。他们不仅创造了巨大的物质财富，而且创造了巨大的精神财富。一代又一代先进模范人物，以自己的实际行动铸就了爱岗敬业、争创一流，艰苦奋斗、勇于创新，淡泊名利、甘于奉献的伟大劳模精神，用自己的辛勤劳动谱写了如歌如泣的动人赞歌，充分展示了中华民族顽强拼搏、自强不息的崇高品格，充分体现了中国人民与时俱进、开拓创新的时代风貌。广大先进模范人物不愧为民族的精英、国家的栋梁、社会的中坚、人民的楷模。

胡锦涛强调，劳模精神是我们伟大民族精神的重要体现，是激励我们奋勇前进的重要精神动力。要在全社会广泛宣传劳动模范和先进工作者的先进事迹、优秀品质、高尚精神，给他们以应有的光荣和地位，推动全社会进一步尊重劳模、关心劳模、学习劳模，使劳模精神不断发扬光大。全党同志和全国人民都要以劳动模范和先进工作者为榜样，学习他们忠于党和人民的伟大情怀，学习他们坚信中国特色社会主义事业必胜的坚定信念，学习他们脚踏实地、埋头苦干的优良作风，坚定信心、振奋精神，立足本职、扎实工作，信心百倍地投身全面建设小康社会的伟大事业。他希望广大劳动模范和先进工作者珍惜荣誉、谦虚谨慎，发扬成绩、再接再厉，为党和人民再立新功。

中央和国家机关有关部门、军队驻京各大单位、各民主党派中央、全国工商联的主要负责同志，特邀的解放军和武警部队英模代表、历届全国劳动模范和先进工作者代表等参加大会。大会召开前，胡锦涛、温家宝、贾庆林、曾庆红、黄菊、吴官正、李长春、罗干等会见了全国劳动模范和先进工作者，并与他们合影留念。

在出席这次表彰大会的2969名全国劳动模范和先进工作者中，企业职工1400多人、农民600多人、社会管理和公共服务等人员800多人，分别约占50%、21%、28%，其中女性有500多人，占18%，少数民族260多人，占9%。一线工人和专业技术人员约占企业职工总数的63%，企业负责人约占企业职工人数的20%。乡镇企业负责人约占农民数的17%。从年龄结构上看，40岁以下的近700人，61岁以上的不到100人，分别约占23%和3%，年龄最大的85岁，最小的17岁。他们中绝大多数获得过省部级劳动模范和先进工作者荣誉称号，是本地区、本系统的杰出代表，在群众中享有较高的威信，比如经济学家林毅夫、“敦煌女儿”樊锦诗、总结严重急性呼吸综合征中医治疗经验并获国家科技进步奖的张伯礼、篮球运动员姚明等。有些还是在全国范围内有重大影响的先进典型，比如在抗击非典斗争中作出突出贡献的医学专家钟南山、带领宁夏白芨滩防沙林场干部职工完成治沙造林32万亩的“治沙英雄”王有德、新时期技术工人的杰出代表许振超、人民的好法官宋鱼水、全国人民满意的公务员张云泉等。

本次表彰的全国劳模构成呈现新变化，知识型、科技型、创新型劳模占主体，大学专科以上的近2000人，占劳模总数的65%左右，其中1156人具有中级以上职称，21人为中科院或工程院院士。这显示了新时期劳模继承老劳模拼搏奉献的优良传统的同时，适应信息时代科技飞速发展的需要，不断提高自身素质，开拓创新，在市场竞争中脱颖而出。

4月29日下午，劳模和特邀代表与有关部委开展对口活动。中直机关工委组织了中直系统全国先进工作者座谈会；信息产业部和中国国防邮电工会共同组织了部分全国劳模和先进工作者座谈会；80余名全国劳模来到外交部参观，外交部部长李肇星向劳模介绍了当今国际形势，并表示外交部愿与各地区、各行业共同努力，相互学习、相互帮助，为祖国的繁荣富强作出更大的贡献。铁路、财贸、教育、卫生、农业等对口单位也都举行了劳模交流活动。大会期间，全国劳动模范和先进工作者还观看了《共和国脊梁》大型文艺晚会，参观了天安门城楼。大会前后，有 7 名劳模先进典型在全国进行了集中重点宣传。他们是新一代知识型工人邓建军、科技创新的杰出代表李骏、国家重点工程中的优秀工人罗发兵、钢铁行业勇于创造发明的高级技师罗东元、机智勇敢的缉毒英雄陈光明、以校为家的小学校长刘恩和、农民致富的带头人耿瑞先。

（三）全国劳模报告团分赴各地进行宣讲

为了学习贯彻胡锦涛总书记在 2005 年全国劳动模范和先进工作者表彰大会上的重要讲话精神，推动全社会进一步形成尊重劳模、关爱劳模、学习劳模、人人争当劳模的良好氛围，全国总工会举办了多场全国劳模先进事迹报告会。

2005 年 6 月 8 日，全国劳模、“深山信使”王顺友先进事迹报告会在北京人民大会堂举行。报告会前，中共中央政治局常委、国务院副总理黄菊会见了王顺友和报告团全体成员，要求全社会都以王顺友为榜样，大力弘扬主人翁责任感和艰苦创业精神、无私奉献精神、爱岗敬业精神、求实创新精神，努力在全社会形成尊重劳动、尊重知识、尊重人才、尊重创造的时代新风。报告会由中宣部、中央保持共产党员先进性教育活动领导小组、国家邮政局、四川省委联合举行。中央国家机关干部职工以及北京武警官兵、学生和各界群众 700 余人聆听了报告。20 多家中央新闻媒体和全国 100 多家新闻单位，从不同角度对王顺友先进事迹进行了大规模、全方位的宣传报道。他 20 年如一日，跋涉在崇山峻岭和河流沼泽地带，行程 26 万多公里，从没延误过一期邮班，从没丢失过一件邮件。6 月 7 日，全国邮政系统劳模发出向王顺友学习倡议书：我国有马班邮路 157 条，步班邮路 9400 条，乡邮员22万人，王顺友是他们的骄傲，也是全国60万邮政职工的骄傲，号召大家学习王顺义干一行就干好一行的精神，学习他苦中有乐、笑对人生的大无畏精神和革命乐观主义精神，在平凡的岗位上做出不平凡的业绩。

7月6日，全国劳动模范和先进工作者先进事迹首场报告会在北京人民大会堂举行。全国劳动模范和先进工作者先进事迹报告会由中宣部和全国总工会联合组织，参加报告会的劳模是从本次评出的2969名劳模中推选出来的。江苏省黑牡丹（集团）股份有限公司工人邓建军、云南省保山市公安局副局长明正彬、山东省青岛港集团前湾集装箱码头有限责任公司桥吊队队长许振超、辽宁省鞍钢集团设计研究院院长李龙珍的先进事迹感染了全场听众。

首场报告会后，全国劳动模范和先进工作者先进事迹报告团分赴各地进行宣讲。从7月7日到11日，报告团先后在江西省南昌铁路局礼堂为南昌市近千名干部职工进行了宣讲；踏上安源的红色土地，为萍乡市干部群众报告了先进事迹。全国劳模、山东省青岛港集团前湾集装箱码头有限责任公司桥吊队队长许振超，全国劳模、辽宁省鞍钢集团设计研究院院长李龙珍，全国先进工作者、山西省荣军医院护士长郝颂琴等先进人物的事迹深深感动了江西的职工群众，大家纷纷表示，要以先进人物为榜样，积极投身到富民兴赣、构建和谐社会的伟大实践中去。7月12日，报告团来到了湖南省，可容纳1000余人的湖南省委礼堂座无虚席，许振超、郝颂琴、李龙珍的精彩宣讲赢得阵阵热烈掌声。7月8日，报告团来到河北省，在石家庄、唐山进行了宣讲，江苏省黑牡丹（集团）股份有限公司工人邓建军、湖南华菱涟钢薄板有限公司热轧板厂厂长周明伟、北京市通州区培智学校教师李银环分别介绍了他们在平凡的工作岗位上，怎样创造出不平凡的业绩。3位全国劳模的先进事迹，赢得了各界代表的称赞。7月8日至7月10

日，报告团先后在安徽合肥、芜湖举行了先进事迹报告会。全国劳动模范、四川凉山彝族自治州木里县邮政局马班邮路乡邮员王顺友，全国劳动模范、广东韶钢集团公司运输部高级技师罗东元，全国先进工作者明正彬分别介绍了自己在各自岗位上的奉献与创造。来自各行各业的干部职工、公安干警1000多人聆听了劳模们的精彩报告。

全国劳动模范和先进工作者巡回宣讲活动大力宣传了劳动模范的先进事迹、优秀品质和高尚精神，激励了全国人民以劳动模范为榜样，积极投身全面建设小康社会、构建社会主义和谐社会的伟大事业。

三、2010年，全国劳动模范和先进工作者表彰大会召开

自2005年全国劳动模范和先进工作者表彰大会召开以来，全国各族人民积极投身到全面建设小康社会、加快推进社会主义现代化伟大实践中，成功举办2008年北京奥运会、残奥会；圆满完成载人航天飞行和首次月球探测工程；奋力抗击四川汶川特大地震和青海玉树强烈地震等重大自然灾害，迅速开展灾后恢复重建；有力应对国际金融危机冲击，保持经济平稳较快发展；精心筹办上海世博会；着力加强民族团结，维护社会和谐稳定，等等。各项事业取得了巨大成就，各行各业继续涌现出一大批先进模范人物，他们是继续解放思想、锐意改革创新的时代先锋，是推动科学发展、促进社会和谐的行动楷模。

为进一步激励全国各族人民积极投身建设中国特色社会主义伟大事业，推动经济社会又好又快发展，党中央、国务院决定在2010年"五一"国际劳动节前召开2010年全国劳动模范和先进工作者评选表彰大会。2010年3月15日，国务院下发了《关于做好2010年全国劳动模范和先进工作者评选表彰工作的通知》。

（一）表彰大会筹备情况

本次全国劳模表彰大会筹备时间只有1个多月，相对往届大会来

说，时间紧、任务重。2010 年 3 月 15 日，为确保大会顺利进行，国务院成立了由中共中央政治局委员、国务院副总理张德江任主任的 2010 年全国劳动模范和先进工作者表彰大会筹备委员会，负责审批推荐人选，并领导表彰大会的筹备工作。全国总工会等 44 个部门作为筹委会成员单位。筹委会下设办公室，办公地点设在全国总工会。办公室下设秘书组、宣传组、推荐组、审核组、总务组和安全警卫组。根据党中央、国务院的部署和 3 月 16 日召开的筹委会第一次全体会议的要求，各地区各部门各单位高度重视，迅速行动，扎实有效地开展工作。4 月 16 日，2010 年全国劳动模范和先进工作者推荐人选进行了全国公示。4 月 22 日，张德江主持召开筹委会第二次全体会议，审议通过了 2010 年全国劳动模范和先进工作者表彰名单。

全国劳动模范和先进工作者表彰大会是亿万职工所关心的一件大事，也是一件鼓舞人心、凝聚力量的好事。特别是本次表彰大会，对激励和鼓舞青海玉树地震灾区各族干部群众、广大救援人员和全国各族人民信心百倍地战胜一切艰难险阻、全面做好抗震救灾工作，具有十分重要的意义。为了做好服务保障，大会筹委会从中央各成员部门、各省（区、市）有关单位抽调出 200 余名精兵强将，参加表彰大会的准备及服务工作，当好劳模的勤务员和信息员。大会共有 9 个驻地，各驻地宾馆都设有联络组，负责相关的沟通、会务、医疗和生活服务。

为迎接表彰大会，在全社会大力弘扬新时期劳模精神，中央及地方主要媒体对大会筹委会推荐的唐山轨道客车有限责任公司铝合金厂高级技师张雪松等 5 位典型人物进行了重点报道，营造了劳动光荣、知识崇高、人才宝贵、创造伟大的舆论氛围。

（二）表彰大会隆重召开

2010 年 4 月 27 日上午 10 点，北京人民大会堂大礼堂内雄壮的国歌声响起，全国劳动模范和先进工作者表彰大会隆重召开。这是新中

2010年：全国劳动模范和先进工作者表彰大会

2010年4月27日在北京人民大会堂举行。国务院授予2115人全国劳动模范荣誉称号，授予870人全国先进工作者荣誉称号。胡锦涛、吴邦国、温家宝、贾庆林、李长春、习近平、李克强、贺国强等党和国家领导人出席大会。大会由中共中央政治局常委、国务院总理温家宝主持。中共中央总书记、国家主席、中央军委主席胡锦涛发表重要讲话。中共中央政治局委员、国务院副总理张德江宣读《国务院关于表彰全国劳动模范和先进工作者的决定》。

本届劳模在人员构成上较以往各届更加多元化。他们中，有在推动经济发展方式转变，优化经济结构，提高创新能力，促进经济平稳较快发展方面作出突出贡献的一线职工和企业负责人；有在科研工作中勇攀高峰的专业技术人员；也有在节能减排、保护环境、安全生产、推动科学发展方面的先进个人；还有在抗击重特大自然灾害、应对国际金融危机冲击等重大事件中贡献突出的典型代表，具有鲜明的时代特点。

国成立后召开的第14次全国劳模表彰大会。中共中央总书记、国家主席、中央军委主席胡锦涛在会上发表了重要讲话。中共中央政治局常委、全国人大常委会委员长吴邦国，中共中央政治局常委、国务院总理温家宝，中共中央政治局常委、全国政协主席贾庆林，中共中央政治局常委李长春，中共中央政治局常委、中央书记处书记、国家副主席习近平，中共中央政治局常委、国务院副总理李克强，中共中央政治局常委、中央纪委书记贺国强等党和国家领导人出席。温家宝主持大会。来自全国各行各业的近3000名全国劳动模范和先进工作者欢聚一堂，接受党和人民授予的崇高荣誉。国务院副总理张德江宣读《国

2010 年 4 月 27 日，全国劳动模范和先进工作者表彰大会在北京人民大会堂召开。图为大会现场。

务院关于表彰全国劳动模范和先进工作者的决定》，授予 2115 人全国劳动模范荣誉称号、授予 870 人全国先进工作者荣誉称号。全国劳动模范和先进工作者代表登上主席台，党和国家领导人向他们颁发荣誉证书。一汽大众汽车有限公司轿车一厂焊装车间工长王洪军代表全国劳动模范和先进工作者宣读了倡议书。

胡锦涛在讲话中充分肯定了以全国劳动模范和先进工作者为代表的亿万劳动群众为改革开放和社会主义现代化建设作出的巨大贡献，高度评价了先进模范身上集中体现出来的崇高精神和伟大品格，号召全社会向先进模范人物学习。胡锦涛指出，长期以来，他们在各自岗位上展现主人风采、焕发劳动激情，为改革开放和社会主义现代化建设作出了突出贡献，铸就了信念坚定、立场鲜明，艰苦奋斗、勇于奉献，胸怀大局、纪律严明，开拓创新、自强不息的工人阶级伟大品格，在共和国的旗帜上镌刻了人民伟大、劳动神圣的无上荣光。胡锦涛强调，榜样蕴藏无穷力量，精神激发奋斗意志。爱岗敬业、争创一流，艰苦奋斗、勇于创新，淡泊名利、甘于奉献的伟大劳模精神，是中国工人阶级崇高品格的生动体现，是我们时代的宝贵财富，是激励全国各族人民团结奋斗、勇往直前的强大精神力量。我们一定要在全社会大力弘扬劳模精神，用劳模的先进事迹感召人民群众，用劳模的优秀品质引领社会风尚，充分发挥劳模的骨干和带头作用，在全社会进一步形成崇尚劳模、学习劳模、争当劳模、关爱劳模的良好氛围。要真诚帮助劳模解决工作、学习、生活中的实际问题，为劳模发挥聪明才智、建功立业营造更好环境和条件。

出席这次表彰大会的 2985 名全国劳动模范和先进工作者，涉及农、林、牧、渔，制造业，采掘业，电力、煤气及水的生产和供应业，建筑业，交通运输仓储和邮电通信业，批发零售贸易和餐饮业，卫生体育和社会福利业，社会服务业及教育、文化艺术和广电等各行各业。全国劳动模范中，企业职工 1533 名，占总数的 51.4%。其中，一线工人和专业技术人员 957 名，占企业职工的 62.4%。农民 582 名，占总数的 19.5%。其中，农民工 74 名。从文化程度和专业技术结构看，专科及以上人选 2239 名，占总数的 75.0%。技师、高级技师 324 名。有专业技术职称的 1598 名，其中高级职称 1080 名。享受国务院政府特殊津贴的 173 名。两院院士 14 名。

会议期间，开展对口交流活动是历届劳模大会的惯例。本次交流活动规模之大、参加单位之多创历届之最。2408 名劳模与相关部委、行业的 81 家单位开展了对口交流活动。新增“劳模进校园活动”。2010 年 4 月 26 日、27 日下午，孔祥瑞、赵林源、欧阳军、窦铁成、包起帆、张雪松、洪茂椿、许杏桃、胡胜云、张柏楠、王洪军、曾元松、尼玛拉木等劳模先进代表分别走进北京的一些高校、中小学、职业学校等，举办报告会、座谈会，用劳模精神激励引导广大青少年和学生励志成长成才，进一步弘扬社会主义核心价值体系，让劳模精神永远传承下去。

（三）大会在全国各行各业引起热烈反响

胡锦涛总书记出席 2010 年全国劳动模范和先进工作者表彰大会并

发表重要讲话，在全国各地引起热烈反响。各地举行了形式多样的活动，学习贯彻胡锦涛总书记重要讲话精神，动员广大职工以先进模范人物为榜样，大力弘扬劳模精神和工人阶级伟大品格，为推动科学发展、促进社会和谐作出新的更大贡献。

2010 年 4 月 27 日下午，全国总工会在北京举行庆祝“五一”国际劳动节劳动模范座谈会，王兆国出席座谈会并发表讲话。座谈会上，全国劳动模范和先进工作者代表唐山轨道客车有限责任公司工人张雪松、上海国际港务（集团）股份有限公司副总裁包起帆、青海省玉树藏族自治州称多县清水河镇社区党支部书记索才、河南省潢川县驻郑州市农民工党支部书记黄久生、贵州省罗甸县班仁乡金祥村油落小学教师李兹喜、新疆维吾尔自治区伊宁县温亚尔乡维吾尔布里开村党支部书记买买提江·吾买尔、中航工业第一飞机设计研究院总设计师唐长红、中国医学科学院阜外心血管病医院主任周宪梁、山东豪迈机械科技股份有限公司电火花科研小组组长王钦峰、沈阳机床（集团）有限责任公司齿轮分公司维修钳工陈新海、福建省电力有限公司福州电

2010 年 4 月 27 日，中华全国总工会在北京举办庆祝“五一”国际劳动节劳动模范座谈会。图为座谈会现场。

业局班组长冯振波等先后发言，他们结合各自的工作岗位和奋斗历程，畅谈了学习胡锦涛总书记重要讲话精神的感受和体会，介绍了各自立足本职、爱岗敬业、甘于奉献、争创一流的感人事迹。2010年受到表彰的全国劳动模范和先进工作者代表及特邀劳模代表，参加表彰大会的各省（区、市）总工会负责同志，各全国产业工会，中央直属机关工会联合会，中央国家机关工会联合会，全国总工会各部门、各直属单位负责同志共150多人参加座谈会。

2010年4月28日，全国总工会召开党组会议，认真学习贯彻胡锦涛总书记重要讲话精神，专题研究贯彻落实讲话精神的具体措施。5月7日，中央直属机关工委召开表彰大会，表彰了在中央直属机关各项事业中作出突出贡献的8名全国劳动模范和先进工作者，同时表彰了26名中央直属机关五一劳动奖章获得者。

四、劳模成为全面建设小康社会的“时代领跑者”

新中国成立以来，各条战线涌现出众多劳动模范和先进工作者，他们为促进我国经济发展和社会进步作出了杰出的贡献，他们是国家的脊梁、民族的精英、时代的领跑者。对先进模范人物进行广泛宣传，使他们的奉献精神、感人事迹弘扬于社会，流传于后世，激励全国人民为全面建设小康社会建功立业，具有十分重要的现实意义。为此，全国总工会开展了“时代领跑者”风采展示和评选活动。

（一）评选新中国成立以来最具影响的劳动模范

2003年5月26日，全国总工会办公厅下发《关于开展“中国劳模——时代领跑者”形象工程活动的通知》，动员全国摄影家和摄影爱好者对所在地区新中国成立以来的全国劳动模范、全国先进工作者进行采访、拍摄。同年9月，全国总工会和中国摄影家协会联合在北京举办“中国劳模——时代领跑者”大型摄影展览，从新中国成立以来党和政府授予的 2 万多名全国劳动模范中选择 100 多位最具代表性的先进人物，采用艺术摄影的形式，展现他们的风采，宣传劳动模范的丰功伟绩，并以此向中国工会第十四次全国代表大会献礼。活动期间，在全国形成“访劳模、赞劳模、学劳模”的热潮。

2009 年是新中国成立 60 周年。为大力宣传我国工人阶级在建设新中国和改革开放伟大事业中的历史贡献，以劳模精神鼓舞广大职工积极应对国际金融危机的影响，以更大的热情投身改革开放和社会主义现代化建设事业，推动全社会进一步形成尊重劳模、关心劳模、学习劳模、争当劳模的良好氛围，全国总工会决定，在新中国成立以来的全国劳动模范（全国先进生产者、全国先进工作者）、全国五一劳动奖章获得者以及出席全国劳模表彰大会的先进集体代表（含已逝世人员）中开展“时代领跑者——新中国成立以来最具影响的劳动模范”评选活动。据统计，新中国成立 60 年来，全国一共评出 2.5 万多名全国劳模和 1.8 万多个先进集体。

2009 年 4 月，“时代领跑者——新中国成立以来最具影响的劳动模范”评选活动启动。在广大职工群众的积极响应、广泛参与下，遴选出 120 名新中国成立以来最具影响的劳动模范候选人。6 月 27 日，候选人及其事迹通过《人民日报》《经济日报》《工人日报》和相关网站等主流媒体向社会公布并接受群众投票，受到社会各界广泛关注。5 个月里，评选活动共收到选票 1375 万余张。9 月 22 日，评选活动揭晓，在公众投票的基础上，经过由有关部门和全国总工会组成的评委会评审等程序，最终评选出 60 位新中国成立以来最具影响的劳动模范。

60 位“时代领跑者——新中国成立以来最具影响的劳动模范”是（按姓氏笔画排序）：马万水、马六孩、马永顺、马恒昌、孔祥瑞、孔繁森、王顺友、王乐义、王有德、王全禄、王进喜、王启民、王选、王洪军、王崇伦、邓亚萍、邓建军、邓稼先、包起帆、史来贺、田桂英、申纪兰、任长霞、多吉、许振超、达吾提·阿西木、吴仁宝、吴运铎、吴登云、宋鱼水、张云泉、张秉贵、时传祥、李双良、李斌、杨丽、杨怀远、邱娥国、陈刚毅、陈峰[1]、孟泰、柳传志、赵占魁、赵国峰、赵桂兰、赵梦桃、钟南山、徐虎、袁隆平、郭凤莲、常香玉、梁军、尉凤英、彭隆荣[2]、智呼声、蒋筑英、鲁冠球、窦铁成、樊锦诗、潘兰英。

此外，还有王忠诚等60人获得“时代领跑者——新中国成立以来最具影响的劳动模范”提名奖。

60位新中国成立以来最具影响的劳动模范涵盖了各个历史时期和各个方面。他们中有新中国成立初期的老一辈劳模，也有改革开放以来涌现的新时期劳模；有在生产一线岗位成才的知识型、创新型技术工人，也有科研战线的领军人物；有为经济发展作出卓越贡献的企业家，也有社会主义新农村建设的带头人。其中，有37人入选“100位新中国成立以来感动中国人物”。

2009年9月22日，全国总工会和中央电视台联合主办的“时代领跑者——新中国成立以来最具影响的劳动模范”颁奖盛典在北京隆重举行。中共中央政治局委员、全国人大常委会副委员长、全国总工会主席王兆国，全国人大常委会副委员长、民进中央主席严隽琪，全国政协副主席白立忱等出席并会见获奖劳模。王兆国在讲话中指出，评选产生的60名“时代领跑者”，是亿万劳动群众的杰出代表，为国家发展、民族振兴、人民幸福建立了不可磨灭的功绩。他们所体现出伟

1　编者注：2021年9月24日，海航集团发布公告：接到海南公安机关通知，海航集团有限公司董事长陈峰因涉嫌违法犯罪，被依法采取强制措施。

2　编者注：2023年5月，经海南省委批准，海南省纪委监委对原海南省农垦总局巡视员、海南省农垦集团有限公司原副总经理彭隆荣严重违纪违法问题进行立案审查调查并开除其党籍。

大的劳模精神，已成为激励我国工人阶级和广大劳动群众奋勇前进的强大精神动力，共和国的历史丰碑上会永远铭刻他们的卓越功勋。获奖劳模和已故获奖劳模家属代表，首都职工代表，中国劳动关系学院、北京大学、清华大学的学生代表等共约900人参加了颁奖盛典。

（二）创建工人先锋号

工人先锋号是全国总工会颁发的以“创一流工作、一流服务、一流业绩、一流团队”为主要活动内容的荣誉称号。20世纪五六十年代的马恒昌小组、大庆1205钻井队、“毛泽东号”机车组等先进班组可以说就是如今工人先锋号的前身。

1984年，北京公交集团工会率先开展了创建工人先锋号活动，各车组和车队坚持以人为本、乘客至上，形成了“助老助残”“温馨车厢”和公交李素丽服务热线等特色服务品牌，赢得了社会普遍赞誉。一些省市相继学习和开展创建活动。至2006年，全国各省（区、市）总工会和部分全国产业工会已命名了5000多个工人先锋号。他们既继承了20世纪五六十年代先进集体敢于挑战、勇攀高峰的精神，又体现了改革开放新时期与时俱进、开拓创新的特点。

为充分发挥工人阶级在实现科学发展和构建社会主义和谐社会中的主力军作用，进一步推进建功立业活动，2006年12月，全国总工会十四届四次执委会议提出，总结推广各地开展创建工人先锋号的经验，深入开展创建工人先锋号活动，把创建工人先锋号当成推进“当好主力军、建功‘十一五’、和谐奔小康”竞赛活动的重要抓手。2007年8月，全国总工会下发《关于深入开展创建工人先锋号活动的实施意见》，提出了创建活动的指导思想和总体要求，对工人先锋号的授予对象、基本条件、推荐程序、授予方式、组织领导等作出明确规定。同年8月30日，全国总工会召开部署创建工人先锋号活动的电视电话会议。此后，各级工会根据全国总工会的部署，把创建工人先锋号活动与正在开展的各种劳动竞赛活动有机结合，引导动员职工立足本职岗位，争创一流，推动创建活动由点到面，从窗口服务行业扩展到各行各业，在全国各行各业普遍开展。

2008 年 1 月，全国总工会办公厅下发《关于推荐评选全国五一劳动奖状奖章、全国工人先锋号的通知》，对推荐评选全国工人先锋号作了明确规定。在推荐的全国工人先锋号集体中，要求班组数量不低于总数的 70%。2008 年 4 月 29 日，全国总工会命名表彰了首批 1055 个全国工人先锋号先进集体，号召全国广大职工立足本职、勤奋学习、苦练技能、甘于奉献，以一流工作、一流服务、一流业绩推动更多的集体成为工人先锋号，为夺取全面建设小康社会新胜利而努力奋斗。据统计，2008 年至 2012 年，全国总工会共表彰全国工人先锋号 5368 个。

（三）首次授予农民工全国劳模称号

农民工是改革开放催生的新群体，是改革开放的亲历者、见证者和奉献者，是工业化、城镇化、农业现代化进程中崛起的一支新型劳动大军。2002 年至 2012 年的 10 年间，农民工劳动模范在各行各业的大量涌现，成为这一时期的一大亮点。特别是 2007 年 10 月党的十七大召开后，各地区、各部门贯彻落实党的十七大精神，努力营造全社会尊重、关爱农民工的良好氛围。

2004 年 2 月 8 日，中共中央、国务院在印发的《关于促进农民增加收入若干政策的意见》中首次提出，“进城就业的农民工已经成为产业工人的重要组成部分”。4 月 21 日，在荣获全国五一劳动奖章的 1005 名先进个人中，来自山西的第十三冶金建设公司浙江临海土建施工队的鲍先锋成为首位被授予全国五一劳动奖章的农民工。2005 年，在全国劳模评选中，又有 23 位农民工被授予全国劳动模范称号，成为农民工中的首批全国劳动模范。他们中有保安员、挡车工、电焊工、乡邮员等。农民工被授予劳模称号，充分显示了党和国家对工人阶级队伍中这一新兴群体的高度重视，进一步焕发起广大职工群众的劳动热情与创造积极性。

在2009年全国五一劳动奖、全国工人先锋号表彰的先进集体和先进个人中，一线职工达1230名，占推荐个人总数的82.44%，比2018年增加了4.75个百分点，其中农民工数量大幅增加，表彰人数首次过百人，共有116名，占推荐个人总数的7.77%，比2008年增加了2.89个百分点，体现了表彰注重基层、向一线职工倾斜的特点。从2011年开始，农民工在全国五一劳动奖章所占比例大幅提高，2012年超过10%，2017年为11.1%，2018年为12.73%，2019占比达到15%。据统计，自2004年以来，截至2019年，总共有275名农民工荣获全国劳动模范的称号，951名农民工荣获全国五一劳动奖章。上海的朱雪芹、广东的胡小燕、重庆的康厚明等农民工劳动模范，成为1.5亿农民工群体中的优秀代表人物。2008年11月16日，改革开放以来首次召开的全国优秀农民工表彰大会在北京人民大会堂隆重举行，会上表彰了1000名全国优秀农民工代表和100个农民工工作先进集体。

第二节

在推动经济社会科学发展中大显身手

2005 年 10 月 11 日，党的十六届五中全会审议通过了《中共中央关于制定国民经济和社会发展第十一个五年规划的建议》。在各级工会的动员组织下，广大职工群众和劳模全面落实科学发展观，掀起了为实现“十一五”规划建功立业的热潮。“十一五”期间，有 2.1 亿人次职工参加各种形式的劳动竞赛，累计创造经济效益 1780 亿元，为胜利完成“十一五”规划各项目标任务，充分发挥了工人阶级主力军作用。

一、劳模在国家重点工程中奋力拼搏

在开展“当好主力军、建功‘十一五’、和谐奔小康”主题竞赛活动中，广大职工群众广泛参与西部大开发、振兴东北地区、中部地区崛起等各项建设事业。在新中国成立 54 周年即将来临之际、中国工

会十四大即将召开前夕，全国总工会组织国家重点工程建设先进事迹报告团2003年在北京作的3场报告，在中央机关和全社会引起强烈反响。三峡工程的建设者以“为我中华，志建三峡”的精神，经过10年艰苦奋斗，成功蓄水发电；青藏铁路建设者以“吃苦奉献，立功高原”的精神，建设着世界屋脊上的第一道彩虹；西气东输工程建设者以“人生能有几回搏，西气东输再不搏，人生就白活”的精神，建设着国家西部大开发战略的标志性工程。这些精神是中华民族精神的具体体现，也是中华民族精神的重要组成部分。广大职工在国家重点工程中建功立业，涌现出一大批成绩卓著的建设功臣和先进人物。

2007年3月，全国总工会和国务院振兴东北办公室在哈尔滨联合召开“东北地区老工业基地振兴杯”劳动竞赛总结表彰大会，50家企业获优秀企业奖，100个班组获优胜班组奖，夏云龙等200人获先进个人奖。全国总工会对竞赛中成绩突出的集体和个人分别授予全国五一劳动奖状、全国五一劳动奖章。

同年12月，举世瞩目的我国首颗绕月探测卫星“嫦娥一号”顺利进入月球轨道，并传回月球三维影像，标志着我国首次绕月探测工程取得圆满成功。这是我国航天事业继人造地球卫星、载人飞船之后的又一个里程碑，集中体现了我国的综合国力和科技实力。在绕月探测工程中作出突出贡献的8个集体荣获全国五一劳动奖状，“嫦娥一号”卫星总设计师、总指挥叶培建等22人荣获全国五一劳动奖章。

2003年至2008年间，共有2635个先进集体荣获全国五一劳动奖状，6182名先进个人荣获全国五一劳动奖章。2011年3月，全国总工会还分别授予北京公共交通控股（集团）有限公司等153个企事业单位和北京市房山区总工会等119个单位“‘十一五’时期社会主义劳动竞赛先进集体”和“‘十一五’时期社会主义劳动竞赛先进组织单位”荣誉称号。其中，非公有制企业有61家，在受表彰的“‘十一五’时期社会主义劳动竞赛先进集体”中占40%。2007年，有241名全国劳动模范和全国五一劳动奖章获得者当选为党的十七大代表。

二、劳模在应对重大挑战中冲锋在前

从2007年到2012年的5年间，国内外形势激荡变化，国际金融危机给我国经济发展带来巨大冲击，国内改革攻坚面临深层次矛盾和问题，机遇与挑战前所未有。在奋力抗击四川汶川特大地震和青海玉树强烈地震等重大自然灾害，迅速开展灾后恢复重建中；在有力应对国际金融危机冲击，保持经济平稳较快发展中；在成功举办2008年北京奥运会、残奥会，筹办上海世博会中，一大批先进模范人物冲锋在前，奋战在救灾一线，拼搏在生产一线，坚守在志愿一线，为进一步增强我国经济实力和综合国力作出了突出贡献。

（一）在抗震救灾斗争中临危不惧

2008年5月12日发生的四川汶川特大地震，是新中国成立以来破坏性最强、波及范围最广、救灾难度最大的一次地震，给灾区人民生命财产和经济社会发展造成巨大损失。在党中央、国务院坚强领导下，灾区职工不屈不挠、奋起抗灾，自力更生、艰苦奋斗、重建家园，全国人民奉献爱心、倾力支援，抗震救灾斗争取得重大胜利。在这场抗震救灾、重建家园的斗争中，涌现出一大批临危不惧、勇往直前、舍生忘死、甘于奉献的先进集体和先进个人。

全国劳模、安徽怀远县马城镇新城口村农民刘兆水第一时间率领3个弟弟组成救援车队赶赴灾区，在北川抢通道路30公里，帮助陈家坝等4个乡镇3万多群众打通了“生命线”。全国先进工作者、汶川县映秀小学校长谭国强组织教师冒着余震危险进入教学楼废墟展开搜救，在该校的473名学生中，共有248名学生幸免于难。2008年6月26日，由全国劳模李斌带队的首批劳模技术服务队赶赴四川灾区。启程前，王兆国为劳模技术服务队授队旗。李斌一行 14 人到达德阳后，对东方汽轮机有限公司等受灾严重企业进行了技术指导，抢修数控机床，使之恢复运行。此后，全国总工会又先后组织了 5 批劳模技术服务队赶赴灾区。经过艰苦努力，2008 年东方汽轮机有限公司共完成工业总产值 108.45 亿元，是灾后年计划的 108%，2009 年完成 167.47 亿元，达到年计划的 139.56%。据统计，汶川“5·12”地震后至当年 7 月底，先后有 1199 个“抗震救灾重建家园工人先锋号”奋战在一线。

2008 年 6 月和 7 月，为了表彰在抗震救灾、重建家园中涌现的先进集体和先进个人，全国总工会分两批即时授予东方汽轮机有限公司、四川省成都市第三人民医院等 64 个先进集体全国五一劳动奖状；即时授予裴福兴、王婉民等 83 名先进职工全国五一劳动奖章。7 月 15 日，人力资源和社会保障部、教育部表彰第三批教育系统抗震救灾英雄集体和抗震救灾英雄，授予四川省汶川县威州中学优秀教师群体等 5 个集体“教育系统抗震救灾英雄集体”荣誉称号；追授四川省安县花荄镇初级中学教师郑发富等 5 位同志“教育系统抗震救灾英雄”荣誉称号；授予四川省汶川县映秀小学校长谭国强等 8 位同志“教育系统抗震救灾英雄”荣誉称号，享受省部级劳动模范和先进工作者待遇。7 月 18 日，中央企业抗震救灾总结表彰大会召开，会上表彰了 199 个抗震救灾先进集体、271 先进个人和 136 个先进基层党组织、178 名优秀共产党员。8 月 1 日，人力资源和社会保障部分别会同教育部、公安部、民政部、铁道部、交通运输部、水利部、农业部、卫生部、国资委、工商总局、质检总局、中国地震局、中国气象局、团中央、红十字总会等部门作出决定，授予各系统在汶川特大地震抗震救灾斗争中作出突出贡献的 90 个先进集体和 129 名先进个人“抗震救灾英雄集体”“抗震救灾英雄”荣誉称号。8 月 29 日，70 位在抗震救灾、重建家园中表现英勇的英雄教师被中国教科文卫体工会授予“抗震救灾感动中国师德标兵”荣誉称号。截至 2008 年 8 月，国家各部门共计 23 次表彰抗震英模。[1]

2010 年 4 月 14 日，青海玉树强烈地震发生后，党中央、国务院迅速作出部署，成立国务院抗震救灾总指挥部，组织和协调开展抗震救灾工作。4 月 15 日，全国总工会连夜下发《关于组织动员广大职工和工会组织积极投入青海玉树抗震救灾工作的紧急通知》。4 月 17 日下午，胡锦涛总书记提前结束访问回国并立即主持召开中央政治局常委会会议，全面部署青海玉树抗震救灾工作。根据会议精神，全国总工会进一步部署细化工作，下发通知，要求灾区各级工会组织进一步组织动员广大职工积极参与抢险救援、医疗卫生、群众生活安置、基础设施抢修、资金物资保障等，在抢险救灾中大力开展工人先锋号活动。

玉树发生强烈地震后，马宝祥和他的抗震救灾抢险队筹措好药品、食品、帐篷等价值 3 万元的救灾物资，自带挖掘机、装载机，连夜赶赴灾区抗震救灾。2010 年 4 月 19 日上午，全国总工会将全国工人先锋号的旗帜授予马宝祥农民工抗震救灾抢险队。当天接过全国工人先锋号旗帜的，还有青海人民医院赴玉树灾区抗震救灾医疗队等 30 个救援队、突击队。地震发生后，卫生系统劳模冲在一线，发扬救死扶伤、无私奉献，一方有难、八方支援的精神，以最快的速度救治伤病人员，为保证灾区群众的生命安全，全力以赴开展紧急医疗救援、卫生防疫和高原病防治等工作。4 月 21 日，青海火电工程公司送变电分公司高空线路班班长杜金玉为抢修电力殉职，全国总工会追授他全国五一劳

1 《荣誉之花，为英雄怒放——记国家各部门 23 次表彰抗震英模背后的故事》，新华社，2008 年 8 月 1 日。

动奖章。

2008年10月8日，中共中央、国务院、中央军委作出《关于表彰全国抗震救灾英雄集体和抗震救灾模范的决定》，授予成都市公安局交通警察支队等319个集体“全国抗震救灾英雄集体”荣誉称号；追授雷勇等5名同志“全国抗震救灾模范”荣誉称号；授予蒋敏等517同志“全国抗震救灾模范”荣誉称号。中央号召，全国人民要以受表彰的先进集体和先进个人为榜样，把伟大抗震救灾精神转化为艰苦奋斗、重建家园的坚强意志，转化为努力工作、建设祖国的实际行动，转化为推动科学发展、促进社会和谐的强大力量，为夺取全面建设小康社会新胜利不懈奋斗。2010年8月19日，中共中央、国务院和中央军委授予玉树州抗震救灾指挥部等225个集体“全国抗震救灾英雄集体”荣誉称号；授予王玉虎等330人“全国抗震救灾模范”荣誉称号，追授松尕等4名同志“全国抗震救灾模范”荣誉称号。

此外，2010年9月20日，四川召开大会，表彰为四川灾后恢复重建作出重要贡献的27个先进集体和215名先进个人。会上，全国总工会授予这些先进集体全国五一劳动奖状，授予这些先进个人全国五一劳动奖章。2011年10月14日，人社部等在北京举行汶川灾后恢复重建总结表彰大会，分别授予200个集体和295名个人先进集体、先进个人荣誉称号。据不完全统计，在汶川、玉树抗震救灾中，有4600多人次受到省部级荣誉表彰。

（二）面对金融危机同舟共济保增长

2008年，国际金融危机冲击对我国经济影响端倪初显。9月，国际金融危机迅速蔓延扩散。面对严峻形势，党中央、国务院审时度势，作出了一系列重大决策。2008年12月，全国总工会十五届二次执委会议通过了《关于在全国职工中广泛开展“同舟共济保增长、建功立业促发展”竞赛活动的决议》。截至2009年底，全国80%的企业和职工参加了“同舟共济保增长、建功立业促发展”竞赛活动。在全国累计施工和新开工的50多万个重点工程项目中，有70%以上工程项目开展了竞赛活动。同时，上海世博会、地震灾区灾后重建、京沪高速铁路重点工程建设等竞赛活动深入推进。

2009年4月28日，中共中央政治局常委、中央书记处书记、国家副主席习近平在庆祝“五一”国际劳动节暨保增长促发展劳动竞赛推进大会上高度评价了劳模的突出作用和社会主义劳动竞赛的重大意义，号召广大职工要积极参加“同舟共济保增长、建功立业促发展”劳动竞赛，为实现经济平稳较快发展建功立业。习近平强调，群众性劳动竞赛活动，作为提高职工素质、推动企业进步、促进经济发展的重要途径，作为工会围绕中心、服务大局的重要载体，在新中国60年发展史上写下了并继续书写着浓重的一笔。[1]群众性劳动竞赛活动锻造了劳动模范，而劳动模范的成批涌现推动了劳动竞赛活动不断向深度和广度进军。会上，全国总工会授予北京燕山石化公司等506个先进集体全国五一劳动奖状，授予刘宏等1491名先进个人全国五一劳动奖章，授予北京第一机床厂精密部件制造部主轴班等1453个先进集体全国工人先锋号荣誉称号。习近平等领导同志为获奖者代表颁奖。会前，习近平等还亲切会见了全国劳动模范、先进集体代表和获奖者代表。大会上受表彰的先进集体和个人，有相当一部分是在应对国际金融危机、开展保增长保就业保民生工作中涌现出来的先进典型。

（三）为奥运会、世博会奉献精品工程

2008年8月1日，北京奥运会开幕前夕，中国第一条高速铁路——京津城际铁路开通运营，中国高铁第一人李东晓驾驶着高速动

---

1 《在庆祝“五一”国际劳动节暨保增长促发展劳动竞赛推进大会上的讲话》，《工人日报》，2009年4月29日，第1版。

车组完成了首趟值乘任务。为了以安全、平稳、舒适的运行助力北京奥运会，李东晓经过摸索学习、反复操作验证，创造了中国高铁的第一个世界时速纪录，总结了中国高铁第一个动车组操纵法，带出了第一批中国高铁司机。他先后荣获全国五一劳动奖章、全国技术能手等。

在为奥运建设作出突出贡献的劳模中，有青年突击队员，有农民工，还有一位技术骨干，他就是全国五一劳动奖章获得者、国家体育场“鸟巢”工程总工程师李久林。他先后荣获“首都劳动奖章”“全国知识型先进职工”“北京奥运会残奥会先进个人”等称号。

2008 年 7 月，全国总工会在全国广大职工中开展了以“为祖国争光、为奥运添彩”为主题的立功竞赛活动。交通行业的职工围绕保证运营畅通有序和文明优质服务开展竞赛；宾馆饭店行业的职工通过竞赛进一步提高涉外接待能力；电信、供电、供水等行业的职工开展岗位练兵，确保通信、水电畅通；生产奥运产品和承担奥运物资供应企业的职工，严把产品质量和食品安全关，确保奥运物资供应及时、安全。广大职工和劳模以做好本职工作的实际行动迎接奥运、办好奥运。

2005 年至 2008 年，全国总工会、北京市总工会、北京市建设委员会、北京市“2008”工程建设指挥部共同开展了以“弘扬奥运精神，奉献精品工程”为主题的奥运工程建设劳动竞赛活动。广大奥运工程建设者以顽强的毅力和无穷的智慧，战胜了各种难以想象的困难，解决了众多科技难题，向世人展示了中国工人阶级奋发向上的精神面貌和坚韧不拔的优秀品质，用心血和汗水谱写出辉煌篇章。2008 年 4 月，全国总工会授予在奥运工程建设劳动竞赛中取得优异成绩的北京城建安装工程有限公司等 13 个先进集体全国五一劳动奖状，授予张义昆等 17 位先进个人全国五一劳动奖章。

2010 年 4 月，上海广大职工和劳模以“当好主力军、建功世博会、展示新风采”为主题，广泛开展了世博运行保障立功竞赛。在世博园区、公安保卫系统、交通运输行业、公共事业领域、窗口服务和综合服务单位、浦东核心功能区等，广大职工和劳模对世博运行的目标任务、重点难点、薄弱环节开展了专项竞赛，金融、通信、物流、旅游等现代服务业职工和科研技术人员也加入了竞赛队伍。广大职工和劳模顽强奋战、真情奉献，用热情、智慧和汗水铸就了上海世博会的辉煌。2006 年 4 月，在上海世博会筹办过程中，全国总工会作出《关于在上海世博会重大工程建设中开展建功立业劳动竞赛的决定》，在上海市总工会和上海世博局的积极推进下，上海世博会重大工程建设建功立业劳动竞赛蓬勃开展，工人先锋号的旗帜在世博园区工地上高高飘扬，劳动竞赛为促进世博会工程建设圆满完成发挥了积极作用。

据不完全统计，上海各地区、各系统共开展各种形式的主题立功竞赛 4132 项，10.7 万个企事业单位、716 万人参加竞赛活动；组织开展了 7000 多个工种（项目）的技能竞赛，245.6 万名职工参赛。其中，26.6 万名职工技能等级晋级；提出合理化建议 44.3 万条，采纳实施 25.7 万条；围绕平安世博，组织 186.5 万名职工排查安全隐患 9 万多项；参加平安世博志愿者达 29.5 万人。2010 年 4 月，为表彰在上海世博会重大工程建设建功立业劳动竞赛中涌现出的先进集体和先进职工，全国总工会决定，授予上海世博（集团）有限公司场馆建设工程分公司等 3 个单位全国五一劳动奖状；授予赵炯等 7 位同志全国五一劳动奖章；授予上海世博会事务协调局城市最佳实践区部等 12 个班组全国工人先锋号荣誉称号。

2008 年 9 月 28 日，党中央、国务院对为成功举办北京奥运会、残奥会作出突出贡献的北京奥运会组委会等 332 个集体和丁伯成等 566 位同志予以表彰，分别授予“北京奥运会残奥会先进集体”和“北京奥运会残奥会先进个人”荣誉称号。在上海世博会申办、筹备和举办过程中，涌现出一大批勇挑重担、无私奉献、追求卓越、作出突出贡献的先进集体和先进个人。2010年12月26日，党中央、国务院授予北京参博运行团队等377个集体“上海世博会先进集体”荣誉称号；授予陈峰等515位同志“上海世博会先进个人”荣誉称号，追授吴毅强等4位同志“上海世博会先进个人”荣誉称号。

三、劳模在技术创新中发挥聪明才智

2005年10月，党的十六届五中全会把提高自主创新能力、建设创新型国家作为“十一五”时期的主要任务之一。广大职工群众以劳动模范为榜样，围绕建设创新型国家，建设资源节约型、环境友好型社会等重大任务，开展技术革新和发明创造活动，推动企业创新能力和产业竞争力大幅提升，为促进国家自主创新能力的提高、推动科学发展作贡献。

（一）劳模积极参与全国职工技术创新成果交流活动

为进一步调动广大职工参加技术创新活动的积极性，推进企业技术进步，促进科技成果转化，加快经济建设与社会发展，根据《国家科学技术奖励条例》等有关规定，2003年12月，全国总工会设立了职工技术成果奖，同时制定了《职工技术成果奖奖励暂行办法》。职工技术成果奖是奖励在职工经济技术创新活动中取得突出成绩的集体和个人，设三个等级，每3年评选1次，每次评选不超过100项。2004年6月，全国总工会完善了《中华全国总工会职工技术成果奖奖励暂行办法实施细则》，规定一等奖不超过5项，二等奖不超过20项，其余为三等奖。在技术创新上有重大突破，主要技术经济指标达到或接近国际先进水平，取得突出经济效益或社会效益，在国家建设和经济发展中产生重要影响的成果，可申报一等奖。

2004年5月，全国总工会、科学技术部、劳动和社会保障部首次联合开展了全国职工技术创新成果评选活动，评选表彰范围和对象是，2000 年以来各类企事业单位职工在群众性科技攻关、技术革新和发明创造等方面取得的重大技术成果。9 月，首届全国职工技术创新成果评选活动揭晓，经过各地推荐、专家评审，全国劳模、“抓斗大王”包起帆等人完成的《集装箱智能管理技术》获职工技术创新成果一等奖。全国劳模、“专家型工人”李斌的《数控机床系统优化技术》，全国劳模、“金牌工人”许振超的《集装箱快速装卸法》也出现在获奖名单上。9 月 28 日，全国职工技术创新成果表彰大会在北京人民大会堂隆重召开。中共中央政治局常委、国务院副总理黄菊发表讲话。大会对获得一、二、三等奖成果的完成人分别给予 20 万元、10 万元和 3 万元的奖励，全国总工会授予一、二等奖成果的项目主持人全国五一劳动奖章。截至 2023 年底，全国职工优秀技术创新成果交流活动已开展七届。在这项活动中，劳动模范及工匠人才引领技术创新作用日渐凸显，绝大多数优秀成果来自各级劳模和工匠人才创新工作室。

（二）首家以劳模命名的创新工作室诞生

2004 年 8 月 9 日，全国首家以劳模命名的创新工作室——殷春银劳模工作室在徐州矿务集团庞庄煤矿挂牌。殷春银带领几名职工，围绕企业安全生产的重点和难点，大胆进行技术革新，短时间内先后完成 11 项科研和技术革新项目。此后，江苏省总工会两次召开现场会，总结推广殷春银劳模工作室经验。2011 年，全国各地普遍开展了劳模创新工作室创建活动。2013 年 4 月，全国有 30 多个劳模创新工作室被授予全国工人先锋号。劳模创新工作室已经成为培养劳模、产生劳模、发挥劳模作用的有效平台。劳模创新工作室用劳模的先进思想、崇高品质、模范行为和创新精神引领广大职工积极投身创新创造的伟大实践，促进了企业创新发展，为建设创新型国家贡献智慧和力量。截至 2014 年，全国已有 29 个省、市、自治区开展了劳模创新工作室创建工作，共创建劳模创新工作室58000多个，为推动各地经济社会持续发展发挥了重要作用。

（三）一线劳模登上国家科技奖领奖台

2006年起，国家科学技术进步奖评审委员会设立工人、农民科技创新评审组，一线技术工人创新活动得到激励。2007年2月23日，来自一汽大众的工人王洪军和来自上海宝钢的工人韩明明首次登上国家科学技术进步奖最高领奖台，实现了工人获得国家科学技术进步奖零的突破。2007年以来，获得国家科学技术进步奖的一线工人都是劳动模范，他们的创新成果大多出自劳模创新工作室，在他们身上集中体现了劳模创新的示范引领作用。

（四）劳模在技术创新中书写新篇章

2002年至2012年间，中宣部、全国总工会等联合选树和宣传了一大批具有突出创新精神的先进典型，在社会上引起了强烈的反响，“振超效率”“起帆精神”“专家型工人”等成为时代强音。

2004年4月20日，中宣部、交通部、人事部、全国总工会和中共山东省委联合举办的许振超先进事迹报告会在北京人民大会堂隆重举行。报告会前，中共中央政治局常委、国务院副总理黄菊亲切会见了许振超及其报告团全体成员。报告会上，全国总工会授予许振超全国五一劳动奖章。交通部作出决定，在全国交通系统广泛开展学习宣传许振超的活动。许振超是山东省青岛港集团前湾集装箱码头有限责任公司桥吊队队长、党支部书记。他凭着顽强拼搏的进取精神和刻苦钻研的韧劲，从只有初中文化程度的普通门机司机成长为港口桥吊专家。他熟练掌握桥吊驾驶和维修技术，练就了“一钩净”“无声响操作”等绝活儿，带领他的团队创造了每小时单船接卸381自然箱的世界纪录。从20世纪70年代开门机到80年代开桥吊、90年代管理桥吊，再到新港区主持现代化大型桥吊的安装，许振超和他的团队都从最基本的操作技能开始钻研。进入 21 世纪后，许振超瞄准世界集装箱码头作业的一流指标，开启了青岛港集装箱作业以秒计算的时代，为我国的海运事业作出了巨大贡献。到 2011 年，许振超率领他的团队累计完成科技成果 135 项，获得专利 6 项。

2006 年 8 月 30 日，全国总工会、科技部、交通部作出《关于在全国职工中开展向包起帆同志学习的决定》。《决定》指出，包起帆同志是新时期知识型、创新型职工的杰出代表，是一名从码头装卸工人成长起来的高级工程师。参加工作 30 多年来，他立足本职，勤奋学习，刻苦钻研，积极进取，以锲而不舍的精神和坚韧不拔的毅力，坚持发明创造和技术革新，不断攀登科技高峰，取得了累累硕果，曾 4 次荣获全国劳动模范称号，2 次获得全国五一劳动奖章，还被评为全国优秀共产党员、全国十大杰出职工、全国优秀科技工作者，是中宣部、全国总工会和交通部选树和宣传的先进典型。同日，由中宣部、全国总工会、科技部、交通部、上海市委联合主办的包起帆同志科技创新先进事迹报告会在北京人民大会堂举行。王兆国等领导同志出席报告会并在会前会见了报告团全体成员。报告团成员从不同角度讲述了包起帆情系职工、报效祖国、不懈追求、不断创新的事迹，展示了他淡泊名利、锐意进取、永葆先进的精神境界和人格魅力。在 2006 年 5 月举办的第 95 届巴黎国际发明博览会上，他一举获得 4 项金奖，成为该展会创办 105 年来一次获奖项目最多的人，为中国争得了荣誉，也向世界显示了中国人民的伟大创新精神和创造力量。

上海电气液压气动有限公司液压泵厂数控工段工段长李斌立足岗位，自学成才，从一名初级技工成长为高级技师和具有工程师职称的高技能人才，是全国液压行业公认的数控技术应用专家，被大学聘为数控机床教授。2000 年以来，他 4 次荣获全国劳动模范称号。李斌从学徒做起，3 年时间掌握车、钳、铣、刨、磨全套加工技术；两次出国培训，熟练掌握数控机床的编程、调试、安装、维修。他坚持工作之余系统学习，自学高中课程和电大课程，进入上海市第二工业大学机械电子工程本科专业学习，获得工学学士学位。他先后设计制造了许多生产急需的加工刀具、工装夹具，编制了大量的数控程序，极大地提高了生产效率。我国液压技术长期处于相对较低的水平，以至于高端工程机械配套的液压泵大部分依赖进口。李斌对此不甘心，带领团队主动承担攻关项目，攻破了11个核心关键技术难点，申请了19项发明专利及21项实用新型专利，并荣获2010年度国家科学技术进步奖二等奖。正是由于这项突破，我国自主研发制造的产品已经接近国际一流水平，打入了工程机械的高端市场。李斌带领团队共完成新产品项目102项，申报专利192项，完成工艺攻关350项，设计专用工具、夹具550把，为企业创造效益超过6亿元，将我国液压气动行业的整体技术提高到一个新水平。2002年，全国第一个以劳模名字命名的“李斌学校”成立，翌年升格为“上海电气李斌技师学院”。

各行各业涌现的劳模先进争做知识型、技能型、创新型产业工人。他们以勤奋劳动、诚实劳动、创新劳动创造美好生活，是坚持科学发展、加快转变经济发展方式的实践者和推动者，成为推动历史前进的时代先锋和行动楷模。2006年4月，劳动和社会保障部、教育部、国防科学技术工业委员会、国务院国有资产监督管理委员会、全国总工会、共青团中央、中华全国妇女联合会下发《关于开展学习中国高技能人才楷模先进事迹活动的通知》，决定在全国开展学习王为民、李斌、李凯军、许振超、束滨霞、罗东元、高凤林、栗俊平、唐建平、鲁宏勋10名中国高技能人才楷模先进事迹活动。10名高技能人才楷模都具有全国劳动模范、全国五一劳动奖章或省部级荣誉称号。全国各地、各行各业广大职工积极向“铁人式好工人”王为民、“工人专家”李斌、“模具新秀”李凯军、“金牌工人”许振超、“油井女杰”束滨霞、“创新尖兵”罗东元、“焊接巧匠”高凤林、“采机神医”栗俊平、“精准操作手”唐建平、“革新高手”鲁宏勋等一大批创新模范学习，掀起了学习新知识、掌握新技能、争作新贡献的热潮。

第三节

细致入微地为劳模排忧解难

党中央、国务院历来高度重视劳模工作、关心关爱劳模生活，2004年“五一”国际劳动节前夕，胡锦涛在江苏看望劳模时强调，劳动模范是党和国家的宝贵财富。各级党委和政府要始终坚持全心全意依靠工人阶级的方针，重视发挥劳动模范的作用，热情关心劳动模范的工作、学习和生活，细致入微地为劳动模范排忧解难，推动全社会进一步形成尊重劳模、爱护劳模、学习劳模、争当劳模的良好风尚。

在党中央、国务院的高度重视和工会组织的积极推动下，2003年以来，全国各地完善劳模帮扶长效机制，着力解决劳模工作、学习、生活中的实际困难，为进一步发挥劳模作用创造了良好的环境。

一、着力解决劳模社会保障和生活困难问题

2002年，全国总工会会同各省（区、市）总工会对健在的1万多

名全国劳模的生活状况进行了调查。调查显示，低于当地低保线的特困全国劳模，已从 1323 人减少到 640 人。造成劳模生活困难的主要原因一是收入偏低；二是医疗费用负担重；三是因家庭赡养人口多、家属患病或下岗、子女上学等原因造成家庭负担重；四是住房比较困难。全国总工会将劳模生活状况调查情况向党中央作了汇报。

（一）中央财政设立劳模专项补助资金

为了解决劳模生产生活中遇到的困难，从 2003 年起，中央财政设立全国劳模专项补助资金，每年拨出专款，用于全国劳模生活困难补助、特殊困难帮扶、春节慰问、健康体检补助和疗休养补助。2003 年至 2006 年，中央财政每年拨出 6000 万元专项资金；2007 年增加到每年 8000 万元；2011 年后每年 2.7 亿元。2003 年至 2008 年 5 年间，年均帮扶全国劳模 8700 余人。截至 2014 年，共计拨出专款 14.9 亿元，年人均受助由 2003 年的 4095 元增加到近 1.5 万元，全国劳模的收入普遍达到或略高于当地职工平均水平。

全国劳模专项补助资金的发放，带动各省（区、市）设立了省级劳模专项补助资金，采取一系列有效措施，切实解决省部级劳模生活困难。从 2004 年起，天津市财政划拨专款为离退休劳模发放荣誉津贴，并适时提高退休劳模医保待遇；从 2010 年起，市财政划拨专款建立了市级困难劳模专项帮扶资金，对劳模做到“三个确保”，即确保劳模“三险”（养老、医疗、失业）应保尽保；确保劳模退休养老金不低于全市退休职工平均水平；确保不让一名劳模和一户劳模家庭生活过不下去。甘肃省从 2005 年起设立省级劳模困难补助金，由省财政每年在预算中拨出专项资金 300 万元，专项用于解决省级劳模的生活困难问题，具体分为劳模生活困难补助金和特殊困难补助金。据不完全统计，2003 年至 2008 年 5 年间，已有 24 个省（区、市）市共拨出专款近 4 亿元用于解决省部级劳模生活困难。到 2013 年，已有 29 个省

（区、市）设立了省级劳模困难帮扶资金。

（二）国家提高劳模基本工资待遇

2006 年 6 月，人事部[1]、财政部联合发布了《关于印发〈关于公务员工资制度改革和事业单位工作人员收入分配改革实施中有关问题的意见〉的通知》，对被授予省部级以上劳动模范和先进工作者等荣誉称号的人员适当高定工资档次的问题作出了相关规定：机关事业单位工作人员被授予省部级以上劳动模范和先进工作者等荣誉称号，且 1993 年工资制度改革以来按国家规定高定了工资档次，仍保持荣誉的，可在本人套改工资的基础上适当高定工资档次或薪级工资，高定的工资原则上不超过两个档次或两个薪级。因同一事迹同时获得多个荣誉称号的，不得重复高定档次或薪级。《通知》的发布为进一步提高劳模的工资待遇、改善劳模的生活水平提供了政策依据。

（三）全国总工会与有关部门推动劳模社会保障政策的落实

各地工会不断推动完善劳模社会保障，解决劳模生活困难。2010 年，全国总工会同人社部、财政部、民政部联合组成调研组，调查了解省部级劳模社保和生活困难情况，形成了《关于省部级劳模社会保障和生活困难情况的调查报告》上报党中央。2010 年 10 月，针对部分地区不同程度存在部分劳模生活困难的实际情况，全国总工会和人社部、公安部、民政部、财政部、住房和城乡建设部、卫生部联合下发了《关于进一步解决劳动模范社会保障和生活困难等问题的通知》，就进一步落实好劳模各项社会保障政策，解决劳模生活困难、住房困难以及农民工全国劳模城镇户籍等问题提出明确要求。2011 年初，全国总工会再次就部分省部级劳模生活困难问题进行专题调查，提出推动各省（区、市）设立省部级劳模困难帮扶资金等建议。

1　编者注：人事部于 2008 年划入人力资源和社会保障部。

到2010年，全国多数省（区、市）制定了劳模管理工作办法或暂行规定。广东、山东、云南、陕西等23个省（区、市）设立了劳模荣誉津贴，省部级以上劳模离退休后每月可领到80元至200元的荣誉津贴。山西、内蒙古等省（区、市）对收入低、下岗或生活困难的省部级以上劳模定期发放生活补助；天津、山西等13个省（区、市）为劳模办理了5000元至10000元的补充养老保险。江苏、河南、云南等13个省（区、市）出台了省以上劳模医疗优诊制度，劳模的医疗费用优先报销或全额报销。北京、上海、江苏等10个省（区、市）出台了劳模优先享受廉租住房或优先购买经济适用房、补足住房面积等政策。2005年至2007年，杭州已有349名劳模先进优先购买了经济适用房。特别是2015年2月，国务院办公厅印发《关于做好省部级以上劳模困难帮扶工作的通知》后，全国劳模生活困难问题基本解决，各级劳模的困难问题都有相应的制度支撑，劳模的生活状况得到基本保障。

二、把关心关爱劳模工作放到更加突出位置

实打实地为劳模服务是工会义不容辞的职责。各级工会组织把关心关爱劳模工作放到更加突出位置，面对面地与劳模交流，倾听他们的意见和建议，反映他们的声音和诉求，深入了解他们的工作和生活情况，及时发现问题，提供有效帮助，增强工作的主动性和针对性。

（一）全国总工会出台《关于加强劳动模范工作的意见》

为进一步做好新形势下的劳模工作，2011年2月，全国总工会印发了《关于加强劳动模范工作的意见》。《意见》要求各级工会组织要把劳模工作放到服务党和国家工作大局的高度来认识和把握，进一步提高认识，增强责任感、使命感，扎扎实实做好这项工作，使劳模工作在推动科学发展、促进社会和谐中发挥更大作用。要从建立健全劳模档案入手，进一步加强劳模管理服务工作的制度建设，逐步形成全

国联网的劳模管理服务体系。建立劳模联系制度，定期走访慰问劳模，掌握劳模生活、身体和工作情况，听取劳模意见和建议，及时为劳模提供有效服务。研究探索劳模考核激励机制，定期安排劳模体检和休养。对劳模工作变动、患重病或亡故、违犯党纪政纪或违法犯罪等情况要及时报告。督促企业按规定为劳模办理社会保险手续，推动农民工劳模参加城镇企业职工基本养老保险，指导和帮助符合条件的农民劳模参加新农保。做好劳模帮扶资金的发放工作，将离退休老劳模、困难企业劳模、农民劳模和身患重病劳模作为重点，切实用好帮扶资金。推动有关方面优先解决劳模住房困难问题。把做好日常帮扶劳模工作与节日走访慰问劳模工作、解决劳模现实生活困难与建立劳模长效帮扶机制结合起来，积极为劳模提供实实在在的服务。

为进一步在全社会营造尊重劳模、关心劳模、学习劳模、争当劳模的良好氛围，2012 年 6 月 14 日，全国总工会办公厅下发了《关于以开展“面对面、心贴心、实打实服务职工在基层”活动为契机，进一步加强关心关爱劳模工作的通知》。

（二）开展大规模走访慰问劳模活动

2009 年是新中国成立 60 周年。全国总工会根据中央精神下发了《关于做好全国劳模帮扶资金发放和国庆走访慰问劳模工作的通知》，当年在全国开展了大规模走访慰问劳模活动。据不完全统计，在各地工会的积极行动下，全国 31 个省、自治区、直辖市共筹措劳模慰问金总计 1 亿多元，走访慰问各级劳模 9.8 万人，其中全国劳模 9000 余人，省市级劳模 8.9 万人，是新中国成立以来集中慰问劳模人数最多、规模最大的一次，在全社会引起了巨大反响。

2009 年国庆节前夕，全国总工会书记处领导走访看望了部分在京老劳模。全国总工会党组书记、副主席、书记处第一书记孙春兰一行先后走进全国劳模王忠诚、“刀具大王”桂育鹏的家，详细询问他们的日常生活和健康状况，叮嘱陪同慰问的各级工会干部要切实关心关爱劳模，在全社会营造尊重劳模、热爱劳模、学习劳模、争当劳模的良好社会风尚，鼓励广大职工以劳模为榜样，爱岗敬业、争创一流，为促进经济平稳较快发展作贡献。全国有1/3省、自治区、直辖市的党政一把手领导带队走访慰问了劳模。

各地还专门成立慰问组，采取重点入户走访、集中慰问、召开座谈会、邀请出席节日庆典活动等多种形式开展走访慰问活动。北京市开展了迎国庆“工会干部慰问万名劳模”活动，为万名劳模统一办理互助服务卡。辽宁省抚顺市第一批“劳模公寓”交付使用，解决了348户省部级困难劳模的住房问题。云南省了解到部分全国劳模、省部级劳模家具陈旧，为他们添置了新家具。通过走访慰问活动，各级工会帮助困难劳模解决了许多实际困难，普遍为劳模安排了体检，向困难劳模发放了帮扶资金。

三、营造尊重劳动、尊重知识、尊重人才、尊重创造的社会氛围

2010年7月28日，全国总工会第十五届执行委员会第四次会议作出了《关于深入学习劳模精神、大力弘扬中国工人阶级伟大品格的决议》。《决议》指出，劳动模范是民族的精英、国家的脊梁、社会的中坚和人民的楷模。爱岗敬业、争创一流，艰苦奋斗、勇于创新，淡泊名利、甘于奉献的劳模精神是中国工人阶级伟大品格的生动体现和社会主义核心价值体系的集中展示，是我们时代的宝贵财富。深入学习劳模精神、大力弘扬中国工人阶级伟大品格，具有十分重要的现实意义。

（一）开展向郭明义同志学习活动

为大力宣传和弘扬劳模的先进事迹和崇高品德，2010年10月11日，由中央宣传部、全国总工会、解放军总政治部和辽宁省委联合举

办的郭明义先进事迹首场报告会在北京人民大会堂举行。受胡锦涛总书记委托，中共中央政治局常委李长春会见了郭明义同志和报告团其他成员。中央和国家机关干部、北京市基层干部群众、在京国有企业职工、解放军和武警部队官兵以及首都高校师生代表6000多人参加了报告会。

郭明义是鞍钢矿业公司齐大山铁矿生产技术室采场公路管理员，他处处发挥先锋模范作用，在每个岗位上都做出了突出的业绩。从1996年担任采场公路管理员以来，他每天提前2小时上班，累计献工1.5万多小时。他坚持20年无偿献血，累计献血6万毫升，相当于自身总血量的10倍。他用工资、奖金为困难学生、身边工友和灾区群众捐款12万元，先后资助180多名特困生，自己却过着清贫的生活。他还发起成立了“郭明义爱心联队”、鞍山市红十字会遗体（器官）捐献志愿者俱乐部等公益组织。2010年8月16日，全国总工会授予郭明义全国五一劳动奖章。2010年9月20日，全国总工会作出《关于开展向郭明义同志学习活动的决定》，号召广大职工群众学习他的先进事迹，深入学习劳模精神，大力弘扬中国工人阶级伟大品格，用工人阶级的先进思想和模范行为影响带动全社会。《决定》指出，郭明义同志的先进事迹，集中体现了中国工人阶级的伟大品格，体现了共产党员的高尚境界，体现了中华民族的传统美德，他不愧为助人为乐的道德模范，不愧为新时期学习实践雷锋精神的优秀代表。《决定》号召广大职工群众，学习郭明义牢记宗旨、坚定信念的政治品质，把坚定理想信念与做好本职工作结合起来，把爱党爱国之情转化为报效祖国、服务人民的实际行动；学习他克己奉公、奉献社会的高尚情操，大力弘扬扶危济困、团结互助、和谐友爱的中华民族传统美德，加强社会公德、职业道德、家庭美德、个人品德建设，做遵守公民基本道德规范的楷模，促进社会的文明和谐稳定；学习他恪尽职守、争创一流的敬业精神，继承和发扬自力更生、艰苦创业，爱岗敬业、恪尽职守，大公无私、埋头苦干的优良作风，不断顺应时代需要，强化与时俱进的创新意识、竞争意识，勤于学习、善于学习，努力提高自身综合素质，始终做推动历史前进的时代先锋和行动楷模；学习他心系企业、增进和谐的主人翁意识，不断发扬中国工人阶级胸怀大局、纪律严明的光荣传统，坚持识大体、顾大局，增强集体主义观念和团结协作意识，正确认识国家、集体和个人利益的根本一致性，主动为国家分忧、替企业解难，模范遵守国家法律，依法表达合理诉求，努力维护社会和谐，始终做推动改革、促进发展、维护稳定的中流砥柱。2010 年 9 月 24 日，中组部授予郭明义同志“全国优秀共产党员”称号。2012 年 3 月 2 日，中央精神文明建设指导委员会作出决定，授予郭明义同志“当代雷锋”称号。

（二）大力宣传劳模精神，树立先进人物典型

2010 年“五一”国际劳动节期间，中宣部、全国总工会联合推出一大批重点宣传典型，共有 15 位劳模典型在全国被集中宣传，是全国开展集中宣传劳模以来规模最大的一次。他们是唐山轨道客车有限责任公司铝合金厂高级技师张雪松，北京协和医学院阜外心血管病医院门诊部主任周宪梁，上海市第七建筑有限公司教授级高级工程师、世博中心工程项目经理费跃忠，甘肃临夏回族自治州东乡族自治县赵家乡甘土沟村教学点校长马兰，四川兴事发门窗责任有限公司班组长马朝全，山东豪迈机械科技股份有限公司设计员王钦峰，沈阳机床集团维修钳工、高级技师陈新海，杭州钢铁集团公司转炉炼钢厂炼钢工祝志胜，河南平煤天安煤业七矿有限责任公司班长白国周，长江武汉航道局洪湖航标器材维修中心工人郑启湘，天津市公安局宁河分局交警支队副支队长唐云洪，湖南省醴陵市国家税务局局长颜建民，广西玉林市玉州区人民法院少年刑事审判庭庭长文惠新，中海油田服务股份有限公司钻井事业部南海二号平台经理郝振山，中交二航局第二工程有限公司架桥队副队长孙家林，等等。

2012年4月25日晚上，《阳光路上》——2012年庆祝“五一”国际劳动节文艺晚会暨第三届中国职工艺术节开幕式在北京工人体育馆举行。王兆国等党和国家领导人与来自全国各地的劳模代表，2012年全国五一劳动奖状、全国五一劳动奖章和全国工人先锋号获得者代表等一同观看了演出。观看演出的还有首都各界劳动群众代表等共3000余人。晚会上，郭明义、孔祥瑞、李素丽、李新民、朱雪芹等全国劳动模范，带领3个先进班组上台，共同发出《劳动誓言》:“我们向党、向祖国人民庄严宣誓——永远跟党走，领跑时代、勇于奉献，勤奋劳动、诚实劳动、创新劳动，为实现中华民族伟大复兴，建功立业、再创辉煌！”从1999年开始，已连续13年举办庆祝“五一”国际劳动节文艺晚会，其成为每年庆祝“五一”国际劳动节活动的一个品牌。

2012年4月26日下午，在全国总工会的组织下，百名全国劳模在新浪网上正式开通实名微博，用劳模先进人物的价值取向、道德准则和实际行动影响网民、影响社会，大力推进社会主义核心价值体系建设。全国总工会党组书记、副主席、书记处第一书记王玉普等全国总工会领导出席了开通仪式。开通微博的100名全国劳模在社会上具有较高知名度。微博开通后，全国总工会还组织了劳模微博应用培训，并通过微博发起了“百名全国劳模寄语微博开通”“百名全国劳模寄语‘五一’国际劳动节”等活动，吸引大量网民参与互动。

全国各地、各级工会也开展了形式多样的学习劳模活动，营造尊重劳动、尊重知识、尊重人才、尊重创造的社会氛围。2009年，在抗击非典中殉职的“人民健康好卫士”叶欣当选“100位新中国成立以来感动中国人物”，广东省中医院把3月25日确立为“叶欣纪念日”。2010年4月至9月，湖南在全省开展了“追寻劳模足迹，弘扬伟大品格”的主题系列活动，在省级主要媒体宣传、寻访了 100 名劳模。2012 年 5 月 3 日，中国石油举办新时期“群英会”，三代铁人代表朱洪昌、王启民、李新民等劳模表示，永做大庆精神、铁人精神的传人，胸怀报国之志，做“我为祖国献石油”的生力军。

第九章

不断谱写新时代劳动者之歌

（2012 年 11 月—2017 年 9 月）

引　语

“现在，大家都在讨论中国梦，我以为，实现中华民族伟大复兴，就是中华民族近代以来最伟大的梦想。”2012 年 11 月 29 日，党的十八大闭幕不久，中共中央总书记习近平率领中央政治局常委等来到国家博物馆，参观《复兴之路》展览。在这里，习近平总书记首次提出并阐述实现中华民族伟大复兴的中国梦。[1]

中华民族伟大复兴的梦想贯通中华民族的昨天、今天和明天，这是国家的梦、民族的梦，也是每一个中华儿女的梦。实现伟大梦想，需要一代又一代劳动者接续奋斗。广大劳动模范以国家富强、人民幸福为己任，胸怀理想、志存高远，积极投身中国特色社会主义伟大实践。在劳模精神的深刻影响下，这一时期的工人运动掀起新的高潮——广大劳动群众以劳动模范为榜样，爱岗敬业、勤奋工作，锐意进取、勇于创造，自觉把人生理想、家庭幸福融入国家富强、民族复兴的伟业之中，把个人梦与中国梦紧密联系在一起，以主人翁姿态为坚持和发展中国特色社会主义作出贡献；工人阶级勇担使命——坚定

1 《习近平在参观〈复兴之路〉展览时强调 承前启后继往开来 继续朝着中华民族伟大复兴目标奋勇前进》，新华社，2012 年 11 月 29 日。

不移听党话、矢志不渝跟党走，以脚踏实地的干劲、勇往直前的闯劲、攻坚克难的钻劲，在推进伟大事业、实现伟大梦想中，不断谱写新时代的劳动者之歌。

从党的十八大召开的 2012 年 11 月，到党的十九大召开前的 2017 年 9 月，是党和国家发展进程中极不平凡的 5 年。这 5 年，是以习近平同志为核心的党中央举旗定向、力挽狂澜，淬火成钢、攻坚克难，砥砺奋进、成就辉煌的 5 年。各行各业的劳动模范和劳动群众用辛勤劳动、诚实劳动、创造性劳动，创造着无愧于时代的业绩，在为国家、为人民的奉献中焕发出绚丽光彩，以劳动托起中国梦。

第一节

开启奋斗追梦新航程

把宏伟蓝图变成美好现实，根本上要靠包括工人阶级在内的全体人民的劳动、创造、奉献。在这一点上，中国工人阶级特别是以劳动模范为代表的先进劳动群众更是发挥了示范带头作用，在平凡的岗位上创造了不平凡的业绩，以实际行动诠释了中国人民具有的伟大创造精神、伟大奋斗精神、伟大团结精神、伟大梦想精神。

2013 年 10 月 18 日至 22 日，中国工会第十六次全国代表大会在北京召开。大会明确提出，坚持和发展中国特色社会主义是我国工人阶级的历史使命；为实现中华民族伟大复兴的中国梦而奋斗是我国工人运动的时代主题。

中国工人运动始终与党领导的伟大事业紧密相连，把实现党在不同历史时期确立的目标作为自身的历史使命和时代主题。进入新时代，工人运动只有牢牢把握为实现中华民族伟大复兴的中国梦而奋斗这个时代主题，才能引领历史潮流，坚持正确方向，生机勃勃地向前迈进。

一、习近平总书记对劳动模范的殷切嘱托

党的十八大以来，以习近平同志为核心的党中央始终关心关爱工人阶级，高度重视并有力领导推进党的工运事业和工会工作。习近平总书记每逢“五一”国际劳动节都以不同方式向职工群众致以节日祝贺，每到一地考察都深入基层看望劳动模范、慰问职工群众；亲临全国总工会机关与劳模代表座谈，多次给劳模和一线职工等回信；领导召开党的历史上第一次中央党的群团工作会议；亲自谋划指导产业工人队伍建设改革和工会改革，为党的工运事业和工会工作领航掌舵、把关定向。

亿万职工群众牢记习近平总书记和党中央的殷殷嘱托，坚定不移听党话、跟党走，诚实劳动、勤勉工作，锐意创新、敢为人先，汇聚起奋进新时代的磅礴力量，在打赢脱贫攻坚战、全面建成小康社会、有效应对风险挑战中发挥了重要作用。在这一伟大历史进程中，我国职工队伍不断壮大，职工素质持续提高，精神面貌焕然一新，创新创造成绩斐然，展示出我国工人阶级团结奋斗的时代风采。

（一）习近平总书记来到全国总工会机关同全国劳模代表座谈

在习近平总书记首次提出并阐述中国梦的5个月后，位于北京西长安街的中华全国总工会大楼首次迎来党的最高领导人。这对于工人阶级和工会工作产生重大而深远的影响。

2013年4月28日上午，习近平总书记来到全国总工会机关，同全国劳动模范代表座谈并发表重要讲话。中共中央政治局常委、中央书记处书记刘云山出席座谈会。座谈会由中共中央政治局委员、全国总工会主席李建国主持。中共中央政治局委员、中央政策研究室主任王沪宁，中共中央政治局委员、中央书记处书记、中央办公厅主任栗战

书出席座谈会。

来自全国 31 个省（区、市）的 26 位全国劳模、39 位全国五一劳动奖章获得者胸前佩戴着奖章，同习近平总书记围坐在一起。他们中，年龄最大的 84 岁，最小的 25 岁。胡志强、袁隆平、张柏楠、郭凤莲、窦铁成、常国丽、贾向东、郭明义、梁军等劳模纷纷发言，结合各自工作岗位和成长经历，就继承和发扬中国工人阶级的伟大品格和崇高精神，坚守信念、追求梦想，立足岗位、发挥才干，为祖国发展和人民幸福贡献力量畅谈了体会和感受。

“同志们，在五一国际劳动节来临之际，我们来到全国总工会机关，同全国劳动模范代表同庆五一节，共话中国梦，感到很高兴。五一节，我们以什么形式来庆祝？就是同我们的劳动模范们在一起，大家一起座谈座谈。”

“今天我们看到群星灿烂，不同历史时期的代表人物都在这里了。50 年代的，像梁军同志、申纪兰同志；60 年代的，像郭凤莲同志；改革开放以后的，像袁隆平同志、鲁冠球同志；再就是新时期的。一切都历历在目，我们这些人都是经历者、见证者。看到大家，对劳模肃然起敬，尊重知识、尊重劳动的情怀油然而生。”

总书记平和真挚、平易近人的讲话，引发一阵阵热烈的掌声。劳模们继续踊跃发言。习近平认真倾听，不时插话，会议室里气氛十分活跃。

习近平指出，在我们党团结带领人民进行革命、建设、改革各个历史时期，劳动模范始终是我国工人阶级中一个闪光的群体，享有崇高声誉，备受人民尊敬。长期以来，广大劳模以高度的主人翁责任感、卓越的劳动创造、忘我的拼搏奉献，谱写出一曲曲可歌可泣的动人赞歌，为全国各族人民树立了光辉的学习榜样。

习近平强调，我国工人阶级一定要在坚持中国道路、弘扬中国精神、凝聚中国力量上发挥模范带头作用，万众一心、众志成城，为实现中华民族伟大复兴的中国梦而不懈奋斗。幸福不会从天而降，梦想不会自动成真。我们说“空谈误国，实干兴邦”，实干首先就要脚踏实地劳动。[1]

4月28日上午劳模座谈会结束后，中共中央政治局委员、全国人大常委会副委员长、全国总工会主席李建国立即在全国总工会机关主持召开会议，就学习贯彻习近平总书记重要讲话精神提出明确要求。当天下午，李建国出席庆祝“五一”国际劳动节暨为全面建成小康社会建功立业推进大会，并代表党中央发表讲话，就学习传达和贯彻落实习近平总书记重要讲话精神，做好当前和今后一个时期的工会工作进行了部署。随即，全国31个省、区、市总工会通过层层召开专题会、党组会、座谈会等方式，迅速兴起学习贯彻落实的热潮。[2]

广大劳模纷纷表示，在今后的工作中，一定按照总书记的要求，进一步增强责任感和历史使命感，发挥示范引领作用，在平凡岗位上创造精彩人生，依靠诚实劳动开创美好未来。据不完全统计，座谈会后不到1周时间，各类媒体刊登的习近平总书记与劳模座谈的相关报道就多达1.2万余条（篇），各门户网站上关于总书记重要讲话内容的转发、评论和点击阅读量累计突破4亿次；央视视频点击量达1.4亿次，仅28日当天的视频点击量和转发量就累计突破了3000万次。

（二）习近平总书记同全国总工会新一届领导班子成员集体谈话时再次提到劳模

2013年10月23日，中国工会十六大闭幕的第二天，习近平总书记

---

1 《习近平同全国劳动模范代表座谈时强调充分发挥工人阶级主力军作用 依靠诚实劳动开创美好未来》，新华社，2013年4月28日。

2 《把思想行动统一到习总书记的重要讲话精神上来 团结一心为实现中华民族伟大复兴中国梦而奋斗》《习总书记重要讲话引起热烈反响》，《工人日报》，2013年4月29日，第1版。

在中南海同中华全国总工会新一届领导班子成员集体谈话并发表重要讲话。此次集体谈话，再次对大力宣传劳动模范，依靠劳动创造托起中国梦提出了殷切期望。[1]

习近平指出，实现中华民族伟大复兴的中国梦，根本上要靠包括工人阶级在内的全体人民的劳动、创造、奉献。要使中国梦真正同每个职工的个人理想和工作生活紧密结合起来，真正落实到实际行动之中。要把广大职工群众充分调动起来，满怀信心投身于为实现中国梦而奋斗的火热实践，形成万众一心、众志成城的磅礴力量。要在全社会大力弘扬我国工人阶级的优秀品质，大力宣传劳动模范和其他典型的先进事迹，加强对广大青少年的教育，让劳动最光荣、劳动最崇高、劳动最伟大、劳动最美丽的观念蔚然成风，让全体人民进一步焕发劳动热情、释放创造潜能，通过劳动创造更加美好的生活。

党的十八大以来，习近平总书记与全国总工会新一届领导班子的集体谈话有过 3 次，分别在 2013 年、2018 年、2023 年。每一次，总书记都反复重申：坚持全心全意依靠工人阶级，充分发挥工人阶级主力军作用。这是总书记对工人阶级一如既往的牵挂、情意深长的寄望。

（三）习近平总书记在乌鲁木齐会见劳模代表

2014 年 4 月 30 日，“五一”国际劳动节前夕，正在新疆考察工作的习近平总书记在乌鲁木齐接见劳动模范和先进工作者、先进人物代表，向全国广大劳动者致以节日问候。

4 月 30 日上午 10 时许，总书记来到新疆迎宾馆 10 号楼会见厅，接见新疆 28 名劳动模范和先进工作者、先进人物代表，同他们亲切握

1 《习近平在同中华全国总工会新一届领导班子成员集体谈话时强调 坚持党对工会的全面领导 组织动员亿万职工积极投身强国建设民族复兴伟业》，新华社，2013 年 10 月 23 日。

手、合影留念，之后同他们进行了座谈。[1]

座谈会上，先进人物代表、武警新疆总队医院院长庄仕华和先进工作者代表、中国工程院院士、新疆大学信息科学与工程学院教授吾守尔·斯拉木先后发言，他们结合自己的经历，畅谈了热爱边疆、建设边疆、奉献边疆的体会，习近平不时插话交流。

随后，习近平发表了热情洋溢的讲话。习近平指出，一代又一代的劳动模范和先进工作者、先进人物，是我国劳动人民的杰出代表，是祖国和人民的骄傲。你们大家以强烈的主人翁责任感，立足本职，争创一流，集中体现了伟大的时代精神、创业精神、奉献精神，为国家和民族增添了绚丽光彩。党和人民感谢你们。在座各位获得的荣誉，既是大家辛勤劳动的回报，也是党和人民对劳动者的敬重。

习近平强调，我们要在全社会大力弘扬劳动光荣、知识崇高、人才宝贵、创造伟大的时代新风，促使全体社会成员弘扬劳动精神，推动全社会热爱劳动、投身劳动、爱岗敬业，为改革开放和社会主义现代化建设贡献智慧和力量。劳动模范和先进工作者、先进人物不仅自己要做好工作，而且要身体力行向全社会传播劳动精神和劳动观念，让勤奋做事、勤勉为人、勤劳致富在全社会蔚然成风。特别是要通过各种措施和方式，教育引导广大青少年牢固树立热爱劳动的思想、牢固养成热爱劳动的习惯，为祖国发展培养一代又一代勤于劳动、善于劳动的高素质劳动者。

习近平指出，包括广大知识分子在内的我国工人阶级是改革开放和社会主义现代化建设的主力军。当前，因为加快转变经济发展方式、促进经济结构战略性调整、化解过剩产能等原因，一些企业和职工遇

1 《习近平在乌鲁木齐接见劳动模范和先进工作者、先进人物代表 向全国广大劳动者致以“五一”节问候》，新华社，2014 年 4 月 30 日。

到了种种困难。越是这样，越要发挥职工群众主人翁作用，越要关心职工群众生产生活和职业发展，把全心全意依靠工人阶级的方针落实好。广大劳动模范和先进工作者、先进人物要把取得的荣誉作为新的起点，努力在新的征途上再创新业、再立新功。对劳动模范和先进工作者、先进人物，各条战线广大职工和各族人民群众要向他们学习，各级党委和政府要热情关心他们的工作、学习、生活，为他们的健康和幸福、为他们更好发挥作用创造良好环境和条件。

习近平总书记的重要讲话，再次在广大劳动模范和职工群众中引发热烈反响。劳模们纷纷表示，要以习近平总书记重要讲话精神为指引，大力弘扬劳模精神和劳动精神，切实以主人翁姿态投入全面深化改革中去，在工作和生活中积极传递爱和正能量，脚踏实地、爱岗敬业，为新疆经济社会发展贡献更大的智慧和力量。

（四）习近平总书记在安徽合肥主持召开知识分子、劳动模范、青年代表座谈会

2016 年 4 月 26 日，习近平总书记在安徽合肥主持召开知识分子、劳动模范、青年代表座谈会并发表重要讲话。习近平强调，全面建成小康社会，进而实现中华民族伟大复兴的中国梦，必须依靠知识，必须依靠劳动，必须依靠广大青年。广大知识分子、广大劳动群众、广大青年要紧跟时代、肩负使命、锐意进取，把自身的前途命运同国家和民族的前途命运紧紧联系在一起，努力为共同理想和目标而团结奋斗。[1]

习近平指出，劳动模范是劳动群众的杰出代表，是最美的劳动者。要在全社会大力宣传劳动模范的先进事迹，为劳动模范更好施展才华、

1 《习近平在同知识分子劳动模范青年代表座谈时强调 紧跟时代肩负使命锐意进取 为共同理想和目标团结奋斗》，新华社，2016 年 4 月 29 日。

展现精神品格提供全方位支持。各级党委和政府要关心爱护广大劳动群众，切实把党和国家相关政策措施落实到位，支持广大劳动群众积极就业、大胆创业。要切实维护广大劳动群众合法权益，帮助广大劳动群众排忧解难，积极构建和谐劳动关系。

座谈会上，中科院院士、中国科技大学常务副校长潘建伟，中国工程院院士、中国电子科技集团公司第三十六研究所高级工程师杨小牛，中船重工集团公司第七〇一研究所高级工程师、航母特种装置工程副总设计师王治国，国网安徽省电力公司宿州供电公司运检部带电作业班班长许启金，安徽艾可蓝环保股份有限公司董事长刘屹，西南大学生命科学学院教授罗凌飞先后发言。他们结合自己的学习和工作，围绕科技创新、劳动创造、青春奉献等主题，谈认识、谈感受、提建议。习近平不时询问有关情况，同他们交流，会场自始至终洋溢着亲切活泼的气氛。

习近平总书记鼓励广大劳动群众要立足本职岗位诚实劳动，这让劳动模范感到了一直以来坚守平凡岗位的选择是正确的。“无论从事什么劳动，都要干一行、爱一行、钻一行。”大家表示，无论是一线工人还是科学家，无论是在田间地头还是商场店铺，只要踏实、勤勉劳动，就一定能在平凡岗位上干出不平凡的业绩。

二、2015年，庆祝“五一”国际劳动节暨表彰全国劳动模范和先进工作者大会召开

（一）大会表彰筹备情况

党中央、国务院高度重视庆祝“五一”国际劳动节和劳模评选表彰工作，站在全局和战略的高度，统筹考虑，精心谋划，决定把庆祝“五一”国际劳动节、表彰全国劳动模范和先进工作者结合起来，并专门成立了以中共中央政治局常委、中央书记处书记刘云山为主任的大

2015年：庆祝“五一”国际劳动节暨表彰全国劳动模范和先进工作者大会

2015年4月28日在北京人民大会堂举行。党中央、国务院决定授予2064人全国劳动模范荣誉称号、授予904人全国先进工作者荣誉称号。习近平、李克强、张德江、俞正声、刘云山、王岐山、张高丽等党和国家领导同志出席大会。中共中央总书记、国家主席、中央军委主席习近平在会上发表重要讲话。中共中央政治局常委、国务院总理李克强主持大会。中共中央政治局常委、中央书记处书记刘云山宣读《中共中央、国务院关于表彰全国劳动模范和先进工作者的决定》。

在表彰大会上，习近平总书记深刻论述了劳模精神、劳动精神的伟大意义，高度评价了工人阶级和广大劳动群众在中国特色社会主义伟大事业中的重要地位作用，特别强调了党的全心全意依靠工人阶级的根本方针，充分肯定了90年来全国总工会及其各工会组织为革命、建设、改革事业作出的重大贡献，并对新形势下的工会工作、更好发挥工会组织作用，提出了明确要求。

会筹委会，统一领导庆祝表彰大会的筹备工作。中共中央办公厅、国务院办公厅、人力资源和社会保障部、全国总工会等43个部门和单位的负责人作为筹委会委员。筹委会下设办公室，负责推荐、评选、表彰等具体工作。办公室下设秘书组、宣传组、推荐组、审核组、总务组和安全保卫组，分别由全国总工会、中央宣传部、人力资源和社会保障部、国家机关事务管理局、公安部有关负责同志牵头，承办庆祝表彰具体事宜。各省、自治区、直辖市和中央有关部门、单位也成立相应的组织领导机构，负责本地区和本部门、单位的推荐评选工作。在1个多月的筹备时间里，庆祝表彰大会筹备工作扎实高效推进。

此次劳模表彰以党中央、国务院的名义进行。各地区和有关部门高度重视，提前谋划，主动作为，党委、政府主要负责同志亲自挂帅，迅速部署，精心组织，参与推荐评审工作的同志按照规定时限和要求履行程序、上报推荐材料，确保了推荐评审工作的顺利推进。整个推荐评审工作始终认真贯彻党中央、国务院的要求，坚持面向基层、面向一线、面向各条战线、面向社会各个阶层的原则，严格按照自下而上、逐级推荐、差额评选的方式进行推荐，严格执行“两审三公示”制度，广泛接受人民群众监督，做到评选过程群众参与、评选结果群众认可。

这次大会的推荐评审工作始终坚持实事求是、宁缺毋滥，严格标准条件、严格结构比例、严格评选程序、严格工作纪律，认真细致地对推荐人选进行审查，注重全面了解人选的一贯表现。这次评选第一次对所有推荐人选实行网络全面检索，重点核实身份并查看是否有负面消息等；第一次将促进就业创业、社会保障等内容明确为评选条件；第一次将社保参保率、劳动关系等内容列为企业负责人征求意见表的组成部分；第一次就事业单位推荐人选是否享受政府特殊津贴、是否获得国家科技奖项等问题分别征求人力资源和社会保障部、科技部等相关部门意见。在推荐人选中，有 32 人因种种原因被取消了评选资格，确保了评选出的全国劳模和全国先进工作者具有较强的先进性、广泛的代表性和鲜明的时代性。

此次表彰推荐评审工作坚持群众路线，充分发扬民主，并严把“四道关”，即推荐关、初审关、复审关和公示关，推荐人选都经过所在单位、省级和全国三级公示，接受社会监督，实现评选过程让群众参与、评选结果让群众认可。其间，筹委会办公室还对群众举报进行了认真核查，确保人选质量。

在一些关键环节上还实行“一票否决”：凡存在违反国家法律法规、

党纪政纪规定等情况的，不得推荐；对违反工商、税务、环境保护、安全生产、劳动用工等方面规定的企业，其负责人不能推荐；对于伪造身份、事迹、未严格按照评选规定程序推荐的人选，撤销其评选资格，并取消相应名额。

此次推荐表彰对象的过程，充分利用了互联网技术、各有关部门的经营异常名录和黑名单，对拟表彰人选进行了认真核查。如使用工商登记系统企业名录、税务信息系统黑名单、社会信用黑名单等实行网络核查。对推荐的企业负责人实行部门核查，统一征求环境保护、税务、工商、安全监管等部门意见；对在机关事业单位担任领导职务的，统一征求纪检、监察和干部管理部门意见；对地方推荐的中央垂直管理单位（含中央企业）人选分别征求有关部门意见。通过严格审核，力求确保拟表彰人选能够立得住、站得稳，经受得住实践、群众和历史检验。

这次大会的成功召开，充分彰显了我们党始终坚持全心全意依靠工人阶级的根本方针，始终坚持崇尚劳动、尊重劳动者，大力弘扬劳模精

2015 年 4 月 28 日，庆祝“五一”国际劳动节暨表彰全国劳动模范和先进工作者大会在北京人民大会堂隆重举行。图为大会现场。

神、劳动精神和工人阶级伟大品格，唱响了尊重劳动、尊重劳动者的时代强音，具有重要的现实意义和深远的历史意义。

（二）表彰大会隆重召开

2015 年 4 月 28 日上午 10 时，庆祝“五一”国际劳动节暨表彰全国劳动模范和先进工作者大会在北京人民大会堂隆重举行，这次大会是新中国成立后召开的第 15 次全国劳模表彰大会。中共中央总书记、国家主席、中央军委主席习近平在会上发表重要讲话，代表党中央、国务院，向全国各族工人、农民、知识分子和其他各阶层劳动群众，向人民解放军指战员、武警部队官兵和公安民警，向香港同胞、澳门同胞、台湾同胞和海外侨胞，致以节日的祝贺；向为改革开放和社会主义现代化建设作出突出贡献的劳动模范和先进工作者，致以崇高的敬意。习近平还代表中国工人阶级和广大劳动群众，向全世界工人阶级和广大劳动群众，致以诚挚的问候。[1]

习近平在讲话中说，历史赋予工人阶级和广大劳动群众伟大而艰巨的使命，时代召唤工人阶级和广大劳动群众谱写壮丽而崭新的篇章。我国工人阶级和广大劳动群众一定要以国家主人翁姿态，积极投身经济社会发展的火热实践，为共同创造我们的幸福生活和美好未来作出新的贡献。

习近平希望广大劳动模范和先进工作者要珍惜荣誉、再接再厉，爱岗敬业、争创一流，用工人阶级的优秀品格、模范行动引导和鼓舞全体人民，再立新功、再创佳绩。各级党委、政府和工会组织要做好劳模管理服务工作，为他们干事创业创造环境和条件，更好发挥劳模的榜样、示范、引领作用。

---

1 《庆祝“五一”国际劳动节暨表彰全国劳动模范和先进工作者大会隆重举行》，新华社，2015 年 4 月 28 日。

习近平总书记的重要讲话赢得了全场雷鸣般的掌声，也为劳动模范和职工群众再次吹响了奋进新征程的号角。

李克强主持大会，张德江、俞正声、王岐山、张高丽出席。刘云山宣读《中共中央、国务院关于表彰全国劳动模范和先进工作者的决定》。党中央、国务院决定授予2064人全国劳动模范荣誉称号，授予904人全国先进工作者荣誉称号。全国劳动模范和先进工作者代表依次登上主席台，党和国家领导人向他们颁发荣誉证书。长春轨道客车股份有限公司转向架制造中心焊工李万君代表全国劳动模范和先进工作者宣读倡议书。

这次大会的表彰对象有三个特点：

一是具有较强的先进性。表彰对象都具有坚定的政治信念、扎实的群众基础、突出的工作业绩和广泛的社会影响。其中，有11名曾获得全国劳动模范或先进工作者荣誉称号，绝大部分曾获得省部级（含）以上表彰奖励。

二是坚持面向基层和一线。在表彰的全国劳动模范中，较往年出现“两升两降”，即企业一线职工占到67.5%，比规定比例高10.5个百分点，较上届提高了5.1个百分点；企业负责人占比则较规定低了3.1个百分点，比上届降低4.3个百分点，达到16.9%。与此同时，农民工占农民的30.4%，比上届提高17.7个百分点，其中，跨省务工的农民工比上届提高5.6个百分点。而机关事业单位中，处级干部156名，占机关事业单位人选的17.3%，比规定比例低了2.7个百分点。

三是具有广泛的代表性。表彰对象分布广泛、类别齐全、代表性强。中共党员共2485名，占83.7%。少数民族共294名，占9.9%。专业技术职称人员达到1484人，两院院士有16人，享受国务院政府特殊津贴的190人，获得国家科学技术奖励的6人，具有高级职称的1024人，技师、高级技师等高等级技术工人共445名，比上届增加

121名。

此外，受表彰劳模年龄结构更趋于年轻化，40岁以下的有574人，41岁至60岁的有2315人。年龄最大的79岁，年龄最小的23岁。

（三）各系统掀起学习贯彻习近平总书记重要讲话精神热潮

2015年，恰逢中华全国总工会成立90周年。4月29日，纪念中华全国总工会成立90周年大会召开。

大会上，中共中央政治局委员、全国总工会主席李建国发表讲话。他强调，在党中央、国务院隆重举行庆祝“五一”国际劳动节暨表彰全国劳动模范和先进工作者大会上，习近平总书记的重要讲话深刻论述了劳模精神、劳动精神的伟大意义，高度评价了工人阶级和广大劳动群众在中国特色社会主义伟大事业中的重要地位和作用，特别重申和强调了党的全心全意依靠工人阶级的根本方针，充分肯定了90年来中国工会为革命、建设和改革事业作出的贡献，并对新形势下的工会工作提出明确要求。李建国指出，实现中国梦根本上要靠包括工人阶级在内的全体人民的劳动、创造、奉献，必须坚持崇尚劳动、造福劳动者，大力弘扬劳模精神、劳动精神。

表彰大会后，全国总工会迅速制定印发了《关于学习宣传贯彻习近平总书记在2015年庆祝“五一”国际劳动节暨表彰全国劳动模范和先进工作者大会上重要讲话精神的通知》,《通知》对学习贯彻落实习近平总书记的重要讲话提出了明确要求。与此同时，辽宁、山东、上海、新疆、云南等省（区、市）和新疆生产建设兵团召开庆祝“五一”国际劳动节暨劳动模范、先进工作者表彰大会，认真学习领会习近平总书记在2015年庆祝“五一”国际劳动节暨表彰全国劳动模范和先进工作者大会上的重要讲话精神，一致表示要始终牢记，任何时候都要全心全意依靠工人阶级，劳动创造世界、劳动者最光荣的价值导向不能变，尊重劳模、弘扬劳模精神的要求不能变；要弘扬劳模精神，弘扬劳动精神，弘扬我国工人阶级和广大劳动群众的伟大品格。

福建、海南等地的省委领导与本省 2015 年全国劳动模范和先进工作者座谈，提出要在全社会大力弘扬劳模精神、劳动精神，引导广大人民群众树立辛勤劳动、诚实劳动、创造性劳动的理念，让劳动最光荣、劳动最崇高、劳动最伟大、劳动最美丽蔚然成风。劳模们畅所欲言，表示将好好领会贯彻习近平总书记在表彰大会上的重要讲话精神，爱岗敬业，再接再厉，再立新功，用劳动为实现中国梦添砖加瓦。

在本次表彰大会的宣传方面，主要突出大力宣传习近平总书记重要讲话精神，广泛宣传党和国家对劳模和先进工作者的重视与关爱，集中宣传全国劳模的先进事迹和崇高精神，生动报道社会各界尊重劳模、学习劳模、争当劳模的情况。新华社播发综述，《人民日报》《光明日报》《工人日报》等专门发表社论，推出劳模大会专版、特刊，并刊发长篇通讯、大会综述、侧记和评论员文章；人民网、新华网、中工网等网络媒体纷纷制作大型专题；中央电视台精心制作了“五一”献礼的特别节目《大国工匠》，录制“中国梦·劳动美”——2015 年庆祝“五一”国际劳动节特别节目等，引起社会广泛好评，营造了劳动光荣、知识崇高、人才宝贵、创造伟大的良好社会氛围。据不完全统计，仅中央主要媒体对大会盛况特别是习近平总书记重要讲话、劳模事迹和劳模在京活动的宣传报道就有 2000 余条（幅）；各省级媒体宣传报道超过 2 万条（幅）；网络相关信息达 350 多万篇。

第二节

牢牢把握我国工人运动时代主题

2015年10月26日至29日，中国共产党第十八届中央委员会第五次全体会议在北京举行。全会听取和讨论了习近平受中央政治局委托作的工作报告，审议通过了《中共中央关于制定国民经济和社会发展第十三个五年规划的建议》。“十三五”规划明确的目标任务，成为亿万职工和各级工会努力奋斗的方向。

这一时期各行各业的劳动模范，牢牢把握我国工人运动时代主题，聚焦经济建设主战场，大力弘扬工人阶级伟大品格和劳模精神、劳动精神、工匠精神，始终站在改革发展的前列，发挥“领头羊”作用，积极参加社会主义劳动竞赛，开展群众性创新、技术协作、发明创造、合理化建议等活动，以辛勤劳动、诚实劳动、创造性劳动积极投身全面建成小康社会，在服务党和国家工作大局上创造了新业绩。

一、为劳模和职工建功立业搭建平台

劳动和技能竞赛是广大职工发挥主力军作用的重要平台，不但从中涌现出了大量模范人物，也为劳动者提高素质、建功立业提供了广阔舞台。组织职工广泛开展劳动竞赛是我国工会的光荣传统。进入新时代，劳动竞赛更成为助推广大职工以劳动托起中国梦的有力抓手。与此同时，全国总工会总结各地经验，进一步深化劳模和工匠人才创新工作室创建工作，启动了全国示范性创新工作室命名工作，为劳动模范带动广大职工焕发劳动热情和创造活力提供支撑。

（一）“十三五”时期，社会主义劳动竞赛迈入新阶段

在 2013 年 3 月 1 日，全国总工会第十五届执行委员会第七次全体会议通过的《中华全国总工会关于深入学习贯彻党的十八大精神 坚定不移走中国特色社会主义工会发展道路 团结动员广大职工为全面建成小康社会建功立业的决议》中，对充分激发广大职工的创新潜能和创造活力，凝聚起为全面建成小康社会奋斗的强大力量作出安排，特别强调要坚持以科学发展为主题、以加快转变经济发展方式为主线，大力弘扬工人阶级伟大品格和劳模精神，广泛开展“当好主力军、建功‘十二五’”创先争优建功立业劳动竞赛，积极开展技术革新、技术协作、发明创造、合理化建议等活动，扩大小发明、小改造、小革新、小设计、小建议职工参与面，评选表彰职工优秀技术创新成果，发挥职工技协作用，推动实施创新驱动发展战略，促进经济结构战略性调整，提高经济增长质量和效益，促进经济持续健康发展。

在此次执委会上，中共中央政治局委员、全国人大常委会副委员长、全国总工会主席王兆国对发挥劳动竞赛和劳动模范作用进行翔实阐述。王兆国指出，我国宪法、法律规定，“国家提倡社会主义劳动竞赛”，“工会动员和组织职工积极参加经济建设，努力完成生产任务和

工作任务”。这些年来，我们始终强调要正确认识社会主义市场经济条件下开展劳动竞赛的重要意义和现实必要性，始终强调并坚持，不论国有企业职工，还是非公有制企业职工，都应当以主人翁的姿态投入劳动和工作中去；劳动竞赛不但国有企业要搞，非公有制企业也要搞。改革开放30多年特别是新世纪新阶段以来的实践充分证明，在社会主义市场经济条件下，各种形式的劳动竞赛仍然是凝聚广大职工智慧和力量、充分发挥工人阶级主力军作用的重要载体，所有类型的企业都要继续坚持下去。[1]

这一时期，社会主义劳动竞赛迈入新的阶段，在延续过去好经验、好做法的同时，出台了一系列制度性文件，持续扩大劳动竞赛的覆盖范围，把更多的职工群众吸引到竞赛中来，通过竞赛，提高职工的技术技能水平和创新能力，并不断赋予劳动竞赛新的时代特色，进一步弘扬劳模精神，增强劳动竞赛的动力、活力、吸引力。

在2015年10月党的十八届五中全会召开之后，10月30日和11月2日，全国总工会先后召开党组会议和机关党员干部大会，传达学习党的十八届五中全会精神，就各级工会学习宣传贯彻全会精神特别是习近平总书记重要讲话精神、进一步做好当前工会工作作出了部署。在主持会议时，全国总工会党组书记、副主席、书记处第一书记李玉赋明确提出，各级工会要创造性地开展群众性劳动竞赛，推动物质文明与精神文明协调发展，大力弘扬劳模精神、劳动精神，用中国梦和社会主义核心价值观凝聚共识、汇聚力量。要努力培养造就宏大的知识型、技术型、创新型高素质职工队伍，培育更多“大国工匠”，为实现“十三五”规划目标任务提供坚实的人才保障。

2016年1月16日，全国总工会第十六届执行委员会第四次全体会

---

1 《在全总十五届七次执委会议上的讲话》，《工人日报》，2013年3月1日，第1版。

议在北京召开，对大力弘扬劳模精神、劳动精神，广泛开展劳动竞赛，团结动员广大职工在实现“十三五”规划中发挥主力军作用提出了明确要求。

中共中央政治局委员、全国总工会主席李建国主持会议并讲话，强调工会系统各级干部要认真学习领会习近平总书记关于经济发展新常态的新理念新思想新要求，认真解决好新常态下工会工作怎么干的问题，引导职工群众立足经济社会发展主战场，围绕“十三五”规划建功立业。

全国总工会党组书记、副主席、书记处第一书记李玉赋代表全国总工会十六届执委会主席团作了工作报告。报告指出，要广泛开展“践行新理念、建功‘十三五’”主题劳动竞赛和职工技术创新活动，瞄准全面建成小康社会目标，围绕“一带一路”建设、京津冀协同发展、长江经济带建设等国家发展战略，进一步完善劳动竞赛组织、评估、表彰等机制，发挥一线职工主体作用，提高职工参与率和受益度。

此次执委会议通过了《中华全国总工会关于认真学习贯彻党的十八届五中全会精神 组织动员广大职工为实现“十三五”规划建功立业的决议》。《决议》重申了执委会报告中提出的广泛开展“践行新理念、建功‘十三五’”劳动竞赛和职工技术创新活动，瞄准全面建成小康社会目标，围绕“一带一路”建设、京津冀协同发展、长江经济带建设等国家发展战略，进一步完善劳动竞赛组织、评估、表彰等机制，尊重职工主体地位，发挥职工主体作用，提高职工参与率等要求，并强调要使劳动竞赛在提升职工技能、增加职工收益等方面发挥更大作用。

《决议》提出，要在全社会大力弘扬劳模精神、劳动精神，引导广大职工群众树立辛勤劳动、诚实劳动、创造性劳动的理念，爱岗敬业、争创一流，艰苦奋斗、勇于创新，淡泊名利、甘于奉献，推动形成劳动最光荣、劳动最崇高、劳动最伟大、劳动最美丽的社会风尚，奏响劳动创造的时代最强音。

2016 年，劳动竞赛的名称“升级”为“劳动和技能竞赛”，并被写入了全国总工会制定的竞赛“五年规划”。2016 年 9 月，全国总工会经过反复研究、论证，制定印发了《2016—2020 年劳动和技能竞赛规划》（以下简称《规划》），将劳动和技能竞赛作为提高职工素质、推动企业进步、促进经济发展的重要途径，致力于为广大职工在“十三五”时期发挥主力军作用搭建平台。《规划》首先明确了“十三五”劳动和技能竞赛工作的总体要求和目标任务，提出了牢固树立和积极践行创新、协调、绿色、开放、共享的新发展理念，注重面向基层、面向一线职工、面向普通劳动者，以提升职工技能素质、推动企业技术创新为重点，广泛开展“践行新理念、建功‘十三五’”主题竞赛，谱写新时代的劳动者之歌。

结合新形势新要求，《规划》提出 7 项工作举措：开展职工技术创新活动，推动大众创业、万众创新；提升职工技能素质，建设知识型、技术型、创新型职工队伍；推动职工节能减排活动，促进生态文明建设；深化“安康杯”竞赛活动，保障职工安全健康权益；争创工人先锋号，提高班组建设水平；弘扬劳模精神、劳动精神、工匠精神，为实现中国梦汇聚正能量；加大工作力度，推动竞赛活动向广度和深度发展等方面。

《规划》还就加强创新引领、提升职工技能素质、维护职工安全健康权益等提出了量化目标。

对于开展职工技术创新活动，《规划》提出，2016 年至 2020 年，力争全国职工合理化建议数量达到 6000 万件，实施率 60% 以上；力争实现职工技术革新 400 万项，发明创造 100 万项，获得专利 60 万项，总结推广先进操作法 100 万项；到 2020 年，全国示范性劳模创新工作室总数达到300家，各级劳模创新工作室创建总数超过10万家。

对于提升职工技能素质，《规划》明确，到2020年末，开展岗位练兵活动的企业达到50万个，参加技能竞赛的职工平均每年达到2300万人次，每年帮助100万职工晋升技术等级。

对于深化“安康杯”竞赛活动，《规划》提出，力争到2020年，参加全国“安康杯”竞赛活动的企业数超过70万家。

《规划》首次明确强调了进一步提高竞赛活动的知识含量和科技含量，更加注重人才与创新、质量与效率有机结合，促进劳动和技能竞赛由“速度型”“体力型”向“效益型”“智力型”转变。在各级工会的强力推进下，截至2016年，全国有93万多家基层工会开展了劳动竞赛活动，覆盖9683万名职工。[1]

2017年6月，全国总工会办公厅又印发了《中华全国总工会关于围绕国家重大战略开展全国引领性劳动和技能竞赛的通知》，决定紧紧围绕国家“十三五”规划和国家重大战略提出的目标任务，围绕京津冀协同发展、长江经济带发展、“一带一路”建设、振兴东北等国家重大战略，开展全国引领性劳动和技能竞赛，在促进创新驱动发展、加快产业转型升级、推动重大项目建设、加强生态环境保护、深化开放合作共赢等方面发挥积极作用。大力弘扬劳模精神、劳动精神、工匠精神，激励广大职工学赶先进、争当劳模、比作贡献，造就一支有理想守信念、懂技术会创新、敢担当讲奉献的宏大的产业工人队伍，为推进供给侧结构性改革、振兴实体经济作出贡献。

随后，全国总工会在上海浦东新区、天津滨海新区等8个国家级新区开展了促进区域发展劳动和技能竞赛，以及多种形式的职工节能

---

1 《全总下发〈2016—2020年劳动和技能竞赛规划〉》，《工人日报》，2016年9月13日，第1版。

减排活动和以创建工人先锋号为载体的班组竞赛活动等。

竞赛活动掀起的劳动热潮为重大工程、区域发展提供了不竭动力。据统计，2012 年至 2017 年 5 年间，职工参加劳动和技能竞赛达 4.6 亿人次，开展技术革新、发明创造分别达 329.5 万项、94.1 万项，提出合理化建议 5816.6 万项，推广先进操作法 89.9 万项。在各级工会的持续努力下，传统的社会主义劳动竞赛被赋予更加丰富的内涵，具有更强的技术含量和时代感。

"十三五"期间，广大职工围绕"一带一路"建设、京津冀协同发展、长江经济带发展、河北雄安新区建设等国家战略，积极参加劳动和技能竞赛、技术革新、技术协作、发明创造、合理化建议等活动，为推动经济保持中高速增长、产业迈向中高端水平建功立业。特别是在港珠澳大桥、"天眼"、"蛟龙"、"墨子号"、神舟、高铁、北斗、大飞机等重大项目工程中，广大职工锐意创新、争创一流，在伟大历史进程中镌刻了工人阶级的光荣与梦想。

与此同时，劳动竞赛不断向非公企业延伸。在中国工会十六大召开前夕，全国总工会召开了全国非公企业劳动竞赛推进会，明确提出非公企业劳动竞赛是劳动竞赛的重要组成部分。会议强调，要坚持以技术创新为主攻方向，同时体现竞赛内容的丰富性和差异性；以提高职工技术素质为重点，坚持促进企业发展与职工全面发展相统一；立足企业和职工双赢，促进实现共建共享；采用灵活多样的竞赛方法，推动竞赛创新发展；把开展非公企业劳动竞赛与工会其他工作结合起来，实现共同推进、相得益彰。特别要重视培养和选树非公企业劳动竞赛中涌现出的高技能人才、技术创新人才，通过创建劳模创新工作室、名师带徒等形式，发挥他们的示范引领作用，激励更多的职工用知识和技能改变命运，成长为时代需要的高素质劳动者。

2015 年 1 月，全国总工会制定印发《中华全国总工会关于进一步开展非公企业劳动竞赛的意见》，对开展非公企业劳动竞赛提出明确目标任务，即到“十三五”末，非公企业劳动竞赛覆盖面和职工参与率进一步提高，竞赛活动在已建工会规模以上非公企业中普遍开展，在中小企业中稳步推进；劳动竞赛成效进一步增强，职工合理化建议、技术创新成果大量涌现，职工的技能得到展示、提升；劳动竞赛制度进一步完善，竞赛组织管理、活动评估和表彰奖励等机制健全，保证竞赛活动健康发展。

据统计，截至 2019 年底，全国开展竞赛活动的已建工会规模以上非公企业 49 万家，职工 1.9 亿人次；提出合理化建议 2163 万多项，技术革新 112 万多项，发明创造 35 万多项。

（二）劳模创新工作室再出发

劳模创新工作室是新时期职工群众的伟大创造。自 21 世纪初在江苏徐州等地出现了第一批劳模创新工作室开始，这个小小的工作室就开启了劳模带领团队立足一线岗位开展技术创新、解决生产经营难题、提升技术技能水平、培养创新型技能人才的新渠道。

在各地实践的基础上，2014 年 11 月 25 日，全国总工会印发《关于命名全国示范性劳模创新工作室的决定》，决定命名赵郁劳模创新工作室等 97 个工作室为全国示范性劳模创新工作室，旨在推进劳模创新工作室创建工作广泛深入开展，提高质量、发挥作用、增加效益、扩大影响，进一步引领广大职工凝聚智慧、开拓创新，积极推动创新型企业、创新型国家建设。

这 97 个劳模创新工作室大部分是由人们耳熟能详的著名劳模名字命名，有电气领域的李斌劳模创新工作室，汽车行业的赵郁劳模创新工作室、袁政海劳模创新工作室，钢铁行业的艾爱国劳模创新工作室、李刚劳模创新工作室，油田煤矿的代旭升劳模创新工作室、白国周劳模创新工作室，港口码头的孔祥瑞劳模创新工作室，还有高铁制造的张雪松劳模创新工作室、李万君劳模创新工作室，航天工业的秦世俊劳模创新工作室，纺织行业的邓建军劳模创新工作室，电力行业的许杏桃劳模创新工作室、许启金劳模创新工作室，等等。

2014 年 11 月 26 日，全国劳模创新工作室创建工作推进会在江苏省常州市召开。全国总工会党组副书记、副主席、书记处书记刘国中在会上讲话指出，要以创新精神推动劳模创新工作室创建工作广泛深入开展，抓好国有企业和非公企业创建活动，不断扩大覆盖面，增强其创新攻关能力、人才培养能力、集成创新能力。

之后的几年间，全国总工会召开的历次执委会议上，都在工作报告中提及要发挥劳模创新工作室的作用。特别是 2016 年 1 月 16 日召开的全国总工会十六届四次执委会议通过的《中华全国总工会关于认真学习贯彻党的十八届五中全会精神 组织动员广大职工为实现"十三五"规划建功立业的决议》中，对大力推进劳模（职工）创新工作室建设，改进职工创新成果评选、展示、交流方式，促进职工创新成果转化等作出明确安排，引导职工群众积极投身大众创业、万众创新的时代洪流，推动我国社会生产力水平实现整体跃升。

随着全国总工会的大力倡导和各级工会的持续实践，劳模创新工作室不断丰富发展，一些地方逐步出现了工匠创新工作室、职工创新工作室等。随着劳模创新工作室的覆盖范围的持续扩大，其名称也逐步"扩容"为"劳模和工匠人才创新工作室"。2017 年 7 月，全国总工会先后印发了《中华全国总工会关于进一步深化劳模和工匠人才创新工作室创建工作的意见》《全国示范性劳模和工匠人才创新工作室命名管理工作暂行办法》。

《意见》提出了深化创新工作室创建工作的总体要求和目标任务。强调要大力弘扬劳模精神、劳动精神、工匠精神，以提高广大职工的职业道德、创新能力和技术技能素质为核心，以发现和解决工作现场的急、难、险、重问题为重点，广泛开展技术创新、管理创新、服务创新、制度创新，不断提高创建质量和运行实效，最大限度实现创新工作室示范引领、集智创新、协同攻关、传承技能、培育精神等功能，团结和动员广大职工积极投身群众性创新实践，加快形成人人敢创新、人人会创新、人人善创新的良好局面，打造一支规模宏大、技能精湛、素质优良、结构合理的技术工人队伍，为实现中华民族伟大复兴的中国梦作出新的更大贡献。《暂行办法》则为进一步规范全国示范性劳模和工匠人才创新工作室的命名和管理工作进行了规定，包括示范性创新工作室的条件与任务、命名与管理、实施与要求等。

为进一步发挥创新工作室创新、攻关、集聚、引领的功能，全国总工会设立了职工创新补助资金，并在 2020 年 1 月出台《职工创新补助资金管理办法（试行）》，明确职工创新补助资金重点支持劳模创新工作室开展技术攻关、技术革新、发明创造和技能培训等活动。据统计，2015 年至 2017 年 7 月，创新补助资金累计支出 915 万元。

各级工会也在积极推进创新工作室创建工作，该工作也得到了各地方党政的重视和支持：致力于推动创新工作室创建工作的各省（区、市）文件多达 50 多份，其中北京、河北、上海、浙江、四川等省市工会联合相关厅局出台专门文件；上海市总工会与市发改委、市经济信息化委、市科委、市人力资源和社会保障局、市知识产权局联合下发了《关于推动一线职工岗位创新促进“大众创业、万众创新”的若干意见》。全国总工会对示范性创新工作室实行了动态管理，即每 3 年对示范性创新工作室进行考核，考核不达标的予以摘牌。

在工会组织的精心培育下，劳模和工匠人才创新工作室为优秀技能人才施展才华提供了固定的活动场所、基本的设备设施和必要的工作经费，更培育了一批具有高超技艺和发明创造能力的攻关团队，培养造就了一批优秀工匠。以劳模名字命名的创新工作室遍布各行各业。

各级工会通过创建更多的劳模创新工作室，改变了过去劳模单打独斗的“老黄牛”模式，广泛传播劳模的劳动技能、创新方法、管理经验，特别是通过劳模传授经验、开展交流、实地培训等方法，提升了职工技能素质，搭建劳模领军、职工参与的创新平台，源源不断催生出促进企业发展的“金点子”，种下人才的“金种子”。仅2014年，命名的97家全国示范性劳模创新工作室就培训各类职工6.7万余人，“师徒结对”3000余对，帮助7800余人提升技术等级，以劳模为领衔人，带动更多职工在实现更高质量、更有效率、更加公平、更可持续的发展中体现价值、展现作为。

（三）全国总工会制定五年规划培育高素质劳动者

作为我国先进生产力和生产关系的代表，工人阶级是党最坚实、最可靠的阶级基础，是社会主义中国当之无愧的领导阶级，是建设中国特色社会主义的主力军。工人阶级的先进性，根本上是同工人阶级在推动历史发展和社会进步中的伟大作用联系在一起的，是建立在工人阶级自身素质不断提高基础之上的。保持和发展中国工人阶级先进性，必须充分发挥工人阶级主力军作用，全面提高广大职工的整体素质，把他们锻炼成为一支真正具有崇高理想信念、社会主义道德、现代科技知识和严格组织纪律的强大阶级队伍。

基于这一原则，全国总工会于2015年4月制定印发《全国职工素质建设工程五年规划（2015—2019年）》，明确到2019年，建立起资源集成、形式多样、贴近职工、务实有效的职工素质建设工程模式，培育形成一批职工素质建设工程品牌项目，建设起覆盖全体职工的内容丰富、高效便捷的信息化职工学习培训服务平台，引导广大职工树立终身学习理念，着力提高职工思想道德素质、科学文化素质和技术技能素质，推动建设宏大的知识型、技术型、创新型劳动者大军。

《五年规划》突出强调了发挥劳模示范引领作用在加强职工队伍技

术技能素质建设、培养创新型人才中的比重。其中，包括全国总工会每3年命名一批全国示范性劳模创新工作室，授予“全国示范性劳模创新工作室”称号；设立职工创新专项资金，用于支持劳模创新工作室开展技术创新攻关和职工技能素质提升活动；注重发挥劳模的示范引领作用，广泛开展劳模大讲堂、劳模事迹报告会、劳模进校园等活动，弘扬劳模精神和劳动精神等。

二、在全社会唱响“劳动光荣、工人伟大”的时代主旋律

要为完成党确定的中心任务凝心聚力，既要做好建功立业工作，也要做好思想政治引领。为此，各级工会通过组织“中国梦·劳动美”主题宣传活动引导职工，举办职业技能大赛培育职工，特别是着力弘扬劳模精神、劳动精神、工匠精神，提高职工综合素质，练就过硬本领。

（一）“中国梦·劳动美”主题宣传活动启动

2013年，一项延续10余年的主题宣传活动启动了。同年4月，全国总工会印发《关于开展“中国梦·劳动美”主题宣传活动的意见》。《意见》要求，各级工会要通过宣讲报告、媒体宣传、文化活动等方式，面向基层、面向职工，全方位、多层次、多角度深入开展中国梦的宣传教育活动，激励广大职工立足岗位、凝聚力量，自觉做中国道路的实践者、中国精神的承载者、中国力量的主力军，为实现伟大的中国梦努力奋斗。

主题宣传活动围绕中国梦的丰富内涵、实现中国梦的正确途径、以劳动创造托起中国梦等三方面重点持续推进。内容涵盖大力宣传党的十八大精神、习近平总书记系列重要讲话精神，准确把握中国梦的本质是国家富强、民族振兴、人民幸福等，汇聚起追梦、圆梦的正能量；通过深入宣传，坚定广大职工永远跟党走的理想信念，进一步增

强对中国特色社会主义的道路自信、理论自信、制度自信、文化自信，大力倡导社会主义核心价值观，凝聚中国力量，汇聚个人梦想，成就伟大的中国梦。

主题宣传活动致力于深入宣传各行各业劳动模范、先进人物的先进事迹，大力弘扬勤奋劳动、诚实劳动、创新劳动的理念，在全社会唱响“劳动光荣、工人伟大”的主旋律，动员广大职工在自己企业里、在本职岗位上，以劳动促进科学发展，以劳动赢得光荣。

《意见》下发后，从全国总工会到地方工会组成了三股宣讲力量，即由全国总工会带队的全国劳模宣讲报告团，各地方工会组织专家、学者、劳动模范组成本地区巡回宣讲团，以及各基层单位工会选拔宣讲员在本单位进行宣讲，以劳模的感人事迹和奋斗精神，激励广大职工争做中国梦的模范践行者。与此同时，各工人报刊、网络上开设了“中国梦·劳动美”专题专栏、博客、微博；各级工会依托工人文化宫、职工学校、职工报刊、工会网络等阵地和平台，组织开展丰富多彩的职工文化活动，引导广大职工从当下做起、从自己做起，以工人阶级的领跑者步伐解读中国梦，以劳动者的佳绩共创中国梦，以创新者的姿态拥抱中国梦。

自 2013 年起，全国总工会每年年初都会印发通知，组织开展以“中国梦·劳动美”为主题的宣传教育活动，先后组织了“永远跟党走”“喜迎党的十九大”“与共和国同成长 与新时代齐奋进”“决胜小康 奋斗有我”“喜迎二十大 建功新时代”等活动，每次都吸引上亿职工参加。2014 年，一场覆盖面极广的宣讲比赛，让广大职工为之点赞。这场主题为“中国梦·劳动美·我与改革创新”的宣讲比赛，历时 9 个多月，直接参加的职工达百万人次，听众、观众超过 1 亿人次。

经过 10 年的探索实践，“中国梦·劳动美”已成为职工思想政治引领的重要工作品牌，并带动各级工会广泛开展形式多样的宣传教育活动——通过理论宣讲、劳模宣讲比赛、知识竞赛、微视频、随手拍等方式，推动习近平新时代中国特色社会主义思想进企业、进车间、进班组，并大力宣传以习近平同志为核心的党中央对工人阶级的高度重视和亲切关怀，广泛宣传党的全心全意依靠工人阶级的方针，深入宣传亿万职工特别是劳动模范、“最美职工”、大国工匠凝心聚力、建功立业的火热实践；根据青年职工、农民工、新就业形态劳动者群体等的差异化需求，采用启发式、案例式、体验式方法，用“小故事”讲“大道理”，以党的创新理论武装职工。

与此同时，各级工会广泛打造“工”字系列职工文化特色品牌。全国总工会连续10年举办庆祝“五一”国际劳动节特别节目，组织开展9届全国职工摄影展、8届全国职工书画展、9届“送万福、进万家”书法公益活动、6届全国职工微影视大赛、3届全国职工诗词创作大赛、8届全国职工全健排舞大赛、6届全国职工围棋大赛、6届全国职工健步走网络公开赛，以及全国歌曲舞蹈曲艺小品征集展演、全国职工乒乓球大赛、全国职工线上运动会、全国广播操工间操云比赛等示范性职工文体活动。同时，各级工会努力办好用好工会报刊网络、工人文化宫、职工院校、职工书屋、劳模公园等阵地，构建工会大宣传格局，培养专兼结合的职工文艺队伍，推出一大批精品力作，建设职工群众共同的精神家园。

（二）开展“劳模工匠进校园”活动

早在2010年，全国总工会就开始组织全国劳动模范走进职业院校为主的活动，与青少年学子互动交流。

2010年，在全国劳动模范和先进工作者表彰大会期间，“抓斗大王”包起帆作为首批劳模走进北京市交通学校。与此同时，十几位劳动模范分赴清华大学、北京科技大学、北京八中、北京中关村第一小学，为广大青少年提供了近距离接触劳模、聆听劳模成长故事的机会。

“许多人都认为上职校做工人没出息。我当工人时，只有初中二年级的学历，是一名装卸工，凭着苦学、创新，拿了国家科学技术进步奖，谁还能说我这个工人没出息？”包起帆的这番话，赢得了台下200余名学生雷鸣般的掌声。面对台下这些“未来的技术工人”，包起帆原本准备了一份25页的讲稿，但他很快改了主意，“我要用亲身经历给这些年轻人鼓鼓劲儿”。

这是全国首次举办“劳模进校园”活动。随即，组织劳模进校园活动在全国各地陆续开展，并逐渐衍生出劳模大讲堂、劳模巡回宣讲团等形式，走进机关、企业、社区，让劳动模范与社会公众零距离接触，广泛传播劳模正能量。

随后，“劳模进校园”活动进一步发展。许多地方工会提出，让学生走出校门体验劳模工作，将活动有机融入学校教育教学计划中，把组织“劳模进校园”活动作为未成年人思想道德建设的重要抓手，教育和引导青少年从小树立辛勤劳动、诚实劳动、创造性劳动的观念，通过自己的劳动创造美好生活。

为吸引青年人，工会组织可谓别出心裁：有的将劳模典型事迹提炼成贴近青少年的小故事、小画报、小读本、小动画，在思想政治课、品德教育课上讲授；有的开辟了劳模课堂，让劳模走进学校、走进课堂；有的利用劳模微博等新媒体，及时与年轻网友互动；有的在学校配备校外劳模辅导员，邀请劳模与班级结对；还有的将单一进校园，扩容为成立劳模文化研究中心，组建劳模讲师团，设立劳模育人实践基地，开展“走近劳模”系列活动等。

2015年，全国总工会在“劳模进职校”的基础上，联合教育部开展“劳模进校园”活动，将活动范围扩大至大、中、小学校，并增加“大国工匠进校园”活动。各地工会和教育部门按照统一安排，组织劳模工匠走进学校、走进企业，以亲身成长经历分享劳模故事、劳动故事、工匠故事。

2016 年 10 月 10 日，全国总工会与教育部携手，邀请高凤林、宁允展等大国工匠走进校园，现场展示技艺，与师生交流互动，传授学习技能的经验和体会。

各地还开设了劳模讲堂、举办报告会、主题班会，或通过邀请劳模担任辅导员、兼职教师、学生社团指导教师、客座教授等形式，实现年轻学子与劳模工匠的长期联系，并在学生中开展“劳模伴我成长”“我心中的劳模”等主题征文、宣讲比赛，组织学生到劳模所在单位实习参观、观摩劳模的发明创造成果等活动，教育引导学生深刻理解劳模精神、劳动精神、工匠精神内涵，引导青少年学生从小崇敬劳模、学习劳模，崇尚劳动、热爱劳动。

让平凡人感动平凡人，让“劳动最光荣、劳动最崇高、劳动最伟大、劳动最美丽”从口号变为青年人的自觉行动，这就是邀请劳动模范、大国工匠走到人们身边讲好劳动故事的“良苦用心”。“劳模工匠进校园”早已超出了传统的“传帮带”模式。伴随进校园活动的持续深入，劳模精神、劳动精神、工匠精神已在越来越多年轻人心中种下了种子。自 2015 年首次开展以来，全国总工会联合教育部等部门，先后举办“大国工匠进校园”“劳模进校园”等全国性示范活动近百场，推动各省、区、市开展 2.1 万余场活动，组织 4.5 万人次劳模工匠走进学校。

第三节

以劳动创造展现新时代劳模风采

劳模被党和国家寄予发挥示范带头作用的厚望，劳模精神则成为鼓舞全党全国各族人民勇敢前进的精神动力。劳模心中始终装着“实现中华民族伟大复兴”的大志向，在日复一日的默默耕耘中，成为创造令世界惊叹的“中国速度”的骨干力量。

时代在变，劳模精神不变。从“高炉卫士”孟泰、“铁人”王进喜、“两弹元勋”邓稼先、“宁肯一人脏、换来万人净”的时传祥，到“共和国勋章”获得者钟南山、“杂交水稻之父”袁隆平、“工人发明家”包起帆……70余年来，劳动模范身先士卒，迎难而上，奋勇争先，激励着一批批劳动者，崇尚劳动、热爱劳动，拼搏奋斗、攻坚克难，勇立时代潮头。与此同时，一批新时代的劳动模范成长起来，在科技研发最前沿，在重大工程第一线，挑起大梁，创新创造。

一、从全国五一劳动奖和全国工人先锋号评选看劳模评选新趋势

全国五一劳动奖和全国工人先锋号是全国总工会为奖励在社会主义各项建设事业中作出突出贡献的个人和集体而颁发的荣誉，除全国劳动模范和先进工作者表彰年份外，每年都进行评选。进入新时代，在坚持自下而上、层层选拔产生推荐对象的基础上，评选过程中，一大批知识型、技能型、创新型技能人才脱颖而出，同时在受表彰者中，技术工人和农民工的比例逐年增高，这也体现出了劳模评选的新趋势。

（一）2013 年全国五一劳动奖和全国工人先锋号表彰

2013 年 4 月 28 日，习近平总书记同全国劳动模范代表座谈的当天下午，庆祝“五一”国际劳动节暨为全面建成小康社会建功立业推进大会在北京人民大会堂隆重举行。李建国受党中央委托发表讲话。大会由全国总工会党组书记、副主席、书记处第一书记陈豪主持。大会上宣读了《中华全国总工会关于表彰全国五一劳动奖状、全国五一劳动奖章和全国工人先锋号的决定》《人力资源社会保障部 中华全国总工会关于表彰全国工会系统先进集体和先进工作者的决定》。312 个先进集体荣获全国五一劳动奖状，1224 名先进个人荣获全国五一劳动奖章，1084 个先进集体荣获全国工人先锋号。

此次评选结果呈现“四升一降”特点，即一线职工和专业技术人员比例有较大幅度提升，在先进个人中，有 786 人为一线职工和专业技术人员，占总数的 64.22%，较 2012 年高出 2.4%；青年职工数量明显增加，有 86 人出生于 20 世纪八九十年代，117 人年龄在 35 岁以下；非公企业和职工比例提升，33.74% 的先进个人来自非公企业，非公企业分别占全国五一劳动奖状、全国工人先锋号总数的 34.29% 和 34.87%；此外，女职工占比较 2012 年略有增加，占 24.92%。与此相对的则是企业负责人比例呈现下降趋势，由 2012 年的 7.77% 降至 2013

年的7.43%。[1]

受表彰个人中，农民工增至126人，占推荐人选总数的10.29%。其中，最年轻的全国五一劳动奖章获得者为“90后”农民工裴先峰，他曾摘得第41届世界技能大赛焊接项目银牌。

随着职工群体知识水平、综合素质的不断提高，全国五一劳动奖章获得者的文化程度也有了明显提升，拥有大专以上学历的占80.23%。除邮递员、环卫工等埋头苦干的普通一线劳动者外，涌现出大量科技创新型职工，技师、高级技师、工程师、高级工程师占全国五一劳动奖章推荐人选总数的40.44%。与此同时，评选出的全国工人先锋号中，有30多个为创新工作室。这也印证了劳模和工匠人才创新工作室已经成为培养、产生劳模，发挥劳模作用的有效平台，对于传承劳模精神、破解企业技术难题、培养大批创新型技能人才发挥着重要作用。

（二）2014年全国五一劳动奖和全国工人先锋号表彰

2014年4月28日上午，庆祝“五一”国际劳动节暨全国五一劳动奖状奖章表彰大会在北京人民大会堂隆重举行。李建国受党中央委托出席大会并讲话。大会由全国总工会党组书记、副主席、书记处第一书记陈豪主持。大会上宣读了中华全国总工会《关于表彰全国五一劳动奖状、全国五一劳动奖章和全国工人先锋号的决定》，305个先进集体荣获全国五一劳动奖状，1218名先进个人荣获全国五一劳动奖章，1081个先进集体荣获全国工人先锋号。

此次表彰的全国五一劳动奖章中，有一线职工、专业技术人员和科研、教学人员，也有机关干部和企事业单位管理人员。其中，农民工122人，占总数的10.02%；非公有制企业职工419人，占总数的34.40%；非公有制集体分别占全国五一劳动奖状和全国工人先锋号总

1 《知识型创新性人才领军“劳模榜”》，《工人日报》，2013年4月24日，第1版。

数的 35.74% 和 34.14%。[1] 除一线职工、专业技术人员所占比例继续升高外，“80 后”“90 后”青年职工也较 2013 年增加了 1.59 个百分点，占推荐人选总数的 8.62 %；全国工人先锋号获得者中，班组占 76.69%，高出 2013 年 1.88 个百分点。而企业负责人比例则再次降低了 0.29 个百分点。

同时，评选工作更加突出代表的群众基础和广泛社会影响，面向各行各业，涵盖了不同领域。例如，新兴民营经济入选者颇多，非公有制企业及其职工占全国五一劳动奖状、奖章推荐总数的比例分别比 2013 年高出 1.45 个百分点和 0.69 个百分点；既有传统生产制造业企业，服务型、创新型企业，也有坚守艰苦地区的优秀集体，以及攻关创新的技术团队。

此外，技术型、创新型职工和团队所占比重继续增加。在全国五一劳动奖章中，35.46% 为专业技术人员和科研教学人员；技师、高级技师则占 10.26%；逾四成获得中级以上职称。尤其是 35 个创新工作室入选全国工人先锋号名单，一些国家重点实验室及其带头人也获评全国工人先锋号和全国五一劳动奖章，彰显科技创新的力量。

（三）2016 年全国五一劳动奖和全国工人先锋号表彰

2016 年 4 月 29 日，庆祝“五一”国际劳动节暨全国五一劳动奖表彰大会在北京人民大会堂举行。李建国受党中央委托出席大会并讲话。大会由全国总工会党组书记、副主席、书记处第一书记李玉赋主持。大会上宣读了《中华全国总工会关于表彰 2016 年全国五一劳动奖的决定》，共有 192 个先进集体荣获全国五一劳动奖状，898 名先进个人荣获全国五一劳动奖章，896 个先进集体荣获全国工人先锋号。

此次推荐的奖章先进个人中，一线职工、技术工人和专业技术人

---

1 《一线职工技术人员数量再创新高》，《工人日报》，2014 年 4 月 22 日，第 1 版。

员占57.91%，高出规定比例2.91个百分点；一线科教人员占20.16%，高出规定比例0.16个百分点；农民工数量占10.80%，高出规定比例0.80个百分点。同时，大幅度压缩企业负责人比例，仅占5.12%，低于规定比例。机关和事业单位县处级干部的数量也得到了严格控制，仅占2.23%；管理和其他方面的人员占6.01%。

创新创造能力成为2016年全国五一劳动奖的重要评选条件。绝大多数表彰对象都是各行各业的工匠型领军人物，在主动适应新常态、促进经济平稳健康发展方面作出了突出贡献。据统计，所有候选人都曾被授予省部级以上荣誉。同时，候选对象覆盖了国民经济的各个行业，非公有制企业及其职工数量有所增加，分别占全国五一劳动奖状、奖章和全国工人先锋号推荐总数的36.22%、36.37%、35.45%。此外，在推荐的全国工人先锋号集体中，班组科室和车间工段占比超过90%。

（四）2017年全国五一劳动奖和全国工人先锋号表彰

2017年4月27日，庆祝“五一”国际劳动节暨全国五一劳动奖和全国工人先锋号表彰大会在北京人民大会堂举行。李建国受党中央委托出席大会并讲话。大会由全国总工会党组书记、副主席、书记处第一书记李玉赋主持。大会上宣读了《中华全国总工会关于表彰2017年全国五一劳动奖和全国工人先锋号的决定》，共有99个先进集体荣获全国五一劳动奖状，694名先进个人荣获全国五一劳动奖章，800个先进集体荣获全国工人先锋号。

根据中央关于评比达标表彰的有关精神和规定，2017年全国五一劳动奖和全国工人先锋号的总名额较2016年有所压减，但仍然坚持面向基层、面向一线、面向普通劳动者。在推荐的先进个人中，一线工人和专业技术人员393名，占56.63%，高出规定比例1.63个百分点；科教人员147名，占21.18%，高出规定比例1.18个百分点；农民工77人，占11.10%，高出规定比例1.1个百分点。在推荐的全国工人先锋号中，有603个为班组，占75.38%；有106个为车间、工段，占13.25%。与此同时，企业负责人、管理人员、机关和事业单位县处级领导干部的比重得到严格控制，甚至有12个省（区、市）没有推荐县处级领导干部。

从受表彰集体和个人名单上看，全国五一劳动奖获得者兼顾了时代性、先进性与代表性。被推荐的先进集体和个人基本涵盖了国民经济的各个行业，尤其是非公企业及其职工占比均高出规定比例，在全国五一劳动奖状、奖章和全国工人先锋号中的比例分别占到了36.36%、35.88%和35.62%。同时，77.95%为中共党员，25.07%为女职工，另外还有民主党派及无党派人士28人。

在“五一”国际劳动节集中表彰全国五一劳动奖和全国工人先锋号之外，2014年、2015年，全国总工会即时授予了一大批在国家重大战略、重大工程、重大项目、重点产业开展的劳动竞赛中作出了积极贡献的先进集体和个人全国五一劳动奖状和全国工人先锋号。

二、劳模先进评选出现新变化、新品牌

2017年，中共中央、国务院正式印发《新时期产业工人队伍建设改革方案》。劳动模范作为工人阶级的优秀代表，在产业工人队伍建设改革进程中发挥着重要的示范引领作用，这种示范引领作用的充分发挥是助推产业工人队伍建设的重要一环。从党和国家明确的目标任务，到产业工人队伍建设改革；从劳动和技能竞赛、劳模和工匠人才创新工作室，到群众性创新创造活动，广大劳模拥有了更广阔的舞台。劳模先进步入了在大局中发挥作用、体现作为的重要时期。

（一）技术工人、农民工当选全国总工会兼职副主席

从20世纪50年代开始，全国著名劳动模范先后走上领导岗位。他们中有党和国家领导人李瑞环、倪志福、郝建秀等，也有全国总工

会副主席王崇伦，全国总工会第七、八届执行委员孟泰等。

2013 年 10 月 21 日，在全国总工会十六届一次执委会议上，两位来自生产一线的全国劳动模范许振超、郭明义当选为全国总工会兼职副主席。许振超是山东省青岛港前湾集装箱码头有限公司工程技术部党总支委员、固机（项目）经理。只有初中文凭的他，自学成才，苦练技术，成为掌握一系列绝活儿的桥吊专家，曾荣获“全国五一劳动奖章”“全国劳动模范”“全国优秀共产党员”等荣誉和称号，是十二届全国人大常委。郭明义是鞍钢集团矿业公司齐大山铁矿生产技术室公路管理业务主管。他参加工作 30 多年来，立足本职岗位，弘扬雷锋精神，是助人为乐的道德模范，在弘扬社会主义核心价值观方面作出突出贡献，曾荣获“全国五一劳动奖章”“全国优秀共产党员”“当代雷锋”等荣誉和称号，是十八届中央候补委员。[1]

两位一线工人当选全国总工会兼职副主席是对劳模精神的有力倡导。他们都是最普通的劳动者，一直工作在生产一线，对职工群众的所思所想、所急所盼最了解、最清楚，他们成为工会最高领导机关的成员，可以更准确、更直接地反映职工群众的意愿和诉求，进一步增强工会工作的群众性。

党的十八大以来，劳模和一线工人、农民工进入全国总工会领导班子已经形成制度。2015 年 7 月 6 日至 7 日，中央党的群团工作会议在北京召开。会上，中共中央总书记、国家主席、中央军委主席习近平指出，新形势下，党的群团工作只能加强、不能削弱，只能改进提高、不能停滞不前。习近平强调，要坚持眼睛向下、面向基层，改革和改进机关机构设置、管理模式、运行机制，坚持力量配备、服务资源向基层倾斜。要积极联系和引导相关社会组织。要高度注意群

---

1 《许振超、郭明义当选全总兼职副主席》,《工人日报》，2013 年 10 月 22 日，第 1 版。

众的广泛性和代表性问题，更多把普通群众中的优秀人物纳入组织，明显提高基层一线人员比例。

2015 年 7 月 22 日，中央全面深化改革领导小组办公室下发通知，决定在全国总工会开展中央群团机关改革试点。同年 11 月，《全国总工会改革试点方案》经中央全面深化改革领导小组审议通过。

2016 年 1 月 16 日，在全国总工会十六届四次执委会议上，全国劳模、农民工代表巨晓林当选全国总工会兼职副主席。在全国总工会领导班子中增设农民工兼职副主席尚属首次，体现了全国总工会改革试点工作的阶段性成果。

2016 年 4 月 28 日，全国总工会党组第 64 次会议审议通过了《关于充分发挥全国总工会劳模兼职副主席作用的暂行办法》。《办法》明确，劳模兼职副主席不脱离本职岗位，不配专职秘书、不配专车、不配专用办公室，永葆普通劳动者本色；劳模兼职副主席根据《中华全国总工会第十六届主席会议工作规则》行使职权、履行义务；劳模兼职副主席要模范遵守党的各项纪律，特别是党的政治纪律和政治规矩，增强政治意识、大局意识、核心意识、看齐意识，始终在思想上政治上行动上同以习近平同志为核心的党中央保持高度一致；按有关规定，及时向劳模兼职副主席送阅中央领导的讲话和批示，以及副部长级党员领导干部阅读的文件等。

在全国总工会十六届四次执委会议和九次主席团会议上，还增补了 12 名劳模和一线职工成为执委会委员，增加了 3 名劳模和一线职工作为主席团成员。至此，全国总工会十六届执委会委员和主席团成员中，劳模和一线职工数量分别增至 45 名和 10 名，所占比例分别增至 15.4% 和 13.5%。

与此同时，全国总工会出台了《关于做好从劳动模范中选拔工会专兼职干部工作的指导意见》《关于全总机关从劳模和一线优秀工会工作者中考录遴选机关干部工作的意见》，把更多知职工、懂职工、爱职工的劳模先进充实到工会领导队伍里来。

2014 年 3 月，全国总工会党组确定，在北京、天津、上海、湖北、四川 5 个省（市）级地方工会进行试点。试点工作启动后，全国总工会组织部向有关省（市）委组织部介绍试点工作，并与 5 个省（市）级总工会积极沟通，切实关注进展情况，还参与了对部分劳模兼职副主席人选的考察工作。5 个省（市）级地方工会努力推进，主动向当地省（市）委汇报，并与省（市）委组织部沟通，试点工作进展顺利。到 2014 年底，5 个省（市）级工会全部完成劳动模范兼职副主席的工作。

劳模和一线职工担任工会领导干部，对于在全社会倡导劳模精神和劳动精神，为广大职工架设起反映诉求愿望的快捷通道，更好地团结动员广大职工为实现中国梦发挥主力军作用产生了积极而深远的影响。

（二）叫响做实“大国工匠”品牌

2015 年 11 月 9 日，习近平总书记主持召开中央全面深化改革委员会第 18 次会议，审议通过了《全国总工会改革试点方案》。《试点方案》明确提出要做强工会工作品牌，充分发挥工人阶级在实现中国梦中的主力军作用，特别强调了一项重要任务——叫响做实“大国工匠”品牌。

2015 年 11 月 20 日，全国总工会召开了一场特殊的座谈会。“大国工匠”代表、劳动模范、地方工会干部和技校学生走进全国总工会机关大楼，参加全国总工会与中央电视台召开的大国工匠座谈会。

会上，“大国工匠”代表胡双钱等就立足岗位、成就梦想作了发言；中国兵器工业集团公司直属工会和上海市总工会有关负责同志介绍了培养和宣传“大国工匠”的经验和做法。会议强调，“大国工匠”

是我国广大一线技术工人的杰出代表，要着力打造和做强“大国工匠”等品牌，在充分发挥“大国工匠”的示范带动作用、推动建设一支高素质职工队伍、关心关爱“大国工匠”等高技能人才上下更大功夫，引导广大职工向“大国工匠”学习看齐，为夺取全面建成小康社会决胜阶段的伟大胜利更充分地发挥工人阶级主力军作用。

这次座谈会正式拉开了全国工会系统培育“大国工匠”品牌的序幕。

2016年1月底，全国总工会办公厅印发《关于开展“身边的大国工匠”推荐学习活动的通知》。《通知》指出，为进一步弘扬劳模精神、劳动精神，在全社会营造“工人伟大、劳动光荣”的时代新风，定于2016年开展“身边的大国工匠”推荐学习活动。活动目的是通过推荐学习活动，大力弘扬工人阶级伟大品格和劳模精神、劳动精神，发挥先进模范人物的示范引领作用，着力营造劳动光荣、知识崇高、人才宝贵、创造伟大的社会氛围，引导广大职工进一步焕发劳动热情、释放创造潜能、建设美好生活，为实现“十三五”规划目标任务，实现“两个一百年”奋斗目标和中华民族伟大复兴的中国梦作出新的更大贡献。

一场声势浩大的“寻找大国工匠”行动在全国各地、各行业全面铺开，这也为后来开展的选树宣传“大国工匠年度人物”“中国梦·大国工匠篇”网络媒体行等活动奠定了基础。

早在2015年4月29日，“五一”特别报道《大国工匠》在央视新闻频道推出，介绍了8位一线工人的高超技艺和执着坚守。其中就有火箭“心脏”焊接人高凤林和航天手艺人胡双钱。坚守在自己方寸岗位上的他们，曾经在日常生活中几乎得不到太多关注。但在北斗卫星、导弹、嫦娥月球探测器、载人航天火箭和长征新一代运载火箭的发动机上烙印着高凤林的焊接轨迹，在C919国产大飞机上有胡双钱和徒弟们加工的零部件，他们经手的零件成千上万，几乎没有出过一次质量差错。《大国工匠》系列片播出后，人们惊叹："中国制造背后，有着这样一群'手艺人'的坚守！"

高凤林曾获得全国劳动模范、全国道德模范等荣誉，胡双钱曾获得全国劳动模范、全国五一劳动奖章等荣誉，他们又成为家喻户晓的"大国工匠"。在全国总工会组织的"大国工匠进校园"活动中，面对一张张年轻的面孔，他们分享着自己的成长经历和人生梦想，讲述着磨炼技艺的艰辛与快乐，并在岗位上不惜余力地将成熟经验和精湛技艺传授给青年工人，耐心、细心、用心地培养着年轻的接班人。

宣讲会、交流会、征文活动、评选投票、媒体宣传……各级工会采取丰富多彩的行动，将高凤林、胡双钱这样的"大国工匠"推到台前，将工匠精神变成人们看得见、听得到的真实故事。

2016 年开始，全国总工会与中央电视台连续推出《大国工匠》系列报道，在全社会特别是在广大职工中引起强烈反响。仅 2016 年，央视新闻客户端 8 场直播总观看人数达到 1020.3 万人，网友点赞 500 多万次，评论 100 多万条。

此后，"大国工匠"相关报道登陆中央主流媒体、网站的重要版面和黄金时段，形成了主流媒体强力推进、网络媒体同步互动的全方位、高频次、立体化宣传态势。比如，全国总工会与中央网信办在 2017 年启动了"中国梦·大国工匠篇"网络媒体行，第一年就在上海、山东、辽宁、湖北等地采访工匠典型 70 余名。

在这一过程中，许多默默无闻的一线职工纷纷脱颖而出。各省（区、市）总工会和铁路、民航、金融、教科文卫体、海员建设、能源化学地质、机械冶金建材、国防邮电、财贸轻纺烟草、农林水利气象产业工会，挖掘出了一大批工匠人物。据不完全统计，仅 2016 年，各地就推荐"身边的大国工匠"近万名，带动助力广大职工尤其是青年职工走上技能成才、技能报国之路。

2016 年 12 月，全国总工会印发《关于充分发挥工会在建设知识型、技术型、创新型技术工人队伍中的作用的意见》。《意见》提出，紧紧围绕国家“十三五”规划的目标任务，以产业结构转型升级对技术工人的需求为导向，以提高职工技能素质和创新能力为着力点，以构建终身学习长效机制为基础，坚持推动企业发展与促进职工全面发展相结合，普遍提高职工技能素质与培养高技能创新领军人才相结合，继承传统有效载体与创新方式方法相结合，大力弘扬劳模精神、劳动精神、工匠精神，培养造就更多“大国工匠”，努力建设知识型、技术型、创新型技术工人队伍，在全面建成小康社会的进程中充分发挥工人阶级主力军作用。

《意见》还提出，每年培训技术工人 800 万人次，为 300 万名农民工提供就业和创业培训。每年参加企业及以上各级技能比赛的职工 2300 万人以上，通过技能比赛晋升技术等级的职工达 100 万以上。每年完成技术革新 80 万项，发明创造 20 万项，总结推广先进操作法 20 万项，实现量上有发展、质上有提升，成果转化率进一步提高。

叫响做实“大国工匠”品牌，为发挥劳模和先进人物的示范带动作用起到了积极作用。

（三）评选宣传“最美职工”

2014 年 4 月 23 日，中央宣传部、全国总工会在中国网络电视台向全社会公开发布了 10 位“最美职工”的先进事迹，并将“最美职工”纳入中宣部最美人物系列。

自此，每年的“五一”国际劳动节前夕，全国总工会都与中宣部共同发布“最美职工”，多以“9 名个人 +1 个集体”的组合方式进行评选。截至 2024 年，已连续评选 11 年，推选出了 102 名先进个人和 8 个集体。“最美职工”的评选注重选树产业工人，艰苦一线、高精尖领域，以及新就业形态劳动者等群体，其中绝大多数都是全国五一劳动奖章获得者，许多人是“大国工匠”。

每年名单发布后，《人民日报》、新华社、中央电视台、《工人日报》等中央主流媒体都对“最美职工”进行集中宣传，通过宣传报道他们辛勤劳动、诚实劳动、创造性劳动，在平凡工作中作出不平凡贡献的先进事迹，激励和鼓舞广大职工以“最美职工”为榜样，为实现中华民族伟大复兴的中国梦而奋斗。

历届“最美职工”情况如下。

2014 年“最美职工”包括 9 名个人和 1 个集体，分别是中国石化胜利油田东辛采油厂三矿高级技师吴吉林、北京市地铁运营有限公司运营三分公司乘务员廖明、华北制药金坦生物技术股份有限分公司高级技师齐明、黑龙江省沾河林业局沾河林区瞭望员朱彩芹、中石化江苏油田分公司井下作业处试油测试大队高级技师田明、浙江金刚汽车有限公司汽车装调工吕义聪、湖北省交通运输厅高速路政执法总队汉十支队第五大队路政员陈红涛、南车长江株洲分公司组装车间电焊高级技师易冉、中铁一局五公司精密测量队技工白芝勇，以及中航工业沈阳黎明航空发动机（集团）有限责任公司发动机装配厂总装工段李志强班组。

2015 年“最美职工”包括 9 名个人和 1 个集体，分别是国网山东省电力公司检修公司带电班副班长王进，北京基业达电气有限公司工程师刘军，南京港（集团）有限公司南京港口机械厂技术管理部部长、高级工程师沙夕兰，广东省珠海市外伶仃岛邮政所邮递员谢坚，河北钢铁集团唐钢公司首席操作技能专家郑久强，中航工业哈尔滨飞机工业集团有限责任公司首席技能专家、数控铣工秦世俊，武汉铁路局荆门桥工段恩施桥隧车间工长鲁朝忠，广西南宁市第二人民医院医生钟日胜，中石油集团新疆油田重油开发公司采油作业五区采油班班长、高级技师肉孜麦麦提·巴克，以及中国船舶重工集团公司第七一一所特种发动机团队。

2016 年“最美职工”为 10 名个人，分别是云南冶金昆明重工有限公司车工耿家盛、中国航天科技集团公司特种熔融焊接特级技师高凤林、中国船舶重工集团“蛟龙”号载人潜水器首席装配钳工顾秋亮、中国商飞上海飞机制造有限公司高级技师胡双钱、南车青岛四方机车车辆公司高铁首席研磨师宁允展、中国宣纸公司高级技师周东红、中交港珠澳大桥岛隧工程首席钳工管延安、中航工业沈飞公司高级技师方文墨、中国兵器工业集团内蒙古一机公司焊工卢仁峰、中国电子科技集团公司女技师潘玉华。

2017 年“最美职工”为 9 名个人和 1 个集体，分别是中国航发沈阳黎明航空发动机有限责任公司工人、高级技师洪家光，天津海鸥表业集团有限公司工人、高级技师李家琦，江苏省电力公司电力科学研究院技术主管、高级技师朱洪斌，安徽省地质矿产勘查局 313 地质队高级工程师张怀东，淄博康乾琉璃艺术品制造有限公司高级技师孙云毅，中建钢构有限公司华南大区综合工长、工程师胡从柱，广西桂林建筑安装工程有限公司抹灰工祝平辉，中铁十七局集团铺架分公司项目探伤工、技师关改玉，云南省文山州广南县莲城镇北宁中心学校落松地小学教师农加贵，以及咸阳纺织集团有限公司一分厂纺部车间乙班赵梦桃小组。

2018 年“最美职工”包括 10 名个人和 1 个集体，分别是徐工集团工程机械股份有限公司建设机械分公司高级工程师孙丽，中交港珠澳大桥岛隧工程项目经理部总经理、总工程师林鸣，中铁二局六公司中老铁路二工区总工程师徐州，中国石油集团西部钻探工程有限公司试油公司井下作业工具工谭文波，山东华源莱动内燃机有限公司装备项目组组长王俊堂，阳泉煤业（集团）有限责任公司三矿机电动力部综采技术组工人李杰，哈尔滨第一机械集团有限公司车辆事业部焊接高级技师冯世毅，海胶集团山荣分公司割胶总辅导员梁庆莲，北京金隅琉水环保科技有限公司熟料制备车间主任郭玉全，重庆市铜梁区公安局刑事侦查支队三大队大队长杨发英，以及贵州乌江水电开发有限责任公司构皮滩发电厂保护班。

2019 年“最美职工”包括 9 名个人和 1 个集体，分别是潍柴控股集团有限公司一号工厂首席技师王树军，国网浙江省电力有限公司电力科学研究院高级工程师、高级技师黄金娟，湖南湘西自治州花垣县委驻十八洞村扶贫工作队队长石登高，中建七局总承包公司砌筑工许纪平，铜陵精达特种电磁线股份有限公司实验室主任苏保信，北京新机场建设指挥部高级业务经理吴志晖，中国铁路哈尔滨局集团有限公司齐齐哈尔车辆段工长陈佳，无锡微研股份有限公司加工中心班组副班长陈亮，武汉重型机床集团有限公司机械加工公司钳工魏红权，以及中国航天科技集团五院总体部深空探测航天器系统总体设计团队。

2020 年“最美职工”为 10 名个人，分别是北京空间飞行器总体设计部型号总设计师孙泽洲、辽源市水务集团公司排水维护队队长白玉晶、大庆油田有限责任公司第二采油厂第六作业区采油 48 队采油工班长刘丽、上海航天设备制造总厂有限公司对接机构组班组长王曙群、国家税务总局亳州市税务局副科长刘双燕、国网湖北省电力有限公司检修公司输电检修中心带电作业二班班长胡洪炜、中国邮政集团公司武汉市江夏区分公司舒安支局投递员熊桂林、金川集团铜业有限公司贵金属冶炼分厂提纯班班长潘从明、三江源国家公园管理局长江源园区管委会可可西里管理处索南达杰保护站站长赵新录、广东东莞绿洲鞋业有限公司鞋面布针车 10 组小组长帕夏古丽·克热木。

2021 年“最美职工”包括 9 名个人和 1 个集体，分别是北京宇航系统工程研究所总设计师、研究员级高级工程师容易，中国宝武太钢集团山西太钢不锈钢股份有限公司技术中心首席研究员、教授级高级工程师李国平，国网内蒙古东部电力有限公司检修分公司锡林郭勒盟输电工区输电运检七班技术员、助理工程师、高级技师包文杰，上海医药集团股份有限公司中央研究院副院长、药物设计技术总监、高级工程师夏广新，江西金力永磁科技股份有限公司坯料工序手动成型操作员温小珍，河南省新乡市农业科学院水稻研究所所长、研究员王书玉，武汉市公安局蔡甸区分局大集街派出所副所长燕占飞，怒江美丽公路股份有限公司总工程师、高级工程师马健，中国铁路北京局集团有限公司丰台机务段丰台运用车间“毛泽东号”机车组司机长、高级技师王振强，以及新疆铁道勘察设计院有限公司乌鲁木齐国际陆港中欧班列集结中心工程 EPC 项目部。

2022 年“最美职工”包括 9 名个人和 1 个集体，分别是中国航天科工集团第二研究院二八三厂数控维修工胡兴盛，南京三乐集团有限公司宇航产品室主任、工程师成红霞，奇瑞汽车股份有限公司汽车装调工、高级技师王学勇，菏泽黄河河务局供水局郓城供水处首席技师、高级技师亓传周，中海石油（中国）有限公司海南分公司总工程师、教授级高级工程师刘书杰，西双版纳野象谷景区有限公司亚洲象救护与繁育中心经理、兽医师、农艺师熊朝永，中建新疆建工集团第四建筑工程有限公司技术质量员、工程师吾买尔·库尔班，个体货运司机龙兵，鹤岗市南山区准时达代送物品服务店城市经理张硕，以及中铁建工集团北京 2022 年冬奥会奥运村及场馆群工程项目经理部。

2023 年“最美职工”为 9 名个人和 1 个集体，分别是中国航天科技集团有限公司第一研究院长征三号甲系列运载火箭总设计师陈闽慷，中国第一汽车股份有限公司研发总院代理副院长兼智能网联开发院院长周时莹，上海爱登堡电梯集团股份有限公司电梯研发部副部长潘阿锁，合肥聚能电物理高技术开发有限公司车间主任陈建林，中车青岛四方机车车辆股份有限公司加工中心操作工管益辉，西藏顺丰速运有限公司运作组组长次仁措姆，中核陕西铀浓缩有限公司真空设备研发中心首席技师温伟，塔城公路管理局额敏分局玛依塔斯防风雪抢险基地副班长李长青，北京协和医院党委委员、感染内科主任医师刘正印，以及中国铁路兰州局集团有限公司迎水桥机务段银川动车运用车间“雷锋号”机车组。

2024年“最美职工”为9名当年全国五一劳动奖章获得者，分别是一汽解放汽车有限公司商用车开发院试制部数控机床技能师时敬龙，中华人民共和国浦东海事局海区海巡执法大队副大队长、“海巡01”轮船长詹春珮，江苏省扬州市公安局江都分局刑警大队副大队长孔德年，安徽省池州市石台县京东快递营业部快递员檀世旺，河南省新乡市获嘉县农业农村局土肥站站长王庆安，四川省巴中市通江县大椿养老康复中心养老护理员蒲玉，云南省大理洱海生物肥业有限公司废弃物收集部凤羽收集站畜禽粪便收集员李春喜，甘肃省临夏回族自治州消防救援支队支队长程恩虎，浙江省杭州优行科技有限公司网约车司机张桂容。

“最美职工”的发布宣传，在全社会特别是广大职工中产生了巨大影响，并带动各地纷纷发布和宣传“最美职工”，掀起了学习“最美职工”、争做“最美职工”的热潮，极大地鼓舞和激发了广大职工支持参与推动改革的积极性和创造性。

第四节

给予劳模“娘家人”的关爱

进入新时代，劳模工作悄然发生着变化，从内容、形式到关注重点都在日益丰富。各级工会认真开展劳模情况调查，积极向党政机关反映劳模在生产、生活方面的突出问题，争取中央财政设立全国劳模专项补助资金，制定劳模慰问、低收入困难补助、特殊困难帮扶的管理服务办法，并推动各地加大对困难劳模帮扶力度，在维护劳模权益、发挥劳模作用等方面给予“娘家人”的特别关爱。

各级工会主动配合政府有关部门，切实加强劳模的评选、表彰、管理、服务等工作，广泛宣传劳模先进事迹，组织劳模疗休养，推动全社会尊重劳模、爱护劳模、学习劳模、争当劳模，为劳模全面发展、贡献智慧力量营造了良好的社会氛围，劳模的地位得以更加巩固，楷模的作用得到充分发挥。

一、劳模管理工作呈现新常态

工会围绕评选表彰、发挥作用、管理服务、落实待遇持续推进劳模工作，其呈现出全面化、系统化、精细化的新模式。这一时期，全国总工会出台了一大批关于劳模工作的规范性文件，包括《全国总工会劳模休养五年计划（2014—2018年）》《全国劳模专项补助资金发放管理办法（试行）》《劳动模范疗休养基地管理办法》《进一步加强和规范劳模休养工作的通知》等。

（一）劳模疗休养工作制度化、组织规范化、服务精细化

组织劳模疗休养是党和国家关心关爱劳模的重要体现，是贯彻落实习近平总书记关于大力弘扬劳模精神、劳动精神、工匠精神重要讲话精神的具体举措，也是工会组织服务劳模的实际行动。

自2000年以来，全国总工会每年都会下发通知，组织开展劳模疗休养活动，深受广大劳模欢迎和称赞，产生了良好社会反响，体现了党和政府对劳模的深切关怀，成为工会服务劳模的品牌。为进一步加强劳模疗休养工作，结合实际，全国总工会于2014年5月制订了《全国总工会劳模休养五年计划（2014—2018年）》，旨在真心关爱劳模、真诚服务劳模，实现劳模疗休养工作制度化、组织规范化、服务精细化，推动形成崇尚劳模、学习劳模、争当劳模、关爱劳模的良好社会氛围。

根据《计划》安排，全国总工会拟在2014—2018年，组织4.7万名全国劳模、全国五一劳动奖章获得者和部分省部级劳模（三者比例为4：4：2）参加休养，具体为2014年8000名，2015年9000名，2016年至2018年每年1万名，力争5年内实现符合休养条件的全国劳模和全国五一劳动奖章获得者至少休养一次，同时推动各级工会普遍开展劳模休养活动，做大做强工会劳模休养工作品牌，切实把党和政府及工会组织对劳模的关怀落到实处。

随后，全国总工会每年年初都会制定下发劳模休养活动计划安排。每年二季度启动第一批劳模休养，并在当年 12 月初完成全部批次的劳模休养活动。每批次休养时间一般为 7 天。其间，开展满足劳模需求、符合休养实际、突出产（行）业特色的形式多样的休养活动，包括形势报告、交流座谈、健康体检和讲座、参观考察、文体活动等。

根据全国总工会要求，参加全国总工会组织的疗休养活动的劳模，在职的按出勤对待，往返路费由劳模所在单位承担，休养期间的食宿、交通、参观考察等费用，则由全国总工会统一承担。同时，全国总工会经审办将休养经费纳入年度审计内容，加强检查和监督，确保做到专款专用。

（二）印发《劳动模范疗休养基地管理办法》

2014 年 12 月，全国总工会制定印发了《劳动模范疗休养基地管理办法》，旨在加强工会系统劳动模范疗休养基地建设管理工作，促进劳模基地做强做优，组织好劳模疗休养活动，实现劳模疗休养工作制度化、组织规范化、服务精细化，推动工会疗休养事业健康发展。

《办法》规范的对象为全国总工会命名并授予“劳动模范疗休养基地”称号的职工疗休养院所等单位。《办法》强调，劳模基地接待的重点对象是各级劳模、先进职工、优秀工会干部以及生产、工作在第一线的职工群众，并要求劳模基地不得改变为劳模和职工群众服务的方向，不得将主营业务实行出租、承包。

全国总工会资产监督管理部对劳模基地实行动态管理，采取年度考核与实地抽查相结合的方法进行考核评估。年度考核工作由省级总工会疗休养事业主管部门负责组织实施。对评估优良的劳模基地给予表扬，并纳入次年接待全国劳模休养活动的候选基地名单。对评估不合格的，责成限期整改；连续两年评估不合格，且整改后仍未达标的，撤销劳模基地称号并发布公告。

劳模疗休养是体现党和国家关心关怀劳动模范的一项重要的制度性工作。为进一步加强和规范劳模疗休养工作，确保此项工作顺利开展，2017 年，全国总工会办公厅又印发了《关于进一步加强和规范劳模休养工作的通知》。

《通知》要求，严格审核休养对象，特别是坚持面向基层、面向一线、面向普通劳动者的原则，重点安排生产一线特别是在劳动条件艰苦、劳动强度大的岗位工作的劳模和在重大工程、重点科研项目中发挥骨干作用的劳模参加休养，优先考虑从未参加过休养的劳模。《通知》强调，要认真做好参加休养的劳模的审核工作，严禁不符合休养条件的人员参加休养。

此外，《通知》对依规选择休养地点、合理安排休养内容等作出规范。尤其是要做好劳模休养的组织和服务工作，加强领导，制定方案，对劳模休养期间的食宿、交通、参观考察等做出统筹安排，切实保证劳模休养工作安全、优质、高效进行。

（三）劳模专项补助金使用日渐完善

近年来，各级省委、省政府和工会组织认真开展劳模服务工作，为劳模的工作和生活提供了良好的保障。但是，由于政策不完善、企业经营困难等因素，仍有一些省部级以上劳模生活困难。有的劳模长期坚守在一线岗位，兢兢业业、无私奉献，身体遭受了不同程度的伤害，出现了因病致困的问题；有的劳模住房条件差，住房问题长期得不到改善。

为做好劳模困难帮扶工作，发放年度全国劳模专项补助资金已经成为全国总工会年度常规工作。公开数据显示，2014 年至 2017 年，中央财政拨付的全国劳模专项补助资金保持在 2.5 亿至 2.7 亿元。2015 年，国务院办公厅印发了《关于做好省部级以上劳模困难帮扶工作的通知》，这项“民生”工作日渐完善，并逐渐发展为困难救助、医疗帮扶、生活补助、节日慰问、就业保障、住房优待等多元帮扶。

经过多年实践，发放劳模专项补助资金已经成为长期工作。为了在实行过程中进一步规范专项补助资金的发放管理，提高资金使用效益，全国总工会根据财政部有关规定，结合实际，于2014年制定了《全国劳模专项补助资金发放管理办法（试行）》。

《管理办法》所称补助资金是指中央财政按年度纳入预算，用于帮助解决全国劳模生活困难和开展关心关爱劳模相关活动的专项资金。全国总工会负责补助资金的统一管理。补助资金使用范围包括：劳模生活困难补助、特殊困难帮扶、春节慰问、疗休养和健康体检补助，以及经财政部批准的其他支出。补助资金按照专项管理、专款专用的原则，实行逐级申报、分级负责、“一卡化”发放。

《管理办法》对发放对象及资金用途、补助标准、申报与发放、监督管理等都作出了明确规范。生活困难补助金的发放对象为全国劳动模范和先进工作者。撤销荣誉称号期间的、移居国（境）外的、去向不明且失去联系的劳模不纳入补助资金使用范围。

《管理办法》特别强调了资金的监督管理，强调各级工会要建立健全补助资金发放和管理的监督机制。定期对补助资金的发放管理进行监督检查，采取实地走访、电话询访等形式，每年抽取一定比例进行核查，对发现的问题应当及时上报并立即纠正。全国总工会对抽查或者审计发现的未按要求发放补助资金的省（区、市）总工会将予以通报批评，并于下一年度核减补助资金额度。同时，各级工会及其工作人员必须严格执行有关规定，严禁截留、挪用、冒领补助资金，杜绝随意扩大发放范围、擅自提高补助标准。对在补助资金发放管理工作中有严重失职、渎职、弄虚作假、以权谋私违法违规行为的，按照有关规定严肃处理。

二、做好劳模管理各项工作

为深入学习贯彻习近平总书记重要讲话精神，按照中央领导同志的重要批示，进一步推动解决劳模生活困难，全国总工会于2013年对省部级以上劳动模范的工作、生活、住房、社会保障等情况进行了摸底调查，又于2015年开展了全国性的劳模专项补助资金管理使用情况互检工作。

（一）开展省部级以上劳模调查摸底工作

对劳模现状进行调查摸底是推动解决劳模生活困难的前提和基础。2013年6月，全国总工会办公厅印发了《关于开展省部级以上劳动模范调查摸底工作的通知》，在各省、自治区、直辖市总工会，中华全国铁路总工会、中国民航工会全国委员会、中国金融工会全国委员会，中共中央直属机关工会联合会、中央国家机关工会联合会等开展了调查摸底工作。

根据《通知》要求，调查对象主要为省部级以上劳动模范，包括全国劳动模范和先进工作者、享受全国劳模待遇者、全国五一劳动奖章获得者、省（区、市）劳动模范、部级劳动模范及享受省部级劳模待遇者。

调查内容包括劳模收入、就业、社保、住房、身体状况、医疗等情况。同时，要了解各地落实《关于进一步解决劳动模范社会保障和生活困难等问题的通知》的具体措施；是否设立了劳模荣誉津贴，津贴标准、资金来源以及能否落实；是否设立了省部级劳模专项补助（帮扶）资金，资金数额及用途；是否出台了劳模医疗、住房、体检、疗休养等方面的政策，以及其他关爱服务劳模的做法；民政部门或其他社会组织对劳模的帮扶情况；等等。

2013年6月，各级工会开展了调查摸底工作，组织基层单位、劳模填写《省部级以上劳动模范生活状况调查汇总表》。在此基础上认真完成《省部级以上劳动模范生活状况调查统计表》和调研报告。其间，全国总工会调研组赴部分省（区、市）召开座谈会、查看资料、走访劳模，并采取调查问卷、电话访问、走访看望等方式，点面结合，翔实掌握第一手资料，确保调查结果全面、准确、详细，不漏人、不漏项。

此次大摸底进一步健全了省部级以上劳模档案，实现了劳模管理网络化、信息化，动态掌握了劳模的工作、生活和困难情况。同时，认真梳理了省部级以上劳模生活中存在的主要困难，并将其及时向党委和政府汇报，争取更多的资源和手段，积极为劳模提供有效服务。

（二）为用好劳模专项补助资金开展检查

为进一步管好用好全国劳模专项补助资金，增强劳模服务工作的有效性和针对性，切实做好关心关爱劳模工作，2015 年 9 月至 11 月，全国总工会在全国 31 个省（区、市）开展了全国劳模专项补助资金管理使用情况互检工作。

此次互检工作分 10 个组进行，每组由 3 至 4 个省（区、市）总工会组成。各组开展组内互检，排名最前的省（区、市）总工会为本组的牵头单位，负责组内工作协调，并委派 1 名分管领导为组长。互检组成员由本组各省（区、市）总工会负责全国劳模专项补助资金管理工作的人员和专职财务人员组成，每个单位 1~2 人。

互检要求按照《全国劳模专项补助资金发放管理办法（试行）》，重点对 2013 年度和 2014 年度全国劳模专项补助资金管理和使用情况进行检查。具体内容包括：补助资金是否独立核算，是否存在截留、挪用、跨年度使用等违反财经制度问题；是否严格审查发放对象、合理确定补助标准；是否存在虚列支出、冒领、扩大使用范围、不按标准发放等问题；是否结合本地实际制定了资金发放管理办法、制度，资金发放是否履行申报审核程序，确保资金及时、安全发放的措施是否完善，存档资料是否真实完整；是否建立补助资金发放和管理的监督机制；是否列入工会年度审计内容；是否定期对补助资金的发放管理进行监督检查；是否对发现的问题进行及时纠正并制定相应措施；是否认真落实全国总工会印发的《全国劳模专项补助资金和困难职工帮扶资金发放管理办法》，通过银行卡直接将补助资金汇入劳模的个人账户；等等。

此次互检工作采取听取汇报、查阅资料、电话抽查、入户核查、随机电话询访、座谈了解等方式开展。

（三）建立健全劳模荣誉撤销机制

建立健全劳模荣誉撤销机制，加强劳模荣誉撤销工作管理，是劳模管理工作中的重要一环。按照党和国家功勋荣誉表彰奖励工作分工，全国劳模的推荐评选、帮扶慰问、作用发挥和日常宣传等管理工作主要由全国总工会负责，撤销荣誉工作由人社部负责。全国劳模的撤销申请需要由省级党委政府向党中央、国务院呈报。

2017 年，《党和国家功勋荣誉表彰奖励获得者所获荣誉撤销办法（试行）》对包括全国劳模在内的各项荣誉应撤销的情形、撤销建议的内容、撤销程序等予以明确。2020 年，《中共中央办公厅秘书局关于国家级表彰奖励获得者所获荣誉撤销问题的复函》明确，“经报中央领导同志，同意授权中央组织部、人力资源和社会保障部、中央军委政治工作部，按照‘谁牵头承办表彰奖励，谁牵头撤销所获荣誉’的原则，依据表彰奖励类别直接办理或会同有关部门办理撤销国家级表彰奖励获得者所获荣誉相关事宜”。

为了做好这项工作，各级工会积极主动作为，充分发挥广泛联系职工群众、熟悉基层情况的优势，及时主动发现劳模失去先进性的情况。对于确实失去先进性的劳模，无论人社部有没有提供其撤销文件，工会都在职责权限内对他们按照撤销荣誉人员进行管理：一是做好信息登记工作，对于有撤销文件的，登记其撤销文件，对于没有撤销文件的，登记其违纪违法等情况；二是停止对其所有正面宣传，尽可能消除负面影响；三是停止其全国劳模待遇，即停发春节慰问金、荣誉津贴、困难补助等，不组织其参加健康体检和疗休养；四是向有关部门报告，推动省级党委或政府启动申报撤销程序。据不完全统计，从1998年至2022年，经人社部发文撤销称号的全国劳模和先进工作者有18人。

全国总工会高度重视全国五一劳动奖获得者的管理工作，认真做好包括评选和撤销在内的各项管理工作。严格执行《国家功勋荣誉表彰条例》《功勋荣誉表彰奖励获得者所获荣誉撤销办法》等中央制度规定。2011年，制定了《全国五一劳动奖状、全国五一劳动奖章、全国工人先锋号评选管理工作暂行办法》。其中，第15条至第17条明确了需要撤销的情形和撤销程序，明确荣誉撤销由省级总工会提出申报，全国总工会进行审核。据不完全统计，自1986年首次撤销至2021年，全国总工会累计撤销全国五一劳动奖章获得者51人、全国五一劳动奖状1个、全国工人先锋号1个。

为保持劳模队伍的先进性，1998年，武汉市发布了《撤销劳动模范荣誉称号规定》。2017年，南京市也出台了《劳动模范评选和管理工作办法》，为“撤销荣誉称号和终止享受待遇”设立专章进行规范。撤销荣誉称号的情形包括：以弄虚作假的手段获得劳模荣誉称号的；非法离境或丧失中华人民共和国国籍的；被依法追究刑事责任的；犯有严重错误受到党纪、政纪处分的；道德品质败坏、腐化堕落，违反社会公序良俗的；其他违法、违纪、违反社会公德行为，情节严重或造成恶劣影响的；等等。

无论是授予荣誉，还是撤销荣誉，都在传递劳模管理工作的一个重要导向——劳动模范是千千万万奋斗在各行各业劳动群众中的杰出代表。他们承载着劳模精神、劳动精神、工匠精神，应珍惜荣誉、保持本色，谦虚谨慎、戒骄戒躁，发挥好示范带头作用。

第十章

为全面建成社会主义现代化强国而奋斗

（2017年10月—2024年10月）

引　语

2017 年 10 月 18 日，中国共产党第十九次全国代表大会在北京人民大会堂隆重开幕。习近平总书记代表第十八届中央委员会向大会作报告指出，经过长期努力，中国特色社会主义进入了新时代，这是我国发展新的历史方位。

从 2017 年 10 月到 2024 年 7 月，是“两个一百年”奋斗目标的历史交汇期。面对世界百年未有之大变局，站在新时代广阔的舞台上，亿万职工辛勤劳动、诚实劳动、创造性劳动，在决战脱贫攻坚、全面建成小康社会、开启全面建设社会主义现代化国家新征程中发挥了主力军作用。

在 2024 年“五一”国际劳动节前夕，中共中央总书记、国家主席、中央军委主席习近平代表党中央，向全国广大劳动群众致以节日祝贺和诚挚慰问。习近平总书记指出，今年是新中国成立 75 周年，是实现“十四五”规划目标任务的关键一年。广大劳动群众与党同心、跟党奋斗，辛勤劳动、无私奉献，用智慧和汗水为党和国家事业发展作出了重要贡献。

党的二十大确立了以中国式现代化全面推进强国建设、民族复兴伟业的中心任务，吹响了奋进新征程的时代号角。2024 年 7 月召开的党的二十届三中全会通过了《中共中央关于进一步全面深化改革、推进中国式现代化的决定》，号召全党全军全国各族人民要更加紧密地团结在以习近平同志为核心的党中央周围，高举改革开放旗帜，凝心聚力、奋发进取，为全面建成社会主义现代化强国、实现第二个百年奋斗目标，以中国式现代化全面推进中华民族伟大复兴而努力奋斗。2024 年是中华人民共和国成立 75 周年，党中央决定，开展国家勋章和国家荣誉称号集中评选颁授，隆重表彰一批为中华人民共和国建设和发展作出杰出贡献的功勋模范人物。9 月 13 日，国家主席习近平签署主席令，授予 15 人国家勋章、国家荣誉称号。其中，许振超被授予“人民工匠”国家荣誉称号。

新时代、新征程中涌现出许许多多像许振超一样的劳动模范，有从小学徒到大国工匠的潘从明、郑志明，有从平凡的岗位登上国家科技最高殿堂的“最美职工”黄金娟，有谱写新时代青春之歌的黄文秀，有用实干兑现誓言的“当代愚公”黄大发，有打造国之重器的王曙群，有从维修电工到“工人院士”的罗昭强，有从车工到“中国第一车工”的洪家光……他们正在示范带动更多劳动者，努力做推进中国式现代化的主力军，为完成党的中心任务建功立业，共同唱响劳动光荣、创造伟大的时代最强音，推动中华民族伟大复兴号巨轮乘风破浪、扬帆远航。

第一节

争做新时代的见证者、开创者、建设者

党的十九大确立了习近平新时代中国特色社会主义思想的历史地位，描绘了决胜全面建成小康社会、夺取新时代中国特色社会主义伟大胜利的宏伟蓝图，作出一系列全局性、战略性、前瞻性的战略部署。亿万职工紧密团结在党的周围，把智慧和力量凝聚到落实党中央决策部署上来，以卓越的劳动创造争做新时代的见证者、开创者、建设者，营造劳动光荣的社会风尚和精益求精的敬业风气。

一、习近平总书记激励劳模始终站在时代最前列

党的十九大以来，中共中央总书记习近平关心关爱劳模、高度重视劳模工作，作出一系列重要指示，为做好新时代劳模工作提供了根本遵循、指明了前进方向。习近平总书记对工人阶级和广大劳动群众的亲切关怀，对劳模工匠的关心关爱，给广大职工群众以巨大鼓舞，

为激励广大职工群众大力弘扬劳模精神、劳动精神、工匠精神，以主人翁姿态奋进新征程、建功新时代指明了方向、注入了强大动力。广大劳动模范和先进工作者珍惜荣誉、保持本色，在迈向民族伟大复兴的征程上，始终站在时代最前列。

（一）习近平总书记心系劳模、鼓励劳模

2017年12月12日下午，习近平总书记在江苏徐州市徐工集团重型机械有限公司亲切看望劳动模范、技术能手等职工代表。习近平指出，党的十九大描绘了建设社会主义现代化强国的美好蓝图，成果人人有份，责任也人人有份。广大企业职工要增强新时代工人阶级的自豪感和使命感，爱岗敬业、拼搏奉献，大力弘扬劳模精神和工匠精神，在为实现中国梦的奋斗中争取人人出彩。

2018年4月30日，习近平给中国劳动关系学院劳模本科班学员回信。他在信中充分肯定广大劳模为党和国家事业作出的突出贡献，对激励广大劳动群众争做新时代的奋斗者发出号召。这既体现了习近平总书记对广大劳模的关怀厚爱，也体现了对广大职工群众的殷切期望。10月29日，习近平在同全国总工会新一届领导班子成员集体谈话时指出，劳动模范是民族的精英、人民的楷模。大国工匠是职工队伍中的高技能人才。工会要协同各个方面为劳动模范、大国工匠发挥作用搭建平台、提供舞台，培养造就更多劳动模范、大国工匠。

2019年9月29日，习近平向国家勋章和国家荣誉称号获得者颁授勋章奖章并发表重要讲话。习近平指出，崇尚英雄才会产生英雄，争做英雄才能英雄辈出。英雄模范们用行动再次证明，伟大出自平凡，平凡造就伟大。只要有坚定的理想信念、不懈的奋斗精神，脚踏实地把每件平凡的事做好，一切平凡的人都可以获得不平凡的人生，一切平凡的工作都可以创造不平凡的成就。

2020年8月19日上午，在中国宝武马钢集团车间外，企业劳动模

范、工人代表看到总书记来了，热烈鼓掌。习近平亲切地同大家打招呼，并指出，疫情发生以来，马钢克服困难，率先复工复产，上半年产量和营收同比实现“双升”。劳动模范是共和国的功臣，要大力弘扬劳模精神。

2021 年 4 月 30 日，在“五一”国际劳动节到来之际，习近平代表党中央，向全国广大劳动群众致以节日的祝贺和诚挚的慰问。习近平强调，劳动创造幸福，实干成就伟业。希望广大劳动群众大力弘扬劳模精神、劳动精神、工匠精神，勤于创造、勇于奋斗，更好发挥主力军作用，满怀信心投身全面建设社会主义现代化国家、实现中华民族伟大复兴中国梦的伟大事业。各级党委和政府要充分调动广大劳动群众积极性、主动性、创造性，切实保障广大劳动群众合法权益，支持和激励广大劳动群众在新时代更好建功立业。

2022 年 10 月 17 日，正值党的二十大召开期间，习近平参加广西代表团讨论，在听取广西汽车集团首席技能专家郑志明的发言后指出：中国式现代化是人口规模巨大的现代化，我们的现代化既是最难的，也是最伟大的。从这个角度看，紧紧依靠工人阶级是必不可少的，工人阶级代表先进生产力。

2023 年 4 月 30 日，在“五一”国际劳动节到来之际，习近平代表党中央，向全国广大劳动群众致以节日的祝贺和诚挚的慰问。习近平强调，今年是全面贯彻党的二十大精神的开局之年，是实施“十四五”规划承前启后的关键之年。希望广大劳动群众大力弘扬劳模精神、劳动精神、工匠精神，诚实劳动、勤勉工作，锐意创新、敢为人先，依靠劳动创造扎实推进中国式现代化，在强国建设、民族复兴的新征程上充分发挥主力军作用。10 月 23 日下午，习近平在中南海同中华全国总工会新一届领导班子成员集体谈话时指出，要发挥好劳模工匠示范引领作用，激励广大职工在辛勤劳动、诚实劳动、创造性劳动中成就梦想。

2024 年 5 月 1 日，在“五一”国际劳动节到来之际，习近平代表党中央，向全国广大劳动群众致以节日祝贺和诚挚慰问，并希望广大劳动群众踊跃投身以高质量发展推进中国式现代化的火热实践，为全面推进强国建设、民族复兴伟业而不懈奋斗。各级党委和政府要关心爱护广大劳动群众，切实实现好、维护好、发展好劳动者合法权益，激励广大劳动群众在辛勤劳动、诚实劳动、创造性劳动中成就梦想。

广大劳模以习近平总书记殷殷嘱托和鞭策鼓励作为奋斗拼搏的动力，与党同心、跟党奋斗，在经济建设、科技创新、脱贫攻坚、乡村振兴、疫情防控、抢险救灾等重大工作中，展现了敢打硬仗、勇挑重担的时代风采，为推动高质量发展、推进中国式现代化作出巨大贡献。

（二）习近平总书记给劳模本科班学员回信

2018 年 4 月 17 日，中国劳动关系学院 2017 级和 2018 级劳模本科班 38 名学员，怀着激动之情给习近平总书记写了一封信。他们在信中向习近平总书记和党中央汇报了自己的学习情况，感谢总书记和党中央对劳模群体的关心和关怀，表达了当好主人翁、建功新时代的决心。短短 13 天后，38 名劳模学员就收到了总书记的回信。

中国劳动关系学院劳模本科班的同志们：

你们好！“五一”国际劳动节前夕，收到你们的来信，我感到十分高兴。你们为党和国家事业发展作出了突出贡献，被评为劳动模范，如今又在读书深造，这是对大家辛勤劳动、无私奉献的褒奖，也是党和国家对劳动者的关怀。

社会主义是干出来的，新时代也是干出来的。希望你们珍惜荣誉、努力学习，在各自岗位上继续拼搏、再创佳绩，用你们的干劲、闯劲、钻劲鼓舞更多的人，激励广大劳动群众争做新时代的奋斗者。

我一直强调，劳动最光荣、劳动最崇高、劳动最伟大、劳动最美丽。全社会都应该尊敬劳动模范、弘扬劳模精神，让诚实劳动、勤勉工作蔚然成风。

值此“五一”国际劳动节之际，我向你们、向全国所有劳动模范、向全国广大劳动者，致以节日的问候。

习近平

2018 年 4 月 30 日

4 月 30 日晚上，这封回信在中央电视台《新闻联播》播出后，迅速传遍全国各地、各行各业、基层一线。第二天，《人民日报》发表题为《用劳动书写我们的新时代》的社论，指出“新的征程在我们脚下展开，更需要弘扬劳动的精神价值、唱响劳动的时代赞歌，以拼搏赓续传统、以奋斗开创明天”。

5 月 1 日上午，全国总工会党组召开专题会议，传达学习习近平总书记给中国劳动关系学院劳模本科班学员回信重要精神。会议指出，总书记的回信，褒扬劳动模范为党和国家事业发展作出的突出贡献，勉励广大劳动模范珍惜荣誉、努力学习，继续拼搏、再创佳绩，激励广大劳动群众争做新时代的奋斗者，着重强调社会主义是干出来的、新时代也是干出来的，全社会都应该尊敬劳动模范、弘扬劳模精神，让诚实劳动、勤勉工作蔚然成风。这充分体现了以人民为中心的发展思想和全心全意依靠工人阶级的方针，充分体现了对劳动模范和广大职工的亲切关怀和殷切期望，充分体现了对劳动精神、实干作风的有力倡导。会议强调，习近平总书记的回信是对劳动模范、广大职工和工会干部的巨大鼓舞和有力鞭策。各级工会要按照全国人大常委会副委员长、全国总工会主席王东明的要求，以高度的历史使命感、政治责任感和工作紧迫感，在广大劳动模范和职工中迅速掀起学习宣传贯彻的热潮，使劳动最光荣、劳动最崇高、劳动最伟大、劳动最美丽的观念深入人心。

习近平总书记的回信在中国劳动关系学院劳模本科班学员和各地劳模中引起强烈反响。劳模班学员、新疆维吾尔族的赛福丁·伊斯热依力从农民工成长为技术工人、全国劳模，聆听了总书记的回信后，感受到了党中央对劳动模范最真切的心意、最温暖的关怀。劳模班学员、青藏铁路的护路队员平措扎西说，能与这么多优秀劳动者一起给习近平总书记写信，放在以前，他想都不敢想，他要把总书记的回信内容带回西藏，让更多的人在劳动中体现价值、展现风采、感受快乐。劳模班学员、纺织女工伍亚媛看到回信内容后，第一时间给工友打电话，与他们分享作为劳模的光荣，让大家都争当先进，为祖国贡献自己的力量。

全国各地劳模纷纷以习近平总书记的回信为动力，弘扬劳模精神，用劳动书写新时代新篇章。全国劳模、中科院深海所工程实验所钳工周皓，曾两次随科考队奔赴马里亚纳开展科考工作，为我国成为世界上首个获取万米级海洋人工地震剖面的国家作出重要贡献。他牢记总书记撸起袖子加油干的嘱托，为大国重器保驾护航。全国五一劳动奖章获得者、国网江苏电科院高级技师朱洪斌向总书记作出承诺，将科学精神、创新精神融入劳模精神中，带领身边工友一起干，不辜负劳动模范这个光荣称号。福建省劳动模范、中国水利水电第十六工程局项目总工林成传在一个个项目中摸爬滚打，从普通技术员成长为技术骨干，成为“一带一路”的建设者。他谨记总书记的期待，继续以实干书写中国企业、中国工人、中国劳模的辉煌。

（三）习近平总书记给“李志强班”职工回信

中国航发黎明发动机装配厂“李志强班”是以全国劳动模范、全国技术能手李志强的名字命名的，这个班主要负责航空发动机及燃气轮机总体装配工作。2013 年 8 月，习近平总书记到沈阳黎明公司考察时，曾与“李志强班”职工亲切交流。2023 年 8 月，李志强和班组的 7 名老中青职工代表给总书记写信，汇报 10 年来在加强技术创新、推进航空发动机自主研制方面取得的成绩，表达加快航空发动机自主研制步伐、建设航空强国的决心。9 月 1 日，全班 62 名职工就收到了总书记的回信。

中国航发黎明发动机装配厂“李志强班”的同志们：

你们好！看到来信，我想起了十年前同大家在车间交流的情景。这些年，中国航空发动机事业有了长足进步，初步探索出一条自主创新发展的新路子，航空发动机研制战线的同志们为此付出了大量心血。

航空发动机是国之重器，是国家科技实力和创新能力的重要体现。希望你们牢记使命责任，坚定航空报国志向，弘扬劳模精神、工匠精神，努力攻克更多关键核心技术，加快航空发动机自主研制步伐，让中国的飞机用上更加强劲的“中国心”，为建设航空强国、实现高水平科技自立自强积极贡献力量。

习近平

2023 年 9 月 1 日

作为给习近平总书记写信的发起人，全国劳模李志强将习近平总书记 10 年前的鼓励铭刻在心，这成为他和班组成员攻坚克难、砥砺奋进的力量源泉。10 年过去了，李志强深感有责任、有义务给总书记写封信，既是回应总书记的关切，也是向总书记汇报 10 年来在加强技术创新、推进航空发动机研制方面取得的成绩，表达为建设航空强国贡献力量的决心。

收到习近平总书记的回信后，“李志强班”成员表示，要坚决贯彻落实习近平总书记的回信精神，牢记总书记的嘱托，弘扬劳模精神、工匠精神，努力攻克更多关键核心技术，加快航空发动机自主研制步伐，让中国的飞机用上更加强劲的“中国心”。刚进厂时，李志强便以全国劳动模范马德友为榜样，用实际行动传承劳模精神和工匠精神。40 年来，他采取个性培养、师徒结对、技术互助、绝招共享等方法，培养了许多一专多能的“多面手”“全能型”人才。“李志强班”依托劳模创新工作室，总结班组最高效的组装方法，并推出《李志强操作法》，设计开发了“李志强锁片钳”“李志强锁刻刀”等几十项专用工具，让组装的每一个环节有了更细致的标准，还利用三维仿真等科学方法，反复模拟装配过程，提升发动机装配质量，缩短班产周期。在全国劳模李志强带领下，全体成员苦练技能本领，用匠心铸造国之重器，用青春持续助力更强劲的“中国心”。

二、2020 年，全国劳动模范和先进工作者表彰大会召开

党的十九大召开后，在以习近平同志为核心的党中央坚强领导下，全党全国各族人民不忘初心、牢记使命，高举中国特色社会主义伟大旗帜，决胜全面建成小康社会，围绕统筹推进“五位一体”总体布局、协调推进“四个全面”战略布局，坚定不移贯彻新发展理念，团结一心、攻坚克难，决胜全面建成小康社会取得决定性成就，脱贫攻坚成果举世瞩目，新冠肺炎疫情防控取得重大战略成果。在这一伟大实践中，各行各业涌现出一大批爱岗敬业、锐意创新、勇于担当、无私奉献的先进模范，他们是工人阶级和广大劳动群众的优秀代表，是时代楷模。党中央、国务院隆重召开 2020 年全国劳动模范和先进工作者表彰大会，充分体现了以习近平同志为核心的党中央对工人阶级和劳动

2020年：全国劳动模范和先进工作者表彰大会

2020年11月24日在北京人民大会堂举行。中共中央、国务院授予1689人全国劳动模范称号，授予804人全国先进工作者称号。习近平、李克强、栗战书、汪洋、王沪宁、赵乐际、韩正等党和国家领导同志出席大会。中共中央总书记、国家主席、中央军委主席习近平在会上发表重要讲话。中共中央政治局常委、国务院总理李克强主持大会。中共中央政治局常委、中央书记处书记王沪宁宣读了《中共中央、国务院关于表彰全国劳动模范和先进工作者的决定》。

党中央、国务院领导同志对此次大会的召开十分重视。原计划2020年"五一"国际劳动节前夕召开的劳模表彰大会，受突如其来的新冠肺炎疫情影响而推迟，中共中央办公厅、国务院办公厅为此对相关工作作出具体部署。习近平总书记在表彰大会上的重要讲话，在全国引起强烈反响。本届大会表彰了300名奋战在新冠肺炎疫情防控一线的先进典型，并突出了高技能领军人才的劳模占比。

模范的高度重视和关怀关爱。

（一）劳模大会筹备情况

原计划2020年"五一"国际劳动节前夕召开的第16次全国劳模表彰大会，受突如其来的新冠肺炎疫情影响而推迟。为了开好这次劳模表彰大会，党中央、国务院领导同志对大会召开十分重视。2020年1月，中共中央办公厅、国务院办公厅印发通知，对相关工作作出具体部署。党中央、国务院专门成立2020年表彰全国劳动模范和先进工作者大会筹备委员会。筹委会办公室设在全国总工会，负责推荐、审核、表彰等日常工作。

推荐评选工作是筹备工作的重中之重。为了确保评选表彰工作公开、公正、公平，大会筹委会严格把关。始终坚持面向基层、面向一线、面向普通劳动者的原则，自下而上、逐级推荐、好中选优，严格执行“两审三公示”程序，即实行初审、复审两次审查，在所在单位、省级和全国进行三级公示。在推荐审核所有工作环节中，严格评选标准，严肃评选纪律，认真处理举报事项，确保人选能够树得起、立得住、经得起检验。

在推荐环节，在组织培训并掌握相关条件和标准的基础上，人选必须经职工（代表）大会或居民会议、村民会议讨论通过等民主程序，在基层单位公示、征求相关部门意见无异议后，才能够按程序申报推荐材料。

在审核环节，将人选按身份划分为三类：一是企业职工、农民和其他劳动者人选；二是机关事业单位人选；三是民主党派和无党派人士、非公有制经济人士、新的社会阶层人士等人选，由全国总工会、人力资源和社会保障部、中央统战部按照统一标准分别牵头审核。

在公示环节，对于公示中反映的问题，相关省级主管部门逐一核查，出具报告，提出处理意见，并报省级党委同意。筹委会对各单位上报的核查报告和处理建议认真研究把关，确保人选质量。

在征求意见环节，在省级层面，所有人选均征求公安部门意见，并按干部管理权限和所在单位性质，分别征得组织、纪检、发展改革、劳动保障、生态环境、应急管理、税务、市场监管、工商联等部门同意。在全国层面，对于企业负责人和实际控制人、规模以上农业生产经营组织负责人，须分别征得国家发展改革委等 6 个部委同意；对于垂直管理人员，分别征求最高人民法院、最高人民检察院等 7 个单位意见。

按照部署，各地在推荐环节，均注意在全国和省级劳动模范评选中，重点向疫情防控一线突出贡献者和高技能人才倾斜，并推荐抗疫英雄和技术工人作为特邀代表参加全国劳模大会。

11 月 21 日、22 日，黑龙江、河南、湖北、江苏、上海、广东等多地举行了简单而隆重的仪式，热烈欢送 2020 年全国劳动模范和先进工作者赴京接受表彰。

（二）表彰大会隆重召开

2020 年 11 月 24 日，全国劳动模范和先进工作者表彰大会在北京人民大会堂隆重举行。中共中央总书记、国家主席、中央军委主席习近平出席大会并发表重要讲话，代表党中央、国务院，向受到表彰的 2493 名全国劳动模范和先进工作者表示热烈的祝贺，向为改革开放和社会主义现代化建设作出突出贡献的我国工人阶级和广大劳动群众致以诚挚的问候。李克强主持大会，栗战书、汪洋、赵乐际、韩正出席，王沪宁宣读表彰决定。丁薛祥、张又侠、陈希、胡春华、黄坤明、尤权、张春贤、王东明、肖捷、张庆黎出席大会。中央党政军群有关部门和北京市负责同志，各民主党派中央、全国工商联负责人和无党派人士代表等参加大会。

上午 10 时，大会开始，全体起立，高唱中华人民共和国国歌。王沪宁宣读了《中共中央、国务院关于表彰全国劳动模范和先进工作者的决定》。党中央、国务院决定，授予 1689 人全国劳动模范称号，授予 804 人全国先进工作者称号。在欢快的乐曲声中，全国劳动模范和先进工作者代表意气风发，依次登上主席台，从党和国家领导人手中接过荣誉证书。

本次共表彰 2493 名人选，其中企业职工和其他劳动者 1192 人，占总人数的 47.8%，接近半数；农民 500 人，占 20.1%；机关事业单位人员 801 人，占 32.1%。受表彰人选具有三个突出特点。一是具有很强的政治性和先进性。人选都经过各级党委和有关部门认定，具有省部级表彰奖励的荣誉基础，党的十九大以来创造了突出业绩，其中 200

2020 年 11 月 24 日，全国劳动模范和先进工作者表彰大会在北京人民大会堂隆重举行。图为大会现场。

2020 年 11 月 24 日，全国劳动模范和先进工作者表彰大会在北京人民大会堂隆重举行。图为全国劳动模范和先进工作者代表上台颁奖。

余人奋战在脱贫攻坚领域，有358人享受国务院政府特殊津贴。二是具有广泛的代表性和群众性。中共党员2015名；民主党派和无党派人士158名；女性578人，占23.2%；少数民族226人，占9.1%。人选基本涵盖各个领域和行业，尤其是来自基层一线的比例较高，其中一线工人和企业技术人员847人，占企业职工和其他劳动者的71.1%，比原定比例高出14.1个百分点；农民工216人，占农民人选的43.2%，比原定比例高出18.2个百分点；科教等专业技术人员、科级及以下干部661人。三是选树了300名奋战在抗击新冠肺炎疫情一线的先进典型，他们逆行出征、无私无畏，作出了突出贡献。此外，受表彰人选中，高技能领军人才占比突出，在2020年全国劳模评选中，要求包括高技能领军人才在内的一线工人和专业技术人员在企业职工类别中占比不少于57%，实际推荐超过了70%。[1]这表明，随着时代的发展，劳模精神的内涵不断丰富。新时代的劳模中，不仅有扎根基层、爱岗敬业、忠于职责的坚守者，更涌现出很多知识型、技能型、创新型劳动者，他们勇于创新、追求卓越，成为先进生产力的开拓者和领跑者。

在全场热烈的掌声中，习近平总书记发表重要讲话。习近平指出，劳动模范是民族的精英、人民的楷模，是共和国的功臣。我国是人民当家作主的社会主义国家，党和国家始终坚持全心全意依靠工人阶级方针，始终高度重视工人阶级和广大劳动群众在党和国家事业发展中的重要地位，始终高度重视发挥劳动模范和先进工作者的重要作用。1950年党和国家首次表彰劳动模范，70年来，在党的领导下，我国工人阶级和广大劳动群众与祖国同成长、与时代齐奋进，奏响了“咱们工人有力量”的主旋律，各条战线英雄辈出、群星灿烂。特别是进

1 《2020年表彰全国劳动模范和先进工作者大会筹委会负责人答记者问》，《人民日报》，2020年11月26日。

入新时代以来，我国工人阶级和广大劳动群众在实现中国梦伟大进程中拼搏奋斗、争创一流、勇攀高峰，为决胜全面建成小康社会、决战脱贫攻坚发挥了主力军作用，用智慧和汗水营造了劳动光荣、知识崇高、人才宝贵、创造伟大的社会风尚，谱写了“中国梦·劳动美”的新篇章。

习近平指出，各级党委和政府要尊重劳模、关爱劳模，完善劳模政策，推动更多劳动模范和先进工作者竞相涌现。全社会要崇尚劳动、见贤思齐，弘扬劳动最光荣、劳动最崇高、劳动最伟大、劳动最美丽的社会风尚。要开展以劳动创造幸福为主题的宣传教育，把劳动教育纳入人才培养全过程，培养一代又一代热爱劳动、勤于劳动、善于劳动的高素质劳动者。

习近平强调，要努力建设高素质劳动大军。劳动者素质对一个国家、一个民族发展至关重要。我国工人阶级和广大劳动群众要树立终身学习的理念，养成善于学习、勤于思考的习惯，实现学以养德、学以增智、学以致用。要适应新一轮科技革命和产业变革的需要，勤学苦练、深入钻研，不断提高技术技能水平。要完善和落实技术工人培养、使用、评价、考核机制，培养更多高技能人才和大国工匠。要增强创新意识、培养创新思维，展示锐意创新的勇气、敢为人先的锐气、蓬勃向上的朝气。要推进产业工人队伍建设改革，造就一支有理想守信念、懂技术会创新、敢担当讲奉献的宏大产业工人队伍。

习近平总书记的重要讲话，高度评价了工人阶级和广大劳动群众在中国特色社会主义伟大事业中的重要地位和作用，充分肯定了全国劳动模范和先进工作者的卓越贡献和崇高精神，热情赞扬了在抗击新冠肺炎疫情斗争中不畏艰险、顽强拼搏的全国各族人民，明确提出要大力弘扬劳模精神、劳动精神、工匠精神，充分发挥工人阶级和广大劳动群众主力军作用，建设高素质劳动大军，切实实现好、维护好、发展好劳动者合法权益。李克强在主持大会时指出，要认真学习领会、深入贯彻落实习近平总书记的重要讲话精神，更加紧密团结在以习近平同志为核心的党中央周围，为开启全面建设社会主义现代化国家新征程、实现中华民族伟大复兴的中国梦而不懈奋斗。

中国航发沈阳黎明航空发动机有限责任公司高级技师洪家光代表全国劳动模范和先进工作者宣读了倡议书，向工人阶级和广大劳动群众发出倡议，争做听党话跟党走的排头兵、建新功立伟业的主力军、本领高能力强的奋斗者、讲团结促和谐的带头人。

表彰大会的隆重召开，对于激励全党全国各族人民弘扬劳模精神、劳动精神、工匠精神，乘风破浪，开拓进取，为开启全面建设社会主义现代化国家新征程、向第二个百年奋斗目标进军而继续奋斗，具有十分重要的意义。

大会结束后，11 月 24 日下午，国务院新闻办公室举行了中外记者见面会，邀请 5 位新当选全国劳动模范和先进工作者围绕“岗位成才、奋斗圆梦”与中外记者见面交流。他们是胡洪炜、刘丽、刘双燕、周家荣和潘从明。11 月 24 日晚上，中央宣传部、全国总工会联合发布的 2020 年“最美职工”先进事迹在央视科教频道播出，中国文明网、学习强国、央视频平台同步播出。孙泽洲、白玉晶、刘丽、王曙群、刘双燕、胡洪炜、熊桂林、潘从明、赵新录、帕夏古丽·克热木 10 位来自一线的新当选全国劳动模范和先进工作者，荣获 2020 年“最美职工”称号。在 11 月 17 日举行的“最美职工”发布仪式上，中宣部、全国总工会为他们颁发了“最美职工”证书。表彰大会召开前，《人民日报》、中央电视台、《工人日报》等中央主流媒体开辟专栏《劳动者之歌》，陆续报道了罗昭强、何光华、郑志明等 10 位优秀劳动者的感人事迹和先进品质。此外，各地举行了形式多样的活动，迎接劳动模范载誉归来。

本次表彰大会重新设计了奖章。新设计的奖章，通径从55毫米扩大到60毫米，凸显了劳动最光荣、劳动最崇高、劳动最伟大、劳动最美丽的理念，彰显各行各业劳动模范和先进工作者的示范引领作用。奖章主章部分将“五星”“天安门”“齿轮”“谷穗”“书籍”“旗帜”造型融合。“五星”象征紧密团结在中国共产党周围的中国人民；“天安门”象征中华人民共和国，代表国家荣誉；“齿轮”和“谷穗”象征工人、农民等广大劳动群众；“书籍”象征教育、科技和文化事业的工作者，代表先进文化的传承与发展；“旗帜”象征先锋，寓意每一个获此殊荣的人，都是一面光辉旗帜。外圈部分将“电磁波”“祥云”“光芒”“红色五角星”造型融合。“电磁波”象征科学技术是第一生产力，代表广大劳动者创造性劳动的信心和决心；“祥云”象征渊源共生、和谐共融、携手共创；“光芒”象征劳动者无上的荣耀；“红色五角星”象征中国特色社会主义。

（三）习近平总书记的重要讲话引起强烈反响

2020年11月24日以来，习近平总书记在全国劳动模范和先进工作者表彰大会上发表的重要讲话及大会盛况，在全国广大职工群众和劳动模范中引发强烈反响。首次参加全国劳动模范和先进工作者表彰大会的洪家光是从一名学徒工成长为享受国务院政府特殊津贴的高级技师。他表示，将以此为新起点，牢记总书记嘱托，不负新时代使命，带动更多一线工人，以实际行动建功“十四五”、奋进新征程，为实现中华民族伟大复兴的中国梦贡献产业工人的智慧和力量。全国劳模、钢丝绳制造技能大师周家荣表示，要继续专注于钢丝绳制造这个领域，加强对新产品的研发、对新材料的运用、对新技术的掌握，精益求精，为国家推出更多超级工程、大国重器作出贡献。全国劳模、高级技师刘丽说，时代在变，但“铁人”精神始终没变，新时代大庆石油人要为祖国加好油，为中国梦加好油。全国先进工作者、扶贫干部刘双燕表示，面对扶贫路上遇到的种种困难和挑战，要始终做到不变本色、不忘初心，带领村民走上脱贫致富的康庄大道。京东物流北京鼎好营业部站长宋学文表示，总书记的讲话让他更加深刻地认识到劳动者的价值，干一行爱一行，他要在最平凡的岗位上把自己的价值发挥到极致，为消费者提供有速度更有温度的服务。据统计，有来自全国卫健系统的 242 位医务工作者走进人民大会堂接受表彰。武汉协和医院呼吸内科副主任张建初曾在新冠肺炎疫情防控一线连续战斗 120 多天，每天值守超过 10 个小时，他表示，要牢记总书记的嘱托，进一步研究呼吸道常见病、新发传染病的发病机制、临床特点，探索新的诊断和治疗方法，为健康中国贡献智慧和力量。

2020 年 11 月 25 日，全国总工会以电视电话会议形式召开学习贯彻习近平总书记在全国劳动模范和先进工作者表彰大会上的重要讲话精神座谈会，王东明出席会议并讲话。会上，全国先进工作者、北京市疾病预防控制中心主任曾晓芃，全国劳模、中国航发沈阳黎明航空发动机有限责任公司数控车工洪家光先后发言。全国总工会党组、书记处同志，中央纪委国家监委驻全国总工会机关纪检监察组有关负责同志，各全国产业工会、中央和国家机关工会联合会、全国总工会各部门和在京直属单位主要负责同志，劳模代表等在主会场参加会议。各省（区、市）总工会，新疆生产建设兵团总工会班子成员及省级产业工会、各部门和各直属单位负责同志在分会场参加会议。

2020 年 11 月至 12 月，湖南、上海、广东、新疆、内蒙古等地先后召开省（区、市）劳动模范和先进工作者表彰大会，深入贯彻习近平总书记在全国劳动模范和先进工作者表彰大会上的重要讲话精神，进一步加大对劳模先进人物的宣传力度，号召工人阶级和广大劳动群众以劳动模范和先进工作者为榜样，学先进赶先进，让劳动最光荣、劳动最崇高、劳动最伟大、劳动最美丽在全社会蔚然成风。

三、中国特色功勋荣誉表彰制度的确立

党的十八大以来，以习近平同志为核心的党中央高度重视党和国家功勋荣誉表彰工作，构建了由勋章、荣誉称号、表彰奖励和纪念章4个类别组成的表彰体系。全国劳动模范和先进工作者表彰、全国五一劳动奖和工人先锋号表彰是中国特色功勋荣誉表彰体系的组成部分。

（一）功勋荣誉表彰制度体系形成过程

习近平总书记多次对党和国家功勋荣誉表彰工作作出重要指示，强调要充分发挥党和国家功勋荣誉表彰的精神引领、典型示范作用，推动全社会形成见贤思齐、崇尚英雄、争做先锋的良好氛围。为此，党中央确定了“1+1+3”的制度建设方案，即党中央制定一个指导性文件，全国人大常委会制定一部法律，有关方面分别制定党内、国家、军队三个功勋荣誉表彰条例。在此基础上，制定有关配套的具体办法和规定。

根据现行《宪法》，全国人大常委会“规定和决定授予国家的勋章和荣誉称号”，国家主席根据全国人大常委会的决定，“授予国家的勋章和荣誉称号”。为进一步实施《宪法》的有关规定，2015年12月25日，中共中央印发《关于建立健全党和国家功勋荣誉表彰制度的意见》。2015年12月27日，十二届全国人大常委会第十八次会议表决通过了《中华人民共和国国家勋章和国家荣誉称号法》。2016年4月，党中央决定成立党和国家功勋荣誉表彰工作委员会，负责统筹协调党和国家功勋荣誉表彰工作。在深入研究论证、广泛征求意见的基础上，起草制定了党、国家、军队三个功勋荣誉表彰条例。

2017年，由党和国家功勋荣誉表彰工作委员会制定的《中国共产党党内功勋荣誉表彰条例》《国家功勋荣誉表彰条例》《军队功勋荣誉表彰条例》以及配套授予办法，经党中央批准实施。这标志着功勋荣

誉表彰制度体系已经搭建形成，统一、规范、权威的中国特色功勋荣誉表彰制度已经确立。《中华人民共和国国家勋章和国家荣誉称号法》作为根据《宪法》制定的一部专门法律，着眼于把国家勋章和国家荣誉称号的设立、授予对象、授予程序等最主要、最基本的制度建立起来。《中国共产党党内功勋荣誉表彰条例》规范的是党内对党员、党组织进行的褒奖；《军队功勋荣誉表彰条例》主要规范对军队人员和单位的奖励表彰；《国家功勋荣誉表彰条例》主要规范除党内、军队之外其他领域的功勋荣誉表彰奖励，并与党内、军队功勋荣誉表彰条例做好衔接，确保不出现制度空白。这项工作的规范化、制度化，对激发全党全军全国各族人民建设富强、民主、文明、和谐的社会主义现代化国家的积极性，实现中华民族伟大复兴的中国梦，具有重大意义。

勋章是党、国家、军队的至高荣誉，包括“共和国勋章”“七一勋章”“八一勋章”和“友谊勋章”。在新确立的党和国家功勋荣誉表彰制度体系中，“共和国勋章”授予为党、国家和人民的事业作出巨大贡献、功勋卓著的杰出人士，这是根据《宪法》法律规定，由全国人大常委会决定、国家主席签发证书并颁授的国家勋章，是国家最高荣誉。“七一勋章”授予在中国特色社会主义伟大事业和党的建设新的伟大工程中作出杰出贡献的党员，这是由中共中央决定、中共中央总书记签发证书并颁授的党内最高荣誉。“八一勋章”授予在维护国家主权、安全、发展利益，推进国防和军队现代化建设中建立卓越功勋的军队人员，这是由中央军委决定、中央军委主席签发证书并颁授的军队最高荣誉。“友谊勋章”授予在我国社会主义现代化建设和促进中外交流合作、维护世界和平中作出杰出贡献的外国人，这也是根据《宪法》法律规定，由全国人大常委会决定、国家主席签发证书并颁授的国家勋章。

荣誉称号是对个人和集体突出功绩的褒奖形式，主要有国家荣誉称号和党中央、国务院、中央军委授予的荣誉称号。国家荣誉称号授予在经济、社会、国防、外交、教育、科技、文化、卫生、体育等各领域各行业作出重大贡献、享有崇高声誉的杰出人士，一般冠以“人民”等称谓，如“人民英雄”“人民卫士”“人民科学家”“人民艺术家”“人民教育家”等。

表彰奖励按层级分为国家级表彰奖励、部门和地方表彰奖励。国家级表彰奖励主要有全国优秀共产党员、全国优秀党务工作者等党内表彰，全国劳动模范和先进工作者表彰，国家科学技术奖，全国民族团结进步模范表彰等，以及中央军委奖励表彰。

除勋章、荣誉称号、表彰奖励外，党中央、国务院、中央军委可向参与特定时期、特定领域重大工作的个人颁发纪念章。经党中央、国务院批准，省级党委和政府、中央和国家机关可以颁发纪念章。纪念章是荣誉性纪念。

勋章和国家荣誉称号一般采取评选授予方式，也可在特定情况下开展普遍授予，根据特定历史时期的任务、特点确定基本条件，凡符合基本条件者均可授予。勋章和国家荣誉称号一般定期授予，特殊情况也可即时授予。国家主席举行国事活动，可直接授予外国政要、国际友人等人士“友谊勋章”。表彰奖励的人选，一般采取推荐方式产生。功勋荣誉的颁授应体现庄重性和严肃性。颁授勋章和荣誉称号一般应举行专门的颁授仪式，表彰奖励一般以召开表彰大会的形式举行。

根据《中华人民共和国国家勋章和国家荣誉称号法》，国家设立国家功勋簿，记载国家勋章和国家荣誉称号获得者及其功绩。国家勋章和国家荣誉称号为其获得者终身享有，但依照本法规定被撤销的除外。国家勋章和国家荣誉称号获得者享有受邀参加国家庆典和其他重大活动等崇高礼遇和国家规定的待遇。国家和社会通过多种形式，宣传国家勋章和国家荣誉称号获得者的卓越功绩和杰出事迹。此外，2018 年中共中央办公厅、国务院办公厅联合下发通知，印发《功勋荣誉表彰奖励获得者待遇规定（试行）》，对国家勋章和国家荣誉称号获得者在政治待遇、生活待遇、工作待遇等方面享有的礼遇作出进一步规定；印发《生活困难表彰奖励获得者帮扶办法（试行）》，对表彰奖励获得者应享有的待遇进行了系统性安排。

（二）国家勋章和国家荣誉称号颁授仪式在北京隆重举行

2019 年 9 月 29 日上午，中华人民共和国国家勋章和国家荣誉称号颁授仪式在北京人民大会堂金色大厅隆重举行。中共中央总书记、国家主席、中央军委主席习近平向国家勋章和国家荣誉称号获得者颁授勋章奖章并发表重要讲话。习近平指出，崇尚英雄才会产生英雄，争做英雄才能英雄辈出。英雄模范们用行动再次证明，伟大出自平凡，平凡造就伟大。只要有坚定的理想信念、不懈的奋斗精神，脚踏实地把每件平凡的事做好，一切平凡的人都可以获得不平凡的人生，一切平凡的工作都可以创造不平凡的成就。

中共中央政治局常委李克强、栗战书、汪洋、赵乐际、韩正，国家副主席王岐山出席颁授仪式。中共中央政治局常委王沪宁主持。9 时许，国家勋章和国家荣誉称号获得者集体乘坐礼宾车从住地出发，由国宾护卫队护卫前往人民大会堂。人民大会堂东门外，高擎红旗的礼兵分列道路两侧，肩枪礼兵在台阶上庄严伫立，青少年热情欢呼致意。国家勋章和国家荣誉称号获得者沿着红毯拾级而上，进入人民大会堂东门。9 时 58 分，伴着欢快的乐曲声，习近平总书记同国家勋章和国家荣誉称号获得者一同步入会场，全场起立，热烈鼓掌。10 时整，颁授仪式开始。解放军军乐团奏响《义勇军进行曲》，全场高唱中华人民共和国国歌。王沪宁宣读习近平签署的中华人民共和国主席令。主席令指出，为了庆祝中华人民共和国成立 70 周年，隆重表彰为新中国建设和发展作出杰出贡献的功勋模范人物，弘扬民族精神和时代精神，根据第十三届全国人民代表大会常务委员会第十三次会议的决定，授予于敏等 8 人共和国勋章，授予劳尔·卡斯特罗·鲁斯等 6 人友谊勋章，授予叶培建等 28 人国家荣誉称号。

在雄壮激昂的《向祖国致敬》乐曲声中，习近平为国家勋章和国家荣誉称号获得者一一颁授勋章奖章，并同他们亲切握手，表示祝贺。习近平指出，今天受表彰的国家勋章和国家荣誉称号获得者，是千千万万为党和人民事业作出贡献的杰出人士的代表。他们身上生动体现了中华民族精神和社会主义核心价值观，他们的事迹和贡献将永远写在共和国史册上！党和国家历来高度重视对英雄模范的表彰。今天我们以最高规格褒奖英雄模范，就是要弘扬他们身上展现的忠诚、执着、朴实的鲜明品格。英雄模范们都对党和人民事业矢志不渝、百折不挠，都在党和人民最需要的地方冲锋陷阵、顽强拼搏，都在平凡的工作岗位上忘我工作、无私奉献，其中很多同志都是做隐姓埋名人、干惊天动地事的典型，展现了一种伟大的无我境界。

仪式上，共和国勋章获得者黄旭华、友谊勋章获得者玛哈扎克里·诗琳通代表国家勋章和国家荣誉称号获得者发言。颁授仪式后，习近平等领导同志同大家合影留念。中央党政军群有关部门和北京市负责同志，国家勋章和国家荣誉称号获得者及其亲属代表、所在单位代表，八一勋章获得者、全国先进模范人物代表，有关国家驻华使节，各界干部群众代表等约 1000 人参加颁授仪式。

党的二十大报告指出："发挥党和国家功勋荣誉表彰的精神引领、典型示范作用，推动全社会见贤思齐、崇尚英雄、争做先锋。"党和国家功勋荣誉表彰是对英雄模范的尊崇与捍卫，是对功勋人物的褒奖与礼赞，发挥其精神引领作用，有着鲜明的价值导向、深厚的价值力量。功勋荣誉表彰，不仅是对受表彰者的褒奖，也是推动全社会宣传英雄、崇敬英雄、学习英雄的有力之举。功勋荣誉表彰奖励获得者在各条战线上闪耀着璀璨的光芒，他们是亿万人民群众的杰出代表，受到国家和社会高度尊重，激励全国各族人民踔厉奋发、勇毅前行，不断为强国建设、民族复兴伟业贡献力量，在新征程上创造新的荣光。

四、劳动模范被授予“改革先锋”和“七一勋章”

2018 年是改革开放 40 周年。40 年的实践充分证明，中国发展为广大发展中国家走向现代化提供了成功经验、展现了光明前景，是促进世界和平与发展的强大力量，是中华民族对人类文明进步作出的重大贡献。

2021 年是中国共产党成立 100 周年。过去的 100 年，中国共产党向人民、向历史交出了一份优异的答卷。今天，中国共产党团结带领中国人民又踏上了实现第二个百年奋斗目标新的赶考之路。

（一）劳动模范被党和国家授予“改革先锋”称号

在我国改革开放 40 周年之际，党中央决定，围绕庆祝改革开放 40 周年，以党中央、国务院名义表彰一批为改革开放作出杰出贡献的个人。对受表彰个人授予“改革先锋”称号，颁授“改革先锋”奖章，对受表彰的外籍人士颁授“中国改革友谊”奖章。这次表彰是党中央庆祝改革开放 40 周年活动的重要组成部分，旨在通过选树褒扬“改革先锋”模范人物，用鲜活的事例讲好改革开放故事，讲好新时代中国特色社会主义故事，充分展现改革开放 40 年来的伟大成就，大力弘扬以改革创新为核心的时代精神，引导全社会致敬先锋，见贤思齐，在新时代新起点上，汇聚改革开放再出发的磅礴伟力，坚定不移将改革开放进行到底。

2018 年 12 月 18 日，庆祝改革开放 40 周年大会在北京人民大会堂隆重举行。中共中央总书记、国家主席、中央军委主席习近平在大会上发表重要讲话，李克强、栗战书、汪洋、王沪宁、赵乐际、韩正、王岐山出席颁授仪式。

习近平指出，艰难困苦，玉汝于成。40 年来，我们解放思想、实事求是，大胆地试、勇敢地改，干出了一片新天地。改革开放 40 年来，从开启新时期到跨入新世纪，从站上新起点到进入新时代，40 年风雨同舟，40 年披荆斩棘，40 年砥砺奋进，我们党引领人民绘就了一幅波澜壮阔、气势恢宏的历史画卷，谱写了一曲感天动地、气壮山河的奋斗赞歌。

习近平强调，伟大梦想不是等得来、喊得来的，而是拼出来、干出来的。我们现在所处的，是一个船到中流浪更急、人到半山路更陡的时候，是一个愈进愈难、愈进愈险而又不进则退、非进不可的时候。改革开放已走过千山万水，但仍需跋山涉水，摆在全党全国各族人民面前的使命更光荣、任务更艰巨、挑战更严峻、工作更伟大。在这个千帆竞发、百舸争流的时代，我们绝不能有半点骄傲自满、故步自封，也绝不能有丝毫犹豫不决、徘徊彷徨，必须统揽伟大斗争、伟大工程、伟大事业、伟大梦想，勇立潮头、奋勇搏击。

大会由李克强主持，王沪宁宣读《中共中央 国务院关于表彰改革开放杰出贡献人员的决定》。《决定》指出，党中央、国务院决定，授予于敏等 100 名同志“改革先锋”称号，颁授“改革先锋”奖章；为感谢国际社会对中国改革开放事业的支持和帮助，向阿兰 · 梅里埃等 10 名国际友人颁授“中国改革友谊奖章”。大会宣读了授予“改革先锋”称号、“中国改革友谊奖章”人员名单。在《春天的故事》乐曲声中，习近平等为获得“改革先锋”称号、“中国改革友谊奖章”人员代表颁奖。

受表彰的改革先锋，为推动改革开放作出了杰出贡献，发挥了突出的示范引领作用，是人民群众的优秀代表。他们拥护中国共产党的领导和我国社会主义制度，拥护改革开放，坚持正确改革方向；他们冲破思想观念的束缚，突破利益固化的藩篱，敢于啃硬骨头，敢于涉险滩，奋斗在改革开放一线，引领思想观念和体制机制变革，推动改革开放和社会主义现代化建设；他们带头践行社会主义核心价值观，大力弘扬以爱国主义为核心的民族精神和以改革创新为核心的时代精神，爱岗敬业，无私奉献，作风优良，赢得人民群众广泛赞誉。党中央、国务院号召全党全国各族人民要以他们为榜样，在新时代新起点上把改革开放不断推向深入，为决胜全面建成小康社会、夺取新时代中国特色社会主义伟大胜利、实现中华民族伟大复兴的中国梦、实现人民对美好生活的向往，为维护世界和平、促进共同发展、推动构建人类命运共同体不懈奋斗。

在这些改革先锋中，有 41 人曾荣获过全国劳动模范、全国先进工作者、全国五一劳动奖章等。

始终坚守平凡岗位创造非凡业绩的一线职工代表：包起帆、许振超、郭明义、巨晓林、王启民、张黎明、叶聪、胡小燕。他们当中既有码头工人、矿山工人、油田工人、电力工人，也有潜航员、农民工。

为改革发展作出卓越贡献的知识分子：于敏、钟南山、袁隆平、于漪、林毅夫、樊锦诗、王永民、李保国。他们是核物理学家、医务工作者、水稻育种专家、经济学家、文物保护者和科技工作者等。

奋斗在各个领域各条战线，赢得人民群众广泛赞誉的先锋模范：吴金印、马善祥、茅永红、冉绍之、王书茂、王有德、申纪兰、廷·巴特尔、李雪健、姚明。他们当中有乡镇党委书记、街道社区干部、民兵连副连长、牧民、农民，也有文艺工作者、运动员。

伴随改革开放一同成长，勇立改革开放潮头的企业家、带头人：刘汉章、许立荣、吴仁宝、柳传志、张瑞敏、鲁冠球、刘永好、何享健、李东生、倪润峰。

此外，还有荣获全国五一劳动奖章的许海峰、郎平、余留芬等，用生命践行航空报国的“航空工业英模”罗阳等。

（二）劳动模范被党中央授予“七一勋章”

在中国共产党成立100周年之际，为了隆重表彰在中国革命、建设、改革各个历史时期，为党和人民事业一辈子孜孜以求、默默奉献，贡献突出、品德高尚的功勋模范党员，激励全党坚守初心使命、忠诚干净担当，2021年6月29日上午，庆祝中国共产党成立100周年“七一勋章”颁授仪式在北京人民大会堂金色大厅隆重举行。中共中央总书记、国家主席、中央军委主席习近平向“七一勋章”获得者颁授勋章并发表重要讲话。中共中央政治局常委李克强、栗战书、汪洋、赵乐际、韩正，国家副主席王岐山出席颁授仪式。中共中央政治局常委王沪宁主持。

8时45分，“七一勋章”获得者集体乘坐礼宾车从住地出发，由国宾护卫队护卫前往人民大会堂。人民大会堂东门外，高擎红旗的礼兵分列道路两侧，18名礼兵在台阶上持枪伫立，青少年热情欢呼致意。“七一勋章”获得者沿着红毯拾级而上，进入人民大会堂东门。

9时58分，伴着欢快的乐曲声，习近平总书记同“七一勋章”获得者一同步入会场，全场起立，热烈鼓掌。10时整，解放军军乐团号手吹响仪式号角，颁授仪式开始。随后，《义勇军进行曲》奏响，全场高唱中华人民共和国国歌。

王沪宁宣读《中共中央关于授予“七一勋章”的决定》，宣布党中央决定，授予马毛姐等29位同志“七一勋章”。在雄壮的《忠诚赞歌》乐曲声中，习近平为“七一勋章”获得者颁授勋章，并同他们亲切握手，表示祝贺，全场响起一阵阵热烈的掌声。少先队员向勋章获得者献上美丽的鲜花，敬礼致意。

在全场热烈的掌声中，习近平发表重要讲话，他首先代表党中央向“七一勋章”获得者表示热烈的祝贺、致以崇高的敬意。习近平指出，今天受到表彰的“七一勋章”获得者，就是各条战线党员中的杰出代表。在他们身上，生动体现了中国共产党人坚定信念、践行宗旨、拼搏奉献、廉洁奉公的高尚品质和崇高精神。

习近平强调，一百年来，一代又一代中国共产党人，为赢得民族独立和人民解放、实现国家富强和人民幸福，前仆后继、浴血奋战，艰苦奋斗、无私奉献，谱写了气吞山河的英雄壮歌。在庆祝中国共产党成立一百周年之际，我们在这里隆重举行仪式，将党内最高荣誉授予为党和人民作出杰出贡献的共产党员。“七一勋章”获得者都来自人民、植根人民，是立足本职、默默奉献的平凡英雄。他们的事迹可学可做，他们的精神可追可及。他们用行动证明，只要坚定理想信念、坚定奋斗意志、坚定恒心韧劲，平常时候看得出来、关键时刻站得出来、危难关头豁得出来，每名党员都能够在民族复兴的伟业中为党和人民建功立业！

这是党中央首次颁授“七一勋章”。在被党中央授予“七一勋章”的29人中，有9位曾荣获全国劳动模范和全国先进工作者称号，他们是为国护海的模范王书茂，工匠精神的杰出代表艾爱国，治沙造林事业的模范代表石光银，扎根牧区、苦干实干的楷模廷·巴特尔，推动民族团结进步的模范代表买买提江·吾买尔，新中国胸外科事业的开拓者和奠基人辛育龄，点亮乡村女孩人生梦想的优秀教师张桂梅，一心为民、艰苦奋斗的“当代愚公”黄大发，新中国纺织工人的优秀代表黄宝妹。有2人曾荣获全国五一劳动奖章，他们是被群众亲切地称为“小巷总理”的林丹、新时代青年党员干部的优秀代表黄文秀。他们在平凡岗位上，坚定理想信念，用实际行动践行共产党员的宗旨，诠释了劳模精神、劳动精神、工匠精神的真谛。“七一勋章”获得者、云南省丽江华坪女子高级中学党支部书记、校长张桂梅扎根贫困地区40余年，创办了全国第一所全免费的女子高中，帮助1800多名贫困山区女孩圆了大学梦。“七一勋章”获得者、内蒙古自治区阿巴嘎旗洪格尔高勒镇萨如拉图雅嘎查党支部原书记廷·巴特尔扎根牧区近50年，探索出保护生态、发展经济、促进增收的新路子，使当地牧民生产生活发生了翻天覆地的变化。“七一勋章”获得者、新中国纺织工人的优秀代表黄宝妹为实现“全国人民穿好衣”的梦想，勤勤恳恳干了一辈子，退休后还参与多地多个棉纺厂建设，参加上海市百老德育讲师团，宣讲劳模精神和工人阶级优良传统。

第二节

大国工匠和各级工匠人才的选树、宣传和培育

党的十八大以来，以习近平同志为核心的党中央高度重视弘扬工匠精神、培育工匠人才、加强高技能人才队伍建设，不断深化产业工人队伍建设改革。党的二十大报告将大国工匠、高技能人才纳入国家战略人才力量，充分彰显加强新时代高技能人才队伍建设的重要性。党的二十届三中全会通过的《中共中央关于进一步全面深化改革 推进中国式现代化的决定》提出，着力培养造就卓越工程师、大国工匠、高技能人才，提高各类人才素质。培养更多高素质技术技能人才、能工巧匠、大国工匠，必能为全面建设社会主义现代化国家提供有力的人才和技能支撑。

一、工匠是职工队伍中的高技能人才

劳模精神、劳动精神、工匠精神是以爱国主义为核心的民族精神

和以改革创新为核心的时代精神的生动体现，是中国共产党人精神谱系的重要组成部分，是鼓舞全党全国各族人民风雨无阻、勇敢前进的强大精神动力。

（一）习近平总书记关心工匠人才的选树、宣传和培养

2018 年 10 月，习近平总书记在同中华全国总工会第十七届领导班子成员集体谈话时，首次将弘扬劳模精神、劳动精神、工匠精神并列在一起，指明“三个精神”与民族精神的关系，并对劳动模范和大国工匠群体加以界定，指出大国工匠是职工队伍中的高技能人才。体现在他们身上的劳模精神、劳动精神、工匠精神，是伟大民族精神的重要内容。

2020 年 11 月，习近平在全国劳动模范和先进工作者表彰大会上发表的重要讲话深刻阐述了劳模精神、劳动精神、工匠精神的科学内涵，并强调指出，各级党委和政府要高度重视技能人才工作，大力弘扬劳模精神、劳动精神、工匠精神，激励更多劳动者特别是青年一代走技能成才、技能报国之路，培养更多高技能人才和大国工匠，为全面建设社会主义现代化国家提供有力人才保障。

2021 年 4 月，习近平在对职业教育工作作出重要指示中强调，加快构建现代职业教育体系，培养更多高素质技术技能人才、能工巧匠、大国工匠。在同年的“七一勋章”颁授仪式上，习近平语重心长地对在焊工岗位奉献 50 多年的艾爱国说：“大国工匠，国家就需要你这样的人。”

2023 年 2 月，习近平在天津古文化街走进店铺，看到一位手艺人正专注修复“孔子抚琴”的泥塑，并介绍晾干、烧制、打磨、上色等工序。习近平总书记感慨道：“一代代接续的工匠精神，让文脉得以绵延不息。”同年 10 月，习近平在江西景德镇市考察调研时，同非遗传承人亲切交流，不时赞赏他们的手上功夫和工匠精神，鼓励他们秉持艺术至上，专心致志传承创新。

2024 年 3 月，习近平参加十四届全国人大二次会议江苏代表团审议，同来自中车南京浦镇车辆有限公司的巾帼电焊工孙景南交流时说："大国工匠是我们中华民族大厦的基石、栋梁。""我们要实实在在地把职业教育搞好，要树立工匠精神，把第一线的大国工匠一批一批培养出来。这是顶梁柱，没有金刚钻，揽不了瓷器活。"

工匠精神体现着劳动者独具匠心、精雕细琢、尽善尽美的追求和坚守，蕴含着严谨、执着、敬业、创新等可贵品质。从铸就"中国高铁"这一闪亮名片，到摘取造船业"三大明珠"，再到让国产大飞机一飞冲天……一个个国之重器、一项项科技成就，都离不开大国工匠一丝不苟、精益求精的卓越奉献。培养更多高素质技术技能人才、能工巧匠、大国工匠，既是现实所需，也是国家长远发展之大计。

（二）党和国家出台系列政策文件支持工匠人才选树、宣传和培养

2017 年 4 月 14 日中共中央印发的《新时期产业工人队伍建设改革方案》，明确要求大力弘扬劳模精神、劳动精神、工匠精神，叫响做实大国工匠品牌。这是党中央首次将大国工匠品牌写入文件，将大国工匠的打造计划上升为重要的国家战略。

2018 年 3 月，中共中央办公厅、国务院办公厅印发《关于提高技术工人待遇的意见》，强调要不断营造良好氛围，让全体技术工人焕发劳动热情，释放创造潜能，创造更加美好的生活。

2021 年 9 月，中国共产党人精神谱系第一批伟大精神正式发布，劳模精神（劳动精神、工匠精神）被纳入其中。同年 10 月，中共中央办公厅、国务院办公厅印发《关于推动现代职业教育高质量发展的意见》，要求培养更多高素质技术技能人才、能工巧匠、大国工匠，为全面建设社会主义现代化国家提供有力人才和技能支撑。

2022 年 10 月，中共中央办公厅、国务院办公厅印发《关于加强新时代高技能人才队伍建设的意见》，提出要深入实施新时代人才强国战略，以服务发展、稳定就业为导向，大力弘扬劳模精神、劳动精神、工匠精神，全面实施“技能中国行动”，打造一支爱党报国、敬业奉献、技艺精湛、素质优良、规模宏大、结构合理的高技能人才队伍。同年10月，党的二十大报告提出加快建设国家战略人才力量，努力培养造就更多大师、战略科学家、一流科技领军人才和创新团队、青年科技人才、卓越工程师、大国工匠、高技能人才，首次将大国工匠、高技能人才和战略科学家、卓越工程师并列起来，纳入国家战略人才行列。

2023年5月5日，中央财经委员会第二十届一次会议召开，习近平总书记在讲话时强调，要大力建设世界一流企业，倍加珍惜爱护优秀企业家，大力培养大国工匠。同年，中央办公厅在相关任务分工中明确由全国总工会和中组部牵头负责大国工匠的培养工作。

（三）多措并举，选树宣传一大批工匠人才

2017年4月，中共中央、国务院印发《新时期产业工人队伍建设改革方案》后，在中央改革办具体指导下，全国总工会认真履行牵头抓总职责，会同各相关单位履职尽责，积极推进，抓好落实。5年来，不断健全协调领导机构，建立六大工作机制，围绕思想引领、建功立业、素质提升、地位提高、队伍壮大“五大任务”，推动改革取得重要阶段性成效。截至2023年底，全国技能人才总量超过2亿人，高技能人才超过6000万人。

从2017年4月到2024年5月，全国总工会指导各级工会围绕创新驱动发展战略，深入实施以推动技术创新为主题、以开发具有自主知识产权核心技术为重点的职工技术创新活动，组织职工积极参加小发明、小创造、小革新、小设计、小建议“五小”创新活动；深化劳模和工匠人才创新工作室创建工作，充分发挥其集智创新、技能传承、培养人才、弘扬精神等重要功能，已创建命名“全国示范性劳模和工匠人才创新工作室”297 家、省级创新工作室约 1.2 万家，带动创建各级各类创新工作室超过 10.5 万家；2022 年举办了首届大国工匠创新交流大会，495 项职工创新成果在线签订成果转化意向书，涉及总金额近 85 亿元。

（四）大国工匠带头引领，工匠人才不断涌现

2018 年，全国总工会、中央广播电视总台首次联合举办“大国工匠年度人物”发布活动，全国劳模高凤林等 10 位“大国工匠年度人物”榜上有名。截至 2023 年底，全国总工会联合中央广播电视总台已选树“大国工匠”112 人，其中“大国工匠年度人物”50 人、“大国工匠新闻报道人物”62 人。与此同时，全国总工会指导各级工会积极开展本地区、本行业的工匠选树宣传工作。据统计，到 2023 年底，各省（区、市）已选树宣传省级工匠 5200 多人，地市级工匠超过 2.2 万人。

此外，自 2015 年起，全国总工会与中央广播电视总台合作推出《大国工匠》专题片和《大国工匠》专题新闻报道，在央视《新闻联播》《新闻直播间》《朝闻天下》等重要栏目播出。自 2016 年起，在全国范围内开展“身边的大国工匠”推荐学习活动，引导广大职工发现和推荐身边的大国工匠，学习、争当大国工匠，推出各具特色的工匠人物。2016 年启动全国总工会与中央网信办联合开展的“中国梦·大国工匠篇”主题宣传活动。到 2023 年底，已陆续组织 14 次中央重点新闻网站记者深入基层，采访报道各地、各行业工匠人才 230 余名。

二、实施大国工匠人才培育工程

2024 年 1 月 3 日，全国总工会印发《大国工匠人才培育工程实施办法（试行）》，并于 2 月启动了第一批大国工匠人才培育对象推选和培育工作。计划每年培育 200 名左右大国工匠，示范引导各地、各行

业每年积极支持培养1000名左右省部级工匠、5000名左右市级工匠，形成大国工匠带头引领，工匠人才不断涌现，广大职工积极走技能成才、技能报国之路的良好局面，推动深化产业工人队伍建设改革，建设国家战略人才力量，为推进中国式现代化、推动高质量发展提供重要人才支撑。培育期满，由全国总工会向完成培育任务并评价合格的入选对象颁发大国工匠证书。工会比照全国劳模标准为人选落实待遇，并加强对大国工匠的推荐使用。

此外，全国总工会还建立起工匠人才库，对有关情况动态跟踪评价，通过举办劳模工匠创新培训营、大国工匠研修班、境外培训计划、工匠学院等培训项目，支持培育对象参加国内外相关培训、研修；设立大国工匠激励保障专项资金，支持工匠开展项目攻关、技能传承等工作；加大新闻宣传力度，积极推荐培育对象作为大国工匠年度人物、大国工匠新闻人物，推荐和组织其参加各类重要活动；支持培育对象进一步发挥作用，积极向各级党委组织部门汇报，推荐纳入各级党委联系服务范围；积极联系教育、科技、工信等部门，推动培育对象进入国家创新人才链；着力培养培育对象担任党代表、人大代表、政协委员的履职能力；推荐培育对象担任地市、行业工会兼职副主席及相关社会职务；打通职业发展通道，推荐培育对象担任企业、行业有利于发挥其专长的高级职务。

三、举办大国工匠创新交流大会和大国工匠论坛

为了给大国工匠提供切磋技艺、交流学习、展示风采的平台，进一步发挥大国工匠的作用，从2022年开始，全国总工会定期举办大国工匠创新交流大会暨大国工匠论坛。党和国家领导同志出席，各级工匠人才同台亮相、展现风采。

（一）召开首届大国工匠创新交流大会

2022 年 4 月 27 日至 29 日，由全国总工会主办，广东省总工会、深圳市人民政府、中国职工技术协会承办的首届大国工匠创新交流大会，以“技能强国，创新有我”为主题，采取线上线下相结合的方式成功举办。习近平总书记对大会高度重视，专门发来贺信。

习近平致首届大国工匠创新交流大会的贺信

值此首届大国工匠创新交流大会召开之际，我向大会的举办表示热烈的祝贺！

技术工人队伍是支撑中国制造、中国创造的重要力量。我国工人阶级和广大劳动群众要大力弘扬劳模精神、劳动精神、工匠精神，适应当今世界科技革命和产业变革的需要，勤学苦练、深入钻研，勇于创新、敢为人先，不断提高技术技能水平，为推动高质量发展、实施制造强国战略、全面建设社会主义现代化国家贡献智慧和力量。各级党委和政府要深化产业工人队伍建设改革，重视发挥技术工人队伍作用，使他们的创新才智充分涌流。

“五一”国际劳动节即将到来，我代表党中央，向广大技能人才和劳动模范致以诚挚的问候，向广大劳动群众致以节日的祝贺！

习近平

2022 年 4 月 27 日

大会开幕式以视频方式举行，设置了北京主会场和深圳、各省（区、市）总工会及有关中央企业等 81 个分会场。全国人大常委会副委员长、全国总工会主席王东明在开幕式上宣读了习近平总书记发来的贺信，启动“技能强国 全国产业工人学习社区”示范平台建设暨首家企业试点平台上线仪式，发表讲话并宣布大会开幕。开幕式由全国总工会党组书记、副主席、书记处第一书记陈刚主持。

大会期间，在深圳会展中心按地方、产业、企业和专题等设置了77个交流区，总展出面积达1.8万多平方米，共展示了550多位各级工匠人物风采、近800件各类实物和模型展品、1300多项职工创新成果。

本次大会集中展示了全国总工会和中央广播电视总台选树命名的全部81位“大国工匠”人物，以及经全国总工会推荐获得国家级科技奖项的123位一线职工的创新成果，彰显出大国工匠领军的“技术工人队伍是支撑中国制造、中国创造的重要力量”。大会首次利用3D VR全景展示技术，建设了全球规模最大、1万平方米以上的实景线上展馆，设置440个图文和音视频热点，将交流活动真实、立体、全面地复刻到线上，大大增强了大会传播交流效力，体现了全国总工会数字化建设的能力和水平。大会期间，每天举办“工匠云直播”等活动，邀请8位大国工匠代表开展“中国工人蓝沙发”对话，连续3天共计24个小时全程直播大会并云游全部77个交流区，进一步扩大了大会的社会影响力。大会期间，线上展馆累计访问量达485万人次，点赞3172万次，发表评论34万条；线上直播累计观看量达550万人次，发表评论95万条。

（二）举办首届大国工匠论坛

为深入贯彻落实习近平总书记重要指示批示精神，2022年9月2日，全国总工会联合湖南省委、省政府在湖南长沙举办了首届大国工匠论坛。王东明向论坛书面致辞。全国总工会党组书记、副主席、书记处第一书记陈刚和湖南省委书记、省人大常委会主任张庆伟出席论坛并讲话。56名大国工匠及特邀嘉宾共800余人参加论坛。

首届大国工匠论坛开创性地以工匠为主角，首次邀请全国各地、各行各业的大国工匠代表同台亮相、展现风采；首次由大国工匠代表向全国技术工人和广大职工发出“塑匠心、铸匠魂，精匠艺、育匠才，出匠品、践匠行”的倡议；首次邀请各界代表多层次、多角度深入研讨工匠精神和工匠培养，重点突出了“匠心逐梦，强国有我”的主题。论坛举办前精心录制了12期《匠心闪耀》栏目，连续3周在湖南卫视黄金时段播出，每期邀请1位艺人寻访1位身怀绝艺的工匠，以观众喜闻乐见的方式致敬匠心、礼赞工匠。节目播出后引起社会强烈反响，收视率居同类节目第一，话题点击量突破1000万人次。论坛闭幕后，会议主办方邀请大国工匠观看“致敬大国工匠特别节目”，组织大国工匠代表赴企业开展技术指导交流。

（三）召开第二届大国工匠创新交流大会暨大国工匠论坛

2023年7月28日至30日，全国总工会联合北京市委、市政府在北京展览馆举办了第二届大国工匠创新交流大会暨大国工匠论坛。中共中央政治局委员、北京市委书记尹力，全国人大常委会副委员长、全国总工会主席王东明出席开幕式并致辞。全国总工会党组书记、副主席、书记处第一书记徐留平，北京市委副书记刘伟，推进产业工人队伍建设改革协调小组成员单位等12个国家部委负责同志出席大会。特邀顶尖科学家、卓越工程师等代表出席。

大会包括开幕式、论坛交流、工匠路演、创新成果展览、闭幕式等多项活动，内容丰富、形式新颖、亮点纷呈、成果丰硕，得到各级领导、与会嘉宾和社会各界广泛好评。大会聚焦“匠心筑梦，技能报国”主题，将2022年举办的首届大国工匠创新交流大会与首届大国工匠论坛合并，集中优势资源，增强品牌效应。85名大国工匠作为大会主角同台亮相、交流研讨、展现风采；500余名来自全国各地、各行各业的劳模工匠现场参展、交流互鉴，与观众深入互动；47个展示交流区集中展示1200多项劳模工匠创新成果；展览全程体现工人、工厂、工会的“三工文化”，展厅“工”字形屏幕循环播放工匠人才事迹宣传片；制作体现工匠特色的会务、会展、工匠路演、网络直播等各种手册；精心制作 103 张大国工匠海报；精心设计富含工匠元素的会标、徽章，手工裁制大国工匠专属绶带，突显大国工匠荣誉身份。

全国总工会设立了大国工匠激励保障专项资金，用于支持大国工匠创新创造；制定了《巾帼劳模工匠数字技能提升中长期规划》，建立“巾帼劳模工匠师资库”。开幕式上开启了“劳模工匠助企行”专项行动，发挥劳模工匠作用，为专精特新企业、中小微企业高质量发展蓄势添能。启动了“京津冀协同发展劳动和技能竞赛”，以实际行动服务京津冀协同发展国家战略。首次设置跨界交流环节，在“顶尖科学家、卓越工程师、大国工匠交流论坛”上邀请 3 位中国科学院、中国工程院院士，2 位重大工程和重大装备设计制造工程师，与大国工匠代表共同围绕“构建创新人才链，推进高质量发展”进行深入交流研讨。在巾帼工匠论坛上，邀请政府部门领导、优秀企业家等与巾帼工匠代表，围绕“推动巾帼工匠在中国式现代化中更好发挥‘半边天’作用”等进行深入研讨。首次组织工匠路演活动，优选 15 位工匠现场讲解创新成果，5 位著名大国工匠作为评委现场打分点评。举办了第三届北京大工匠表彰会，北京、上海、安徽、山东、甘肃等省（市）举办了分论坛。组织 20 名大国工匠代表召开座谈会，深入研讨交流“如何实施大国工匠人才培育工程”。在展示交流区，工匠们通过图文、视频、实物以及现场讲解等方式切磋技艺、展示成果、促进转化。

大会期间，安排了《云游展区》、《中国工人蓝沙发》第二季、《工匠说》、《对话：工匠人才培养之路》、《工匠之夜》5 个直播节目，20 个省（区、市）组建了直播团队，50 个小时不间断直播，全国总工会直播间及各省（区、市）直播活动累计观看量超 2000 万人次，北京平台 App、学习强国、抖音、快手、今日头条、微博等 10 余家互联网头部视频平台转发了一系列相关视频，累计点击量超过 1.05 亿次。对大会采取全过程、多维度、立体式、分众化宣传手段进行宣传报道，新华社连续发布 4 篇报道，新闻联播、《人民日报》、《光明日报》等中央媒体报道大会盛况，各媒体竞相转发，营造了劳动光荣、技能宝贵、创造伟大的浓厚氛围。

第三节

唱响新时代的劳动者之歌

新时代的劳动者如一颗颗璀璨星星，他们以劳动为笔，书写着奋斗的篇章。他们用忙碌的身影和专注的神情，展现着劳动者的坚毅与担当。他们不怕吃苦，无畏困难，在平凡中铸就伟大。

一、困难时候站得出来，危急时刻豁得出去

进入 2020 年，我国正全力决胜全面小康、决战脱贫攻坚，收官“十三五”规划，一场突如其来的新冠肺炎疫情席卷全球，成为新中国成立以来遭遇的传播速度最快、感染范围最广、防控难度最大的一次重大突发公共卫生事件。在这场史无前例的疫情防控阻击战中，广大职工群众和劳动模范以工人阶级最坚韧的品格扛起战“疫”大旗，以劳动模范最高尚的品格书写民族精神，以自己最有力的行动生动诠释了生命至上、举国同心、舍生忘死、尊重科学、命运与共的伟大抗疫

精神。

（一）习近平总书记给郑州圆方集团职工回信

2020 年 4 月 30 日，在“五一”国际劳动节来临之际，河南郑州圆方集团的劳模和职工收到了习近平总书记的回信。

郑州圆方集团全体职工：

你们好！新冠肺炎疫情发生后，你们在集团党委带领下，一直坚守保洁、物业等岗位，不少同志主动请战驰援武汉等地的医院，以实际行动为抗击疫情作出了贡献。大家辛苦了！

伟大出自平凡，英雄来自人民。面对这次突如其来的疫情，从一线医务人员到各个方面参与防控的人员，从环卫工人、快递小哥到生产防疫物资的工人，千千万万劳动群众在各自岗位上埋头苦干、默默奉献，汇聚起了战胜疫情的强大力量。希望广大劳动群众坚定信心、保持干劲，弘扬劳动精神，克服艰难险阻，在平凡岗位上续写不平凡的故事，用自己的辛勤劳动为疫情防控和经济社会发展贡献更多力量。

值此“五一”国际劳动节之际，我向你们、向全国各族劳动群众致以节日的问候！

习近平

2020 年 4 月 30 日

习近平总书记在给郑州圆方集团全体职工的回信中，高度赞扬了这次疫情防控阻击战中坚守在各自岗位上，埋头苦干、默默奉献的劳动者，并向全国各族劳动群众致以节日的问候。郑州圆方集团是河南省郑州市一家综合服务型民营企业，有 6 万名职工，服务全国上百家医院。2020 年 2 月，全国劳模、郑州圆方集团党委书记薛荣带队逆行驰援湖北省十堰市人民医院；派出11支党员突击队到北京、武汉、十堰支援，北上南下送物资、做保障；企业1.6万名职工奋战在新冠肺炎疫情高风险岗位无一离岗。薛荣与党员发挥模范带头作用，带出一支听党话、跟党走的职工队伍——平时能看出来、困难时能站出来、危急时能豁出来。同年3月3日，薛荣带领突击队抗疫平安返回后，代表郑州圆方集团6万名职工向习近平总书记写信汇报他们坚守岗位、积极抗疫的情况，表达劳模和一线职工共担责任、共克时艰的决心。

2020年5月5日，全国总工会就学习宣传贯彻习近平总书记给郑州圆方集团职工回信精神下发通知。通知指出，习近平总书记的回信充分体现了总书记真挚深厚的为民情怀和人民至上的执政理念，体现了总书记和党中央对广大劳动群众的亲切关怀，也是对亿万职工群众的巨大鼓舞，对激励引领亿万职工建功新时代，完成决战决胜脱贫攻坚目标任务、全面建成小康社会具有十分重大的意义。通知要求，各级工会要团结引导亿万职工，把习近平总书记的关心关怀转化为开拓进取、顽强奋斗的强大正能量，转化为践行初心使命、忠诚履职尽责的实际行动。要准确把握回信彰显的鲜明人民立场，牢固树立以职工为中心的工作导向，坚持崇尚劳动、尊重劳动者，进一步坚定职工群众听党话、跟党走的信念信心；要准确把握回信传递的强大奋斗精神，大力弘扬劳模精神、劳动精神、工匠精神，进一步激发亿万职工建功新时代的积极性、主动性、创造性；要准确把握回信贯穿的深刻辩证思维，扎实推进产业工人队伍建设改革，进一步激励广大职工群众在平凡岗位上书写闪亮人生。5月6日上午，全国总工会党组召开专题会议，传达学习习近平总书记给郑州圆方集团职工回信精神。

习近平总书记的回信在全国劳模和广大职工中引起强烈反响。全国劳模、郑州圆方集团党委书记薛荣表示，没想到总书记在五一前夕给我们普通劳动者回信，而且给了很高的评价，大家会牢记总书记的嘱托，在平凡岗位上续写不平凡故事，为党和国家多作贡献、再立新功。全国五一劳动奖章获得者万亚勇说，一个口罩生产设备，需要8个不同类型的电机和减速器，而我们企业生产的正是相关电机和减速器。疫情防控期间，企业克服了种种困难，迅速复工复产，大家以实干为先，在岗位上作出新的贡献。“伟大出自平凡，英雄来自人民。”习近平总书记的回信鼓舞了千千万万在平凡岗位上的劳动者，冲破风雨，增强信心，把失去的时间抢回来、把疫情造成的损失补回来。广大职工纷纷表示，要凝聚开拓进取、顽强奋斗的强大正能量，为夺取疫情防控和实现经济社会发展目标双胜利贡献力量。

2020年“五一”国际劳动节前夕，各地还举行了庆祝活动，表彰先进。有的地方召开劳模代表座谈会，交流学习体会，分享劳模故事。多地在五一劳动奖表彰上向疫情防控一线人员倾斜。湖北省在2020年五一劳动奖和工人先锋号推荐申报工作中明确指出，在五一劳动奖状评选中，投入疫情防控的单位不低于70%；在五一劳动奖章评选中，投身疫情防控的一线人员不低于70%，且在一线人员中，医护人员不少于70%。在河南省五一劳动奖和工人先锋号评选活动中，重点表彰疫情防控一线突出贡献者，并在名额分配上给予倾斜，明确疫情防控一线医务工作者在五一劳动奖章中不低于18%。

（二）劳模在推动疫情防控和复工复产中冲在前面

在推动疫情防控中，各地各级劳模冲锋在前，勇挑重担。全国五一劳动奖章获得者汪天平是安徽省首批支援湖北医疗队的领队，由他带领的185人组成的医疗队，在60多天里转战4家医院，负责434张床位，累计救治患者1600多人，其中危重症309例。全国劳模、电力工人胡洪炜主动“请战”，及时排除了连接雷神山、火神山医院的高压线路出现的危急隐患，避免了随时可能造成的大面积停电。疫情防控期间，他始终奋战在防疫保电的最前线，累计完成1200多千米高空走线，地面巡视1.2万多千米。

在推动复工复产中，各地各级劳模率先行动，主动担当。航天领域的全国劳模戴天方结合疫情防控和科研生产“两手抓、两手硬”的要求，为班组制定了预防、预见、预备的“三预”措施，带领班组双班、三班作业作息，把失去的时间抢回来。河北省劳动模范、纺织工人冯丽朝始终以饱满的精神状态投入工作岗位，保证织出的每一米布都是合格产品。北京市劳动模范、铆工刘加军所在的班组，6台磨煤机24件桥架的生产制造任务，原本是一个半月的工作量，但他们最终以20天时间完成。上海浦东40多位劳模工匠齐倡议，助推复工复产，投身倍增行动，共创文明城区。

10天10夜建成火神山、雷神山医院；12天搭起熔喷布工厂，平均每秒生产1000余只口罩；平均每分钟完成46件防控物资民航运输；37小时为武汉最大的方舱医院通电；2020年快递量超过830亿件……这些数字充分体现了广大职工和劳动模范在推动疫情防控和复工复产中的担当和作为，为奋力夺取疫情防控和经济社会发展双胜利作出了突出贡献。

二、大力弘扬劳模精神、劳动精神、工匠精神

劳模精神、劳动精神、工匠精神是以爱国主义为核心的民族精神和以改革创新为核心的时代精神的生动体现。大力弘扬劳模精神、劳动精神、工匠精神，对于鼓舞和激励全党全国各族人民在决胜全面建成小康社会、决战脱贫攻坚取得决定性成就的基础上，乘风破浪，开拓进取，为全面建成社会主义现代化强国、实现第二个百年奋斗目标而努力奋斗，具有重大意义。

（一）开展劳模巡回宣讲

2021年4月16日，全国总工会正式启动“中国梦·劳动美——永

远跟党走 奋进新征程”全国工会劳模工匠宣讲活动，邀请100余名劳模工匠走到台前，在北京、上海、嘉兴、井冈山、遵义、延安、西柏坡等地开展巡回宣讲，大力弘扬劳模精神、劳动精神、工匠精神，坚定工人阶级永远跟党走的信念，引领广大职工立足岗位奋进新征程。首场报告会在全国总工会机关举行，薛荣、刘传健、其美多吉、易冉、周皓、邹彬6位劳模工匠登台宣讲。郑州圆方集团党委书记薛荣分享“下岗女工”成为“网红书记”的奋斗故事；四川航空副总飞行师刘传健讲述与机组人员成功处置紧急突发情况，保护旅客安全的惊险时刻；中国邮政集团公司四川甘孜县邮政分公司长途邮车驾驶员其美多吉介绍了30余年坚守雪线邮路的心路历程；中车株洲车辆公司电焊工易冉告诉大家成为湖南最年轻技能大师的秘诀；中国科学院深海科学与工程研究所工程部钳工周皓回顾从普通技工成长为大国工匠，助力深海科考的“逆袭人生”；中建五局总承包公司质量管理员邹彬展示了摘得世界技能奖项的精湛“砌筑”手艺。

（二）打造劳模文化传播阵地

为进一步加强红色工运资源的保护挖掘和宣传利用，团结引导广大职工群众更好传承红色基因、赓续红色血脉、汲取奋进力量，2021年11月8日，全国总工会公布了第一批全国职工爱国主义教育基地，并在陕西省延安市中共中央职工运动委员会（陕甘宁边区总工会）旧址揭牌。第一批全国职工爱国主义教育基地共计27家。其中以劳模或劳模精神为主题或专题的场馆有9家，他们是黑龙江铁人王进喜纪念馆、沈阳劳动模范纪念馆、西藏自治区“两路”精神纪念馆、赵梦桃纪念馆、天津市弘扬劳模精神劳动精神工匠精神教育展、山东劳模精神劳动精神工匠精神教育基地、苏州全国劳动模范事迹馆等。

2018年底，河北省总工会出台《关于职工文化教育十项工程建设的意见》，明确提出要在全省开展“劳动公园（广场）建设”的计划要求。在省总工会政策和资金的双项扶持下，2019年10月，秦皇岛市北戴河区劳模精神主题公园建成开放；2020年11月，邢台市劳模公园建成开放。2021年4月25日，天津市弘扬劳模精神劳动精神工匠精神教育展开展。展览总面积2500平方米，分为“时代召唤”“人民楷模”“津门榜样”“拼搏奋斗”4个篇章，主要内容包括习近平总书记关于大力弘扬劳模精神、劳动精神、工匠精神的重要论述；不同历史时期全国和天津市157名劳动模范、先进人物的先进事迹；天津市广大职工群众大力弘扬“三个精神”立足本岗、拼搏奋斗的生动实践。2021年9月25日，浙江省杭州市劳模工匠文化公园开园。该文化公园位于西溪国家湿地公园和西湖风景名胜区之间，是一座综合性开放式主题公园，广场上设置的10组荣誉柱，刻录了120位“杭州工匠”名单。2022年“五一”国际劳动节前，石家庄市率先在全省实现21个县（市、区）劳动公园全覆盖。2022年10月，河北省总工会与省住建厅联合印发《河北省劳动公园建设管理办法（试行）》，进一步建立健全了劳动公园建设、使用、管理、维护等综合管理制度。

全国多地打造的这些劳模文化阵地，主要有以下3种。

一是以著名的全国劳动模范命名的纪念馆、展示馆，包括时传祥纪念馆、孟泰纪念馆、张秉贵纪念馆、马永顺纪念馆、包起帆创新之路展示馆等。主要以各种形式展示劳模人物的感人事迹和崇高品质。

二是劳模精神、劳动精神、工匠精神教育基地，包括山东劳模精神劳动精神工匠精神教育基地、上海工匠馆、安徽省合肥劳模工匠馆、云南省春城劳模工匠馆、陕西省西安市劳模精神展示馆等。主要介绍当地不同时期劳模工匠的突出贡献，以物见技、以技见人、以人见精神，是“三个精神”的展示窗口。

三是劳模公园、劳模文化长廊、劳模雕塑，包括沈阳劳动公园、杭州劳模工匠文化公园等，还有一些劳模大道、劳模步道、劳模墙等。

主要是深挖当地劳模、劳动、工匠文化价值，打造特色劳模文化景观。

上述这些劳模文化阵地，充分展示了劳模工匠的文化元素和精神内涵，有的还成为广大群众休闲文化活动场所，让广大群众近距离认识和学习“身边的劳模”，感受劳模、劳动、工匠文化的熏陶。

三、相关先进人物和集体评选表彰活动

党和国家通过表彰先进、树立典型，营造全社会形成见贤思齐、崇尚英模、学习先进、争做模范、争当表率的浓郁氛围，为形成全社会崇德向善、践行文明、弘扬正气的社会风尚提供了强大的精神引领，也促使亿万人民在共同理想的激励下，凝聚起高度思想共识和民族向心力，凝聚起全党全国各族人民团结奋斗的磅礴伟力。在全国脱贫攻坚表彰、全国道德模范表彰、“最美奋斗者”表彰中，有许多先进人物是全国劳动模范、全国五一劳动奖章获得者。

（一）全国脱贫攻坚总结表彰大会

2021 年 2 月 25 日，全国脱贫攻坚总结表彰大会在北京隆重举行。中共中央总书记、国家主席、中央军委主席习近平向全国脱贫攻坚楷模荣誉称号获得者颁奖并发表重要讲话。习近平强调，经过全党全国各族人民共同努力，在迎来中国共产党成立一百周年的重要时刻，我国脱贫攻坚战取得了全面胜利，现行标准下 9899 万名农村贫困人口全部脱贫，832 个贫困县全部摘帽，12.8 万个贫困村全部出列，区域性整体贫困得到解决，完成了消除绝对贫困的艰巨任务，创造了又一个彪炳史册的人间奇迹！李克强主持大会，汪洋宣读表彰决定，栗战书、王沪宁、赵乐际、韩正、王岐山出席。

10 时 30 分，大会开始。汪洋宣读《中共中央 国务院关于授予全国脱贫攻坚楷模荣誉称号的决定》，宣布党中央、国务院决定，授予毛相林等 10 名同志，河北省塞罕坝机械林场等 10 个集体“全国脱贫攻

坚楷模”荣誉称号。在雄壮的《向祖国英雄致敬》乐曲声中，习近平为全国脱贫攻坚楷模荣誉称号获得者一一颁授奖章、证书、奖牌，并向他们表示祝贺。表彰大会同时授予1981个人“全国脱贫攻坚先进个人”称号，授予1501个集体“全国脱贫攻坚先进集体”称号。

习近平指出，时代造就英雄，伟大来自平凡。在脱贫攻坚工作中，数百万扶贫干部倾力奉献、苦干实干，同贫困群众想在一起、过在一起、干在一起，将最美的年华无私奉献给了脱贫事业，涌现出许多感人肺腑的先进事迹。在脱贫攻坚斗争中，1800多名同志将生命定格在了脱贫攻坚征程上，生动诠释了共产党人的初心使命。脱贫攻坚殉职人员的付出和贡献彪炳史册，党和人民不会忘记。共和国不会忘记。

在全国脱贫攻坚楷模中，有全国先进工作者张桂梅、全国五一劳动奖章获得者黄文秀等。

（二）全国道德模范评选表彰活动

2007年至2022年，中央宣传部、中央文明办、全国总工会、共青团中央、全国妇联、中央军委政治工作部举办了八届全国道德模范评选表彰活动，积极培育和践行社会主义核心价值观，大力倡导崇尚道德模范、学习道德模范、关爱道德模范、争当道德模范，弘扬向上向善正能量，树立文明和谐新风尚，有力促进了公民道德素质和社会文明程度不断提高。全国道德模范评选表彰活动分为“助人为乐”“见义勇为”“诚实守信”“敬业奉献”“孝老爱亲”5个类型。

2021年11月5日上午，中共中央总书记习近平在人民大会堂亲切会见了第八届全国道德模范及提名奖获得者。习近平等中央领导同志走到代表们中间，同大家亲切交流，与大家合影留念。会上，68名同志被授予第八届全国道德模范荣誉称号，254名同志被授予第八届全国道德模范提名奖。第八届全国见义勇为模范、湖北顺丰速运有限公司江汉分部经理汪勇，第八届全国敬业奉献模范、中国人民解放军航天员大队特级航天员景海鹏，第七届全国敬业奉献模范、中建钢构有限公司华南大区总工程师陆建新等分别发言。

全国道德模范每两年评选表彰一届。截至 2022 年，共评出 476 名全国道德模范和 1994 名提名奖获得者。这些模范人物是道德的践行者、精神的引领者、时代的奋斗者，他们的先进事迹和高尚品质，生动诠释了社会主义核心价值观的丰富内涵，集中体现了思想道德建设的丰硕成果，充分彰显了奋斗新时代、奋进新征程的精神风貌，具有鲜明的典型性、示范性和引领力、感召力。

全国劳模竺士杰，大国工匠艾爱国，全国先进工作者张伯礼、张定宇、樊锦诗等获得全国道德模范称号。

（三）“最美奋斗者”评选表彰活动

2019 年 6 月 17 日，为庆祝中华人民共和国成立 70 周年，经党中央批准，中央宣传部、中央组织部、中央统战部、中央和国家机关工委、中央党史和文献研究院、教育部、人力资源和社会保障部、国务院国资委、中央军委政治工作部联合印发通知，部署在全国城乡开展“最美奋斗者”学习宣传活动。学习宣传活动由推荐报送、群众投票、审核公示、宣传发布、学习践行等环节组成，评选表彰中华人民共和国成立 70 年来各地区、各行业、各领域涌现出来的，来自生产一线、群众身边的先进模范人物和先进集体。

2019 年 9 月，中共中央总书记习近平对“最美奋斗者”评选表彰和学习宣传活动作出重要指示，向已经逝世的“最美奋斗者”表示深切的缅怀，向受到表彰的同志表示热烈的祝贺，向“最美奋斗者”亲属表示诚挚的问候。

习近平强调，在我国社会主义革命、建设、改革的非凡历程中，一代又一代奋斗者顽强拼搏、不懈奋斗，涌现出无数感天动地的英雄模范。他们用智慧和汗水，甚至是鲜血和生命，为国家富强、民族振兴、人民幸福书写了可歌可泣的壮丽篇章。各个历史时期的英雄模范都值得我们敬仰和学习。要广泛宣传“最美奋斗者”的先进事迹，传承弘扬爱国奋斗精神，奏响新中国奋斗交响曲，高唱新时代奋斗者之歌，用英雄模范的感人故事激励全党全国各族人民坚守爱国情怀、坚定奋斗意志，为实现中华民族伟大复兴的中国梦凝聚起强大精神力量。

2019 年 9 月 25 日，“最美奋斗者”表彰大会在北京举行，中共中央政治局常委王沪宁会见了受表彰人员和亲属代表。会上宣读了习近平总书记重要指示和表彰决定，张富清等 278 名个人、西安交通大学“西迁人”爱国奋斗先进群体等 22 个集体被授予“最美奋斗者”称号。中国空间技术研究院技术顾问、研究员叶培建，山东省青岛前湾集装箱码头有限责任公司工程技术部固机高级经理许振超，贵州省盘州市淤泥乡岩博联村党委书记余留芬，中国邮政集团公司四川省甘孜县分公司驾押组组长其美多吉，空军航空兵某部部队长蒋佳冀，陆军第 79 集团军某旅雷锋班第 26 任班长、雷锋生前所在部队代表张阳，河南省开封市兰考县焦裕禄同志纪念馆名誉馆长、焦裕禄同志女儿焦守云，国家铁路集团公司北京局丰台机务段“毛泽东号”机车组司机长、“毛泽东号”机车组代表刘钰峰等受表彰人员和亲属代表作大会发言。

被评选出来的模范先进人物涵盖社会主义建设、改革的各个历史时期，既有黄继光、邱少云、王进喜、雷锋、焦裕禄、孔繁森等历史上的楷模，又有罗阳、黄大年、南仁东、李保国、张富清、王继才、杜富国等新时代的楷模。他们是新中国成立 70 年来各个时期的先进分子，是党的基本理论、基本路线、基本方略的坚定拥护者、践行者，是党和国家事业的不懈奋斗者、开拓者，是人民幸福美好生活的创造者、守护者，是各条战线的优秀代表。“最美奋斗者”学习宣传活动，在全社会燃起了学习榜样、接续奋斗的昂扬激情。

在这些“最美奋斗者”中，包含多位家喻户晓的全国劳模、全国先进工作者，有铁人王进喜、马万水、马永顺、马恒昌、王崇伦、时传祥、孟泰、张秉贵等20世纪五六十年代的老劳模，也有袁隆平、王选、包起帆、许振超等新时期的知识型劳模等。他们是全社会学习的榜样。

2023年9月，习近平总书记在黑龙江考察期间首次提出“新质生产力”一词，此后又在多个重要场合作了深入论述。党的二十届三中全会提出，要健全因地制宜发展新质生产力体制机制。当前和今后一个时期是以中国式现代化全面推进强国建设、民族复兴伟业的关键时期。面对新一轮科技革命和产业变革，必须大力弘扬劳模精神、劳动精神、工匠精神，培育更多适应新质生产力发展的劳模工匠，发挥示范引领作用，鼓舞亿万职工群众焕发干事创业的积极性、主动性、创造性，在新征程上充分发挥主力军作用。

一代劳模有一代劳模的使命，一代劳模有一代劳模的担当。广大劳动者把习近平总书记和党中央的关怀厚爱与殷切期盼转化为拼搏奋斗的强大动力，以忠诚可靠赓续工人阶级政治本色，以劳动创造担当工人阶级使命任务，以过硬本领展现工人阶级时代风采，以团结奋斗弘扬工人阶级崇高品格，为全面建成社会主义现代化强国、实现第二个百年奋斗目标，以中国式现代化全面推进中华民族伟大复兴而努力奋斗。

四、全国劳模许振超被授予“人民工匠”国家荣誉称号

2024年是中华人民共和国成立75周年，党中央决定，开展国家勋章和国家荣誉称号集中评选颁授，隆重表彰一批为中华人民共和国建设和发展作出杰出贡献的功勋模范人物。

2024年9月13日，国家主席习近平签署主席令，根据十四届全国人大常委会第十一次会议表决通过的全国人大常委会《关于在中华人民共和国成立七十五周年之际授予国家勋章和国家荣誉称号的决定》，授予15人国家勋章、国家荣誉称号。其中，许振超被授予“人民工

匠”国家荣誉称号。

2024年9月29日上午，中华人民共和国国家勋章和国家荣誉称号颁授仪式在北京人民大会堂金色大厅隆重举行。中共中央总书记、国家主席、中央军委主席习近平为国家勋章和国家荣誉称号获得者颁授勋章奖章并发表重要讲话。李强、赵乐际、王沪宁、丁薛祥、李希、韩正出席颁授仪式。蔡奇主持并宣读了习近平签署的中华人民共和国主席令。

习近平在讲话中指出，新中国成立75年来，中国共产党团结带领全国各族人民，创造了经济快速发展和社会长期稳定两大奇迹，伟大祖国发生了翻天覆地的变化，中华民族伟大复兴进入了不可逆转的历史进程。在这个波澜壮阔的发展历程中，各条战线涌现出一批又一批英雄模范。今天受到表彰的同志就是其中的杰出代表。他们的先进事迹和突出贡献将永载共和国史册，他们忠诚、执着、朴实的优秀品格值得全党全国各族人民学习。我国正处于以中国式现代化全面推进强国建设、民族复兴伟业的关键时期。全党全国各族人民要以英雄模范为榜样，团结奋进、砥砺前行，汇聚起共襄强国盛举的磅礴力量。要胸怀强国之志，以国家富强为念，以人民幸福为盼，忠心爱国、矢志报国，把个人小我融入国家大我，在为国尽责、为民服务中实现个人价值、展现人生风采。要锤炼强国之技，顺应时代发展新要求，学习新知识、掌握新技能、练就真本领，干一行爱一行，钻一行专一行，努力成为善于干事创业的岗位能手、行家里手。要勇建强国之功，以只争朝夕的历史主动、主人翁的责任担当，锐意进取、迎难而上，追求卓越、精益求精，在平凡岗位上创造不平凡的业绩，在破解发展难题、攻克改革难关、维护社会和谐稳定上不断有所作为。

颁授仪式后，习近平等领导同志同国家勋章和国家荣誉称号获得者合影留念。

被授予“人民工匠”国家荣誉称号的许振超，1950 年 1 月出生在山东省荣成市，曾担任山东港口青岛港青岛前湾集装箱码头有限责任公司工程技术部固机高级经理，先后被授予全国劳动模范、全国优秀共产党员、改革先锋、“最美奋斗者”等多项荣誉，还曾担任全国总工会兼职副主席和第十一届、第十二届全国人大常委会委员。他数十年扎根一线，带领团队积极开展技术攻关，填补技术空白，先后 9 次刷新集装箱装卸世界纪录，创造了“振超效率”，是新中国成立后被授予“人民工匠”国家荣誉称号的第一人。

2024 年 10 月 15 日，全国总工会在全国工会系统召开“人民工匠”许振超同志先进事迹报告会，贯彻落实习近平总书记重要指示精神，学习宣传许振超同志的先进事迹和优秀品格，激励广大职工群众走技能成才、技能报国之路。报告会上，许振超以《我走过的工匠路》为题，用质朴的语言讲述了他在平凡岗位上的不平凡故事，分享了他从普通码头工人到“金牌工人”，再到成为“人民工匠”的光荣历程，展现了新时代产业工人的爱国心、创造力，生动诠释了劳模精神、劳动精神、工匠精神的实践内涵。

会上，全国劳动模范、大国工匠、中国航发沈阳黎明航空发动机有限责任公司首席技师洪家光代表全国劳模工匠发出向许振超同志学习的倡议。全国总工会党组书记、副主席、书记处第一书记徐留平出席报告会。会议要求各级工会要深入学习贯彻党的二十届三中全会精神，深化产业工人队伍建设改革，实施职工群众思想政治引领建设工程，团结动员广大职工积极投身经济建设主战场，切实发挥主力军作用，号召广大职工学习许振超同志忠诚、执着、朴实的优秀品格，牢记习近平总书记嘱托，胸怀强国之志，锤炼强国之技，勇建强国之功。

附　录

附录一

中国劳模史大事记

（1925 年 5 月—2024 年 10 月）

1925 年

5 月 1 日至 7 日　第二次全国劳动大会在广州召开。在这次会议上，中华全国总工会宣告成立。全国总工会的成立，为全国工人阶级和工会组织在即将到来的大革命高潮中发挥先锋和骨干作用，做了重要的准备。

1926 年

5 月 1 日至 12 日　第三次全国劳动大会在广州召开。刘少奇在会上作了题为《一年来中国职工运动的发展》的报告，指出：“中国工人阶级在中国革命中之领导地位，已从过去一年的奋斗事实得以确定。”

1927 年

8 月 7 日　八七会议在湖北汉口秘密召开，会议讨论通过了《告全党党员书》，指出：“中国共产党是无产阶级的先锋，就是无产阶级最先进、最革命、阶级觉悟最高的一部分。”

1928 年

6 月 18 日至 7 月 1 日 中共六大在莫斯科召开。为了争取工人阶级的大多数，大会通过了《职工运动决议案》，提出“革命工会应当领导工人日常生活的经济斗争去团结群众”。

1929 年

2 月 20 日 《中华全国总工会扩大会议告工友书》指出，工人阶级“是‘二七’‘五卅’的战士，是上海三次暴动的英雄，是收回汉口、九江租界的急先锋，是广州暴动、中国苏维埃的建设者”。

1930 年

3 月 24 日 闽西第一次工农兵代表大会通过《工会法》。

9 月 24 日至 28 日 中共中央六届三中全会在上海召开。会议通过了《关于职工运动决议案》，指出：“赤色工会要用自己领导群众斗争的力量，来实现苏维埃的劳动法，保障工人的经济利益……”

1931 年

3 月 21 日 中共中央常委会作出《苏维埃区域红五月运动的工作决议》，指出，在红五月运动中，各苏区要“在县区市镇将工会与雇农工会成立起来”，使它“成为巩固苏区有力的组织基础，成为检查红五月工作的主要尺度”。“各地党部各革命团体，彼此间可订立革命竞赛的办法，并可组织群众自愿的模范队来领头，以求这一切工作最大限度与最高成绩地实现。”

11 月 7 日 中华苏维埃第一次全国代表大会通过了《中华苏维埃

共和国宪法大纲》，第五条规定："中国苏维埃政权以彻底改善工人阶级的生活状况为目的，制定劳动法，宣布八小时工作制，规定最低限度的工资标准，创立社会保险制度与国家的失业津贴，并宣布工人有监督生产之权。"

12 月 21 日　中共中央作出《关于苏区赤色工会的任务和目前的工作决议》，指出："要以改善工人生活实际的利益（多增加工资、实行八小时工作、社会保险等）宣传教育的方式吸引工人自愿加入工会中来，用革命竞赛的方法来扩大工会组织。"

1932 年

3 月 23 日　中共中央组织局发出通知第八号《关于革命竞赛模范队的问题》，指出："我们不止一次地号召全党，尽量发动群众积极性，用组织模范队和革命竞赛的新方式，是转变全部工作中所必需的。""在红军中，在工厂中，在学校中，组织起模范队，模范队是革命竞赛运动中的基本。每个模范队的任务是用布尔什维克的速度，100% 地完成工作计划，完成党与苏维埃政府的每一个决议和指示。""模范队在无论何时何地，均要表现出他是其他群众的模范等。"

5 月 29 日　闽浙赣苏区颁布《赣东北苏区生产冲锋队组织方法》，规定："每个生产冲锋队必须经常举行革命竞赛，竞赛的方法在一厂或一村内，冲锋的这一班与那一班比赛，进一步这一队与那一队比赛，竞赛的种类和时期按照实际情形规定。"

8 月 22 日　位于兴国县的江西省职工联合会在苏区首次推出《革命竞赛条约》。《条约》包括国家企业竞赛条约和各县职工会革命竞赛条约两部分内容。各县职工联合会于当年 9 月 1 日，在瑞金签订了革命竞赛合同。

1933 年

3 月 6 日 中共湘赣省委制定了《革命竞赛条约》。

5 月 18 日至 22 日 苏维埃政府为总结和推广武阳区春耕生产经验，在该区召开春耕生产运动代表大会，表彰先进模范单位和群众。会上，毛泽东代表苏维埃政府将写有“春耕模范”的奖旗赠给了武阳区和石水乡群众。大会通过了武阳代表倡议的革命竞赛条约，并首次使用“劳动模范”的称谓来称呼在生产建设中成绩卓越的劳动者。

12 月 15 日 苏区《红色中华》报刊登了 50 岁的瑞金县邮局投递员周成福的事迹，他在节省运动中被评为苏区首位模范工人。在这之后，苏维埃国家银行行长毛泽民带领 16 位干部职工签下了为期 100 天的三项革命竞赛条约，开启了全苏区的节省竞赛运动。

12 月 23 日 苏区《红色中华》报刊登了马文撰写的《中央兵工厂工人革命竞赛总结》。

1934 年

1 月 22 日至 2 月 1 日 中华苏维埃第二次全国工农兵代表大会在瑞金召开。毛泽东在讲话中指出：“提高劳动热忱，开展生产竞赛，激励生产战线上的成绩昭著者，是提高生产力的重要方法。”他在会上赞扬“兴国的同志们创造了第一等的工作”，并号召“要造成几千个长冈乡，几十个兴国县”。会议期间，他还亲笔为兴国县的代表题写了“模范兴国”四个大字。土地革命战争时期，兴国县在扩大红军、支前参战、推销公债、捐献军粮、节省运动、生产运动、教育工作等方面都创造了突出成绩，成为享誉苏区的模范县。

3 月 20 日 刘少奇在中共中央理论刊物《斗争》上发表《用新的态度对待新的劳动》一文，指出：“我们国有企业中的工人，大多数能够了解这一点。他们用了新的态度来对待新的劳动，他们感觉到现在是为着自己而工作了，很大地发挥了他们的劳动热忱，创造了劳动的新形式——生产竞赛、生产突击队、义务劳动，及为苏维埃与合作社工作而自动减低工资等。”“把那些真正的突击队员——劳动的英雄们，列在红板上去！极大地在群众中奖励他们。因为他们是革命战争中生产战线上的先锋与模范。”

4 月 10 日　中共中央组织局制定了《苏维埃国家工厂支部工作条例》。《条例》规定，支部需经过工会在各部门组织与领导生产模范队，把工人中的模范分子吸收到模范队中，帮助技术差或落后工人完成生产任务，“对于模范队或队员，可提议工厂给予奖励或送上红板”。

1935 年

10 月 22 日　红军长征到达陕甘苏区吴起镇不久，中共中央召开政治局扩大会议，宣布历时一年的长征胜利结束，今后的战略任务是建立西北根据地，领导全国大革命。中共中央决定，撤销全国总工会原苏区中央执行局，建立全国总工会西北执行局，同时继续保留全国总工会的名义，刘少奇继续领导工会工作。

11 月 27 日　刘少奇在《斗争》刊发《在苏维埃政权下工会的作用与任务》一文，指出：“工会要号召工人，为国有企业增加生产，增加工作速度，改善工作技术，节省工厂的材料，因为这不是为了阶级敌人，而是为着劳动者自己。”

12 月 17 日至 25 日　中共中央在陕北子长县瓦窑堡召开政治局扩大会议，讨论通过了《关于目前政治形势与党的任务决议》等决议案。《决议》认为：“要战胜日本帝国主义及其走狗卖国贼，不争取工人阶级的大多数是不能成功的。”“争取工人阶级在中国革命中的领导权，这是党在工人运动中的基本原则。”

1936年

1月10日 中共中央作出《关于陕甘苏区工会工作的决定》，指出："在国家企业中要推动工会去提高工人的劳动热忱，遵守劳动纪律，提高国家企业的生产，节省材料，为巩固和发展苏维埃工业而斗争。"

3月27日 陕北省总工会作出《关于苏维埃国家企业工会工作的决议》。《决议》提出："工会应采用革命竞赛的方法，更高度地激起工人为适应于革命战争的需要而提高生产技术的浪潮，对于特殊新发明家，可以协同厂方给予名誉或物质及金钱的奖励。"

1937年

10月2日 全国总工会西北执行局下发《工厂工会组织系统及内部分工的说明》。《说明》规定，工会组织下设四个委员会，其中之一是生产委员会。生产委员会下设三个股，其中之一是竞赛股。竞赛股的任务是开展企业的文化和生产竞赛，组织工人生产模范队等。

10月9日 陕甘宁边区总工会发出《致全国工友书》，号召全国工人"以工人阶级的英勇参战行为来做全国人民的模范，发动和组织全国人民参加到抗日战线上去，以工人阶级民族革命的忠诚来巩固抗日民族统一战线，争取抗日民族革命战争到彻底的胜利。"

1938年

1月1日至3日 延安市工会和工人合作社举办"延安工人制造品竞赛展览会"，这是陕甘宁边区第一次举办展览会，目的是"为着更广泛地动员和鼓励战时生产，提高工人的热忱和纪律性，奖励改良生产技术和生产工具，促进国防经济建设，完成工人阶级在国防经济建设中，在民族自卫战争中的任务。通过这一竞赛运动，在国防生产战线上，将有千万个劳动英雄产生出来”。为办好展览会，毛泽东亲自带头捐款捐物赞助。展览会的展品有115种420件。大会在展示边区工人所创造生产成绩的同时，还奖励并表彰了10个先进工厂、合作社及140多位优秀工人，《新中华报》称他们是“劳动英雄”，毛泽东为奖状题词：“国防经济建设的先锋”。

4月17日至23日 陕甘宁边区工人第一次代表大会在延安召开。大会提出：“要提高工人的劳动热忱，扩大生产，增加耕地，开辟荒土，努力发展国防经济的建设事业，并发扬竞赛精神，提高生产，改进生产技术及工作的效能。”

1939年

1月25日 边区政府在延安南关举办陕甘宁边区首届农产竞赛展览会。毛泽东参加了开幕式并发表重要讲话：“今天开边区农产品展览大会，意义是很大的。”这次展览会历时半个月，是边区举办的第一次农业展览会。

4月1日 边区政府颁布《陕甘宁边区人民生产奖励条例》及《督导民众生产勉励条例》，4月7日颁布《机关、部队、学校人员生产运动奖励条例》。三个条例明确了奖励范围、奖励对象、奖励条件、奖励标准及实施办法，推动劳模运动规范化发展。

5月1日至12日 由中共中央提议，陕甘宁边区政府建设厅等部门共同筹备的首届“陕甘宁边区工业展览会”在延安鲁迅艺术学院举行。展出手工业、矿业、机械工业等方面产品2460件。毛泽东在开幕式的讲话中阐述了陕甘宁边区的政治、军事、文化、经济等建设情况，指出抗日与建设新中国是目前的两大任务。会议评选出团体特等奖5个、甲等奖37个、乙等奖67个，劳动英雄50多名。12日晚，在中央大礼堂举行闭幕大会。会上，特等劳动英雄、“无名式马步枪”主要设计者刘贵福与毛泽东等中央领导坐在一起，还受邀在会上讲了话。会后，毛泽东宴请了刘贵福等有功人员，并亲自为刘贵福题词，称他是“生产战线上的英雄”。

12 月 2 日 中共中央召开延安党政军生产动员大会，毛泽东在会上发表重要讲话。

1940 年

1 月 16 日至 2 月 2 日 边区政府在延安南关新市沟举办了综合性的陕甘宁边区第二届农工业展览会（第一届为农产竞赛展览会），毛泽东担任展览会名誉主席。毛泽东、王明、吴玉章、林伯渠在开幕式上讲了话。毛泽东指出：“我们要奖励这些劳动英雄们，因为他们不但热心，而且要求进步。”展览会展品 6000 多件，受奖千件，受奖劳动英雄 3000 多人。

2 月 3 日 中共中央财政经济部通报《1939 年陕甘宁边区生产运动总结》，要求华北、中原、江南各级党部及各级政治部参考陕甘宁边区经验，切实发展生产运动。

2 月 18 日 边区政府生产总结颁奖大会在延安召开。毛泽东、王明、张闻天、林伯渠等出席并讲话。李富春代表中共中央报告 1939 年生产总结与 1940 年生产任务。各机关选出甲等劳动英雄 104 名、乙等 252 名、丙等 262 名。陈强、黄立德、王正阳、徐秉文、杨之奇、李之原获特等奖。高等法院等 5 个单位获团体特等奖。

3 月 26 日 延安《新中华报》刊文《劳动英雄济济一堂，本市举行生产总结给奖动员大会》。

1941 年

3 月 25 日至 4 月 25 日 陕甘宁边区总工会发起迎接“五一”生产大竞赛，同时颁布《奖励模范劳动者办法》。

4 月 24 日、27 日 新华社记者在中共中央机关报《新中华报》（同年 5 月 16 日更名为《解放日报》）上，连续刊发长篇通讯《澎湃在工厂中的竞赛热潮》。文章介绍了自开展“五一”生产大竞赛以来，边区涌现出的众多先进单位和模范劳动者。

5 月 1 日 延安各界在文化沟体育场举行纪念“五一”“五四”万人群众大会，朱德、林伯渠出席大会并讲话。在“五一”生产大竞赛中涌现出的 206 位劳动英雄出席了大会。当晚，在八路军大礼堂举行了先进团体和个人颁奖大会。

5 月 23 日 《解放日报》刊发《边区工人战斗的一月》一文。文章生动真实地反映了参加“五一”生产大竞赛中工人群众的高涨热情。

1942 年

1 月 13 日至 16 日 晋西北边区第一次劳动英雄检阅及生产建设展览大会（简称晋西北第一届群英会）在山西兴县城关举行，出席这次大会的劳动英雄与代表共 83 人。

5 月 6 日 《解放日报》发表《边府号召边区农民向吴满有看齐》一文。

9 月 7 日 《解放日报》二版发表新华社记者张铁夫、穆青采写的《人人在谈说着赵占魁》。

9 月 8 日 《解放日报》发表《农具工厂提出学习模范工人赵占魁》。

9 月 11 日 《解放日报》发表社论《向模范工人赵占魁学习》。社论指出，赵占魁“所一贯表现出来的——始终如一、积极负责、老老实实、埋头苦干、大公无私、自我牺牲的精神，也正是我们新民主主义地区公营工厂工人所应有的劳动态度。这种新的劳动态度是值得崇敬的，值得大大发扬的，值得我们来学习的。我们希望边区有千万个赵占魁一样的模范工人涌现出来”。

9月13日 《解放日报》四版发表张铁夫、穆青采写的长篇通讯《赵占魁同志》。该文题记写道：“他没有突出的表现，也没有惊人的故事；三年来他平凡地工作着，犹如泉水滴凿着岩石。”

10月12日 边区总工会发出《关于开展学习赵占魁运动的通知》，号召全边区工人“学习赵占魁之勤苦劳作始终如一的精神，及其新的劳动态度，以掀起一个广泛的运动”。

12月12日至16日 晋西北边区第二次劳动英雄检阅及生产建设展览大会在山西兴县城关召开（简称晋西北第二届群英会）。大会评选出劳动英雄103人。其中，农民代表王思良、工人代表张秋风、妇女代表宋侯女被评为特级劳动英雄。

12月22日 陕甘宁边区总工会主任高长久在《解放日报》发表题为《继续开展赵占魁运动》一文。他在文中代表边区总工会，提出了争做模范工人的七条标准。

1943年

1月11日 《解放日报》发表社论《开展吴满有运动》。

1月14日 陕甘宁边区高级干部会议在延安闭幕，这次会议是从1942年10月19日召开的。毛泽东在会议期间所作《经济问题与财政问题》书面报告中提出：“应改善职工工会的工作，发展赵占魁运动于各工厂。”会议表彰奖励了王震、习仲勋、黄静波、王世泰、马文瑞等22名领导干部，毛泽东亲笔为每个人题词。给三五九旅、延安县委县政府及延安县南区合作社三个单位以团体奖励。

4月17日 晋察冀边区军工部召开第四届工人代表大会，通过了《开展学习甄荣典运动的决定》。

4月27日 晋西北边区召开“纪念‘五一’及开展张秋风运动大会”。

8月13日 中共太行分局书记邓小平在“晋冀豫区新劳动者比选总结大会”开幕式上作了《关于目前形势与当前敌后工人阶级任务的报告》。邓小平指出：“这次大会，我们要选举新劳动者的标准人物，这个标准人物就要成为每个新劳动者看齐的目标。”大会授予甄荣典“新劳动者运动旗手”称号。

10月21日 陕甘宁边区建设厅发布《关于选举劳动英雄和模范生产者及其代表的指示》。

11月26日至12月16日 陕甘宁边区在延安召开第一届劳动英雄及模范生产工作者代表大会。大会评选出185名劳动英雄，其中有25人为特等劳动英雄。11月29日，中共中央举行招待劳动英雄大会，毛泽东、朱德、刘少奇、周恩来等中央领导同志出席。毛泽东在会上作了《组织起来》的重要报告，对英模给予高度评价并提出希望。会后，毛泽东参观了同时举办的生产展览会，并邀请吴满有等17位劳动英雄座谈。

12月13日 《解放日报》刊发《毛主席参观生产展览会，与劳动英雄亲密座谈》一文。

1944年

1月1日 《解放日报》开始在二版开辟《边区生产运动》专栏，连续介绍了十几位边区著名劳动英雄先进事迹。

1月7日至15日 晋绥边区第三次劳动英雄大会在陕北神府县盘

塘村召开。这是1943年11月晋西北行署改称晋绥行署后，首次召开的劳动英雄表彰大会（简称晋绥第三届群英会）。出席这次劳动英雄大会的有各条战线的劳动英雄130名，其中特等劳动英雄11名。

2月10日至14日 晋察冀边区召开第一届群英大会，表彰了104名英雄模范。

5月1日至25日 陕甘宁边区工厂厂长暨职工代表大会在延安召开。周恩来、朱德、刘少奇等中央及边区政府领导出席。22日下午，毛泽东出席招待会，并发表《发展工业打倒日寇》的讲话。25日下午，大会举行闭幕式并进行了颁奖典礼，奖励劳动英雄226名。

9月4日 边区政府颁布《劳动英雄与模范工作者选举与奖励办法》，共计37条。

9月5日 《解放日报》在一版头条发表社论《采用新的组织形式与工作方式》。社论指出："陕甘宁边区自从党政号召生产运动及各种建设事业以来，随着这些生产建设事业的发展，不断地产生了各种各样的劳动英雄和模范工作者，这些劳动英雄和模范工作者，从群众运动中产生，又站在运动的前列，把运动推向前，成为边区各种建设事业向前发展的动力。"

11月21日至12月7日 太行边区在山西黎城县南委泉村召开太行区"第一届杀敌英雄、劳动英雄暨战绩、生产展览联合大会"（简称第一届太行群英会）。出席大会的杀敌英雄120人，劳动英雄206人。邓小平、滕代远、李雪峰等领导参加。会上，甄荣典被评为"一等劳动英雄"。

12月7日至31日 晋绥边区第四次劳动英雄大会在陕北神府县王家庄村召开（简称晋绥第四届群英会）。出席大会的有战斗英雄220名、民兵英雄142名、农民劳动英雄196名、合作运输英雄24名、公营工厂英雄44名、民营工矿英雄20名，妇女英雄57名、模范学习者

12名、模范工作者42名、机关劳动英雄23名。

12月20日至1945年1月30日　晋察冀边区召开了第二届群英大会，再次表彰了战斗、生产、文教卫生、拥军等各方面的英模。

12月22日至1945年1月14日　陕甘宁边区在延安召开第二届劳动英雄和模范工作者代表大会，林伯渠致开幕词，边区建设展览会也在同天开展。出席会议代表476人，比第一次劳动英雄大会代表增加了两倍多。赵占魁、沈鸿等英模被选进大会主席团。毛泽东在《必须学会做经济工作》的讲话中，再次热情地赞扬了劳模们的创造精神，肯定了他们的带头作用、骨干作用和桥梁作用。朱德、彭德怀、高岗、李鼎铭分别在大会上讲话。大会评选出463名劳动英雄和模范工作者，其中特等74人，甲等200人，乙等189人，另有7个旅获军队团体奖。

1945年

1月27日　中共中央晋绥分局发出《关于进一步开展大规模生产运动的指示》。

4月23日至6月11日　中国共产党第七次全国代表大会在延安召开，在参会的755名代表中，特等劳动英雄赵占魁是其中之一，成为中共党代会来自生产一线的劳模代表第一人。

4月27日　《解放日报》发表毛泽东撰写的社论《全军生产自给，今年应是普遍推行的一年——兼论整风与生产的历史重要性》，指出："1942和1943两年先后开始的带普遍性的整风运动和生产运动，曾经分别地在精神生活方面和物质生活方面起了和正在起着决定性的作用。"

6月26日　陕甘宁边区政府主席林伯渠等4位领导联名给边区劳动英雄、模范工作者写信，希望他们"创造出好的成绩和好办法"，与当年陕甘宁地区的灾荒作斗争。

1946 年

3 月 11 日 《解放日报》发表社论《劳动英雄与大生产运动》。

3 月 24 日 陕甘宁边区与山东华中解放区的劳动英雄互致函电，两地劳模相互勉励“要把解放区建设得更加美好”。

10 月 29 日 陕甘宁边区颁布《以区为单位召开劳动英雄大会》政府命令。强调：“此次以区为单位之劳英大会，其重要意义实不下于过去边区所召集之劳英大会。”

10 月 30 日 东北铁路局在哈尔滨机务段俱乐部，召开“毛泽东号”和“朱德号”机车命名大会。

11 月 14 日 哈尔滨铁路总工厂工会召开创造劳动英雄和工作模范会议，125 人参加讨论制定了模范条件。

11 月 25 日 齐齐哈尔铁路局在全局 1.7 万名职工中开展的“劳动英雄、模范工作者运动”圆满结束。此运动始于当年 8 月底，共评选出劳模 250 人，其中一等至四等劳动英雄 60 人。

12 月 2 日 太行边区召开第二届群英大会，表彰劳动英雄 427 名，特级劳动英雄甄荣典在会上发言。

1947 年

1 月 7 日 哈尔滨铁路局召开第一次劳模大会，中共东北局书记彭真，东北铁路总局局长吕正操等参加大会并讲话。大会评出劳动英雄 805 人，4284 名劳动功臣。“朱德号”机车长郭树德被评为特等劳动模范，张恩德等 3 人评为一等劳动模范。

2 月 8 日 边区军工处召开政工和工会联席会议。会议决定，为推进军工厂企业化，把正在开展的生产竞赛运动推向深入持久，由边区总工会牵头，领导和组织发动以“数量多，质量好，成本低，原料足，销路广”为内容的“刘伯承工厂”运动。此后，全边区兵工厂掀起争创“刘伯承工厂”的生产竞赛热潮。

2月25日　晋冀鲁豫边区职工总会为纪念“二七”，号召全区职工开展大生产运动。

5月1日　《人民日报》发表社论《纪念“五一”继续扩大增产立功运动》。

5月3日　哈尔滨市电业局、电报电话局、电车厂、汽车厂、自来水工厂5大公营企业召开群英大会，评选出劳动英雄83名。中共中央东北局赠送大会“努力生产，支援前线”奖旗。特等劳动英雄张克兴和他的劳动英雄女儿张素芝、张素琴同时参会，被誉为“英雄一家人”。

11月30日　关东职工总会召开劳动模范奖励大会，为在劳动模范运动会中涌现出的834名关东地区劳动模范颁发奖状和奖章。

12月25日　哈尔滨市第二届公用企业劳模大会在工人俱乐部开幕。中共中央东北局城市工作部部长李立三等在会上讲话。

1948年

4月　边区军工处召开了历时13天的“刘伯承工厂”运动总结表彰大会。会议总结了一年来运动成果与经验，并举行了授奖典礼。中央局、军区、边区政府给大会和荣膺“刘伯承工厂”称号的单位写了贺信。1949年3月，刘伯承司令员回根据地视察时，谦虚而恳切地嘱告军工处，不要以他的名字来命名开展“刘伯承工厂”运动。此后，“刘伯承工厂”运动仍改称为“生产竞赛运动”。

6月2日　黑龙江省第一次职工代表大会开幕，历时9天。大会确定“今后工人运动的主要任务是发展生产，开展立功运动”。

8月1日至22日 第六次全国劳动大会（原会议名称为“中国职工代表大会”）在哈尔滨召开。劳动英雄赵占魁、刘英源、隋振东、曾好清、王月轩、甄荣典等出席。在选举全国总工会执委时，大会主席团强调：“特别希望注意选举劳动英雄与生产模范，因为他们在工人阶级中能起伟大的号召作用。”东北工人第一次代表大会与六次劳大同日召开和闭幕，会议通过了《东北公营企业生产立功运动条例》等。

1949年

3月13日 东北职工总会为奖励修复“北平号”机车的沈阳皇姑屯铁路工厂职工，特作出决定，赠予“新劳动模范”称号。

3月15日 东北行政委员会铁道部部长吕正操、副部长余光生通令嘉奖“铁牛号”机车组，记特等功一次，授奖状一个，奖励机车长杜先扬两个月工资。

4月20日至25日 东北煤矿职工第一次代表大会在沈阳召开，参会的职工代表共287人，代表着全东北14万名煤矿工人。闭幕会上，东北行政委员会工业部部长王首道号召各位代表：“回去后要团结全体职工，完成并超过生产计划，创造东北的斯大哈诺夫式的劳动英雄。”

5月1日至10日 东北铁路第一次职工代表和劳动英雄模范工作者大会召开。会上正式成立了东北铁路总工会，大会向119个模范单位和238名英雄模范颁发了奖状和奖章。

6月5日至18日 东北军事工业第一届功臣模范代表大会在沈阳召开。参加会议的有全东北军事工业的功臣模范代表及职工代表千余人。从1946年4月哈尔滨解放到1949年6月，东北军工企业涌现出的劳动英雄和功臣模范达4895名。

7月1日至9日 全国铁路职工临时代表会议在北平召开。在9日17时30分开始的闭幕会上，周恩来代表中国人民革命军事委员会向全国38万铁路职工在恢复铁路建设中所作辉煌成绩表示敬意，并作了两个小时的讲话。19时35分，毛泽东、朱德冒雨来到怀仁堂。在热烈的掌声中，毛主席走到主席台前讲话，亲切教诲全体铁路职工要紧紧依靠广大群众，建设人民铁道。随后，劳动英雄张忠业等4人代表全国铁路职工临时代表会议向毛主席、朱总司令献旗。

9月21日　中国人民政治协商会议在北平怀仁堂隆重开幕。中国人民政协筹备会主任、中国共产党中央委员会主席毛泽东向大会致开幕词。出席这次会议的代表总数为662人，其中包括全国劳动英雄和模范人物赵占魁、甄荣典、戎冠秀、魏来国、刘英源等。22日，《人民日报》在一版刊发大会开幕消息的同时，在五版刊发了对赵占魁、甄荣典、戎冠秀、魏来国的专访。大会推选刘英源为主席团成员。

10月1日　首都30万群众在天安门广场参加开国盛典。下午3时典礼开始，毛泽东主席向全世界庄严宣布："中华人民共和国中央人民政府今天成立了。"工人阶级优秀代表、著名劳动英雄赵占魁以人民政协第一届全国委员会委员的身份站在了天安门城楼上。新中国的成立，开创了以工人阶级为领导的人民当家做主的新纪元，并开始由新民主主义向社会主义的过渡。

1950年

6月14日至23日　中国人民政治协商会议第一届全国委员会第二次会议在京召开。会议特别邀请铁路工人、劳动模范杜先阳，武汉第一纱厂工人、保护工厂模范袁道华，大连建新化学工厂工人、保护工厂模范赵桂兰，沈阳机器三厂工人、东北新纪录运动劳动模范赵国有，天津制钢厂工人、劳动模范潘长有，上海中纺九厂工人、一等功臣龚金妹等先进模范人物列席会议。18日，劳模们参加了劳动部召开的劳资协商座谈会，并在北京市作了先进事迹宣讲。

6 月 29 日 《中华人民共和国工会法》首次颁布，规定工会要“教育并组织工人、职员群众，树立新的劳动态度，遵守劳动纪律，组织生产竞赛及其他生产运动，以保证生产计划之完成”。

8 月 16 日 政务院《关于奖励有关生产发明、技术改进及合理化建议的决议》颁布实施。

9 月 25 日 全国战斗英雄代表会议和全国工农兵劳动模范代表会议在北京开幕。毛泽东、朱德、李济深、张澜、陈云等出席大会，毛泽东代表中共中央致祝词。大会于 10 月 2 日闭幕。

10 月 31 日 全国工农兵劳模成绩展览会在北京闭幕，30 天里参观者达 26 万人。

11 月 6 日 全国总工会发表宣言，号召全国工人阶级一致奋起，响应劳动模范李永、赵国有、张子福号召，展开爱国竞赛加强国防力量。

12 月 14 日 周恩来总理发布命令：“关于全国工农兵劳动模范代表会议的总结报告，业经政务院第五十九次政务会议批准，兹公布之，作为今后全国进行劳模运动的指针。”

1951 年

1 月 17 日 《工人日报》发表齐齐哈尔第二机床厂马恒昌小组，向全国工人阶级发起开展爱国主义劳动竞赛的倡议并发表社论，号召全国工人响应马恒昌小组的竞赛倡议。这是全国第一个先进小组。

3 月 1 日 《中华人民共和国劳动保险条例》正式施行，第 20 条规定：“凡对本企业有特殊贡献的劳动模范，及转入本企业工作的战斗英雄，经工会基层委员会提出，并经各省市工会组织或产业工会全国委员会的批准，得享受较优异的劳动保险待遇。”

7 月 1 日 全国总工会副主席李立三在《人民日报》发表署名文章

《开展劳动竞赛，庆祝党的三十周年纪念》。文章说：“劳动竞赛，是解放了的工人献给党、献给自己领袖的最可宝贵和最有意义的礼物，因为它是解放了的工人‘发挥自己智慧能力来创造全体人民和自己幸福生活’的最好表现，因为它是解放了的工人‘为建设伟大祖国和最后实现共产主义社会而奋斗’的最基本的方法。”

8月17日至19日 为推广郝建秀工作法，中国纺织工会青岛委员会召开青岛市棉纺细纱职工代表会议。东北、天津、上海、西安、武汉、成都、广州等地也派了优秀细纱工人及技术人员代表参加。同年10月15日，纺织工业部发出《关于普遍推广郝建秀工作方法的指示》，指出“这是中国纺织生产工作上一个重大的事件，它使今后生产竞赛运动走上了一个新的阶段。”

9月20日至29日 第一次全国铁路劳动模范代表大会在北京举行。朱德、李济深、陈叔通、黄炎培等出席开幕式，出席会议的劳模代表有467名。朱德代表中共中央和中央人民政府向大会致祝词。周恩来、李富春在会上作了报告。

9月30日 毛泽东主席举行晚宴欢庆国庆节。应邀出席这一盛大庆祝宴会的有南方革命老根据地代表、北方革命老根据地代表、中国人民解放军和中国人民志愿军的战斗英雄、工业劳动模范、农业劳动模范、水利工程模范和民工模范代表及其他各界人士共1460余人。

1952年

5月2日、4日 全国总工会召集来京参加“五一”国际劳动节观礼的各地劳模代表董振远、钱嘉光、苏振山、沈开基、朱玖、蒲飞云等50人，举行座谈会，听取劳动模范代表对各厂矿企业的行政、工会组织在生产、职工文化教育、职工劳保福利等各方面工作上的意见。政务院财经委副主任李富春、全国总工会秘书长赖若愚等参加。

9月20日 中华全国总工会秘书长赖若愚在《人民日报》发表《大规模经济建设前夜的中国工人阶级——纪念第三届国庆节》一文。文章说："3年来职工群众所提的合理化建议近40万件，其中已被采纳的有241000多件……据1951年的统计，我们已经有了86500多位劳动模范。仅仅从这几个数字，我们已经可以看到中国工人阶级在生产战线上的英雄姿态。"

9月29日 《人民日报》发表《大批优秀工人参加经济建设的领导工作》。文中称3年来，全国有127000余名优秀工人被提拔到企业、机关、工会等不同领导岗位，其中包括全国劳模赵国有、李永、刘英源、赵占魁、柳国喜、戴可都、张世宝、刘茂有、潘长有，全国铁路劳模孙连福、孟广生、杨春承等数千名先进生产者和模范人物。

11月8日 邮电部、中国邮电工会作出《推广全国劳模、天津市邮电局长途台话务员郭秀云操作法的决定》。《工人日报》为此发表题为《学习并推广邮电部总结郭秀云操作法的经验》的社论。

11月30日至12月4日 东北工业部和东北总工会在沈阳联合召开基本建设先进生产者代表会议，参加会议的各建设工地劳动模范和先进生产者680多人。会议广泛交流和总结了50多种具有普遍推广意义的先进经验，东北人民政府副主席林枫到会讲话。

1953年

1月17日 西北工业部召开基本建设和工业生产模范颁奖大会，奖励1952年在基本建设和生产战线上13个先进单位和136位劳动模范，受到奖励的有创造钢丝机工作法的孟天禄、创造甲二络纱法的纺织工罗五妞等。

1月30日 鞍山钢铁公司举行推广小型轧钢厂群众性机械化运动及奖励大会，推广该公司小型轧钢厂群众性机械化运动的先进经验，并奖励在群众性机械化运动中创造佳绩的先进生产者张明山等 100 多人。全国总工会、中国五金冶炼工会全国委员会和东北总工会等分别致电或写信向大会祝贺。

7 月 10 日至 20 日　中国煤矿第一届全国劳动模范代表大会在北戴河举行。大会向 201 名劳动模范和 22 个先进集体颁奖。这些劳模都是从全国近 40 万名煤矿工人中涌现出的模范人物，其中有全国劳模施玉海、刘九学等。

9 月 15 日　全国总工会发出《关于进一步开展增产节约劳动竞赛保证全面完成国家生产计划的紧急通知》。

10 月 7 日　中共中央批转全国总工会主席赖若愚《关于工会工作若干问题和意见的报告》。《报告》指出："鞍钢目前的劳动竞赛，可以代表我们劳动竞赛发展的方向。鞍钢经验的推广，可以把全国的劳动竞赛向前推进一步。"《报告》建议："把鞍钢的技术改进的展览会搬到北京展览一次，并配合一个会议，以求推广。"

12 月 25 日　毛泽东电复鞍钢全体职工，祝贺鞍钢大型轧钢厂、无缝钢管厂和七号炼铁炉系统三大重点工程相继竣工投产，称赞鞍钢工人："我国人民正在团结一致为实现我国的工业现代化而奋斗，你们的英勇活动，就是对于这一目标的重大贡献"。

1954 年

1 月 1 日　重工业部发出《关于学习王崇伦首创精神的通报》，要求所有企业，组织全体职工推广王崇伦的先进经验。5 日，《工人日报》发表社论《支持和推广先进工人的创举》；2 月 23 日再发社论《学习王崇伦的先进榜样》。

1 月 27 日　全国总工会第七届执委会第二次会议通过《关于在国营厂矿企业进一步开展劳动竞赛的指示》，强调："开展劳动竞赛，必须十分注意生产技术的革新与劳动组织的改进，而不应该偏重于拼体力”。

2 月 13 日 中央人民政府农业部委托山西省政府将“爱国丰产金星奖章”授予劳动模范李顺达、郭玉恩、吴春安；18 日，委托东北行政委员会农业局将奖章授予模范工作者任国栋。

4 月 14 日 由全国总工会主办的“鞍钢技术革新展览会”在北京劳动人民文化宫隆重开幕。李富春、赖若愚出席开幕式并讲话。展览于 7 月 15 日闭幕，90 天参观人数达 37 万。全国 6 大行业共 21 批代表团，包括 1780 个单位的 5745 名代表来京参观学习与经验交流。

4 月 15 日 全国劳模张明山、王崇伦、唐立言、黄荣昌、刘祖威、朱顺余、傅景文 7 人，向全国总工会提交了《关于在全国范围内开展技术革新运动的建议书》。

4 月 20 日至 23 日 全国总工会第七届执委会第五次会议在京召开。会议听取了赖若愚关于《劳动竞赛已经开始走上一个新的台阶——技术革新》的报告，接受张明山等 7 位劳模的建议，并通过了中华全国总工会关于在全国范围内开展技术革新运动的决定。

5 月 1 日 《人民日报》发表《庆祝“五一”，争取全面完成国家计划》社论，指出：“根据全国著名的生产技术革新者张明山等 7 位劳动模范的经验，充分说明技术革新的重大意义。如果全国工人都能学习他们，国家的建设计划将更能有保证加速实现。”

5 月 6 日 政务院政务会议通过《关于生产发明、技术改进及合理化建议的奖励暂行条例》。

6 月 26 日 重工业部和中国五金冶炼工会联合发出《关于开展技术革新运动的指示》。

12 月 2 日 《人民日报》发表题为《必须把技术革新运动开展下去》的社论。

1955 年

5 月 3 日 交通部和中国公路运输工会全国委员会联合召开的全国公路第一次劳动模范代表大会在北京开幕，出席会议的有劳动模范代表共 307 人。

6 月 8 日 《人民日报》发表赖若愚《关于劳动竞赛的几个问题》一文。文中对劳动竞赛的意义、组织领导以及存在的问题等进行了系统论述。

9 月 19 日 电力工业部和中国电业工会全国委员会联合召开的全国电力工业第一届劳动模范大会在北京开幕。出席这次大会的有全国电力工业基本建设和生产企业在当年上半年评选出来的 87 名劳动模范和 31 个模范单位的代表。

1956 年

1 月 6 日至 13 日 全国总工会召开七届四次执委会议。会上，讨论通过了《关于动员全国职工迎接中国共产党第八次全国代表大会，开展社会主义竞赛，提前完成第一个五年计划的决议》等决议。

2 月 2 日 中共中央转批第一机械工业部《关于三个自行车厂厂际竞赛的主要经验和改进今后劳动竞赛领导的意见》。中央批示指出，组织类型相同、设备相仿、产品相近的工厂企业间的厂级竞赛，能够更好地推动落后企业赶上先进企业，先进企业更加先进，达到共同提高的目的。

3 月 9 日 中华全国总工会第七届执行委员会主席团第十次会议通过《关于开展先进生产者运动的决议》，指出：“目前在全国范围内开展一个为提前完成和超额完成第一个五年计划的先进生产者运动是适时的、必要的，是具有极为重大的意义的。”

3月12日 中共中央下发《关于积极领导先进生产者的通知》，指出：“中共中央认为我国工人阶级这种以革命精神进行社会主义建设的表现是十分宝贵的。中华全国总工会第七届执行委员会主席团第十次会议，根据全国职工群众加速社会主义工业建设的要求和行动，作出了关于开展先进生产者运动的决议，这是完全必要的、及时的和正确的。”

3月20日 1956年全国铁路先进生产者代表会议在北京开幕。这是中国铁路系统规模最大的一次总结和交流先进经验的会议。参加会议的1290多个正式代表和特邀代表中，有842人是从铁路运输战线和兰新、宝成等新建铁路上评选出来的先进生产者和劳动模范。

3月21日 重工业部第一届先进生产者代表会议在北京开幕。出席会议的有从重工业部生产、建筑安装、地质、设计等企业单位评选出来的先进人物和先进单位的代表869人。

3月28日 毛泽东、刘少奇、周恩来、陈云、彭真、邓小平分批接见了出席重工业先进生产者代表会议、全国铁路先进生产者代表会议的全体代表。

3月30日 《人民日报》发表社论《开展先进生产者运动》，指出：“先进生产者运动要求全体职工按着先进方法进行劳动，要求所有企业单位都能达到先进水平。这就是说：要求每一个职工、小组、工段、车间和企业都能又多、又快、又好、又省地提前完成和超额完成第一个五年计划。”

4月2日 全国民用航空先进生产者代表会议在北京开幕。出席会议的有从全国各航空站和各基层单位选拔出来的126个先进生产者，包括优秀的飞行员、航空通信员和航空站站长等。同日下午，毛泽东、刘少奇、周恩来、彭真、邓小平接见了民用航空先进生产者代表会议的全体代表。

4 月 6 日　全国煤矿先进生产者代表会议在北京开幕。出席会议的有全国煤矿系统的地质、设计、矿井建设和生产等部门的代表 2300 人，其中有 1253 人是先进生产者的代表。

4 月 10 日　全国机械工业先进生产者代表会议在北京开幕。出席会议的有全国机械工业各方面的先进生产者和先进单位的代表 769 人，列席代表 222 人。

4 月 11 日　毛泽东、刘少奇、朱德、陈云、彭真、邓小平接见了出席全国人民警察、治安保卫委员功臣模范代表大会的全体代表，出席中国人民银行全国储蓄先进工作者代表会议的全体代表等。

4 月 11 日　全国纺织工业先进生产者代表会议在北京开幕，出席会议的代表有 803 人。

4 月 12 日　毛泽东、刘少奇、周恩来、朱德、陈云、彭真、邓小平分批接见了出席全国煤矿先进生产者代表会议、全国纺织工业先进生产者代表会议、全国机械工业先进生产者代表会议的全体代表。

4 月 17 日　全国农业水利先进生产者代表会议在北京开幕。出席会议的有从国营机械农场、牧场、农业机器拖拉机站、水利建设的施工和勘察设计等部门评选出来的先进生产者、先进工作者和先进单位的代表 585 人。

4 月 18 日　全国地质部先进生产者代表会议在北京开幕。出席会议的有 182 名正式代表，60 名特邀代表，连同列席代表在内，共有 400 多人。这些代表对于我国矿产资源的勘探工作，都在不同地区和不同岗位上作出了贡献。

4 月 20 日　全国交通先进生产者代表会议在北京开幕。参加会议的有全国各公路运输线、新建公路工程、海上和内河航运、航务工程、各港口装卸工人、汽车和轮船修理工厂先进模范代表 1056 人。

同日　全国邮电先进生产者代表会议在北京开幕。参加会议的有来自全国各地邮电企业的470多个先进生产者代表和45个列席代表。

4月21日 全国电业先进生产者代表会议在北京开幕。从全国电力工业系统中各个战线上评选出来的434名先进生产者代表都参加了会议。

同日 全国第二机械工业第一次先进生产者代表会议在北京开幕。参加会议的先进生产者和先进单位的代表531人，列席代表118人。

4月23日 全国文化先进工作者会议在北京开幕。来自全国各地的200多名文化先进工作者参加了这次会议。

4月24日 毛泽东、刘少奇、周恩来、朱德、彭真、董必武、邓小平分批接见了出席全国轻工业先进生产者代表会议、全国农业水利先进生产者代表会议、全国文化先进工作者会议和全国交通先进生产者代表会议的代表们。

4月25日 毛泽东、刘少奇、周恩来、朱德、彭真、董必武、彭德怀、邓小平分批接见了出席全国第二机械工业第一次先进生产者代表会议、地质部先进生产者代表会议、全国电业先进生产者代表会议、全国邮电先进生产者代表会议的代表们。

4月26日 赖若愚在《人民日报》发文《把先进生产者运动持续地开展下去》。

4月30日 全国先进生产者代表会议在北京开幕。毛泽东、刘少奇、周恩来、朱德、彭真、董必武、张闻天、彭德怀、邓小平出席了开幕式。刘少奇代表中共中央向大会致祝词。国务院副总理李富春致开幕词。大会于5月10日闭幕。

同日 毛泽东、刘少奇、周恩来、朱德、彭真、董必武、张闻天、彭德怀、邓小平接见了全国先进生产者代表会议主席团全体成员。

5月13日 全国石油工业先进生产者代表会议在北京开幕。刚开完全国先进生产者代表会议的115名石油工业部门的先进生产者代表和来自全国各地石油工业部门的200多名先进生产者代表出席会议。

5月15日 建筑工程部和城市建设部先进生产者代表会议在北京开幕。出席会议的先进生产者代表有499人，包括了建筑安装企业各个方面的先进人物。列席会议的代表172人，其中有原重工业部和电力工业部、中国人民解放军总后勤部等部门所属建筑安装企业的先进生产者。

5月16日 朱德接见了出席建筑工程部和城市建设部先进生产者代表会议的全体代表。

5月18日 刘少奇、周恩来、陈云、董必武、邓小平接见了出席全国石油工业先进生产者代表会议的全体代表。

6月24日 毛泽东、刘少奇、朱德、陈云、彭真、董必武、林伯渠、张闻天、邓小平接见了参加中国百货、食品公司系统先进工作者代表会议的全体代表。

7月2日 毛泽东、刘少奇、朱德、陈云、彭真、董必武、林伯渠、彭德怀、邓小平分批接见了出席全国盐业运销先进工作者代表会议、出席全国供销合作社第一次先进工作者代表会议的全体代表。

7月12日 全国农村金融先进工作者代表会议在北京开幕。参加这次会议的500多名代表是从事农村银行工作和信用合作社工作的先进人物。

7月19日 毛泽东、刘少奇、彭真、邓小平接见了全国农村金融先进工作者代表会议的全体代表。

8月15日至22日 全国总工会召开群众生产工作座谈会，研究开展先进生产者运动。赖若愚在会上讲话，提出开展先进生产者运动中应该注意的问题。

11月5日 全国烈属、军属、残废军人、复员军人社会主义建设积极分子大会在北京开幕。出席这次大会的有来自全国各地和各个工作岗位上的烈属、军属、残废军人、复员军人社会主义建设积极分子672人，其中劳动模范和先进生产者有323人。

11月16日 毛泽东、刘少奇、周恩来、陈云、邓小平接见了出席全国烈属、军属、残废军人、复员军人社会主义建设积极分子大会的全体代表。

同日下午 毛泽东、刘少奇、周恩来、陈云、邓小平接见了出席中国人民解放军公安军积极分子代表会议的全体代表。

同日下午 毛泽东、刘少奇、陈云、邓小平接见了出席第一次全国粮食先进工作者代表会议的全体代表。

12月10日 毛泽东、刘少奇、朱德、彭德怀接见了中国人民解放军总后勤部军需生产部第一届先进生产者代表会议的代表。

12月15日 全国海关第一次先进工作者代表会议在北京开幕。出席会议的111名代表，其中有海关查私员、征税员、统计员、船员、服务员和行政工作人员中的优秀代表。

12月18日 毛泽东、刘少奇、朱德、陈云接见了出席全国海关第一次先进工作者代表会议的代表、出席中国人民解放军总后勤部和总财务部直属单位先进工作者会议的代表和出席中国人民解放军政治学院第一届先进教学工作者会议的代表。

1957年

1月7日 全国工会群众生产工作会议在北京召开。这次会议总结了上一年先进生产者运动开展情况、成绩和问题；研究了先进生产者运动在现有基础上如何响应中共中央增产节约号召，继续深入开展的问题。

2月18日 全国农业劳动模范代表会议在北京开幕。出席会议的有来自全国各省、区的劳模代表900多人。代表中有全国著名农业劳动模范李顺达、郭玉恩、耿长锁、曲耀离、吕鸿宾、张富贵等。

2月22日 毛泽东、周恩来、陈云、邓小平、彭德怀、邓子恢等，接见了出席全国农业劳动模范代表会议的代表和出席中国人民解放军装甲兵积极分子代表会议的代表。

4月22日 全国气象先进工作者代表会议在北京开幕。出席会议的代表有170多人，他们是全国一万多名气象工作者中的先进模范人物。

4月29日 毛泽东、朱德、邓小平接见了出席全国气象先进工作者代表会议的全体代表。

8月21日 全国工会积极分子代表会议在北京开幕，出席这次会议的代表有1062人。其中，先进工作者和劳动模范有629人。

9月2日 刘少奇、周恩来、朱德、邓小平、林伯渠、董必武、彭真、李富春、贺龙、张闻天、陆定一、薄一波等领导，接见了出席全国工会积极分子代表会议的全体代表。

1958年

6月18日 毛泽东、周恩来、朱德等接见了北京部队积极分子会议代表和铁道部第二次青年社会主义建设积极分子代表大会全体代表。

8月9日 毛泽东到山东省进行视察。在济南期间，毛泽东会见了来济南参观全省小麦丰产评比展览的农业战线全国劳模吕鸿宾、刘秀印、刘洪章、徐建春、刘廷茂、厉月举、张式瑞等，和他们一一亲切握手，并且勉励他们说："你们干得很好，都鼓足了干劲。"

9月13日 毛泽东到武钢视察，同在武钢建设中立下功劳的先进生产者们一一握手和交谈。

12月3日 全国妇女建设社会主义积极分子代表会议在北京开幕。彭德怀、黄克诚出席开幕式。彭德怀代表中共中央在大会上致词，

2500多名在不同岗位作出突出贡献的妇女同志出席大会。她们中有全国农业劳模申纪兰、全国工业劳模裔式娟、钢铁姑娘丘三娥、改进工序4个月完成5年任务的机械工人尉凤英等。

12月25日 刘少奇、周恩来、朱德、邓小平、彭真、李先念、谭震林、陆定一、杨尚昆、邓子恢、李济深、郭沫若、黄炎培、陈叔通出席了全国农业社会主义建设先进单位代表会议开幕式，刘少奇代表党中央致词。

1959年

1月1日 毛泽东、周恩来、朱德、陈云、邓小平、彭真、贺龙、李先念、谭震林、陆定一、薄一波、李雪峰、杨尚昆、胡乔木、邓子恢、郭沫若、陈叔通等领导来到北京工人体育馆，出席全国农业社会主义建设先进单位代表会议闭幕式，谭震林致闭幕词。

1月15日至28日 全国总工会党组召开第四次扩大会议，提出“发动群众大闹技术革新和技术革命”“开展群众性的社会主义劳动竞赛”等。

4月30日 全国总工会主席刘宁一向全国职工发表庆祝“五一”国际劳动节的广播讲话，要求全国职工响应中共中央八届七中全会号召，继续鼓足干劲，力争上游，大闹技术革新和技术革命，开展一个轰轰烈烈的增产节约运动，保证完成和超额完成1959年国家计划。

5月21日 刘少奇、宋庆龄、董必武、朱德、周恩来、陈云、林彪、邓小平、林伯渠、彭真、李富春、薄一波、陆定一接见了出席中国人民解放军第二次后勤工作先进单位和积极分子代表会议的代表，出席全国烈属、军属和残废、复员、退伍、转业军人社会主义建设积极分子大会和全国公安检察司法先进工作者大会的全体代表。

8月1日 全国总工会下发《关于工会组织在增产节约运动中的若

干经验纪要》，提出："深入开展比先进、学先进、赶先进竞赛，发扬先进，树立典型，做到行行有标兵。大力组织和推广先进经验，广泛开展比学赶竞赛。"

9 月 26 日至 10 月 5 日 受中共中央、国务院邀请，3000 多名来自全国工农业生产战线和其他岗位的劳动模范及先进工作者，前来北京参加新中国成立 10 周年庆祝典礼和各项庆祝活动。参加观礼的代表包括全国工业、农业、交通运输、基本建设、财政贸易、农垦、林业、气象、水电、教育、文化、卫生、科学、公安等各条战线上的劳动模范和先进工作者。

9 月 27 日 中央有关部门和各人民团体联合举行晚会，欢迎来北京参加国庆观礼的 3000 多名劳动模范和先进工作者代表。政府各部门和各人民团体的负责人出席了晚会。国务院副总理邓子恢致欢迎词。

9 月 28 日 中华人民共和国成立 10 周年庆祝大会在新落成的人民大会堂举行。在主席台上就座的党和国家领导人有毛泽东、刘少奇、宋庆龄、董必武、朱德、周恩来、林彪、邓小平、邓子恢、贺龙、陈毅、乌兰夫、李富春、李先念、聂荣臻、薄一波、谭震林、陆定一、罗瑞卿、习仲勋等。在主席台上就座的全国劳动模范和先进工作者代表有孟泰、裔式娟、李凤恩、刘根怀、韩荣仙、黄荣昌、陈丙寅、张泗洲、王国藩、李顺达、庞继通、陈淑珍、崔竹松、徐建春、张学同、陈望道、董洪筹、李始美、刘徽民。

10 月 25 日至 11 月 8 日 全国工业、交通运输、基本建设、财贸等方面社会主义建设先进集体和先进生产者代表大会在北京开幕。刘少奇、周恩来、朱德、林彪、邓小平、林伯渠、彭真、罗荣桓、李富春、刘伯承、贺龙、李先念、谭震林、陆定一、薄一波、杨尚昆、聂荣臻、习仲勋等党和国家领导人出席。朱德代表中共中央在大会上致祝词。

1960 年

2 月 20 日至 25 日 全国总工会召开八届三次执委会议。会议认为，当前工会最主要最中心的工作是在党的领导下与各方面密切协作，动员与组织职工群众大搞机械化、半机械化和自动化、半自动化，把当前的技术革新和技术革命群众运动推向新的高涨，保证增产节约的群众运动高潮持续不断地发展。

3 月 3 日 冶金部、全国总工会、共青团中央发出《关于表扬奖励 21 个青年高炉的联合通报》，对在全国青年高炉“日日超产、炉炉优质”竞赛活动中，成绩突出的本溪第一炼钢厂 1 号高炉等 21 个青年高炉给予通报表扬，并颁发奖旗一面。

3 月 22 日 中共中央批转中共鞍山市委《关于工业战线上的技术革新和技术革命运动开展情况的报告》。

3 月 25 日至 4 月 7 日 全国总工会、第一机械工业部、共青团中央在重庆召开全国技术革新、技术革命重庆现场会，来自全国各省、市、自治区的 1546 名代表参加。5 月 5 日，中共中央转批出全国总工会等 3 部门联合报送的《全国技术革新、技术革命重庆现场会的报告》。中央在批示中指出，要使技术革新和技术革命运动自始至终地沿着正确的科学的全民的轨道前进，当前亟须解决推广、主攻方向、技术关键、中心口号等四个问题。

5 月 17 日 朱德、林彪、邓小平、彭真、罗荣桓、李富春、贺龙、王稼祥、罗瑞卿接见了中国人民解放军北京空军第三届先进集体积极分子代表大会的全体代表。

5 月 22 日 朱德、林彪、彭真、陈毅、贺龙、李先念接见了出席全国财贸部门技术革新和技术革命表彰大会的代表。

6 月 1 日至 11 日 全国教育和文化、卫生、体育等方面社会主义建设先进单位和先进工作者代表大会在北京开幕。党和国家领导人刘少奇、周恩来、朱德、宋庆龄、董必武、邓小平等出席，陆定一代表党中央、国务院致词。

6月24日　全国总工会党组向中共中央报送《关于十大城市当前技术革新、技术革命运动情况的报告》。

9月19日　中共中央批转国家经委《关于当前工业交通战线，技术革新，技术革命运动情况的报告》。中央认为，从1959年第四季度以来，全国开展的技术革新、技术革命运动是正确的，是有很大成绩的。为了突破国防尖端，必须把这一运动继续开展下去，一个阶段一个阶段地推向前进。

1961年

5月1日　毛泽东来到设在闵行新工业区的上海电机厂，同职工群众一起参加庆祝“五一”国际劳动节大会。参加大会的有全市各大工厂的290多名先进生产者、老工人和技术人员。大会结束后，毛主席和在主席台上的先进生产者代表一一握手。同日，刘少奇在长沙市参加庆祝“五一”国际劳动节活动；周恩来在邯郸市参加了全市庆祝“五一”国际劳动节大会，会前，接见了工农业劳动模范；朱德在成都市参加全市庆祝“五一”国际劳动节中心会场的联欢活动，并接见了成都的工农业战线上先进生产者田景琦、黄光耀、李怀培等7人，同他们进行了亲切交谈。

10月24日　沈阳市总工会召开劳动模范和先进生产者会议，推选吴家柱、林海丰、吴大有、王凤恩、蔚凤英等17位劳模，组成“沈阳市劳动模范、先进生产者厂际经验交流和技术协作活动委员会”，吴家柱任主任，王凤恩、蔚凤英、张甲禄任副主任。这标志着全国第一个职工技协组织诞生。

1962年

10月30日 全国总工会党组向党中央报送《关于进一步开展先进生产者、先进班组运动的意见》。

1963年

3月5日 《人民日报》《工人日报》等报纸发表毛泽东题词："向雷锋同志学习"。

3月6日 全国总工会发出《关于广泛组织全国职工向雷锋同志学习的通知》。

10月22日 中共中央、国务院批转国家经委、全国总工会《关于在工业、交通企业中开展"五好"企业和"五好"职工竞赛问题的报告》。

1964年

2月2日 全国总工会召开八届五次执委会议。会议指出，当前工会的中心任务是：高举毛泽东思想红旗，深入开展以阶级教育为中心的社会主义教育，放手发动职工大搞比学赶帮，广泛开展"五好"竞赛，把增产节约运动推向新的高涨，为全面完成和超额完成1964年的发展国民经济计划而奋斗。

2月5日 中共中央发出《关于传达石油工业部关于大庆会战情况的报告的通知》，并转发石油工业部《关于大庆石油会战情况的报告》。《通知》发出后，全国掀起工业学大庆热潮。

1965年

5月20日至6月5日 第一机械工业部、第八机械工业部、全国总工会、全国科协在上海举行机械工业技术革命经验交流会，来自全国各省、市、自治区的工业劳模、技术革新能手及技术人员600多人参加了会议。

9月27日至10月15日 全国总工会邀请工业交通战线的技术革新积极分子357人，来北京参加1965年国庆观礼。

11月7日 全国总工会发出《关于组织职工向王杰同志学习的通知》。

12月6日 全国总工会党组向中共中央报送《关于宣传大庆先进人物的请示报告》。

1966年

2月4日 全国总工会发出通知，号召全国职工向英雄水兵麦贤德同志学习。

2月7日 《人民日报》发表《县委书记的好榜样——焦裕禄》的通讯和社论。

2月12日 全国总工会发出通知，号召全国职工以焦裕禄同志为榜样，把学习毛泽东思想的氛围搞得浓浓的，把群众的干劲鼓得足足的，把工会工作做得好好的。

（从1966年5月至1976年10月，因“文化大革命”，全国劳模管理工作和劳模表彰停滞）

1977年

4月20日 全国工业学大庆会议在大庆油田开幕。华国锋、李先念、纪登奎、汪东兴、李德生、陈永贵、吴桂贤、苏振华、王震、余秋里、谷牧等党和国家领导人出席了大会，李先念致开幕词。5月13

日，大会在北京胜利闭幕。闭幕式上，中共中央、国务院表彰了2126个全国大庆式企业（单位）、全国先进企业（单位）和385位全国先进生产者（工作者）。

1978年

3月18日 全国科学大会在北京开幕。华国锋主持大会，邓小平发表了重要讲话。叶剑英、汪东兴等党和国家领导人出席了大会。31日，大会举行闭幕式。邓小平、李先念等党和国家领导人出席，纪登奎主持会议并致闭幕词。闭幕式上，党中央、国务院授予826个单位全国先进集体称号，授予1213人全国先进科技工作者称号。

4月27日至5月2日 全国总工会在北京召开“文化大革命”结束后的第一次全国劳动模范座谈会。来自全国各条战线的115名劳动模范代表，36名社会主义精神文明建设的先进人物代表，50名优秀工会工作者代表，共计201人出席了会议。

5月3日 华国锋、邓小平、李先念、汪东兴等党和国家领导人接见了出席全国劳动模范座谈会的全体代表。

6月20日 全国财贸学大庆学大寨会议在北京开幕。叶剑英、邓小平、汪东兴等党和国家领导人出席大会，李先念在会上讲话。来自全国财贸系统的各级领导干部、先进集体和先进模范人物的代表5000多人出席大会。7月9日，大会举行闭幕式。会上，中共中央、国务院授予全国财贸战线大庆式企业称号736个，授予全国劳动模范和全国先进生产者称号381人。

1979年

9月28日 工业交通、基本建设战线全国先进企业和全国劳动模范大会在北京开幕。由全国各地区和工业、交通、基建各行业评选出来的 118 个全国先进企业的代表和 222 名全国劳动模范登上主席台，接过党和国家领导人颁发的荣誉证书和金质奖章。华国锋、叶剑英、邓小平等党和国家领导人出席了大会，李先念代表中共中央和国务院发表讲话。

12 月 28 日 农业、财贸、教育、卫生、科研战线全国先进单位和全国劳动模范大会在北京开幕。来自全国各地的 351 个先进单位的代表和 340 名全国劳动模范，接过党和国家领导人颁发的荣誉证书和金质奖章。华国锋、邓小平、李先念等党和国家领导人出席了大会。

1980 年

3 月 8 日 全国总工会制定出台《劳动模范工作暂行条例》。

4 月 25 日 中共中央办公厅转发全国总工会《关于动员职工为四化立功，深入开展增产节约运动，迎接党的十二大召开的决议》。

1981 年

9 月 9 日 全国总工会党组报送《关于劳模工作向党中央、国务院的报告》。

11 月 26 日 全国总工会下发《关于配合有关部门做好劳动模范的表彰工作的通知》，要求各省、市、自治区总工会和各产业工会配合有关部门做好劳动模范的表彰工作，同时要注意坚持高标准、严要求，注重劳模质量，坚持民主评选的原则。

1982 年

4 月 10 日 国务院发布施行《企业职工奖惩条例》，第 6 条规定："对职工的奖励分为：记功、记大功，晋级，通令嘉奖，授予先进生产（工作）者、劳动模范等荣誉称号。在给予上述奖励时，可以发给一次性奖金。”

4 月 27 日 全国总工会在北京人民大会堂举行全国劳动模范和先进人物代表座谈会。来自全国各地的 201 名劳模代表出席了会议。王震、万里、习仲勋、姚依林、薄一波等党和国家领导人出席。万里、倪志福在会上讲话。在 5 月 2 日的闭幕式上，会议通过了《全国职工守则》。

5 月 1 日 邓小平、赵紫阳、李先念等党和国家领导人在人民大会堂接见了出席全国劳动模范和先进人物代表座谈会的全体代表并合影留念。

同日 中共中央主席胡耀邦出席了中共天津市委召开的劳动模范座谈会，同天津市各条战线的 170 多名劳动模范共度“五一”国际劳动节。会上，胡耀邦指出，全国工人阶级的历史使命就是 10 个大字：开创四化建设的新局面。

5 月 3 日 中共中央办公厅转发全国总工会党组、共青团中央、全国妇联党组《关于发挥先进人物作用，推动学赶先进活动的报告》。

8 月 7 日 全国总工会发出通知，号召全国职工广泛、深入地开展向赵春娥学习的活动。

12 月 4 日 《中华人民共和国宪法》作出关于劳动竞赛的规定：“国家提倡社会主义劳动竞赛，奖励劳动模范和先进工作者。”

12 月 10 日 以劳动模范领衔的中华全国职工技术协作委员会成立，全国劳动模范王崇伦被推选为首届主任。

1983 年

2 月 12 日 国务院授予（追授）河南洛阳老集煤场女工赵春娥、航天工业部陕西骊山微电子公司工程师罗健夫、中科院长春光学精密机械研究所副研究员蒋筑英 3 名同志全国劳动模范称号。

3 月 18 日 城乡建设环境保护部、全国总工会召开城市环境园林先进集体、先进个人表彰大会。32 个先进单位和 69 名劳动模范在授奖仪式上，接受了党和国家领导人颁发的奖旗、奖品和奖册。万里、陈慕华、谷牧、胡启立、郝建秀、康克清等出席了授奖仪式。万里代表党中央、国务院讲话。

3 月 24 日 习仲勋同志对保护劳动模范健康作出批示。在《上海电台情况反映》第 25 期批示："请全总注意这个问题并给上海市总工会打个电话，检查一下。"同年 5 月 18 日，在《上海电台情况反映》第 41 期批示："调查材料对一些劳动模范、先进人物健康下降所反映的几个问题，在全国带有普遍性。但是，长时期以来迄今未得到很好的解决，建议全总作个专题通盘研究一下，有针对性地定出具体有效的措施，切实解决劳动模范、先进人物兼职多、会议多、负担过重、劳动时间过长等问题，使他们能够有充沛的精力投身于四化建设，发挥更大的作用，工会要把这件事当作一件大事来抓。"

4 月 25 日 来自全国各地的 97 名著名劳动模范聚会北京，参加全国总工会组织的"五一"国际劳动节座谈会。28 日，李先念、彭真、万里、习仲勋、杨得志、余秋里、胡乔木、邓力群、陈丕显、胡启立、薄一波、王鹤寿、张劲夫等中央领导同志会见了参加劳动模范、先进人物座谈会的代表。

6 月 4 日 六届全国人大一次会议指出："过去 5 年涌现出大批英雄模范和先进工作者，被评为全国劳动模范和省、市、自治区劳动模范的有 38500 多人，被评为新长征突击手的有 42900 多人，被评为三八红旗手的有 71800 多人。""赵春娥、栾茀、张华、蒋筑英、罗健夫、雷雨顺、李俊甲、安珂、朱伯儒、张海迪等同志的感人事迹和崇高精神，鼓舞着全国青少年和亿万人民。"这是首次将众多劳模列入《政府工作报告》。

1984年

10月2日 胡耀邦、邓小平、李先念、彭真等党和国家领导人，接见来北京参加国庆35周年观礼活动的400名劳动模范。

10月31日 受国务院委托，河北省人民政府和交通部在石家庄市召开表彰大会，授予河北省邯郸运输公司汽车六队货车司机焦红“全国劳动模范”称号，同时颁发了证书和奖章。

11月10日 陈云为工人出版社即将出版的《中国职工劳模列传》题写书名，该书为108名全国劳动模范立传。

1985年

2月13日 全国总工会颁发《职工自学成才奖励暂行条例》。

4月28日 全国总工会在成立60周年之际，首次颁发五一劳动奖章，全国各行各业有1002名先进人物获此殊荣。

11月2日 国务院授予上海海运局“长柳”轮服务员杨怀远全国劳动模范称号。5日，表彰大会在上海举行，上海市市长江泽民、市委书记芮杏文分别代表国务院和上海市委向他颁发奖章、证书。

1986年

1月4日 全国总工会首次即时授予宋增娣五一劳动奖章，表彰其舍己救人的英雄事迹。

7月8日 国务院授予核工业第九研究院名誉院长、核工业部科技委副主任兼国防科工委技委副主任邓稼先全国劳动模范称号。

9月18日 全国总工会首次授予296个先进班组五一劳动奖状。

1987 年

1 月 8 日　全国总工会组织全国劳模、五一劳动奖状获得者赴老山前线，开展了为期 16 天的慰问活动，并在老山前线向全国职工发出倡议。

4 月 11 日　国务院发布《关于授予赵成顺、于敏、艾有勤、李国桥、熊汉仙五位同志全国劳动模范称号的决定》。

1988 年

4 月 30 日　全国总工会召开全国劳动模范、五一劳动奖章、五一劳动奖状授奖大会。大会宣布国务院决定，授予张兴让、李守堂、赵乃刚、杜德顺、顾诵芬、路寅娟、朱菊儿、王永民、魏书生、聂卫平 10 人全国劳动模范称号。李鹏、胡启立、姚依林、王震等领导人出席大会。

6 月 5 日　全国劳动模范、太钢治渣功臣李双良被联合国环境规划署列入《保护及改善环境卓越成果全球 500 佳名录》，并被授予“全球 500 佳”金质奖章。

1989 年

9 月 28 日　全国劳动模范和先进工作者表彰大会在北京开幕。屠学信等 1987 人被授予全国劳动模范称号，彭时雄等 803 人被授予全国先进工作者称号。党和国家领导人江泽民、杨尚昆、李鹏、万里、乔石、姚依林、宋平、李瑞环、王震等出席。会前，邓小平、彭真同志与出席开幕式的其他党和国家领导同志一起，在人民大会堂会见出席表彰大会的代表并合影留念。

1990 年

4 月 27 日 国务院在北京举行庆祝“五一”国际劳动节的大会上，即时授予潘星兰、追授杨大兰全国先进工作者称号。

5 月 9 日 全国总工会组织的劳模报告团，分赴全国各地进行巡回报告。劳模报告团共分 6 个分团，由 32 名全国劳动模范、全国先进工作者、全国五一劳动奖章获得者等代表组成，倪志福任总团长。

1991 年

9 月 3 日 中国人民大学“先进模范青年试点班”招生录取工作结束。全国劳动模范、大庆油田 1205 钻井队第 12 任队长、申冠等 59 名先进模范青年作为人大 1991 级新生入校学习。

12 月 11 日 国家教委对全国总工会《关于中国工运学院开办劳动模范本科班的请示》作出批复。

1992 年

1 月 17 日 国家教委发布《关于 1992 年部分普通高等学校试验招收先进模范青年的实施意见》。同年 9 月，上海招收了 214 名先进模范青年进入高校学习。

4 月 3 日 新修订的《工会法》正式颁布，第 33 条规定：“根据政府委托，工会与有关部门共同做好劳动模范和先进生产（工作）者的评选、表彰、培养和管理工作。”

1993 年

4 月 29 日 江泽民、乔石、李瑞环、胡锦涛等党和国家领导人在人民大会堂亲切会见全国劳动模范和全国五一劳动奖章、奖状获得者代表，江泽民代表党中央讲话。

4 月 30 日 全国总工会在北京举行全国劳模事迹报告会。全国劳模、被誉为“当代愚公”的太钢老工人李双良，全国劳模、中国航空科学技术研究院副院长顾诵芬，全国劳模、河北开滦赵各庄矿工人侯振清，全国劳模、青岛海尔集团公司总经理张瑞敏分别在报告会上介绍了自己的事迹。

1994 年

1 月 1 日 全国总工会与中央人民广播电台在《新闻和报纸摘要》节目中，联合开设大型人物系列“中华英模”广播专栏，同时在《午间半小时》节目中开设“英模之声”配套专栏。

3 月 2 日 中宣部、交通部、全国总工会在北京举办首场包起帆事迹报告会。

4 月 11 日 全国总工会首次评选出“全国十大杰出职工”。

9 月 22 日 全国总工会在国庆期间，邀请全国历届百名劳动模范进京参加国庆 45 周年观礼。

1995 年

4 月 14 日 中共中央组织部、中共中央宣传部发出《关于开展向孔繁森同志学习活动的通知》。

4 月 29 日 党中央、国务院隆重召开庆祝“五一”国际劳动节暨表彰全国劳动模范和先进工作者大会，表彰在改革开放和社会主义现代化建设中做出优异成绩的 2873 名劳动模范和先进工作者。党和国家领导人江泽民、李鹏、乔石、李瑞环、朱镕基、刘华清、胡锦涛等出席了大会。江泽民代表党中央、国务院在会上发表了重要讲话。

1996 年

4 月 10 日 全国总工会评选出“全国十二名优秀工人”。在他们当中，有 11 人是全国劳动模范，1 人是省部级劳动模范。

4 月 17 日 中共中央宣传部、建设部和中共上海市委联合在北京举行徐虎先进事迹报告会。

1997 年

4 月 17 日 中共中央宣传部、全国总工会等 6 部委在北京举行王启民同志先进事迹报告会。

11 月 11 日 全国总工会在北京召开全国“十大能工巧匠”表彰大会。淮北矿务局机电维修工李振安等 10 位模范先进人物，成为全国第一批入选的能工巧匠。

1998 年

4 月 22 日 由全国总工会组织评选的’98 全国十大杰出工人揭晓。东风汽车公司总装配厂调整车间调整工王涛等 10 位优秀人物获此殊荣。

4 月 29 日 中宣部、国家经贸委、全国总工会、湖北省委在北京召开学习王涛同志先进事迹座谈会，探讨王涛同志先进事迹的时代意义。

10 月 6 日 全国总工会授予在抗洪救灾中作出突出贡献的湖北省交通厅公路运输管理局等 5 个先进集体和湖北中南石化销售公司离休干部王占成等 14 位先进个人全国五一劳动奖状和全国五一劳动奖章。

1999 年

4 月 28 日 全国总工会在中国职工之家举行招待会，慰问百名老劳动模范、老先进工作者。这一年是新中国成立 50 周年，百名来自全国各地的老劳模、老先进工作者都是 20 世纪五六十年代在各条战线上作出特殊贡献的先进模范人物。他们中有“铁人”王进喜的战友，有马德仁、申纪兰、郭凤莲、邢燕子、玉荣等。

7 月 23 日 中央宣传部、国家经贸委、国务院纠风办、全国总工会在中国科技会堂联合召开表彰报告会，表彰第五届全国职工职业道德“十佳标兵”和“十佳单位”。

8 月 15 日 中共中央总书记江泽民到辽宁考察，特意看望了沈阳劳模物业管理有限公司的劳模。这家公司是由全国劳模、原沈阳铸造厂副总机械师张成哲发起成立的。

9 月 29 日 百名全国劳模代表参加全国总工会组织的劳模座谈会。他们中有育林老英雄马永顺，共和国第一个女火车司机田桂英，“杂交水稻之父”袁隆平，“当代愚公”李双良，新时期的铁人王启民，“抓斗大王”包起帆，当代产业工人的楷模张玮，著名科学家于敏，著名农业劳模史来贺，等等。

2000 年

2 月 24 日 中共中央宣传部、全国绿化委员会、国家林业局、全国总工会、中共黑龙江省委在人民大会堂联合举办林业老英雄马永顺先进事迹报告会。

4 月 29 日 全国劳动模范和先进工作者表彰大会在北京举行。国务院授予 1931 人全国劳动模范称号，授予 1051 人全国先进工作者称号。江泽民、李鹏、朱镕基、李瑞环、胡锦涛、尉健行、李岚清等党和国家领导同志出席大会。江泽民发表重要讲话，王忠禹宣读了《国务院关于表彰全国劳动模范和先进工作者的决定》。

9月28日至10月2日 全国总工会组织西部地区12个省市的80名全国劳动模范到大连考察，开展交流活动。

2001年

4月24日至27日 由全国总工会组织的100名劳动模范考察团分赴深圳、上海和三峡工地参观考察。

4月28日 全国劳动模范座谈会在北京中南海怀仁堂举行，江泽民出席并发表重要讲话。

6月6日 中央企业工委与全国总工会联合举办“新时代工人的楷模”李黄玺先进事迹报告会。

2002年

4月29日 由民政部和全国总工会联合举办的首次“爱心献劳模”捐赠仪式在北京人民大会堂举行。捐赠仪式上，民政部中国福利彩票发行中心出资300万元，通过全国总工会发放给1000名生活困难的全国劳模和全国五一劳动奖章获得者。

4月30日 全国第一个以劳模名字命名的“李斌学校”成立，翌年升格为“上海电气李斌技师学院”。

11月26日 中央党校首次开办的劳模培训班开学，52名劳模走进党的最高学府，学习中共十六大精神，接受现代管理和社会主义市场经济知识培训。

2003年

4月29日 在党的十六大召开后的第一个“五一”国际劳动节前

夕，党中央邀请全国劳动模范代表到中南海怀仁堂座谈。

6月5日 全国总工会启动“中国劳模——时代领跑者”形象工程活动。

7月25日 为表彰医务工作者在抗击非典中的牺牲精神，全国总工会、中央电视台、中国石油天然气管道局在廊坊市时代广场，举办《中国脊梁》大型英模表彰文艺晚会。

2004年

1月30日 全国总工会等9部门联合发出《关于开展全国“创建学习型组织，争做知识型职工”活动的实施意见》。

4月20日 中宣部、交通部、人事部、全国总工会和中共山东省委联合举办的许振超先进事迹报告会在北京人民大会堂举行。

4月30日 正在江苏省考察工作的中共中央总书记胡锦涛来到南京熊猫集团考察，专门看望了江苏部分全国劳动模范，并与他们进行座谈。

8月9日 全国首家以劳模命名的创新工作室——殷春银创新工作室在徐州矿务集团庞庄煤矿挂牌。

8月16日 100位参加全国总工会组织的休养活动的全国劳模和全国五一劳动奖章获得者在中国职工之家，参加全国总工会举办的劳模座谈会。

2005年

2月24日 全国总工会首次颁发“全国五一巾帼奖”，辽宁省沈阳鼓风机有限公司设计攻关组等10个集体和邵尧霞等10名女职工获此殊荣，他们同时被授予全国五一劳动奖状、全国五一劳动奖章。

4月30日 全国劳动模范和先进工作者表彰大会在北京举行。国务院决定授予2124人全国劳动模范荣誉称号、845人全国先进工作者荣誉称号。胡锦涛在会上发表了重要讲话。温家宝、贾庆林、曾庆红、黄菊、吴官正、李长春、罗干等党和国家领导人出席。根据党的十六大精神，这次表彰大会首次把私营企业主纳入劳模推荐评选范围。此外，候选劳模名单首次全国公示。

7月6日 中共中央宣传部和全国总工会在北京联合举行全国劳动模范和先进工作者先进事迹报告会。

2006年

3月27日 国务院下发《关于解决农民工问题的若干意见》，规定："有关部门和单位在评定技术职称、晋升职务、评选劳动模范和先进工作者等方面，要将农民工与城镇职工同等看待。"对农民工中的劳动模范、先进工作者和高级技工、技师以及其他有突出贡献者，应优先准予落户。

8月30日 全国总工会、科技部、交通部作出《关于在全国职工中开展向包起帆同志学习的决定》。

12月8日 全国总工会十四届四次执委会议提出，总结推广各地开展创建工人先锋号的经验，深入开展创建工人先锋号活动，把创建工人先锋号当成推进"当好主力军、建功'十一五'、和谐奔小康"竞赛活动的重要抓手。

2007年

2月23日 全国劳动模范、一汽大众的工人王洪军和上海宝钢的工人韩明明荣获国家科技进步奖，这是一线工人劳模首次登上国家科技奖最高领奖台。

4月24日 中宣部、全国总工会、交通部和天津市委在北京举行

“新时期知识型产业工人”孔祥瑞先进事迹报告会。

8月30日 全国总工会在部署创建工人先锋号活动电视电话会议上透露，今后获得全国五一劳动奖状的班组原则上从全国工人先锋号中产生。

11月26日 全国总工会决定，授予在我国首次绕月探测工程中作出突出贡献的8个先进集体和22名先进个人全国五一劳动奖状和奖章。

2008年

2月1日 全国总工会决定，追授在抗击雨雪冰冻灾害斗争中，因公殉职的周景华、罗海文、罗长明、曹响林、肖建华、周泽良、王勇、张新民、刘焕松、郭燚10名同志全国五一劳动奖章，同时追授安徽省全椒县交通局工会副主任王勇“全国优秀工会干部”荣誉称号。

4月29日 全国总工会首次命名表彰了1055个全国工人先锋号先进集体。

4月30日 中宣部和全国总工会在北京召开全国劳模、新型技术工人窦铁成同志先进事迹座谈会。

6月14日 全国总工会决定，授予在汶川抗震救灾和恢复生产中，作出突出贡献的东方汽轮机有限公司等10个集体全国五一劳动奖状，授予裴福兴等10名同志全国五一劳动奖章。

9月28日 党中央、国务院决定，对为成功举办北京奥运会、残奥会作出突出贡献的北京奥运会组委会等332个集体和丁伯成等566名同志予以表彰，分别授予“北京奥运会残奥会先进集体”和“北京奥运会残奥会先进个人”荣誉称号。

9月28日 全国总工会决定，授予在“神舟七号”载人航天飞行任务中，作出突出贡献的7个先进集体全国五一劳动奖状、17名先进个人全国五一劳动奖章荣誉称号。

12月2日至17日 作为全国总工会改革开放30周年纪念活动之一，全国总工会组织了来自全国各地各产业的300余名劳模代表分三路，前往广东、上海、江苏、北京、天津、河北等地参加“劳模参观考察改革开放成果”活动。

2009年

4月28日 庆祝“五一”国际劳动节暨保增长促发展劳动竞赛推进大会在北京举行。中共中央政治局常委、中央书记处书记、国家副主席习近平出席大会并发表重要讲话。

7月18日至24日 作为全国总工会迎接新中国成立60周年劳模系列活动之一，全国总工会启动3000名劳模休养活动，这是自2000年全国总工会组织劳模休养活动以来，规模最大的一次。

9月10日 为迎接新中国成立60周年，经中共中央批准，中央宣传部、全国总工会等11个部门联合组织开展的“100位为新中国成立作出突出贡献的英雄模范人物”和“100位新中国成立以来感动中国人物”评选活动揭晓，刘胡兰、王进喜、包起帆等英雄模范榜上有名。

9月22日 由全国总工会举办的“时代领跑者——新中国成立以来最具影响的劳动模范”评选活动揭晓。马恒昌、王进喜、袁隆平等60名全国劳模成为新中国成立60年来最具影响的劳动模范。

2010年

4月19日 全国总工会授予在青海玉树抗震救灾中，表现突出的马宝祥农民工抢险队全国工人先锋号称号。21日，追授为抢救电力殉职的青海火电工程公司送变电分公司高空线路班班长杜金玉全国五一劳动奖章。

4月27日 全国劳动模范和先进工作者表彰大会在人民大会堂召开。会上，国务院决定授予2115人全国劳动模范荣誉称号、870人全国先进工作者荣誉称号。胡锦涛在会上发表了重要讲话。吴邦国、温家宝、贾庆林、李长春、习近平、李克强、贺国强等党和国家领导人出席。

9月20日 全国总工会作出开展向郭明义同志学习活动的决定。

2011年

1月19日 全国总工会十五届五次执委会议审议通过了《中华全国总工会关于组织动员广大职工实现“十二五”规划目标任务创先争优建功立业的决议》。

2月23日 全国总工会印发了《关于加强劳动模范工作的意见》。

3月18日 全国总工会召开“当好主力军、建功‘十二五’”创先争优劳动竞赛电视电话会议。

6月30日 中央政治局常委、中央书记处书记、国家副主席习近平出席了由全国总工会主办的“永远跟党走”图片展开幕式，并与劳动模范一同参观展览。

2012年

3月2日 中央精神文明建设指导委员会作出决定，授予郭明义同志“当代雷锋”荣誉称号。

6月13日 中央宣传部、全国总工会等7个部门在北京召开学习时代楷模座谈会。

6月14日 全国总工会办公厅下发《关于以开展“面对面、心贴心、实打实服务职工在基层”活动为契机，进一步加强关心关爱劳模工作的通知》。

11 月 27 日 全国总工会决定，追授歼-15 舰载机研制现场总指挥罗阳全国五一劳动奖章。

2013 年

4 月 28 日上午 中共中央总书记、国家主席、中央军委主席习近平来到全国总工会机关，同全国劳动模范代表座谈并发表重要讲话。中共中央政治局常委刘云山及王沪宁、栗战书出席，中共中央政治局委员、中华全国总工会主席李建国主持。来自全国 31 个省（区、市）的 26 位全国劳模、39 位全国五一劳动奖章获得者参加了座谈。

4 月 28 日中午 全国总工会机关召开会议，认真传达学习习近平总书记在同劳动模范代表座谈时的重要讲话精神，李建国出席会议并讲话。

6 月 9 日 全国总工会办公厅印发《关于开展省部级以上劳动模范调查摸底工作的通知》。

10 月 21 日 在全国总工会十六届一次执委会议上，2 位来自生产一线的全国劳动模范许振超、郭明义当选为全国总工会兼职副主席。

2014 年

3 月 4 日 在学雷锋日到来之际，习近平总书记给“郭明义爱心团队”回信，对他们服务社会、助人为乐、爱岗敬业给予充分肯定，并向全国广大志愿者和爱心人士致以崇高敬意。

4 月 24 日 中央宣传部、全国总工会在中国网络电视台向全社会公开发布吴吉林等 10 位“最美职工”的先进事迹。

4 月 30 日 正在新疆考察工作的习近平总书记在乌鲁木齐接见劳动模范和先进工作者、先进人物代表，向全国广大劳动者致以节日问候。

11月25日 全国总工会印发《关于命名全国示范性劳模创新工作室的决定》。《决定》命名赵郁劳模创新工作室等97个工作室为全国示范性劳模创新工作室。

2015年

1月19日 全国总工会印发《关于进一步开展非公企业劳动竞赛的意见》。

4月28日 庆祝"五一"国际劳动节暨表彰全国劳动模范和先进工作者大会在北京开幕。习近平总书记在会上发表重要讲话。李克强、张德江、俞正声、王岐山、张高丽出席。刘云山宣读《中共中央、国务院关于表彰全国劳动模范和先进工作者的决定》。决定授予2064人全国劳动模范荣誉称号、904人全国先进工作者荣誉称号。

7月9日 中共中央下发《关于加强和改进党的群团工作的意见》。《意见》指出:"搞好典型引路,发挥各行各业先进典型、道德模范、'最美人物'等的示范带动作用,激发全社会学习先进、追赶先进、争当先进的持久内生动力。"

7月17日 习近平总书记在吉林东北工业集团长春一东离合器股份有限公司与企业劳模、科研人员和一线职工座谈时指出:"要求大力弘扬劳模精神,充分发挥工人阶级主人翁作用,维护好职工群众合法权益,积极构建和谐劳动关系。"

2016年

1月17日 在全国总工会十六届四次执委会议上,全国劳动模范、农民工代表巨晓林当选中华全国总工会兼职副主席。

1月27日 全国总工会办公厅印发《关于开展"身边的大国工匠"推荐学习活动的通知》。

4月26日 习近平总书记在安徽合肥主持召开知识分子、劳动模范、青年代表座谈会并发表重要讲话。

4月28日 全国总工会党组第64次会议审议通过了《关于充分发挥全国总工会劳模兼职副主席作用的暂行办法》。

9月12日 全国总工会印发《2016—2020年劳动和技能竞赛规划》。

12月9日 全国总工会印发《关于充分发挥工会在建设知识型、技术型、创新型技术工人队伍中的作用的意见》。

2017年

2月6日 习近平总书记主持召开中央全面深化改革领导小组第三十二次会议，审议通过了《新时期产业工人队伍建设改革方案》。《方案》指出，“强化职业精神和职业素养教育，大力弘扬劳模精神、劳动精神、工匠精神，引导产业工人爱岗敬业、甘于奉献，培育健康文明、昂扬向上的职工文化，在精神文明建设中发挥示范导向作用”，劳模精神、劳动精神、工匠精神在中央文件中首次并列在一起。

6月20日 由中央组织部举办的“大国工匠”国情研修班在中国浦东干部学院开班，这是首次面向高技能人才举办的国情研修班。高凤林等53名中国乃至世界顶级工匠齐聚上海进行国情研修。他们中有25位全国劳动模范，24位全国五一劳动奖章获得者。

7月6日 全国总工会印发《关于进一步深化劳模和工匠人才创新工作室创建工作的意见》。

同日 全国总工会办公厅下发《全国示范性劳模和工匠人才创新工作室命名管理工作暂行办法的通知》。

7月18日 全国总工会办公厅下发《关于进一步加强和规范劳模休养工作的通知》。

10月18日 党的十九大报告中明确指出："建设知识型、技能型、创新型劳动者大军，弘扬劳模精神和工匠精神，营造劳动光荣的社会风尚和精益求精的敬业风气"。这是首次把劳模精神、工匠精神写入全国代表大会报告。

12月12日 习近平总书记在徐工集团重型机械有限公司亲切看望劳动模范、技术能手等职工代表。他热情洋溢地说，广大企业职工要增强新时代工人阶级的自豪感和使命感，爱岗敬业、拼搏奉献，大力弘扬劳模精神和工匠精神，在为实现中国梦的奋斗中争取人人出彩。

2018年

3月22日 中共中央办公厅、国务院办公厅印发《关于提高技术工人待遇的意见》。《意见》明确："高技能领军人才包括获得全国劳动模范、全国五一劳动奖章、中华技能大奖、全国技术能手等荣誉以及享受省级以上政府特殊津贴的人员，或各省（自治区、直辖市）政府认定的'高精尖缺'高技能人才。"

4月30日 习近平总书记给中国劳动关系学院劳模本科班学员回信。他在信中充分肯定了广大劳模为党和国家事业作出的突出贡献。

6月2日 全国总工会党组向党中央呈报《关于全国工会系统学习宣传贯彻习近平总书记给中国劳动关系学院劳模本科班学员回信精神情况的报告》。

10月29日 习近平总书记在同全国总工会新一届领导班子成员集体谈话时强调，劳动模范是民族的精英、人民的楷模。大国工匠是职工队伍中的高技能人才。工会要协同各个方面为劳动模范、大国工匠发挥作用搭建平台、提供舞台，培养造就更多劳动模范、大国工匠。

2019年

2月28日 由全国总工会、中央广播电视总台联合举办的2018年“大国工匠年度人物”揭晓，高凤林等10位来自生产一线的劳动模范、五一劳动奖章获得者、技术能手获此殊荣。

4月29日 全国总工会学习贯彻习近平总书记给中国劳动关系学院劳模本科班学员回信精神一周年座谈会在北京召开。

9月25日 新华社报道，习近平总书记日前对“最美奋斗者”评选表彰和学习宣传活动作出重要指示，向已经逝世的“最美奋斗者”表示深切的缅怀，向受到表彰的同志表示热烈的祝贺，向“最美奋斗者”亲属表示诚挚的问候。

9月29日 中华人民共和国国家勋章和国家荣誉称号颁授仪式在北京人民大会堂举行。中共中央总书记、国家主席、中央军委主席习近平向国家勋章和国家荣誉称号获得者颁授勋章奖章并发表重要讲话。

2020年

4月30日 习近平总书记给郑州圆方集团全体职工回信，“希望广大劳动群众坚定信心、保持干劲，弘扬劳动精神，克服艰难险阻，在平凡岗位上续写不平凡的故事，用自己的辛勤劳动为疫情防控和经济社会发展贡献更多力量”。

5月5日 全国总工会就学习宣传贯彻习近平总书记给郑州圆方集团职工回信精神下发通知。

8月19日 习近平总书记在马鞍山市中国宝武马钢集团视察时说，劳动模范是共和国的功臣，要大力弘扬劳模精神。

9月8日 全国抗击新冠肺炎疫情表彰大会在北京举行，习近平向国家勋章和国家荣誉称号获得者颁授勋章奖章并发表重要讲话。李克强主持大会，栗战书宣读主席令，王沪宁宣读中共中央、国务院、中央军委表彰决定。

11月24日 全国劳动模范和先进工作者表彰大会在北京开幕。中共中央总书记、国家主席、中央军委主席习近平出席大会并发表重要讲话。李克强、栗战书、汪洋、赵乐际、韩正出席，王沪宁宣读党中央、国务院表彰决定。

11月25日 全国总工会以电视电话会议形式召开座谈会，学习贯彻习近平总书记在全国劳动模范和先进工作者表彰大会上重要讲话精神。全国人大常委会副委员长、中华全国总工会主席王东明出席会议并讲话。

12月10日 中华人民共和国第一届职业技能大赛在广州市开幕。习近平总书记给大赛发来贺信。习近平强调，各级党委和政府要高度重视技能人才工作，大力弘扬劳模精神、劳动精神、工匠精神，激励更多劳动者特别是青年一代走技能成才、技能报国之路，培养更多高技能人才和大国工匠，为全面建设社会主义现代化国家提供有力人才保障。

2021年

2月25日 全国脱贫攻坚总结表彰大会在北京举行。习近平总书记向全国脱贫攻坚楷模荣誉称号获得者等颁奖并发表重要讲话。

4月16日 全国总工会启动“中国梦·劳动美——永远跟党走 奋进新征程”全国工会劳模工匠宣讲活动。

6月29日 庆祝中国共产党成立100周年“七一勋章”颁授仪式举行。习近平总书记向“七一勋章”获得者颁授勋章并发表重要讲话。

同日 中共中央作出《关于授予“七一勋章”的决定》。

9月29日 中国共产党人精神谱系第一批伟大精神正式发布，劳模精神（劳动精神、工匠精神）被纳入其中。

11 月 5 日 习近平总书记在人民大会堂亲切会见了第八届全国道德模范及提名奖获得者。全国劳模竺士杰，大国工匠艾爱国，全国先进工作者张伯礼、张定宇、樊锦诗等获得全国道德模范称号。

12 月 18 日 庆祝改革开放 40 周年大会举行，习近平在会上发表重要讲话。大会向 100 名获改革先锋称号的同志和 10 名获中国改革友谊奖章的国际友人颁授奖章。在这些改革先锋中，有 41 人曾荣获过全国劳动模范、全国先进工作者、全国五一劳动奖章等。

2022 年

4 月 27 日 首届大国工匠创新交流大会在北京开幕，习近平总书记发来贺信。习近平在贺信中强调，我国工人阶级和广大劳动群众要大力弘扬劳模精神、劳动精神、工匠精神，适应当今世界科技革命和产业变革的需要，勤学苦练、深入钻研，勇于创新、敢为人先，不断提高技术技能水平，为推动高质量发展、实施制造强国战略、全面建设社会主义现代化国家贡献智慧和力量。

9 月 1 日至 2 日 由全国总工会联合湖南省委、省政府举办的首届“大国工匠论坛”在长沙举办。论坛以“匠心逐梦、强国有我”为主题，通过讲述全国 87 名“大国工匠”的奋斗故事，解读了“工匠精神”的深刻内涵，是我国首次为“工匠”举办的全国性论坛。

2023 年

4 月 28 日 全国总工会召开习近平总书记给中国劳动关系学院劳模本科班学员回信五周年座谈会。

5 月 5 日 中央财经委员会第二十届一次会议召开，习近平总书记在讲话时强调，要大力建设世界一流企业，倍加珍惜爱护优秀企业家，大力培养大国工匠。同年，中央办公厅在相关任务分工中明确由全国总工会和中组部牵头负责大国工匠的培养工作。

5 月 29 日　习近平总书记在中共中央政治局第五次集体学习时强调："统筹职业教育、高等教育、继续教育，推进职普融通、产教融合、科教融汇，源源不断培养高素质技术技能人才、大国工匠、能工巧匠。"

7 月 28 日　由中华全国总工会、中共北京市委、北京市人民政府主办的以"匠心筑梦 技能报国"为主题的第二届大国工匠创新交流大会暨大国工匠论坛在北京开幕。

9 月 1 日　习近平总书记给全国劳模李志强领衔的中国航发黎明发动机装配厂"李志强班"全体职工回信。

2024 年

3 月 5 日　习近平总书记在参加十四届全国人大二次会议江苏代表团审议时指出，"大国工匠是我们中华民族大厦的基石、栋梁。""我们要实实在在地把职业教育搞好，要树立工匠精神，把第一线的大国工匠一批一批培养出来。这是顶梁柱，没有金刚钻，揽不了瓷器活。"

4 月 30 日　在"五一"国际劳动节到来之际，习近平代表党中央，向全国广大劳动群众致以节日祝贺和诚挚慰问。习近平希望广大劳动群众大力弘扬劳模精神、劳动精神、工匠精神，爱岗敬业、创新创造，踊跃投身以高质量发展推进中国式现代化的火热实践，为全面推进强国建设、民族复兴伟业而不懈奋斗。

6 月 24 日　习近平总书记在全国科技大会、国家科学技术奖励大会和中国科学院第二十一次院士大会、中国工程院第十七次院士大会上发表重要讲话，指出："要把加快建设国家战略人才力量作为重中之重，着力培养造就战略科学家、一流科技领军人才和创新团队，着力培养造就卓越工程师、大国工匠、高技能人才。"

9 月 13 日 国家主席习近平签署主席令，根据十四届全国人大常委会第十一次会议表决通过的全国人大常委会《关于在中华人民共和国成立七十五周年之际授予国家勋章和国家荣誉称号的决定》，授予 15 人国家勋章、国家荣誉称号。其中，许振超被授予“人民工匠”国家荣誉称号。

9 月 29 日 中华人民共和国国家勋章和国家荣誉称号颁授仪式在北京人民大会堂金色大厅举行。中共中央总书记、国家主席、中央军委主席习近平向国家勋章和国家荣誉称号获得者颁授勋章奖章并发表重要讲话。李强、赵乐际、王沪宁、丁薛祥、李希、韩正出席颁授仪式。蔡奇主持并宣读了习近平签署的中华人民共和国主席令。

10 月 15 日 全国总工会在全国工会系统召开“人民工匠”许振超同志先进事迹报告会。会上，许振超以《我走过的工匠路》为题，讲述了他从普通码头工人到“金牌工人”，再到成为“人民工匠”的光荣历程。全国劳模、大国工匠、中国航发沈阳黎明航空发动机有限责任公司首席技师洪家光代表全国劳模工匠发出向许振超同志学习的倡议。

附录二

全国劳模奖章简介

1950 年至 1978 年召开的 7 次全国劳模表彰大会，以会议的形式表彰，只认定出席大会的个人代表为全国劳模，无表彰决定，无奖章，无证书，只有会议纪念章。本书对历届全国劳模奖章（纪念章）的样式和规格进行了梳理，具体情况如图 1 到图 10 所示。

图 1　1950 年全国工农兵劳动模范代表会议纪念章

（通径 45 毫米，铜制）

图 2　1956 年全国先进生产者代表会议纪念章

（正面、背面，高 50 毫米，宽 30 毫米，铜制）

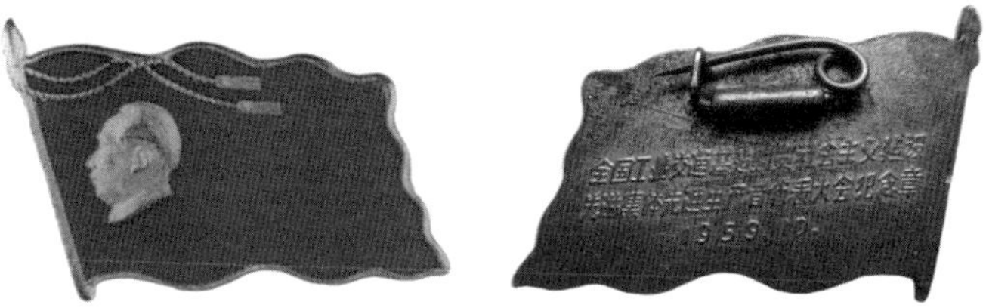

图 3 1959 年全国工业、交通运输、基本建设、财贸方面社会主义建设先进集体和先进生产者代表大会（全国工业群英会）纪念章

（正面、背面，高 23 毫米，宽 30 毫米，铜制）

图 4 1960 年全国教育和文化、卫生、体育、新闻方面社会主义建设先进单位和先进工作者代表大会（全国文教群英会）纪念章

（正面、背面，高 35 毫米，铜制）

图 5 1977 年全国工业学大庆展览章（铝制，齿轮造型）

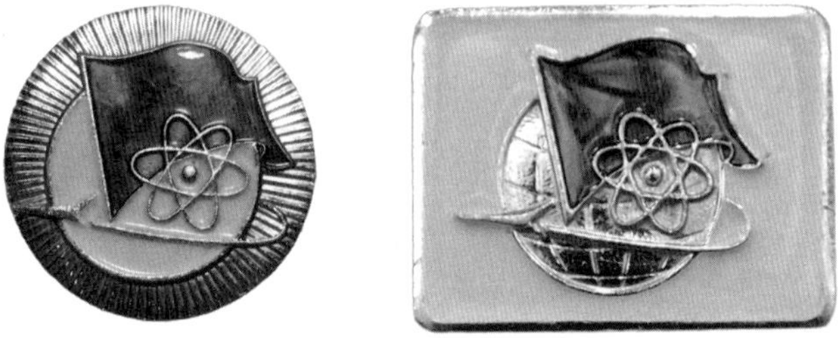

图 6 1978 年全国科学大会纪念章（铝制）

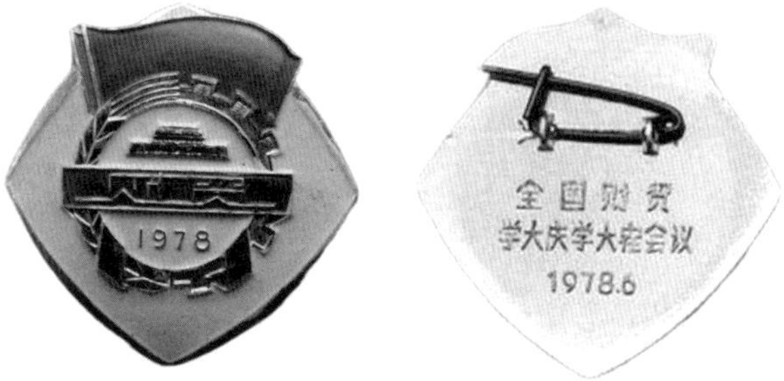

图 7 1978 年全国财贸学大庆学大寨会议纪念章（铝制，菱形）

图 8 1979 年至 1995 年全国劳动模范奖章

（通径 45 毫米，铜镀金）

图 9 2000 年至 2015 年全国劳动模范和先进工作者奖章

（通径 53 毫米，铜镀金）

图 10 2020 年至今全国劳动模范和先进工作者奖章

（通径 60 毫米，铜镀金）

从历次全国劳模表彰大会奖章设计样式来看，1979 年以前历次劳模表彰大会的奖章没有统一制式，多以纪念章为主。自 1979 年全国劳模表彰大会开始，全国劳模奖章的样式基本形成。2000 年全国劳模表彰前对奖章样式进行修改。2020 年，根据《勋章、奖章、纪念章管理办法（试行）》有关规定，对全国劳模奖章重新进行了设计修改，目前的全国劳模奖章通径约为 60 毫米，材质为铜镀金。

主要参考文献

1. 习近平著．习近平谈治国理政（全四册）．北京：外文出版社，2022

2. 中共中央宣传部编．习近平总书记系列重要讲话读本．北京：学习出版社、人民出版社，2016

3. 全国总工会政研室编．把握时代主题 服务职工群众——深入学习贯彻习近平总书记关于工人阶级和工会工作的重要论述．北京：中国工人出版社，2017

4. 中华全国总工会编．争做新时代的奋斗者——深入学习贯彻习近平总书记给中国劳动关系学院劳模本科班回信重要精神．北京：中国工人出版社，2018

5. 全国总工会政研室编．新时代 新使命 新作为——深入学习贯彻习近平总书记关于工人阶级和工会工作的重要论述．北京：中国工人出版社，2018

6. 全国总工会课题组编．深入学习贯彻习近平总书记关于工人阶级和工会工作的重要论述．北京：中国工人出版社，2021

7. 中共中央党史和文献研究院编．习近平关于工人阶级和工会工作论述摘编（普及本）．北京：中央文献出版社，2023

8. 毛泽东著．经济问题与财政问题．沈阳：东北书店，1948

9. 毛泽东著．毛泽东农村调查文集．北京：人民出版社，1982

10. 毛泽东著．毛泽东选集（第三卷）．北京：人民出版社，1991

11. 毛泽东著．毛泽东选集（第四卷）．北京：人民出版社，1991

12. 中华全国总工会，中共中央文献研究室编．毛泽东邓小平江泽民论工人阶级和工会工作．北京：中央文献出版社，2002

13. 刘少奇著．刘少奇选集（上卷）．北京：人民出版社，1981

14. 朱德著．克服困难，向前迈进．《解放日报》，1942 年 5 月 1 日

15. 中共中央文献研究室编．毛泽东年谱（1893—1949）（修订本）．北京：中央文献出版社，2013

16. 中共中央文献研究室，中央档案馆编．建党以来重要文献选编（1921—1949）（第 11 册）．北京：中央文献出版社，2011

17. 中共中央文献研究室编．建国以来重要文献选编（1–20 册）．北京：中央文献出版社，2011

18. 中央档案馆，中共中央文献研究室编．中共中央文件选集（1–48 册）．北京：人民出版社，2013

19. 本书编写组编．中国共产党简史．北京：人民出版社、中共党史出版社，2021

20. 中央档案馆编．中共中央文件选集（第 10 册、第 12 册）．北京：人民出版社，1991

21. 中华全国总工会研究室编著．中国工人阶级四十年．北京：中国工人出版社，2018

22. 中共中央党史和文献研究院著．中国共产党 100 年．北京：中共党史出版社，2022

23. 中共中央文献研究室编．十四大以来重要文献选编．北京：中央文献出版社，2011

24. 中共中央文献研究室编．十五大以来重要文献选编．北京：中央文献出版社，2011

25. 中华全国总工会编．建国以来中共中央关于工人运动文献选编．北京：中国工人出版社，1988

26. 中华全国总工会办公厅编．建国以来中共中央关于工人运动文献选编．北京：中国工人出版社，1989

27. 倪志福主编．当代中国工人阶级与工会运动．北京：当代中国出版社，1997

28. 李玉赋主编．新编中国工人运动史．北京：中国工人出版社，2020

29. 李玉赋主编．新的使命和担当——《新时期产业工人队伍建设改革方案解读》．北京：中国工人出版社，2017

30. 当代中国研究所著．中华人民共和国史稿（1–4 卷）．北京：人民出版社、当代中国出版社，2012

31. 中共中央党史和文献研究院编．中华人民共和国大事记（1949 年 10 月—2019 年 9 月）．北京：人民出版社，2019

32. 当代中国研究所著．《中华人民共和国简史（1949—2019）》．北京：当代中国出版社，2019

33. 当代中国研究所著．新中国 70 年．北京：当代中国出版社，2019

34. 中共中央党史研究室著．中国共产党历史．北京：中共党史出版社，2011

35. 全国总工会《新中国工运大事记》编写组编．新中国工运大事记．北京：中共中央党校出版社，1993

36. 中华全国总工会编．中华全国总工会 70 年．北京：中国工人出版社，1995

37.《彭真传》编写组编．《彭真年谱（1902—1948）（第一卷）》．北京：中央文献出版社，2012.

38. 苏维埃中国. 中国现代史资料编辑委员会翻印，1957

39. 苏联大百科全书（第 40 卷）. 莫斯科：苏联百科全书出版社，1957

40. 陕西省档案馆，陕西省社会科学院编. 陕甘宁边区政府文件选编（第 1 辑）. 北京：档案出版社，1986

41. 本书编写组编. 晋绥革命根据地工人运动史. 北京：中国工人出版社，1992

42. 刘益涛编. 毛泽东在延安纪事. 西安：陕西人民出版社，1994

43. 山西省档案馆编. 太行党史资料汇编（第七卷）. 太原：山西人民出版社，2000

44. 王玉圣主编. 太行群英（太行区第二届群英大会实录）. 北京：人民日报出版社，2001

45.《中国工会运动史料全书·陕西卷》编委会编. 中国工会运动史料全书·陕西卷（上）. 西安：三秦出版社，2006

46. 高尚斌著. 朱德与陕甘宁边区的经济建设.《中共党史研究》，2007 年第 2 期

47. 本书编委会编. 红色档案：延安时期文献档案汇编. 西安：陕西人民出版社，2014

48. 山西省地方志办公室编. 太行革命根据地史. 太原：山西人民出版社，2015

49. 米晓蓉，刘卫平主编. 陕甘宁边区大生产运动. 西安：陕西师范大学出版总社有限公司，2018

50. 辽宁省档案馆编著. 解放战争时期东北地区英雄谱. 沈阳：辽宁人民出版社，2019

51. 王彩霞编著. 抗日战争时期陕甘宁边区劳模运动研究. 北京：中国社会科学出版社，2014

52. 本书编写组编．晋绥革命根据地大事记．太原：山西人民出版社，1989

53. 杨建中著．山西抗日战争史．太原：三晋出版社，2017

54. 李五明著．陕甘宁边区的劳模运动和劳模精神．《中国劳动关系学院学报》，2020

55. 本书编写组编．第三次国内革命战争大事月表（修订本）．北京：人民出版社，1983

56. 姚荣启编著．中国劳模史（1932—1979）．北京：中国工人出版社，2020

57. 席宣，金春明著．“文化大革命”简史．北京：中共党史出版社，2006

58. 张化，苏采青主编．回首“文革”——中国十年“文革”分析与反思（第二版）．北京：中共党史出版社，2014

59. 陈夕主编．中国共产党与三线建设．北京：中共党史出版社，2014

60. 倪同正主编．三线风云——中国三线建设文选．成都：四川人民出版社，2013

61. 林蕴晖，范守信，张弓著．1949—1976年的中国凯歌行进的时期．北京：人民出版社，2009

62. 成露编著．五一劳动奖．北京：中国工人出版社，2017

63. 国家经济贸易委员会编．中国工业五十年——新中国工业通鉴（第9部）．北京：中国经济出版社，2000

64. 何盛明主编．财经大辞典（上）．北京：中国财政经济出版社，1990

65. 胡玉泉，胡孟祥主编．中国当代企业家名典丛书·河北卷．北京：中国工人出版社，1989

66. 李长庚主编．湖南省各类人员财务开支标准大全．长沙：湖南出版社，1993

67. 农业部办公厅劳模处编．全国农业劳动模范表彰会纪念册．北京：农村读物出版社，1990

68. 中华全国总工会办公厅编．中华全国总工会文件选编（1981年）．北京：中国工人出版社，1983

69. 赵亮亮编著．工会工作坊・工会劳动模范工作小帮手．北京：中国工人出版社，2017

70. 本书编写组编．中国工会运动史料全书・安徽卷．合肥：安徽大学出版社，1998

后　记

在中华全国总工会成立100周年之际，我们谨将《中国劳模史》奉献给广大读者。本书历经3年的努力，几易其稿，终于付梓。全国人大常委会副委员长、全国总工会主席王东明，以及全国总工会党组书记、副主席、书记处第一书记徐留平，全国总工会原副主席、书记处书记阎京华，全国总工会副主席、书记处书记马璐等领导同志对书稿的编撰工作给予了悉心指导和审核把关。中共党史学会副会长、原中共中央党史研究室副主任李忠杰，中共中央党史和文献研究院第七研究部主任、编审刘荣刚，中国社会科学院当代中国研究所研究员、中华人民共和国国史学会学术委员会主任武力，中国社会科学院当代中国研究所社会史研究室研究员、博士生导师姚力，工人日报社原高级编辑姚荣启等各位专家作为顾问对本书给予了专业指导。在此，对各位领导和专家表示衷心感谢！

本书具体编撰工作由全国总工会劳动和经济工作部牵头，全国总工会办公厅、全国总工会宣传教育部、全国总工会研究室、中国劳动关系学院、工人日报社、中国工人出版社等部门和单位有关负责同志作为编委会委员，依托全国总工会70多年来牵头组织全国劳模评选表彰工作的优势，集合有关部门和单位有从事劳模评选表彰、劳模服务管理、劳模宣传、劳模研究等工作经验的同志，并外请有关高校学者共同进行编撰。具体分工如下：

编写工作由王晓峰同志主持，白青锋、朱洵、胡晓亮、郑莉同志协助。本书第一章、第二章、第三章由李珂、杨阳、李悦群执笔，第四章由曹荣、诸晴执笔，第五章、第七章、中国劳模史大事记由白青锋执笔，第六章由方东执笔，第八章、第十章由成露执笔，第九章由郑莉执笔。此外，田田参与了第七章的撰写，陈筠淘参与了第八章的撰写，陈晓莎、项婷参与了第十章的撰写。陕西工运学院团队、江西省委党校团队、大庆铁人学院团队、山东管理干部学院团队等对前三章编撰给予了大力支持。

本书参考的资料大部分出自中央档案馆、中华全国总工会档案室、《人民日报》、《工人日报》，以及国家权威部门出版的重要历史书籍和有关重要文献等。白青锋同志对全书十章内容进行了统稿，并在王晓峰同志的指导下，根据顾问专家和编委会委员的意见对书稿进行了修改和完善。在资料收集过程中，根据执笔需要，徐潇、时秀晶等编务同志赴中央档案馆进行了为期 2 个月的资料收集工作，同时进行其他各方面的资料收集。编撰过程中，除资料收集、汇总整理、确定提纲、起草初稿、统稿完善等过程外，在全国总工会党组、书记处的领导下，编撰委员会前后召开了 3 次全体会议，研究推动编撰工作。编写团队多次召开会议，对编撰工作方案、编写提纲、确定样章、征求意见等进行了具体研究和讨论。经过统稿修改后，于 2024 年 6 月召开《中国劳模史》编撰审稿会议，各位学术顾问专家、编委会委员、编写团队成员对样稿进行了集中研讨。会后，根据有关意见建议对样稿进行了修改和完善，呈报编委会各位领导审阅修改，于 2024 年 11 月形成终稿。

本书如有不足之处，敬请广大读者提出宝贵意见给予指正。

本书编委会

2024 年 11 月

图书在版编目（CIP）数据

中国劳模史 / 中华全国总工会编著. -- 北京 : 中国工人出版社, 2025. 5. -- ISBN 978-7-5008-8148-3

Ⅰ. D412.6

中国国家版本馆CIP数据核字第2025XS9573号

中国劳模史

出 版 人	董　宽
责任编辑	习艳群　时秀晶
责任校对	张　彦
责任印制	黄　丽
出版发行	中国工人出版社
地　　址	北京市东城区鼓楼外大街45号　邮编：100120
网　　址	http://www.wp-china.com
电　　话	（010）62005043（总编室）
	（010）62005039（印制管理中心）
	（010）62379038（社科文艺分社）
发行热线	（010）82029051　62383056
经　　销	各地书店
印　　刷	北京盛通印刷股份有限公司
开　　本	710毫米×1000毫米　1/16
印　　张	41
字　　数	530千字
版　　次	2025年4月第1版　2025年4月第1次印刷
定　　价	158.00元